「十四五」安徽省重点出版物规划项目

当代徽学名家学术文库

徽园探微

王世华◎主编

叶显恩◎著

安徽师范大学出版社

· 芜湖 ·

图书在版编目(CIP)数据

徽园探微 / 叶显恩著 . — 芜湖:安徽师范大学出版社,2024.6

(当代徽学名家学术文库 / 王世华主编)

ISBN 978-7-5676-5335-1

Ⅰ.①徽… Ⅱ.①叶… Ⅲ.①徽州地区—地方史—研究 Ⅳ.①K295.42

中国国家版本馆 CIP 数据核字(2023)第 015904 号

徽园探微

叶显恩◎著

HUI YUAN TAN WEI

总 策 划:戴兆国

责任编辑:蒋 璐　　　　　　　责任校对:李慧芳

装帧设计:张 玲 张德宝　　　　责任印制:桑国磊

出版发行:安徽师范大学出版社

　　　　　芜湖市北京中路2号安徽师范大学赭山校区　　　邮政编码:241000

网　　　址:http://www.ahnupress.com/

发 行 部:0553-3883578　　　5910327　　　5910310(传真)

印　　　刷:江苏凤凰数码印务有限公司

版　　　次:2024年6月第1版

印　　　次:2024年6月第1次印刷

规　　　格:700 mm × 1000 mm　　　1/16

印　　　张:27.5　　　插页:1

字　　　数:422千字

书　　　号:ISBN 978-7-5676-5335-1

定　　　价:220.00元

总　序

　　任何一门学科的诞生和发展都是不寻常的，无不充满了坎坷和曲折。徽学也是一样，可谓走过了百年艰辛之路。尽管徽州历史文化的研究从清末就开始了，但徽学作为一门学科，却迟迟没有被"正名"，就好像婴儿已出世，却上不了户口一样。在徽学成长的过程中，总伴随着人们的怀疑和否定，甚至在20世纪末，还有专家发出"徽学能成为一门学科吗"的疑问。其实，这并不奇怪。因为新事物总有这样那样的缺陷和不完善之处，但新事物的生命力是顽强的，任何力量也难以阻挡。难能可贵的是，前贤们前赴后继，义无反顾，孜孜不倦地研究，奉献出一批又一批的研究成果，不断刷新人们对徽学的认识。

　　"到得前头山脚尽，堂堂溪水出前村。"1999年，教育部拟在全国有关高校设立一批人文社会科学重点研究基地，促进有关学科的发展。安徽大学在安徽师范大学的支持、参与下，申报成立"徽学研究中心"，经过专家的评审、鉴定，获得教育部的批准。这标志着"徽学"作为一门学科，迈入一个全新阶段。

　　新世纪的徽学研究呈现出崭新的面貌：老一辈学者壮心不已，不用扬鞭自奋蹄；中年学者焚膏继晷，勤奋耕耘；一大批后起之秀苗壮成长，新竹万竿，昭示着徽学研究后继有人；大量徽学稀见新资料相继公之于世，丰富了研究的新资源；一大批论著相继问世，在徽学的园地里，犹如百花盛开，令人神摇目夺，应接不暇，呈现出一派勃勃生机。2015年11月29

日，由光明日报社、中国社会科学院历史研究所、中共安徽省委宣传部、中共江西省委宣传部联合举办的"徽商文化与当代价值"学术座谈会在安徽省歙县召开。2019年6月18日，由中共安徽省委宣传部、光明日报社指导，安徽大学主办的首届徽学学术大会在合肥市召开。2021年10月19日，由中共安徽省委宣传部、光明日报社联合主办，中国历史研究院学术指导，中共黄山市委、黄山市人民政府、安徽大学、安徽省社会科学界联合会承办的第二届徽学学术大会在黄山市召开。国内很多高校的学者都参加了大会。更令人欣喜的是，日本、韩国、美国、法国等很多外国学者对徽学研究也表现出越来越浓厚的兴趣，新时代的徽学正阔步走向世界。可以说，这是百年来徽学迎来的最好的发展时期。这一切都昭示：徽学的春天来了。

在这徽学的春天里，安徽师范大学出版社和我们共同策划了这套"当代徽学名家学术文库"。我们约请了长期从事徽学研究的著名学者，请他们将此前研究徽学的成果选编结集出版。我们推出这套文库，是出于以下几点考虑：

首先是感恩。徽学研究能有今天这样的大好形势，我们不能忘记徽学前辈们的筚路蓝缕之功。这些学者中有的已归道山，如我们素所景仰的傅衣凌先生、张海鹏先生、周绍泉先生、王廷元先生，但他们对徽学的开创奠基之功，将永远铭记在我们心中。这套文库就是对他们最好的纪念。文库还收录了年近耄耋的耆宿叶显恩先生、栾成显先生的研究文集，两位我们敬仰的先生，老骥伏枥，壮心不已，继续为徽学做贡献。这套文库中的作者大多是年富力强的中坚，虽然他们的年龄还不大，但他们从事徽学研究却有数十年的时间，可以说人生最宝贵的年华都贡献给了徽学，堪称资深徽学研究者。正是上述这些前辈们在非常困难的条件下，骈手胝足，荷锄带露，披荆斩棘，辛苦耕耘，才开创了这片徽学园地。对于他们的拓荒之劳、奠基之功，我们能不感恩吗？我们正是通过这套文库，向徽学研究的先驱们表达崇高的敬意！

其次是学习。这套文库基本囊括了目前国内专门从事徽学研究的大家的论著，展卷把读，我们可以从中受到很多启迪，学到前辈们的很多治学方法。他们或以世界的视野研究徽学，高屋建瓴，从而得出更新的认识；或迈进"历史现场"，走村串户，收集到很多资料，凭借这些资料探究了很多历史问题；或利用新发现的珍稀资料，在徽学研究中提出不少新见；或进行跨区域比较研究，得出的结论深化了我们对徽州历史文化的认识；或采用跨学科的方法研究问题，使我们大开眼界；或看人人可以看到的材料，说人人未说过的话。总之，只要认真阅读这些文章，我们就能感受到这些学者勤奋的治学精神、扎实的学术根柢、开阔的学术视野、严谨的治学态度、灵活的治学方法，可谓德识才学兼备，文史哲经皆通。我们为徽学有这样一批学者而庆幸，而自豪，而骄傲。这套文库，为我们后学提供了一个样板，细细品读这些文章，在选题、论证、写作、资料等方面确实能得到很多有益的启示。

最后是总结。这套文库是四十年来徽学研究主要成果的大展示、大总结。通过这套文库我们可以知道，几十年来，学者们的研究领域非常广泛，涵盖社会、村落、土地、风俗、宗族、家庭、经济、徽商、艺术、人物等等，涉及徽州的政治、经济、文化、社会等各个方面，既有宏观的鸟瞰综览，又有中观的探赜索隐，也有微观的专题研究。通过这套文库，我们能基本了解徽学研究的历史和现状、已经涉及的领域、研究的深度和广度，从而明确今后发力的方向。

总结过去，是为了把握现在，创造未来。这就是我们推出这套文库的初心。徽州历史文化是个无尽宝库，徽学有着光明的未来。如何使徽文化实现创造性转化、创新性发展，如何更生动地阐释徽学的理论价值，更深入地发掘徽学的时代价值，更充分地利用徽学的文化价值，更精彩地展示徽学的世界价值，通过文化引领，促进经济与社会发展，服务中华民族复兴伟业，这是我们每一位徽学研究者的光荣使命。"路漫漫其修远兮，吾将上下而求索。"但愿这套文库能成为新征程的起点，助推大家抒写徽学研究的新篇章。

另外要特别声明的是，由于各种原因，国内还有一些卓有建树的徽学研究名家名作没有包括进来，但这套文库是开放的，我们乐于看到更多的学者将自己的成果汇入这套文库之中。我相信，在众多"园丁"的耕耘、浇灌下，我们的徽学园地一定会更加绚丽灿烂。

王世华

二〇二三年六月

"预流"乃"古今学术之通义" [①]

（代序）

一九八四年底，叶显恩老师应约为《傅衣凌治史五十年文编》作跋，近结尾处引用了陈寅恪先生一九三〇年所作《敦煌劫余录·序》的一段名言："一时代之学术，必有其新材料与新问题，取用此材料研究新问题，则为此时代之新学术。治学之士得预于此潮流者，谓之预流；其未得预者，谓之未入流。此古今学术之通义，非彼闭门造车之徒所能同喻者。"傅衣凌先生是中国社会经济史学科的重要奠基者，叶显恩老师自称"我虽无缘受业于傅老，承他之耳提面命，尚幸得为私淑而自足"。在跋文中，他这样阐发傅衣凌先生半个世纪研究工作的学术价值："陈先生把用新材料研究新问题，作为一个时代新学术的标准，亦即一个人的学术是否入流的标准，不愧为真知灼见之言。我觉得傅先生的可贵之处，也就正于他能够随着时代的潮流，不断地发掘新的材料，提出新的问题，作出新的探索。" [②] 当年叶显恩老师被傅先生赞誉为"治学严谨的中年学者" [③]，卓尔超群，风华正茂。在中国学术界刚刚拨乱反正、百废待兴、许多新的学术方向仍在探索和寻求理解的背景之下，叶显恩老师引述前辈哲言，敏锐提出学术研究"预流"与否的问题，阐述的虽是傅衣凌先生工作的重要意义，而实际上也可视为一种自况，表达了中国学术转型时期一位勇立潮头

---

① 本文原为《叶显恩集·序》（海南出版社2018年版）。

② 叶显恩：《跋》，见傅衣凌：《傅衣凌治史五十年文编》，厦门大学出版社1989年版，第357页。

③ 傅衣凌、杨国桢：《喜读叶显恩新著〈明清徽州农村社会与佃仆制〉》，《中国社会经济史研究》1983年第3期。

的优秀学者的理想与胸襟。陈寅恪先生当年在"预流"二字下面特别注明："借用佛教初果之名"，也隐约地昭示着，后继者要达至这样的境界，是要兼具某种宗教感的。

叶老师为《傅衣凌治史五十年文编》作跋的时候，笔者还是中山大学历史系明清经济史研究室的一名硕士生。蒙老师错爱，常常有机会在各种场合向老师请教，也不时到老师家中聆听教诲，真的是获益良深。时隔三十多年之后，再通读海南出版社编辑的《叶显恩集》书稿，更是深深感悟到，以叶显恩老师当年对傅衣凌先生的评价，回过头来理解和认识叶老师自己的学术，也是再恰如其分不过的。回顾学术史，人文学科的研究确有"预流"与"未入流"之别，而居于其间决定性的影响因素，在于学术的传承。

在中国社会经济史的学术发展中，叶显恩老师那一辈的学者做出了承前启后的重要贡献。叶显恩老师一九六二年从武汉大学考入中山大学历史系，跟随中国社会经济史学科的另一位重要奠基者梁方仲教授攻读研究生，从此开始了中国社会经济史研究的学术旅途。其时的中山大学历史系，因地处岭南且得院系调整之赐，汇聚了陈寅恪、岑仲勉、刘节、梁方仲等十数位卓越的人文学者，先生们读书问学，授业解惑，也在系内培植了那个年代颇为难得的某种人间独有的文化氛围。在梁方仲教授的悉心指导下，叶老师决定以明清徽州农村社会与佃仆制度作为研究生毕业论文的选题。一九六五年八月，他与几位同学随同梁方仲教授做"北上学术之旅"，在北京向严中平、李文治、彭泽益、吴晗、邓广铭、唐长孺等学界前辈讨教请益，同年十月独自取道曲阜、芜湖、合肥，前往歙县、休宁、祁门、黟县、绩溪等地，做为期两个月的徽州历史文化田野考察。多年以后还经常被叶老师提起的这次学术旅行，不但奠定了本文集收录的成名著作《明清徽州农村社会与佃仆制》①的风格与根基，而且从根本上影响了这位当时就受到诸多前辈关爱和器重的年轻学者毕生的学术方向。

① 叶显恩：《明清徽州农村社会与佃仆制》，安徽人民出版社1983年版。

二十世纪五六十年代中国的学术环境，应该是未曾亲历其境的后来者所难以臆想的。半个世纪以后，人们常常会提到那个年代对知识分子的不公、对学术发展的压制、对国际学术交往的自我封闭。而事实上，那也是一个年轻读书人的头脑充满理想与憧憬的时代，不少年轻人受到时代感召，较少为"论资排辈"之类的思想所束缚，敢想敢干，从而超越了个人日常生活中较为细微琐碎、计较利害得失的经验，怀着后辈所难以理解的情怀投身研究工作。对那一代青年学者来说，"不断地发掘新的材料，提出新的问题，作出新的探索"，其实是带有某种不自觉的必然性的。问题在于，历史学作为人文学科的一部分，还得讲究"家法"，必须"学有所本"。对于人文学者来说，学术更重要的是一种思想与生活的方式，人文学科的价值标准，更多地以本学科最优秀学者活生生的榜样为准绳。正因为如此，在提倡大鸣大放和敢想敢说敢做的年代，一个刚刚步入学术之门的有志向的青年学者，能够受到名师教导，得到众多可谓"得一时之选"的前辈学者的指点与熏陶，在自觉与不自觉之间得以"传承"，从而避免像许多同辈人那样有意无意中坠入"野狐禅"之道，既是由于叶老师的真诚与睿智，更是一种造化。数十年后，叶老师接受访问时，对此仍念念不忘："有幸得如此众多的名师指点，有幸亲睹他们的治学风采，不仅当时激动不已，今日念及依然有如沐春风之感。"①

中国社会经济史学科的发展，与开始于二十世纪初的"社会史大论战"关系密切。近一百年前，让当年那批刚接受欧洲社会科学理论（包括马克思主义理论）的青年学者苦苦思索的问题，是与"亡国灭种"的深重危机联系在一起的，即中国封建社会为什么长期缓慢发展？为什么中国没有与欧洲同步，自主地发展成为先进的资本主义社会？直至晚年，傅衣凌教授在授课时，还不止一次讲到自己年轻读书时，一直致力探求这个问题的思想历程。一九四九年以后中国历史学研究所谓"五朵金花"学术论争的出现，在某种意义上，也可视为"社会史大论战"所提出的许多重要问

---

① 叶显恩、邓京力：《我与区域社会史研究——访叶显恩研究员》，《历史教学问题》2000年第6期。

题得以延续讨论，在新一代学者普遍接受马克思主义理论之后，特别是在毛泽东《中国革命与中国共产党》所提出的一系列论断启发下，兼具较多政治意涵的一次学术的"集体行动"。孕育和成长于这样的政治与学术环境，叶显恩老师的徽州研究，不可避免地利用了那个时代流行的理论分析工具，受到那个时代中国史学界主流问题意识的影响。例如，他最早为国际学术界关注的《从祁门善和里程氏家乘谱牒所见的徽州佃仆制度》①、《明清徽州佃仆制试探》②和《关于徽州的佃仆制》③三文，结语的最后一句阐述文章的问题指向与作者的学术期待，三篇论文的表述几乎完全一致，分别为"这对我们理解中国封建社会的一些问题特别是长期缓慢发展的特点，是有帮助的"，"这对我们理解中国封建社会的某些特点特别是长期缓慢发展的特点是有补益的"和"这对我们理解中国封建社会的某些特点，特别是长期缓慢发展的特点，是有补益的"。由此细节不难看出，半个多世纪前"社会史大论战"提出的核心问题，直至改革开放初期，仍然深深地植根于中国社会经济史研究者的心中。这些论文较多地使用了"奴隶制""农奴制的残余形态""租佃关系""定额租""劳役地租制""从实物地租转向货币地租的过渡形态""资本主义萌芽"等分析概念，从中可体验到二十世纪五六十年代史学界"五朵金花"的讨论中，关于古代史分期、封建土地所有制形式、农民战争和资本主义萌芽等诸多带有时代特质的问题影响之深。而难能可贵的是，在关于明清徽州佃仆制度具体的研究过程中，叶显恩老师的工作已经展现了许多别开生面的特色。他一九六五年和一九七九年两次深入徽州乡村进行田野调查，搜集并利用了丰富的契约、谱牒、碑刻、诉讼辞状、财产簿册、档案、方志、文集等民间文书与地方文献，在研究中注重历史文献与实地调查所得口述资料的结合，注重

---

① 叶显恩：《从祁门善和里程氏家乘谱牒所见的徽州佃仆制度》，《学术研究》1978 年第 4 期。

② 叶显恩：《明清徽州佃仆制试探》，《中山大学学报（哲学社会科学版）》1979 年第 2 期。

③ 叶显恩：《关于徽州的佃仆制》，《中国社会科学》1981 年第 1 期。

相关典章制度的考证及其历史演变，注重个案研究及其与地域社会变迁的内在联系，这样的工作明显地超越同时代的研究者，从而引起了国内外同行的广泛关注。这一从研究生学习阶段就得到梁方仲教授亲自指导的工作，也自然而然地带着前文提到的许多为近代中国学术发展做过奠基性贡献的卓越学者学术思想影响的痕迹，蕴含了学术传承应该"学有所本"的深刻哲理。

一九八三年《明清徽州农村社会与佃仆制》出版，系统展现了叶显恩老师徽州研究的学术成就与思想创新，其重要的贡献之一，就是从"区域体系"的视角把握徽州社会的总体历史变迁。对这一工作的价值，叶老师有这样的判断："就一个具有典型性的地区做区域体系的分析研究，在国内可以说是具有开创性的。"①徽州研究的现代学术发展，至少可以追溯到二十世纪三四十年代藤井宏、傅衣凌等学者的工作，而一九五八年以后以契约文书为主的大量徽州历史文献的陆续发现，更使关于明清徽州商人、土地制度、佃仆制度、宗族组织等问题的研究吸引众多学者的关注，但将诸多具体的社会经济史问题置于一个具有典型意义的区域社会的总体历史脉络中进行考察，则是从《明清徽州农村社会与佃仆制》一书开始的。叶显恩老师表述了这一思想发展过程："随着我对徽州地区历史资料掌握的增多，明清时期徽州农村社会的许多问题逐渐在我脑海中明晰起来，比如缙绅地主的强大、商业资本的发达、宗族土地所有制的发展和宗族势力的强固、封建文化的发达、佃仆制的顽固残存等等。这些问题互相关联、互相作用。对以上这些问题要作出合理解释，必须将他们置于徽州历史的总体中进行考察，并作区域体系的分析。我头脑中的这些问题在我的《明清徽州农村社会与佃仆制》一书中进行了探讨，诸如徽州的历史地理、资源、土地、人口的变动、徽州人的由来及其素质等问题都曾涉及。"②可以毫不夸张地说，能否理解"区域体系"视野的意义，是能否读懂这一学术

① 《徽商》杂志编辑部：《特别专访稿》，《徽商》杂志2008年第3期。

② 叶显恩、邓京力：《我与区域社会史研究——访叶显恩研究员》，《历史教学问题》2000年第6期。

著作的关键所在。

我们现在都知道，建基于"总体历史"观念的区域历史研究的学术传统，在欧美学术界影响最广者，首推滥觞于二十世纪三十年代的法国"年鉴学派"，历经数代学者的传承与发展，这一学派的思想影响至今仍弥久而常新。叶显恩老师徽州研究"区域体系"视野的形成，也受到这一学派学术思想的影响，用他自己的话说："中华人民共和国成立后很长的时期，我们基本上是与外界隔绝的，像法国年鉴学派的情况可以说一无所知。一九七七年，美国耶鲁大学郑培凯先生来广州，一九七八年美国加利福尼亚洛杉矶大学黄宗智教授访问中山大学，向我介绍了这一学派的情况和美国学者从事区域性专题研究的情况，这样也就更加坚定了我的信念——拓展关于徽州社会史的研究。"① 改革开放初期，正值欧美的各种学术思潮与中国学术界重新直接接触的时候，叶显恩老师敏锐地把握到其中具有"主流"意味的学术思想的启示，从而使建基于中国丰厚的历史文献分析和长期田野调查相结合的工作，具有了更强的国际学术对话的禀赋与能力。这样的研究，在某种意义上超越了老师那一辈的成就，体现了"学有所本"与"叛师"的辩证统一，也超越了徽州研究这一课题本身的价值，具有了某种方法论上的意义，这就是学术的"预流"。

年鉴学派的奠基者之一马克·布洛赫在其不朽的《历史学家的技艺》中写道："各时代的统一性是如此紧密，古今之间的关系是双向的。对现实的曲解必定源于对历史的无知；而对现实一无所知的人，要了解历史也必定是徒劳无功的。""这种渴望理解生活的欲望，确确实实反映出历史学家最主要的素质。"② 他强调一位优秀历史学家"由古知今"和"由今知古"的素质，认为人类历史的研究者必须关注现实社会生活，掌握关于当今的知识以培养历史感，这样才能理解总体的历史，而"唯有总体的历

---

① 叶显恩、邓京力：《我与区域社会史研究——访叶显恩研究员》，《历史教学问题》2000年第6期。

② 马克·布洛赫著，张和声、程郁译：《历史学家的技艺》（中译本），上海社会科学院出版社1992年版，第36页。

史，才是真历史"①。叶显恩老师正是这样，他一直保持着一位历史学家对当代社会变迁的专业敏感与学术热情，并与时俱进地发展新的学术方向。从二十世纪八十年代初开始，叶老师就一直以非凡的毅力和勇气，直面各种疑虑，排除诸多困难，与一批同辈学者和年轻的学生一起，积极推动中国社会经济史的区域研究，拓展了珠江三角洲社会经济史研究的新领域。从一九八三年开始，他就与汤明檖教授共同担任"七五"期间国家社会科学重点研究项目"明清广东社会经济研究"的主持人，是为其时国家社会科学规划办公室同时推出的三个社会经济史区域研究重点项目之一。一九八七年他又筹划组织了傅衣凌教授担任大会主席的"国际清代区域社会经济史暨全国第四届清史学术讨论会"，主编会议论文集《清代区域社会经济研究》，这次会议汇聚了国内外从事中国区域社会经济史研究的众多一流的中青年学者，可谓得一时之选，且论文选题及立论都富于新意，至今三十余年，还常常被学界同仁提起，影响深远。二〇〇一年出版的《珠江三角洲社会经济史研究》②一书，集中反映了叶显恩老师这一时期的学术成果。正如他在一九八七年的一次演讲中讲到的，这一学术兴趣的发展，除了得益于年鉴学派学术思想的启发，以及作为徽州研究学术实践的自然延伸这些因素外，还有一个重要的缘由，就是出于对改革开放之后中国经济社会区域性发展的学术敏感与关怀："就中国而言，三中全会以后党中央在现代化建设中允许各地区实行一系列特殊政策和灵活措施，发挥中央和地方两个积极性，我们只有分别研究各个地区历史发展的特点和规律，以及这些特点对当代社会的影响，才能适应改革开放的形势，真正发挥历史研究对现代化建设和精神文明建设的借鉴作用。"这种敏感与关怀，不是人云亦云的"跟风"，亦非削足适履的"硬套"，而是以对中国社会发展的不平衡性和历史整体性的学术思考为前提的："以中国社会为例，面积几与欧洲相等的广袤国土上自然条件千差万别，各个地区的人文社会情

---

① 马克·布洛赫著，张和声、程郁译：《历史学家的技艺》（中译本），上海社会科学院出版社1992年版，第39页。

② 叶显恩：《珠江三角洲社会经济史研究》，台北稻乡出版社2001年版。

况又由于历史上本地区开发的先后、人口的迁徙、风俗习惯的差别等等因素而出现了千姿百态的面貌，只有分区域进行深入的研究，才能概括全国历史的总体。""历史的总体是由多系统网络复合构成的，一个局部地区只是总体的一部分，受总体的制约，与其他地区有千丝万缕的联系。因此，全国性的综合研究自当以各地区的研究为基础，同样，地区性的研究，也不能局限于狭窄的小天地，而必须放眼于全国历史发展的整体。把个别的局部的历史，无限推衍，描绘成普遍的历史，其荒谬是不言而喻的。但离开中国历史的整体，囿于一隅之见，孤立研究地方史，无疑也不能揭示历史的真谛。"①这些在今日的学者看起来仍然兼具辩证逻辑与实践常识深度的道理，在三十多年以前更是充满学术启迪的洞见，其中蕴含着一个重要的学术判断，即大一统中国历史发展的内在一致性，是以其相互密切联系的区域发展的巨大的时空差异为前提的。只有明白了这个道理，才能从历史学科的本位上，真正理解三十余年来中国社会经济史区域研究学术发展的价值所在，感同身受地体验中国社会经济史研究者们当代关怀的精神实质及其意义。区域社会经济史研究作为体现"此时代之新学术"的学术探索，自然而然地因为其"预流"的特质"由附庸而成大国"。

进入二十一世纪，人类历史最重要的发展之一，是快速发展的"全球化"进程。在这一进程之下，世界各地人们的物质生活、精神生活与交往方式发生了翻天覆地的变化，中国政府也适时提出了影响深远且反应热烈的"一带一路"倡议。面对这样的变化，具有当代关怀的中国历史学家首先要回答的，就是这一空前的"全球化"潮流的历史渊源及其对中国的影响。诚如叶显恩老师所言："十六世纪（明中叶）是发现新大陆，开通东方航线，肇始世界一体化的海洋商业殖民的时代；是建立殖民地和商业系统最活跃的时代；是西方重商主义盛行，海洋贸易发生历史性变化的时代。西方冒险海商东来中国沿海寻找商机，并建立殖民地；由此出现了中西两半球海商直接交遇的新局面。东亚海域的贸易网络，既连接太平洋彼

---

① 以上参见叶显恩：《谈社会经济史的区域性研究》，《中国社会经济史研究》1987年第3期。

岸的南美洲，又重新伸展到永乐之后中断往来的印度洋，并扩及大西洋，初步形成横跨亚、非、欧、美四大洲的世界性海洋贸易圈。与此同时，中国境内商品经济趋向繁荣，商机愈益增多；以商业增殖财富的途径，日益广阔。中国传统社会经济开始发生转型。"①令人感佩的是，当时已过花甲之年的叶老师仍然保持了足够的学术敏感，有计划地把研究的重点转移到海洋史研究上。本文集收录的多篇论述海上贸易、海上丝路、海洋文明、海岛文化与海外华人的文章，可以视为这位在中国社会经济史研究领域辛勤耕耘了半个多世纪的历史学家，壮心不已，努力追踪国际学术潮流的阶段性成果。我们知道，这一努力还在继续，我们期待着老师不断有新的成果面世。

学生辈对于叶显恩老师的感情与感谢，除了学问上入门的指点和学术思想的启迪外，还更多地表现在对老师有教无类、诲人不倦、分享资源、奖掖后进的精神风范的感佩上。不管是受业门生还是私淑弟子，几乎所有被叶老师指导过的年青学人，都能感受到老师那份亲切、热情，以及细致入微、对学生认真负责的态度。笔者本人就一直得到老师的鼓励、关怀与指点，真的是没齿难忘。学界有不少同仁关注近二十年"历史人类学"学术取向在中国的发展。其实，我们这些来自各地的十多位同辈学人能因缘际会走到一起，逐渐凝聚共识，形成所谓"华南研究"的学术群体，其中一个重要的缘由，就是我们之中的大多数人，都是近三十年前就因叶老师而结识。或自己就是老师的学生，或到中山大学向老师请益，或受老师之邀到广州访问，或因老师介绍到外地求学，我们借助老师举办讲座、会议乃至家宴的机会，参加老师主持的各种合作项目，在老师大度包容、充满学术热情的推动之下，有意无意之间，自然而然地形成了共同的研究兴趣与学术追求。可以说，正是因为有许多像叶显恩老师这样的对中国学术发展充满使命感和责任感的前辈学者的关心、扶持与指点，"华南研究"的同仁们才能说自己的工作是"学有所本"的，才敢于期待这样的工作"能

---

① 叶显恩：《徽州与粤海论稿》，安徽大学出版社2004年版，第36页。

够成为一个有着深远渊源和深厚积累的学术追求的一部分"。

叶显恩老师是在三年前就交代笔者要为这个文集作序的。当时不知深浅，自以为近四十年来一直在老师的关心、指点下工作，不止一遍地读过老师所有的论著，完成这个任务应该不难，就不假思索地应承下来了。以后几次动笔，却发现要理解老师的学术思想，把握其内在脉络并非易事，加之行政事务繁杂，时时分心分神，结果就老是功败垂成。为了等待这样一个不成熟的序言，让老师的文集延迟出版，三年来老师虽偶有督促，但一直和风细雨，理解包容，任由学生交作业的期限一拖再拖。其中的温情与宽容，真的令学生感动并惭愧。

陈寅恪先生在《清华大学王观堂先生纪念碑铭》中说道："士之读书治学，盖将以脱心志于俗谛之桎梏，真理因得以发扬。"陈先生强调读书人要追求"独立之精神，自由之思想"的境界，首先自己要"脱心志于俗谛之桎梏"，是为学术史上不朽的至理名言。笔者以为，要理解一位卓越学者学术思想的发展脉络，除了要认真研读其全部论著之外，更重要的是，必须尽量超越各种各样先入为主的世俗的成见，超越"立竿见影""急用先学"的世俗的功利动机，超越日常生活中难免的世俗的追求和标准，真心诚意，将其置于时代变迁与学术发展的历史大背景中，努力去理解作者"其持论所以不得不如是之苦心孤诣"[①]，才能真正学有所获。在即将结束这篇文字的时候，笔者愿意提出这样的期待，与本文集的各位读者共勉。

是为序。

陈春声
二〇一八年七月三十一日
于广州康乐园马岗松涛中

---

① 陈寅恪：《冯友兰〈中国哲学史〉审查报告》，《学衡》1930年第74期。

目　录

明清徽州农村社会与佃仆制

徽州文化与徽商研究

明清徽州农村社会与佃仆制

前　言

徽州位于安徽的南部，东邻浙江，南接江西。在明清时期，是一处经济文化都很发达，为很多人所向往留恋的地方。明代著名的戏曲家汤显祖有一首诗写道：

欲识金银气，多从黄白游，

一生痴绝处，无梦到徽州。

这首诗表达了明人对徽州的艳羡。在汤显祖看来，徽州不仅有藏镪百万的富商巨贾，以富著称天下；而且有黄山、白岳山水之胜，以风景秀丽驰名海内。其实，徽州的迷人处还不止此。当地文化发达，"十户之村不废诵读"，"以才入仕，以文垂世者"甚多；达官显贵，代不乏人。琴棋书画，篆刻金石，堪舆星相，剑槊歌吹者流，也无不应有尽有。尤其徽州乃程朱桑梓之邦，道学渊源之所在。所以，封建文人一提起徽州，便眉飞色舞，赞叹不绝，说什么徽州"人文郁起，为海内之望，郁郁乎盛矣!"把这里誉之为"东南邹鲁"。

当然，徽州也还有其另外的一面，这里流行佃仆制，奴婢、佃仆受尽奴役凌辱；宗法势力强固，贫苦农民遭受宗法家长制的统治压迫，日仅两餐"饘粥"，"终其身未入城郭"，过着贫困、愚昧的生活。这是徽州黑暗的一面，但这些黑暗的东西，过去却很少被人提起。

应该说，徽州既是封建社会晚期的"夜明珠"，地主阶级和缙绅官僚的乐园；又是一座奴婢、佃仆和贫苦农民受尽折磨和剥削的地狱，两者看似对立，实在又是相辅相成的。徽州的繁华和文明，正是建筑在对奴婢、佃仆和农民压榨剥削的基础上的。

徽州地区的历史，由于传世的文化典籍丰富，早已引起海内外学者的注目。近年来，又因发现大量的明清徽州契约、地主账簿等文物资料，更引起学者们的重视。现存文献资料的丰富，为对徽州各方面历史作系统研究，提供了可能。

我对徽州历史发生兴趣，始于二十世纪六十年代前期。首先接触的是徽州的佃仆制问题。经过披阅徽州的文献资料，并先后两次到实地调查后，感到明清时期①徽州的许多历史问题，诸如缙绅地主势力的强大，且久而未衰，商业资本的发达，宗法土地所有制的发展和宗法势力的强固，封建文化的发达，理学和礼学的盛行，佃仆制的顽固残存，等等，都是很有代表性的。而这些问题又互相关联，交相作用。例如，缙绅势力的强大是徽商得以发展的政治后盾，而徽州商业资本又是促进当地文化发达，培植缙绅的经济基础。徽商捐资修建祠堂，购置族田，撰写家谱，又对宗法制的强固起了直接的作用。理学也和宗法制互相浸渍，互相影响。佃仆制的盛行及其顽固残存，又与上述的几个问题有着密切的联系。因此，本书拟对这些问题逐一进行考察，其中尤以佃仆制为重点。目的是想通过对明清徽州农村社会几个重要方面的初步探讨，尤其通过对佃仆制这一落后生产关系的来源、性质、演变情况，及其顽固残存的历史原因的探讨，希望能有助于揭开明清徽州农村社会的底蕴，同时也希望对中国封建社会晚期一些历史问题的理解有所补益。

本书对这些问题不仅作逐一考察，更探索了这些问题间的内在联系，彼此间是如何互相交织，互相影响，力图构建徽州社会主要脉络的历史发展图景。这是企图对一个地区的"区域体系"分析研究的尝试。

顺带提及的是，我感到自秦汉以来，在统一中央政权管辖下的各个地区，在经济文化等方面的交流固然未曾间断，彼此间互相影响，互相促进，形成中华民族历史的整体。但是，由于中国幅员辽阔，商品交换有

---

① 需要说明的是，本书所讨论的问题虽然断限于明清两代，但由于探讨佃仆制起源及其长期延续的原因，因此亦偶有触及明代以前或民国年间一些历史问题的地方。

限，地方闭塞，各地区历史的发展又是不平衡的，因此，往往表现出各自的特点。所以，在做全国性历史综合研究的同时，需要作局部地区的典型解剖。全国性的综合研究，自当以各地区的研究为基础；同样，地区的研究，也不能局促于狭窄的小天地，而必须放眼于全国历史发展的整体。把个别的、局部的历史现象无限推衍，扩大成普遍性的东西，以偏概全描绘历史，其荒谬是不言而喻的；但是离开中国历史的整体，囿于一隅之见，孤立地去研究地方史，无疑也不可能揭示历史的真貌。在地方史的研究中，这是一个值得重视的问题。

本书是区域史研究的一个很不成熟的尝试。从搜集资料到本书最后完稿，虽然先后经历十七八个年头，但"文化大革命"期间，研究工作中断；近几年来又有教学等其他工作，研究的时间仍嫌短促，加以自己理论水平及业务能力的限制，本书在论点上和材料的使用上都一定存在许多不当，甚至错误的地方，殷切祈望得到同志们、朋友们的批评指正。

在写作过程中，得到所在单位领导的鼓励、支持和督促，得到同教研室老师们的指导和协助，还得到校外许多单位、许多同志的协助。中国社会科学院历史研究所、经济研究所、北京图书馆、北大图书馆、中国第一历史档案馆、中国历史博物馆、安徽省图书馆、安徽省博物馆、徽州地委及原徽州属下的各县县委，曾作实地考察的公社、大队，徽州地区及原徽州属下的县博物馆、图书馆等单位，都曾给我支持和帮助。本书最初的写作是在导师梁方仲先生指导下进行的，谭彼岸老师、武汉大学彭雨新老师、人民大学韦庆远、经济研究所魏金玉、安徽省文联朱泽等同志都曾给我指导和帮助，这里一并致以衷心的感谢。遗憾的是，梁方仲老师已在十一年前不幸逝世，未能得见本书的完稿。但是他严谨的治学态度和教诲后学的认真精神是值得我永远学习的。书此以表悼念之情。

叶显恩
一九八一年五月于广州康乐园

一、徽州的历史地理

（一）徽州的沿革地理

徽州地区位于皖、浙、赣三省交界处。西周以前，据方志记载，属《禹贡》所说的扬州之域。春秋时属吴。吴亡属越。越亡属楚。秦始皇统一六国后，分全国为三十六郡，在徽州地区置黝、歙二县，属会稽郡。楚汉之际属鄣郡。在汉代之前的历史几乎完全埋在黑暗之中。

汉高祖六年（前二〇一年），以故东阳郡、吴郡、鄣郡五十三县立刘贾为荆王。黝、歙县属荆国。汉高祖十二年（前一九五年），荆王刘贾为黥布所杀，无后，立濞为吴王。黝、歙属吴国。汉景帝前元三年（前一五四年），汝南王刘非因镇压吴王濞有功，迁封江都王。黝、歙属江都国。汉武帝元狩二年（前一二一年），江都王刘建谋反自杀，国除。更名丹阳郡。元狩六年（前一一七年），立武帝子刘胥为广陵王。黝、歙县属广陵国。汉宣帝五凤四年（前五四年），刘胥获罪自杀，国除，复为丹阳郡。汉成帝鸿嘉二年（前十九年），立原中山王刘胜之后裔刘云客为广德王。黝县属广德国。歙县仍属丹阳郡。汉成帝永始元年（前十六年），刘云客死，无子，国除。黝县复属丹阳郡。汉平帝元始二年（二年），立广川王刘越之后裔刘瘤为广德王。黝县复属广德国。王莽始建国元年（九年），贬汉广德王为公，改黝县为愬卤。汉光武帝建武六年（三〇年），复改愬赓为黟县，仍归属丹阳郡。

汉献帝建安十三年（二〇八年）十二月，孙权派部将贺齐平定黟、歙山越，分歙县之东乡为始新县（今淳安），南乡为新定县，西乡为黎阳、休阳，并黟、歙共六县，从丹阳郡分出来，自置新都郡，隶扬州。郡的治所在始新。吴永安元年（二五八年），休阳县因讳吴主孙休，改为海阳县。

晋武帝太康元年（二八〇年），晋灭吴，新都郡更名新安郡，仍属扬州。其属下的新定县改为遂安县，海阳县改为海宁，加原属始新、黎阳、黟、歙四县，仍然领有六县。

南朝宋孝武帝大明八年（四六四年），黎阳并入海宁。郡领县五，即始新、遂安、歙、海宁和黟县。

梁武帝普通三年（五二二年），从吴郡分出寿昌县，属新安郡。新安复领有六县，即始新、遂安、寿昌、黟、歙、海宁。梁武帝大同元年（五三五年）析歙县的华阳镇，置为良安县。郡领县七。不久，取消良安县。郡仍领县六。梁元帝承圣二年（五五三年），分出海宁、黟、歙，增置黎阳，共四县，置新宁郡，治所在海宁。与原新安郡并属扬州。新安郡领有始新、遂安、寿昌等三县。

陈文帝天嘉三年（五六二年），并黎阳县入海宁县，又将新宁郡并入新安郡。新安郡领始新、遂安、歙、海宁、黟和寿昌共六县，隶东扬州。

隋文帝开皇九年（五八九年），全国取消郡，以州代之。新安郡改为歙州，治所在海宁，领有海宁、黟、歙县[1]。将始新县改曰新安县，且将遂安、寿昌并入新安县，隶属婺州。开皇十八年（五九八年），改海宁县曰休宁。隋文帝仁寿三年（六〇三年），析婺州新安县，置睦州，复置遂安县及桐庐县属之。于是始新、遂安故地，亦即歙之东南乡故地从此不复归歙州。

隋炀帝大业三年（六〇七年），全国改州为郡，以歙州为新安郡，仍

---

[1] 此说从江同文《思豫述略》。或说开皇九年废郡，省黟、歙，并入海宁为歙州。（见康熙《徽州府志》、康熙《祁门县志》、嘉庆《休宁县志》），或说开皇九年省新安郡，并入东阳郡。黟、歙并入海宁以隶婺州（民国《歙县志》）。众说抵牾。

领县三，即休宁、歙、黟。郡治休宁。

唐高祖武德四年（六二一年），改新安郡为歙州。治所在歙县。依旧领县三。同年，歙县登源（后属绩溪县）人汪华受封越国公，并授以歙州刺史。以歙州为总管府，使持节总管歙、宣、杭、睦、婺和饶六州诸军事。武德七年（六二四年），改歙州总管为歙州都督。贞观元年（六二七年），罢都督府，歙州属江南道。

唐高宗永徽五年（六五四年），镇压青溪陈硕真起义之后，析歙县，置北野县。歙州领县四：歙、休宁、黟、北野。开元二十一年（七三三年），改属江南东道采访使。

唐玄宗开元二十八年（七四〇年），析休宁及饶州鄱阳县怀金乡，置婺源县。歙州领有歙、休宁、黟、北野和婺源等五县。天宝元年（七四二年），改歙州为新安郡，治所仍在歙。

唐肃宗乾元元年（七五八年），复改新安郡为歙州。隶属浙江西道节度使。寻改隶宣歙饶观察使。乾元二年（七五九年），罢浙江西道节度使及宣歙饶观察使，置浙江西道观察使，以歙州隶之。

唐代宗永泰二年（七六六年），为镇压方清领导的农民起义，析歙、休宁地，置归德县，合黟县的赤山镇及析饶州之浮梁地，置祁门县，又改北野为绩溪县，领县七，即歙、休宁、黟、婺源、绩溪、归德、祁门。歙州改属宣歙池观察使①。大历四年（七六九年），归德县划入休宁。歙州领县六。大历十四年（七七九年），废宣歙池观察使，歙州隶浙江东西道观察使。德宗建中元年（七八〇年），分浙江东西为二道，歙州隶浙江西道观察使。建中二年，合浙江东西二道观察使，置节度使，寻赐号镇海军节度使，歙州属之。贞元三年（七八七年），又置宣歙池观察使，歙州隶之。宪宗元和六年（八一一年），隶宣州观察使。昭宗大顺元年（八九〇年），歙州属宁国军节度使。昭宗天复三年（九〇三年），废宁国军节度使，复宣州观察使，歙州隶之。

---

① 或说事在大历元年（七六六年），因永泰二年旋改元为大历，以是年为大历元年。事在永泰二年或大历元年，容易混淆。

五代十国时期，九〇七年，唐亡，淮南节度使杨渥仍称唐哀宗天祐年号，歙州附之。九一九年，歙州隶吴。九三七年，吴亡，隶南唐。

宋太宗太平兴国元年（九七六年），江南（南唐于宋太祖开宝四年即九七一年起，贬国号为江南）亡，歙州隶江南西路转运使。真宗天禧二年（一〇一八年），歙州属江南东路转运使。

宋徽宗宣和三年（一一二一年），改歙州为徽州，治所仍在歙县。南宋高宗建炎四年（一一三〇年），徽州隶江南路转运使建康府路安抚使。高宗绍兴元年（一一三一年），隶江南东路转运使。

元世祖至元十四年（一二七七年），徽州升为徽州路，隶江浙等处行中书江东建康道肃政廉访司。元成宗元贞元年（一二九五年），升婺源县为州。徽州路领县五，即歙、休宁、祁门、黟、绩溪；州一，即婺源。元顺帝至正十六年（一三五六年），小明王韩林儿升朱元璋为江南等处行中书省平章。徽州路隶于江南等处行中书省。次年（一三五七年）七月，改徽州路为兴安府。依旧领县五，州一。至正二十七年（一三六七年），朱元璋改兴安府为徽州府。一三六八年，朱元璋创建明朝，建元洪武。是年，徽州府直属中书省。次年（洪武二年，一三六九年），降婺源州为县；徽州府仍领县六，即歙、休宁、婺源、祁门、绩溪、黟。

明太祖洪武十三年（一三八〇年），因罢中书省，徽州府直隶六部。洪武二十九年（一三九六年），徽州府改隶浙江按察司黟婺分司金事。明成祖永乐元年（一四〇三年），改隶南京（南京寻称南直隶）。嘉靖三十四年（一五五五年），隶浙江按察司分司徽宁池太道兵备副使。隆庆六年（一五七二年），隶浙江按察司分巡徽宁道兵备副使。

清世祖顺治二年（一六四五年），徽州府隶江南布政使司，仍领县六。乾隆二十六年（一七六一年），隶安徽布政使。

清代的徽州地区基本上是古代黟、歙二县的地域。除析歙县东南部，置始新（今淳安）、遂安，始、遂从隋代起不复归还外，其余地域一直保留下来。从唐代大历四年（七六九年）起，歙州领有歙、休宁、黟、婺源、祁门和绩溪六县，除婺源一度升为州外，一直未曾变动。可见徽州地域的行政区划有较大的稳定性，这对其政治、经济、文化的相对独立发展是有很大影响的。

（二）徽州地区的地理环境[①]

"徽之为郡在山岭川谷崎岖之中"[②]，山地及丘陵占十分之九。峰峦耸峙，山势陡峻，气派巍峨而雄伟。新安江及其支流蜿蜒于山谷盆地之间，犹如一条条青丝带。山水掩映，奇峭秀拔，风景绚丽，而黄山尤为风景胜地[③]。徽州秀丽的山川，自古以来即赢得羁人过客的留恋，且险阻天成，兵革少到，东晋南朝和唐宋的避乱者，遂以为桃园。

黄山山脉盘踞于西北部，横跨歙县、太平、黟县和祁门县。大部由花岗岩及其他火成岩组成。南部属天目山、率山山脉。主峰皆在一千米以上。西部和南部有古老的震旦纪变质岩层及页岩分布。中部是以红色砂岩为主的水成岩，形成陡峻的东北西南向山带及山间谷地。红壤在本地区分布最广，具有较高的酸度。海拔较高的地区以灰棕壤为主，肥力较大，但土层又嫌过薄。山坡、山麓以灰化红壤和幼年红壤为主，土层较厚而肥力较差。

新安江的支流浙江、扬之水、布射水、富资水和丰乐水，奔泻冲击，形成了几个山间盆地。最大的是歙县、休宁一带的徽州盆地。面积在一百平方公里以上。此外，还有绩溪盆地、黟县盆地、上溪口盆地等，面积较小。这些盆地以冲积土为主，宜于耕作业的发展。据方志记载，"田瘠确，所产至薄，独宜菽麦红虾籼，不宜稻粱"[④]。盆地面积只及徽州地区面积的十分之一。

---

① 撰写本节时，曾参阅胡兆量《徽州专区经济地理调查报告》一文，该文载《教学与研究》1955年第2期。

② 顾炎武：《天下郡国利病书》卷三十二《江南二》。

③ 闵麟嗣在《黄山志》中说："薄海内外无如徽之黄山，登黄山，天下无山，观止矣。"

④ 嘉靖《徽州府志》卷八《食货志》。

徽州地区属于亚热带气候。无霜期三百天以上，每年降霜时间较少，末次重霜大都在清明茶叶萌芽以前。由于地形起伏，气候垂直变化显著，晓雾弥漫，湿度大。年平均降水量在1500毫米～1700毫米之间。春季雨水尤为丰富，以蒙蒙细雨为多，年降雨日一般在120天以上。

徽州除一部分土壤酸度较大的地区外，一般地区都宜于茶树和松、杉等树木的生长。该地产茶，早在唐代已见诸记载，宋、元、明、清历来都是重要的产茶区之一。黄山所产的毛峰茶和休宁所产的松罗茶、茗洲茶很负盛名。这里又是木材的输出地，并以漆、纸、墨、砚等土特产见称于海内。地下埋藏着煤、铁、铜、锑、金、硫化铁、石棉、石墨和陶土等矿产，其中陶土尤其著名，是景德镇瓷业所需原料的重要供应地。

由于群峰竖立，高耸斗绝，开发艰难，即使勉力垦辟，种上农作物，收成也很难保障。山间常有暴雨，有时一天之内降雨量可达100毫米以上。这些雨水顷刻之间泻入盆地。而盆地出口处大都是狭窄的山谷，宣泄不畅，容易造成水灾，冲坏房屋、庄稼，对人民生命财产也有威胁。嘉靖《徽州府志》的作者曾经指出：

> 郡之地隘，斗绝在其中，厥土骍刚而不化。高水湍悍少潴畜（蓄）①，地寡泽而易枯，十日不雨，则仰天而呼，一骤雨过，山涨暴出，其粪壤之苗又荡然空矣。大山之所落，多垦为田，层累而上，指至十余级不盈一亩，快牛利剡不得田其间，刀耕火种，其勤用地利矣。自休（宁）之西而上尤称斗入。岁收堇不给半饷，多仰取山谷，甚至采薇葛而食。暇日，火耕于山，旱种旅谷，早则俱出，扳壁呼邪许之歌，一唱十和，庸次比耦而汗种，以防虎狼。夜则俱入，持薪樵轻重相分。②

由于农耕条件恶劣，生产技术低下，因此，用力甚勤，所得甚寡。"一亩所入，不及吴中饥年之半"③，"大都计一岁所入，不能支什之

---

① 圆括号内字为作者所加，下同。
② 嘉靖《徽州府志》卷二《风俗志》。
③ 康熙《徽州府志》卷六《贪货志·物产》。

一"①，甚有人稠食不足之患。

新安江是徽州最大的水系。顺新安江东下可达杭州。新安江上游支流的练江、浙江、丰乐水，可通舟楫。由绩溪境内的徽溪和乳溪顺流而下可出江南。西部祁门一带则由阊江入鄱阳。徽州所缺的粮食，靠从浙江和江西经新安江和阊江两个孔道输入。黟、婺、祁三县仰赖江西。婺源自曹港，祁门、黟县自倒湖，其流皆通阊江。载米小舟自鄱、浮从阊江衔尾而上。溪流或通或塞，米价也因之时贵时贱。歙、休、绩三县则靠从浙江经新安江运米。如果浙江"遏籴"，或新安江"设卡阻绝采买他郡之米，则吾郡数十百万生灵立成涸鲋矣"②。在粮食供应上，徽郡的自然条件决定了它对外地的依赖远较别地为甚。

徽州山多田少，土壤硗确。这种自然条件，在明清时期生产力水平低劣的情况下，使农业生产受到了极大的局限。其时，农业生产虽然也有缓慢的发展，但又因人口的增加而抵销。据方志记载：明嘉靖时所产粮食不足"支什之一"，道光年间增长到可资"三月之食"③，但生齿日繁，粮食的增加不及人口的益增。因此，生活之源主要靠"取给于山"④。当地盛产杉、茶、漆等土特产和纸、笔、砚、墨等手工艺品，因此，"小民多技艺，或贩负就食他郡"⑤，也就不无原因了。同时，大量农副产品和手工艺品的买卖交易，又成为刺激商业资本发展的原因之一。总之，徽州山川秀丽，风景宜人，但人多地少、土地瘠确，这种自然条件，使徽州成了地主阶级寻欢作乐、养老送终的乐园，但对于劳动人民却是一处难以存活的苦海。

---

① 嘉靖《徽州府志》卷八《食货志》。
② 道光《徽州府志》卷四《营建志下·水利》。
③ 嘉靖《徽州府志》卷八《食货志》，道光《徽州府志》卷四《营建志下·水利》。
④ 祁门《环溪王履和堂养山会簿》（嘉庆十九年刻本），藏安徽省图书馆。
⑤ 嘉靖《徽州府志》卷八《食货志》。

（三）徽州人的由来

秦汉之际，居住在江南和岭南一带的少数民族，统称之为粤（越）或百粤。秦始皇二十五年（前二二二年），王翦率师定江南，降百越，置会稽郡。黟、歙属会稽郡。据汉人袁康所撰《越绝书》载："黟、歙以南皆大越之民，始皇刻石徙之。"《汉书》卷二十八上《地理志》"黟（即黟县）"下注"浙江（即新安江）水出南蛮夷中，东入海"。虽然没有说明"南蛮夷"系属哪个少数民族，但当时黟县及其近邻番阳一带，除越人外，并无别的少数民族。秦末，番阳令吴芮部将梅鋗曾率百粤兵从沛公（即刘邦）伐秦，以功封列侯。当时番阳的地域包括今祁门县的西南部，即唐代大历年间从浮梁划出的部分。祁门县尚有关于梅鋗的遗迹。可见秦汉以前，东越人已在此地栖息繁殖。

东越人原来住在靠近东海及江河的地方，是一个熟悉水性的民族。其特征是"被发文身"，即剪掉头发，画蛟龙之类的图案于身上，以为可以防止被水中蛟龙所伤；短绻不绔，短袂攘卷，以便于涉游刺舟①。这种习俗是水上生活的结果。但是，由于种种原因，东越人后来移居于深山丛林。例如，汉武帝元封元年（前一一〇年），为了加强对东越人的控制，曾把他们迁往江淮一带。为此，东越人纷纷逃入荒山野林。由于生活环境的变化，他们的生活习惯和装束也随之改变。《后汉书》卷六十八《度尚传》载：

> 抗徐……丹阳人，……初试守宣城长，悉移深林远薮椎髻鸟语之人置于县下，由是境内无复盗贼。

抗徐是汉桓帝（在位一四七至一六七年）时人。这里说的宣城，其南邻即黟、歙。可见居住在这一带丛山峻岭的东越人，"断发"的习俗已为

---

① 《淮南子》中的《原道训》载：东越人因"陆事寡而水事众，于是民人被发文身，以像鳞虫。短绻不绔，以便涉游。短袂攘卷，以便刺舟，因之也。"高诱注云："被，剪也。文身，刻画其体，为蛟龙之状。"

"椎髻"（即独髻）所替代，但仍操着汉人所听不懂的像鸟声一样的语言。社会经济依然很落后，据《史记》卷一二九《货殖列传》记载："楚越之地，地广人稀，饭稻羹鱼，或火耕而水耨……是故江淮以南，无冻饿之人，亦无千金之家。"可见生产力的水平是很低下的，阶级分化还不很明显。

秦汉时期，黟、歙属古荒服之地，但与中原文化并未隔绝，中华人民共和国成立后在屯溪发现的墓葬证明西周政治势力已达此地。由于汉人的不断迁入，地方官吏的教化，促进了东越人的汉化。尤其是东汉光武帝年间，李忠出任丹阳太守，在他的提倡下，中原地区的文化影响日深。据《后汉书·李忠传》记载：

> （建武）六年（三〇年），（忠）迁丹阳太守，是时海内新定，南方海滨江淮多拥兵据土。忠到郡，招怀降附，其不服者悉诛之，旬月皆平。忠以丹阳越俗不好学，嫁娶礼仪衰于中国，乃为起学校，习礼容，春秋乡饮选用明经，郡中向慕之。垦田增多，三岁间流民占著者五万余口。十四年，三公奏课为天下第一。迁豫章太守。[①]

黟、歙是丹阳郡的属下。可见，东汉初期汉人已纷纷迁入此地。汉人带去先进的生产技术和中原文化，共同开发了这一荒芜的深山老林，促进了东越人的不断汉化。占籍定居下来的人，除经常性的逃避赋役的流民外，还有因避祸等缘由迁徙到此的大族豪强。例如，汉司马长史方纮就因王莽篡位，为避祸而迁居歙县东乡，成为以后徽州方氏的祖先。东汉末年以后，北方迁徙来的零散流民和名宗大族就更多了。汉末各地军帅彼此攻伐，三国纷争，西晋八王之乱，永嘉之乱，以及北方落后的少数民族间的互相吞并，南方朝代之相继递嬗，造成战祸频仍，饥馑灾荒不断，给人民带来极大的痛苦。为了逃避战乱和种族压迫，因而出现了民户的大流徙。汉末，出现了第一个流徙高潮。大批强宗大族迁来江南。孙氏建立孙吴政权时，这些人中，有不少人成了开国功臣。据《吴志》"列传"统计，有

---

① 《后汉书》卷五十一。

名之吴臣有六十人，来自中原者竟占了半数。在这些南迁的强宗大族中，便有一些是移居黟、歙等地的。例如，望族汪姓就是汉末建安（一九六—二二〇年）间，汪文和为孙策表授会稽令时迁居歙县繁衍而成。

东汉晚期以后，称黟、歙所属的丹阳郡山民为山越。《后汉书·灵帝纪》载："建宁二年（一六九年）九月，丹阳山越贼围太守陈夤。"这是关于山越最早的记载。丹阳地跨安徽、江苏、浙江三省，约相当于今之皖南及与之接壤的江浙的一部分。三国时关于山越的记载便屡见不鲜了。所谓山越，胡三省说："山越本亦越人，依阻山险，不纳王租，故曰山越。"[①]王鸣盛说："自周秦以来，南蛮总称百越，伏处深山，故名山越。"[②]其实，这种说法并不确当。如上所说，山越除东越人的后裔外，还包括移居于此的汉人。

迁入黟、歙的大族豪强和原东越人的酋长多以宗部的形式控制人民。宗，即宗族，源自原始社会末期父权家长制组织。宗部是指以聚族而居的宗族为核心的部伍，也包括他族的一些处于依附地位的农民。这些部伍且耕且战，既是封建依附者，又是地主武装。其首领称为强宗骁帅、宗帅、民帅。他们往往恃险割据称雄，不纳王租，与封建国家政权相对抗。如歙县的宗帅金奇，率有万户，屯守勤山；毛甘万户屯乌聊山；黟县宗帅陈仆、祖山等领有二万户，屯守林历山。更有甚者，有的宗族还与袁术勾结起来，对抗孙吴政权。这当然是孙吴所不能容忍的。为此，孙吴与山越进行了几十年的战争。歙、黟的山越终于在建安十三年（二〇八年），为孙权的部将贺齐所镇压。战斗最激烈的是林历山。此山四面壁立，高数十丈，径路危狭，不容刀盾。陈仆等临高下石，阻贺齐于山下。贺齐募人以戈拓斩山为缘道，夜间潜上，悬布以援下，乃得上数百人，四面流布，俱鸣鼓角。守险者惊惧奔走，大军因是得上，大破陈仆等。平定山越之后，分歙县为始新、新定、黎阳、休阳四县，连同歙、黟共六县，立为新都郡，以贺齐为太守。这是徽州立郡之始。

---

① 《资治通鉴》卷五十六注。
② 《十七史商榷》卷四十二。

　　西晋时出现第二次民户流徙高潮，史称"永嘉南渡"，因为向江南流徙的为最大群。他们是司马睿建立东晋政权的支柱。徽州的名族俞氏和余氏等，就是在永嘉年间迁来徽州的。徽州的头等望族程氏也是东晋初年迁徙于此的。

　　流徙者凡属强宗大族，迁徙时多有计划、有组织地进行，即由世族豪强自任"行主"，率领宗族乡党和佃客、部曲等封建依附者流徙。为捍寇御难计，有些大族在南徙之前，曾选择便于守御之地，屯聚堡壁，称之为"坞"。他们到了南方之后，似仍仿此在险要易守之地，屯聚为坞壁。徽州地区"坞"之地名留存至今甚多，虽无征于文献，似当是自此时留存下来的。这些南迁的豪强，往往恃势强迫零散移此的民户及当地越人为其部曲、佃客。徽州程氏始祖程元潭在东晋初年出任新安太守，受朝廷赏赐田宅而留居于歙，他也是勒迫、招徕山民来宅居租种，充当其部曲、佃客的[①]。此后，部曲、佃客制的生产关系便在这块深山密林的荒服之地出现了。

　　迁入徽州的汉人并不止于晋代。据谱牒家乘记载，南朝乃至唐宋，仍然源源不断地迁来。现将迁入徽州的名族列成表1-1：

表1-1　迁入徽州的名族

姓氏	迁徽时间	迁徽原因	材料来源
舒	西汉元朔	舒骏为丹阳太守。迨其裔舒许出任新安，太守见山川秀丽，遂迁家于此	舒应鸾等修《京兆舒氏统宗谱》（成化九年刻本）
方	新莽	汉司马长史方纮因王莽篡权，为避祸，从河南迁居歙县之东乡（今淳安县）	程尚宽《新安名族志》
汪	东汉建安	汉龙骧将军汪文和建安二年（一九七年）为避乱渡江南迁，孙策表授会稽令，遂安家于歙	《新安名族志》，汪大治《休西双溪汪氏宗谱》（手抄本）

---

　　① 详见叶显恩：《从祁门善和里程氏家乘谱牒所见的徽州佃仆制度》，《学术研究》1978年第4期。

姓氏	迁徽时间	迁徽原因	材料来源
鲍	西晋	鲍伸"太康间,由尚书户部拜护军中尉,镇守新安",因此从青州迁新安	《新安名族志》,鲍琮等撰《棠樾鲍氏宣宗堂支谱余》
余	西晋	东汉末,余仁赡渡江居闰州丹阳,西晋永嘉年间,其后人余祥迁遂安县(原歙之南乡),后又改迁歙之余岸(距歙县城四十里)	《新安名族志》
俞	西晋	俞纵"仕晋征西大将军,永嘉末始迁新安"	《新安名族志》
黄	东晋初年	黄积"为考功员外郎,从元帝渡江任新安太守,卒葬郡西姚家墩。积生寻,庐于基,遂家焉。改曰黄墩"	《新安名族志》,又见《海阳商山黄氏家谱》(清抄本),黄玄豹《潭渡孝里黄氏族谱》
程	东晋初年	程元潭于东晋初出任新安太守,朝廷赐田宅,因之居于歙	程昌《祁门善和程氏谱》,程之康《新安程氏统宗补正图纂存》,程敏政《休宁陪郭程氏本正图》
叶	东晋	东汉建安二年(一九七年)叶望渡江家丹阳。六传曰叶续,为晋行兵部都统,迁居新安	《新安名族志》
戴	东晋	东晋中书侍郎戴夔由亳渡江,家建业。继而迁歙之黄墩。其裔戴悖曾于程灵洗起兵拒侯景。又《新安名族志》则云唐末迁歙之黄墩	戴尧天《休宁戴氏族谱》
任	梁朝天监	天监年间,任昉出任新安太守,"尝行春,爱富资山水之胜,遂家焉"	《新安名族志》
闵	梁朝大通	大通初,闵纮"举贤良为歙邑令,由浔阳因家于歙"	《新安名族志》

续　表

姓氏	迁徽时间	迁徽原因	材料来源
徐	梁朝中大通	徐摛"以梁中大通三年（五三一年）出任新安太守，其从昆弟侍中绲公来游此邦，流连山水，子孙遂为土断"	徐裡《新安徐氏宗谱》
谢	隋	先祖从晋元帝渡江而南，谢安之十三世孙谢杰仕隋，为歙州教授，由会稽迁歙	《新安名族志》
詹	隋	隋大业年间，从九江庐山迁婺源庐源	《新安名族志》
姚	唐初	原籍新建。唐初，姚源清者以职业抵新安，经道绩溪，见山水秀丽，遂携家居此	《新安名族志》
蒋	唐贞观	孙吴部将蒋钦之后，贞观年间，路过歙州，见风景佳丽，遂家焉	《新安名族志》
范	唐	范传正为唐宣歙观察使，元和末，自河内迁休宁博村。	范淶《休宁范氏族谱》,《新安名族志》
仰	唐	世居洛阳，后迁庐陵之无为。唐代其裔仕宦于徽州，遂家于此	《新安名族志》
吕	唐	原籍河东，吕渭以唐殿中侍御史言事贬歙州，遂迁此。	《新安名族志》
郑	唐	西晋永嘉元年（三〇七年），郑庠从荥阳渡江，居丹阳秣陵，数传至郑思，于唐代迁新安郡北之律村	郑岳《祁门奇峰郑氏本宗谱》（嘉靖四十五年刻本），《新安名族志》
凌	唐	世居余杭，唐显庆年间，凌安任歙州判，卒于官。子孙迁于歙之沙溪	《新安名族志》
洪	唐	唐德宗朝讳经纶者为河北黜陟使，因议罢方镇兵，而左迁宣歙观察使，因家于婺源之官源	《新安名族志》
祝	唐	祝约仕唐，至讳承俊者从德兴迁歙	《新安名族志》

姓氏	迁徽时间	迁徽原因	材料来源
吴	唐	唐监察御史少微自饶徙居休宁	吴士信《商山吴氏族谱》(明成化手抄本)
查	唐	唐代查师诣,从九江匡山药炉源徙宣城,转徙黄墩,官至唐游击将军折冲都尉	《新安名族志》
冯	唐	贞元中,冯氏任歙尹,因家于此	《新安名族志》
周	唐末	黄巢起义期间,唐庐州刺史之子,从庐州迁歙之黄墩。又据周森桂《周氏族谱正宗》载:周尧于南唐任歙州太守时,迁家绩溪。可见迁徽的周氏有两支	《新安名族志》,周森桂《周氏族谱正宗》
夏	唐末	乾符年间,夏元康任歙州刺史,因而迁家于休宁之南门	《新安名族志》
陈	唐末	陈禧于广明年间,为逃避黄巢起义军的锋芒,从浙之桐江迁居休宁	《新安名族志》,陈丰《新安藤溪陈氏宗谱》
朱	唐末	为避黄巢起义军的兵锋而从姑苏迁歙之黄墩	《新安名族志》
周	唐末	先祖于乾符年间任庐州刺史,黄巢起义后,迁歙之黄墩	《新安名族志》
江	唐末	为逃避黄巢起义军之兵锋而迁歙之黄墩	《新安名族志》
梅	唐末	为躲避黄巢起义军的锋芒,从蔡州汝南迁歙之黄墩	《新安名族志》
毕	唐末	据《新安毕氏族谱》载:乾符四年(八七七年),永州司马毕师远"迁职于歙州金书判事,遂居篁墩(即黄墩)"。又《新安名族志》载:乾符年间,从永州调宦歙州,因黄巢起义,遂居长陔按:篁墩、长陔两者牴牾,孰是待考	毕济川《新安毕氏族谱》(明正德刻本),《新安名族志》

姓氏	迁徽时间	迁徽原因	材料来源
罗	唐末	为逃避黄巢起义军之打击,而从豫章迁居歙县呈坎	《新安名族志》
康	唐末	先祖居京兆,后迁会稽。黄巢起义后,迁歙之黄墩	《新安名族志》
王	唐末	黄巢起义爆发后,有一支迁歙之王村,另一支迁歙之黄墩	《新安名族志》,《新安武口王氏统宗世谱》(雍正刊本)
潘	唐末	广明中,潘逢旦及其兄为躲避黄巢起义的打击,由闽迁歙之黄墩	《新安名族志》
顾	唐末	唐代世宦之家,参与镇压黄巢起义军,后迁歙之黄墩	《新安名族志》
金	唐末	《京兆金氏统谱》载:金廷烈于唐代出任歙州通判,遂家于歙之黄墩。又据《新安休宁金氏合族通谱》载:金武显于懿宗时,任淮南都统司护军,其子博道奉母赵氏"避地新安,卜宅休宁之珊溪"。可见金氏先后有两支迁徽	《新安名族志》,金焕荣《京兆金氏统谱》,《新安休宁金氏合族通谱》
赵	唐末	中和年间,为逃避黄巢起义军打击而迁居休宁龙源	《新安名族志》
施	唐末	世居兖州之淄畬林,初迁吴兴县,后为躲避黄巢起义军而迁歙之黄墩	《新安名族志》
齐	唐末	原是齐之望族,乾符年间,因黄巢起义爆发,迁歙之黄墩	《新安名族志》
卢	唐末	世宦于唐,开元时隐居宣城,传数代,迁黟	《新安名族志》
张	唐末	张正则于唐代黜为歙州令,其孙张固为绩溪令,黄巢起义期间,躲于歙之黄墩,后迁婺源	张珽《新安张氏续修宗谱》(明成化刻本)

姓氏	迁徽时间	迁徽原因	材料来源
邵	五代	"东晋枢密公十八世孙曰裕期,授歙州刺史",遂迁家于此 按:每世以三十年计,东晋传十八世后,当在唐末五代	《新安名族志》
项	五代	世居陈蔡之间,于后唐清泰丙申(九三六年)迁居歙州	《新安名族志》
许	五代	唐末朱温篡位,许儒为避祸,迁于歙之黄墩	许登瀛《重修古歙东门许氏宗谱》,《新安名族志》
胡(明经)	五代	本李姓,唐宗室之后。唐亡,为避祸冒胡姓,居考州。胡宗荣(生于唐末天祐年间),从考州迁婺源林村,称明经胡,以区别于真胡。按《新安名族志》载:胡氏先祖任苏州太守,改治河南,赐居黄墩,年代未明。此乃真胡	王人吉《仁里明经胡氏支谱》,《新安名族志》
何	五代	先籍袁州,仕南唐,贬谪休宁,遂家居焉	《新安名族志》
李	五代	唐宗室之后裔,李德鸾仕南唐,官散骑常侍,携家迁歙	《新安名族志》
韩	宋	韩实系韩愈之后裔,原居上党,随父宦邸,道经休宁,见风水佳丽而迁家于此	《新安名族志》
滕	宋	世宦之家,汉末渡江居东阳,宋初滕元隽迁婺源	《新安名族志》
苏	宋	《新安名族志》云,苏氏业儒,世家;宋代已居歙。不言始自何时。据《新安苏氏族谱》载:太平兴国五年(九八〇年),苏易简之子张寿任歙州太守,子孙遂家居于此	《新安名族志》,苏大《新安苏氏族谱》(明成化刻本)
马	宋	原居鄱之乐平,因与蔡京有隙,隐居婺源,遂家居于此	《新安名族志》

姓氏	迁徽时间	迁徽原因	材料来源
饶	宋	宣和年间，因游宦歙州，由大梁迁祁门	《新安名族志》
臧	宋	其先祖于唐末因镇压黄巢起义有"功"，居浮梁之福东。宋宣和辛丑（一一二一年），卜居婺源	《新安名族志》
佘	南宋	原居桃源州。建炎年间，因出任歙州令而迁此	《新安名族志》
庄	南宋	业儒世家。绍兴年间，由闽迁徽	《新安名族志》
杜	南宋	原居德兴。淳熙年间，游宦于歙，遂家居于此	《新安名族志》
葛	南宋	淳熙年间仕于桐庐，迁家绩溪双古井	《新安名族志》
章	南宋	先祖居闽之建安，咸淳年间迁歙	《新安名族志》
游	南宋	五代时由河南入闽，南宋时迁徽	《新安名族志》
田	元	元世祖年间，仕于歙州路，遂家居于此	《新安名族志》
仇	元	元初，仇悬为嘉仪大夫徽州路总管，卒于官	《新安名族志》
附注	唐末迁徽的大族最初几乎都住黄墩。原称姚家墩。黄氏迁此，改曰黄墩。据万历《歙县志·艺文志五》，吴修《复篁墩记》云："相传，凡地以'黄'名者，兵（按：指黄巢起义军）辄不犯，盖谓己姓也。"这些大族在黄巢农民军的打击下，吓破了胆，认为"黄墩"是救命符，才纷纷麇集于此。明人程敏政先祖亦居黄墩，因讳言居黄氏旧地之嫌，故意说原叫篁墩		

　　表1-1是根据程尚宽撰的《新安名族志》及一些家乘谱牒编制的。汉末以前迁徽州的强宗大族，有的已在孙吴平山越时打垮了，有的中经衰落，到元明已不能列入名族，所以见诸记载的不多。民国《歙县志》卷一

《舆地志·风俗》记载：

> 邑中各姓以程、汪为最古，族亦最繁，忠壮（即程灵洗）、越国（汪华）之遗泽长矣。其余各大族，半皆由北迁南。略举其时，则晋宋两南渡及唐末避黄巢之"乱"，此三期为最盛。又半皆官于此土，爱其山水清淑，遂久居之，以长子孙焉。

此说大体上符合事实。晋代和南朝迁徽的名族，据表1-1统计，有鲍、余、俞、黄、程、叶、戴、任、闵、徐等十姓。这显然没有包括当时迁来的全部大族，只是说，元、明时这些宗族仍在各族之列。唐代迁入的更多，表中所列达三十姓，其中在唐末迁入的占十八姓。

随着时间的流逝，汉人源源迁入，他们终于以客为主。唐代以后山越之称不见了，说明汉越已经融合。到了宋代，正如罗愿所指出的："黄巢之乱，中原衣冠避地保于此，后或去或留，俗益向文雅。宋兴则名臣辈出。"[1]明清时期，徽州人甚至以程朱理学故乡自居，自诩为已得孔孟之真道统，以"东南邹鲁"[2]标榜天下了。据笔者实地调查，中华人民共和国成立前遗存建筑中，除某些村落贫苦农民的房屋建筑，以及为春祈秋报演戏而搭的戏台等，尚留有越人干栏式建筑的某些影子外，越人的遗风已不多见了。

（四）徽州人口与土地的变动

徽州人口与土地的变动，不仅直接关系着徽州社会经济的兴衰，对徽州社会经济的结构也不无影响。尽管资料不全和统计数字不够准确，为我们对这一问题的研究，造成了种种障碍，但是，我们仍然可以从这些零散资料中，看出徽州人口与土地变动对徽州社会经济的影响。现在先谈人口变动问题。

徽州地区的人口，最早见诸文献记载的是晋太康初年（三世纪八十年

---

① 淳熙《新安志》卷一《州郡·风俗》。
② 康熙《休宁县志》卷一《方舆·风俗》，转引自赵汸：《商山书院学田记》。

代）。徽州地区时称新安郡，领县包括后来划分出去的始新（即淳安）、遂安。全郡共户五千，无口数记载，那时领有的面积比后来的徽州要大。唐代大历四年（七六九年）以后，徽州的地域固定下来。现在，我们根据正史和方志的记载，将徽州人口的变动状况，以及宋、元、明、清徽属各县户口变动情况列成表1-2、表1-3：

表1-2　徽州地区人口变动情况

名称	年代	领县名称	户	口	每县平均户数	每户平均人口	资料来源
新安	西晋太康初年	始新、海宁、始新、黎阳、黟、歙6县	5 000	—	833	—	《晋书·地理志》
新安	刘宋大明八年（四六四年）	始新、遂安、歙、海宁、黟等5县	12 058	36 651	2 412	3.04	《宋书·州郡志》按：黎阳并入海宁
新安	刘宋泰始中	始新、遂安、歙、海宁、黟等5县	12 038	—	2 408	—	方信《新安志补》
歙州	隋大业（六〇四年）	休宁、歙、黟等3县	6 164	—	2 055	—	《隋书·地理志》。《新安志补》户数作6 154
歙州	唐贞观十三年（六三九年）	休宁、歙、黟等3县	6 021	26 617	2007	4.42	《旧唐书》卷三十八至卷四十一
歙州	开元年间	歙、休宁、黟、北野、婺源等5县	31 961	—	6 392	—	《旧唐书》卷三十八至卷四十一。《太平寰宇记》户数作38 320

名称	年代	领县名称	户	口	每县平均户数	每户平均人口	资料来源
歙州	天宝元年（七四二年）	歙、休宁、黟、北野、婺源等5县	38 320（一作38 330）	240 109	7 664	6.27	《旧唐书·地理志》百衲本口数作269 109
歙州	元和年间	歙、休宁、黟、婺源、绩溪、祁门等6县	16 754	—	2 792	—	《元和郡县志》
歙州	宋初	歙、休宁、黟、婺源、绩溪、祁门等6县	51 763（主户48 560，客户3 203）	—	8 627	—	《太平寰宇记》
歙州	元丰初年	歙、休宁、黟、婺源、绩溪、祁门等6县	106 584（主户103 716，客户2 868）	—	17 764	—	《文献通考》卷十一《户口二》，《元丰九域志》
歙州	崇宁	歙、休宁、黟、婺源、绩溪、祁门等6县	108 316	167 896	18 053	1.55	《宋史·地理志》
歙州	绍兴	歙、休宁、黟、婺源、绩溪、祁门等6县	97 248	—	16 208	—	《新安志补》
歙州	乾道八年（一一七二年）	歙、休宁、黟、婺源、绩溪、祁门等6县	102 592	—	17 099	—	《新安志补》

名称	年代	领县名称	户	口	每县平均户数	每户平均人口	资料来源
歙州	宝庆三年（一二二七年）	歙、休宁、黟、婺源、绩溪、祁门等6县	124 941	—	20 824	—	《新安志补》
徽州路	元代至元十九年（一二八二年）	歙、休宁、黟、绩溪、祁门5县，又婺源州	136 993	—	27 399	—	《新安志补》按：升婺源为州
徽州路	至元二十七年（一二九〇年）	歙、休宁、黟、绩溪、祁门5县，又婺源州	157 460	—	31 492	—	《新安志补》
徽州路	元代	歙、休宁、黟、绩溪、祁门5县，又婺源州	157 471	824 304	31 494	5.23	《元史》卷六十二《志》第十四《地理五》
徽州府	明代洪武四年（一三七一）	歙、休宁、黟、婺源、绩溪、祁门等6县	117 110	—	19 518	—	《新安志补》
徽州府	洪武九年（一三七六年）	歙、休宁、黟、婺源、绩溪、祁门等6县	120 762	—	20 127	—	《新安志补》
徽州府	洪武二十四年（一三九一年）	歙、休宁、黟、婺源、绩溪、祁门等6县	131 662	581 127	21 943	4.41	据六县县志所载户口数统计。《新安志补》户数作131 660，无口数

名称	年代	领县名称	户	口	每县平均户数	每户平均人口	资料来源
徽州府	洪武二十六年（一三九六年）	歙、休宁、祁门、绩溪、婺源、黟等6县	125 548	592 364	20 925	4.72	道光《徽州府志》卷五《食货志·赋役》
徽州府	永乐十年（一四一二年）	歙、休宁、祁门、绩溪、婺源、黟等6县	128 855	529 001	21 476	4.11	据府县志所载户口数统计
徽州府	天顺六年（一四六二年）	歙、休宁、祁门、绩溪、婺源、黟等6县	96 704	510 425	16 117	5.28	据府县志所载户口数统计
徽州府	成化十八年（一四八二年）	歙、休宁、祁门、绩溪、婺源、黟等6县	96 189	530 850	16 032	5.52	据府县志所载户口数统计
徽州府	弘治五年（一四九二年）	歙、休宁、祁门、绩溪、婺源、黟等6县	96 189	557 373	16 032	5.79	据府县志所载户口数统计
徽州府	嘉靖四一年（一五六二年）	歙、休宁、祁门、绩溪、婺源、黟等6县	114 197	566 397	19 033	4.96	据府县志所载户口数统计
徽州府	万历六年（一五七八年）	歙、休宁、祁门、绩溪、婺源、黟等6县	118 943	566 948	19 824	4.77	道光《徽州府志》卷五《食货志·赋役》

续　表

名称	年代	领县名称	户	口	每县平均户数	每户平均人口	资料来源
徽州府	清代顺治年间	歙、休宁、祁门、绩溪、婺源、黟等6县	206 907	—	34 485	—	据府县志所载户口数统计
徽州府	康熙年间	歙、休宁、祁门、绩溪、婺源、黟等6县	217 152	—	36 192	—	据府县志所载户口数统计

表1-3　宋、元、明、清徽州各县的人口变动①

人口变动 ＼ 地区名称		歙县	休宁	黟县	绩溪	婺源	祁门	总计
宋	户	（嘉定中）22 613	（宝庆中）19 626	（端平中）8 336	（宝庆中）9 684	（端平中）44 432	（端平中）16 683	121 374
	口	39 783	46 038	19 347	26 297	55 932	缺	187 397（缺祁门县数字）
元至元中	户	40 505	36 648	40 505	10 806	（至元二十七年）42 918	（至元）7 483	178 865
	口	195 321	191 064	19 532	53 513	238 617	36 872	734 919

① 歙县面积2806平方公里，休宁面积2339平方公里，黟县面积847平方公里，绩溪面积1126平方公里，婺源面积3173平方公里，祁门面积2257平方公里，总计12548平方公里。

人口变动＼地区名称		歙县	休宁	黟县	绩溪	婺源	祁门	总计
洪武二十四年（一三九四年）	户	40 064	36 863	6 380	13 385	28 027	69 43	131 662
	口	177 340	174 114	22 001	29 213	137 710	30749	571 127
永乐十年（一四一二年）	户	43 112	39 222	4 885	8 442	26 174	7 020	128 855
	口	176 891	173 975	20 664	24 395	100 160	32 916	529 001
天顺六年（一四六二年）	户	30 869	34 002	4 686	3 799	17 770	6 638	97 764
	口	172 939	165 957	24 587	21 769	80 902	44 271	510 425
成化十八年（一四八二年）	户	31 281	33 780	3 630	3 775	17 145	6 578	96 189
	口	176 581	172 816	24 741	25 649	88 727	42 336	530 850
弘治五年（一四九二年）	户	31 281	33 780	3 630	3 775	17 145	6 578	96 189
	口	190 352	178 120	26 117	27 120	91 855	43 809	557 373

人口变动 \ 地区名称		歙县	休宁	黟县	绩溪	婺源	祁门	总计
嘉靖四十一年（一五六二年）	户	39 922	39 348	3 887	6 026	18 295	6 719	114 197
	口	204 000	177 849	24 799	30 731	82 551	46 467	566 397
顺治年间	户	—	—	—	（顺治十二年）14 579	（顺治十四年）4 021	—	—
	丁	（顺治十四年）72 647	63 795	10 269	10 269	32 226	（顺治二年）17 701	206 907
康熙年间	户	—	—	—	—	（康熙二年）14 575	—	—
	丁	康熙五十年当差丁数75 146	65 931	12 829	10 676	32 998	19 572	217 152
雍正年间	户	—	—	—	—	（雍正九年）38 327	—	—
	口	—	—	—	—	83 531	—	—
乾隆年间	户	—	—	（乾隆三十一年）22 993	—	（乾隆十六年）42 853	—	—
	口	—	—	126 145	（乾隆十八年）171 146	142 190	—	—

人口变动 \ 地区名称		歙县	休宁	黟县	绩溪	婺源	祁门	总计
嘉庆年间	户	—	—	—	—	—	（嘉庆十九年）31 445	—
	口	—	—	—	（嘉庆九年）193 161	—	468 734	—
道光年间	户	114 950	—	—	—	—	（道光五年）31 757	—
	口	617 111	—	—	—	—	470 279	—
咸丰年间	户	—	—	—	—	—	—	—
	口	—	—	—	—	—	—	—
同治年间	户	（同治八年）57 477	—	—	—	—	（同治十年）23 163	—
	口	309 604	—	—	—	—	100 249	—
光绪年间	户	—	—	—	—	—	—	—
	口	—	—	—	—	—	—	—

人口变动 \ 地区名称		歙县	休宁	黟县	绩溪	婺源	祁门	总计
宣统年间	户	—	—	—	（宣统二年）19 538	—	—	—
	口	（宣统元年）300 000	—	—	93 037	（宣统二年）215 000	—	—
民国年间	户	—	—	—	（民国三十年）19 691	59 000	—	—
	口	—	—	—	94 478	273 000	—	—
一九五〇年	户	84 356	41 320	14 582	24 500	38 466	20 701	223 925
	口	331 560	149 856	48 147	86 475	168 514	73 420	857 972
一九七一年	户	—	—	—	—	—	—	—
	口	512 959	295 472	78 365	147 031	235 601	139 416	1 408 844

　　从表1-2的统计数字看，唐代天宝元年（七四二年），人口增长到了一个高峰。与刘宋时期相比（中经二百七十八年），户数增加217.8%，口数增加555.1%。到宋代崇宁时期，即距天宝元年之后的三百六十四年，户数增加到天宝元年的182.7%，口数反而减少到天宝元年的30.1%，每户平均口数也从天宝元年的6.27降至1.55。崇宁时期的口数显然是远离于历史实际的。这种户多丁少之弊，在宋代并非仅限徽州一地，而是带有普遍性

的。崇宁元年全国户数 20 264 307，口数 45 324 154，平均每户口数 2.24①。和全国情况相比，徽州地区户多丁少之弊更为严重而已。

南宋时曾任礼部侍郎，长于朝章国典的李心传论及宋代户多丁少之弊时指出：

> 西汉户口至盛之时，率以十户为四十八口有奇。东汉户口，率以十户为五十二口。……唐人户口至盛之时，率以十户为五十八口有奇。……自本朝元丰至绍兴户口，率以十户为二十一口。以一家止于两口，则无是理。盖诡名子户漏口者众也。②

此话大体可信。在宋代，有些非身份性的富户，为了降低户等，避免差役，往往把自己的田产寄托于官户、形势户，有的农民亦把自己的田地寄托于形势户，充其佃客。这些农民实则仍耕种自己的田地，即所谓"诡名挟佃"。还有的人虚立户籍，将田产转移于这一虚立的户名之下。这种子虚乌有的户，时称为"子户"③。诚如李心传所说，由于"诡名子户"，崇宁年间所统计的徽州地区的户数未必准确。宋代没有户税，却有丁赋（即丁盐钱、身丁钱、丁米、丁绢等）。由于税制的影响，户的脱漏比口的漏报要少。户数即使不准确，还比较接近实际。口数则离实际太远了。所以"漏口"当是宋代户多丁少的主要原因。根据日本历史学家加藤繁教授对宋代每户平均口数的估计，南宋时期，徽州人口当以户数乘五，达五十万以上。元代徽州人口数达八十二万，是现存文献记载人口数的最高峰。元代末年距崇宁年间二百六十年。按文献记载的统计数，元代人口比崇宁年间增加 656 408 口，增加 3.9 倍。如果与崇宁朝估计数五十万相比，增加三十二万，只增 64%。后者无疑要比前者合乎封建社会人口增长的规律。到了明代，"洪武三年十一月辛亥，诏令……核民数，给以户帖"④。户帖

---

① 见梁方仲：《中国历代户口、田地、田赋统计》甲表 32 "北宋各朝户口数、每户平均口数及户口数的升降百分比"。

② 《建炎以来朝野杂记》甲集卷一七《本朝视汉唐户多丁少之弊》。

③ 关于"诡名子户"之解释，请参看加藤繁《中国经济史考证》第二卷《宋代的人口统计》一文。

④ 《明太祖实录》卷五十八"洪武三年十一月"条。

开有户主姓名、籍贯和全家口数。口数又分男子成丁、不成丁，妇女大口、小口各若干，每项下分记各人姓名、年龄及其与户主的亲属关系。这是世界上最早试行全面人口普查的记录。这次人口普查的结果，据洪武二十四年（一三九一年）的统计，徽州人口只有五十八万，较之于元代减少了二十四万①。造成徽州人口减少的原因，一方面，是由于元末农民起义时，义军徐寿辉部曾与元朝的军队在这一带发生过拉锯战，"祁门民尽于兵燹，井邑成墟"②，人民大量死亡或逃散；另一方面，则是由于户口统计不确所致。这期间，尽管明王朝实行严格的户口登记制度，如把户帖改为黄册制度；洪武二十二年，又在《大明律》中对逃户作了法律制裁的规定，但在徽州那样四境险阻的山区中，脱户漏口仍在所难免。有明一代的人口，始终没有超过洪武二十六年五十九万之数，这说明人口的统计上报都没有洪武时期严格。一般来说，人口理应得到不断增殖。但是，直到清顺治年间（一六四四至一六六一年），徽属六县人丁额只有二十万六千余丁，康熙年间（一六六二至一七二二年）也只有二十一万七千余丁，这显然是不符合历史事实的。我们知道，清初人口调查，实行编审的办法。始为三年一次，后改为五年一次。人民为逃避丁税负担，普遍并户减口，隐匿不报。"一户或有五六人止一人交纳钱粮，或有九丁十丁亦止一二人交纳钱粮。"③假定五人止一人交纳钱粮的话，徽州清初的人口以丁额乘五，已达百万。明末清初之际，有黔兵为乱，尤其是曾爆发过声势浩大的宋乞等领导的佃仆、奴仆起义，人口减少是可以想象的。但即使如此，清初仍有百万之众，在这之前的人口当不止此数。元末农民大起义之后，据官方统计，明初人口比元代减少了二十四万。清初人口比明代的人口减少似当比此数略多，所以推论明代人口极盛之时（假定为万历六年，即一五七八年），应在一百二十万之谱。至于明代，户籍登记上的人口始终徘徊在五

　　① 元代人口统计数同样是不可靠的。据程一枝《程典》卷二十二《田赋志》第六记载：丁口之混乱，乃至"二人而合一名，或一人而析二名，或三数人而假一名"。
　　② 江同文：《思豫述略》卷四。
　　③ 《清朝文献通考》卷十九。

十万左右，其原因是多方面的，但至少下面两个原因是不可忽视的：一因缙绅地主的势力强大，除自身家族人口隐匿不报之外，还有大批在其荫庇下的佣奴、佃仆人口也未曾登入户册；二是因徽商流寓外地，在外地附籍的甚多。长江流域有"无徽不成镇"之谚，可证明其侨居在外人口之众。这些人往往在侨居地附籍，因而未登入本籍。

徽州地区人口的统计资料，清代反而比明代欠缺。但从表1-3可以看到，太平天国运动前的道光年间，歙县人口数已达六十一万，祁门县人口数达四十七万，比清初约增加了四倍，依此类推，当时徽州地区的总人口当达二百万以上。根据文献记载的人口数及推论数，徽州地区人口的变动，可用图1-1来表示（图中实线表示文献记载数，虚线表示推论数）。

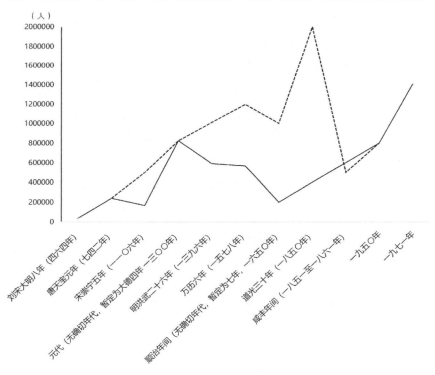

图1-1 徽州地区人口变动

从图1-1看，徽州地区人口的变动有两个值得注意的问题。

一、清代道光之前，人口发展基本上保持逐步向上的趋势。明初、清初虽然曾有所下降，但幅度不大，而且很快又恢复并超过前朝。

人口增长的这种趋势，同当地生产力的不断发展有密切关联。宋代以后，农业、手工业日渐发展。徽州地区这期间也得到进一步开发。占城稻、玉米等农作物新品种陆续从外地引进该地区，花生从海外引入东南沿海后，又渐渐传到了徽州。值得注意的是，这时期家庭手工业得到进一步的发展。与小农业密切结合的家庭手工业的迅速发展，使劳动力得到充分利用。男女老幼皆可参加力所能及的手工业生产，增加一双手就可增加一份收入，纯消费的人口仅限于完全无劳动力的幼儿和老人。不仅纯消费的人口很少，而且一个人的纯消费时间也大大缩小，从六七岁至老死前都可参加生产。可见，家庭手工业的发展及其商品化，是刺激人口增加的一个因素。

此外，人口增长的这种趋势，同封建生产关系的局部变化也不无关系。清中叶以后，缙绅地主的式微，庶民地主的抬头，佃仆制的日渐衰落，使自耕农数量相对稳定，这也是人口增殖的催化剂。

最后，封建赋役制度的改变，也是人口不断增长的一个重要原因。清代康熙朝决定以康熙五十年（一七一一年）的丁额作常额，"以后滋生人丁永不加赋"。雍正七年（一七二九年）又推行"摊丁入地"政策。赋税政策上的这些变化，对人口的增长也起了刺激的作用。加之道光朝之前，没有出现全面的、大的战乱和灾荒，因而，人口才能够不断增长。以上种种，都是清代道光朝之前，人口基本上保持逐步上升的原因。咸丰之后，人口急剧下降，则是徽州是太平天国农民起义军部将李世贤的根据地，因而遭到清军残杀蹂躏。人民所遭受的杀戮，正如民国《歙县志》作者所说的，"咸丰间兵事，歙人受祸，实为奇酷，……全县人口十损七八"[1]。兵燹之后，一度繁荣"甲于四方"的岩镇[2]便被夷为平地。这种情况，几乎

---

① 民国《歙县志》卷十一《人物志·列女》。

② 汤宾尹《睡庵集》卷二十二载："歙人民巷舍所居，动成大都会，甲于四方，岩镇为甚。"

徽属诸县皆然，非仅限于歙县一地。战乱期间，已不能进行正常的农业生产，被饿死的人亦不计其数[①]。因此，直到中华人民共和国成立后，依然没有恢复到太平天国农民革命起义之前的人口数额。

二、人口增长速度经历了一个"马鞍型"变化。唐天宝元年至元代大德四年，即七四二年至一三〇〇年的五五九年间，人口从二十四万增至八十二万，净增五十八万，每年平均增长1038人，年递增率为0.221%；从元代大德五年至明万历六年，即一三〇一年至一五七八年的二七八年间，人口从八十二万增至一百二十万，净增三十八万，每年平均增长1367人，年递增率为0.14%；从明万历七年至道光末年，即一五七九年至一八五〇年的二七二年间，人口从一百二十万增至二百万，净增八十万，每年平均增加2941人，年增长率为0.19%。这种人口增长速度前后高、中间低的情况，是复杂的历史因素综合作用的结果。唐天宝元年到元大德四年，增长速度之所以较快，主要是因为在唐末至宋代有大量移民源源迁入，定居于此，并非纯属自然增长。明已降，没有发现成批的移民入迁。相反，自明中叶起，随着徽州商人资本的发展，迁往外地城镇居住的人口日多。这就是为什么元代大德五年以后，人口增长速度反比这之前缓慢的主要原因。明万历七年至道光末年的人口增长速度加快，超过元大德五年至明万历六年间的增长速度，其原因主要是由于徽州山区的开发速度愈加迅速，生产力的发展加快。明嘉、隆至清乾隆年间又是徽商发展的黄金时代，也是徽州政治、经济、文化迅速发展的时期，这些因素的交相作用，促进了人口的加速发展。

下面讨论徽州耕地面积变动情况。根据嘉靖《徽州府志》、道光《徽州府志》和安徽省档案馆藏档案所记载的耕地面积数制成表1-4。清初以后至一九五〇年以前的田亩数，资料欠缺，只好暂付阙如。

---

① 详见《徽州哀话》一书（藏绩溪县图书馆）。据该书记载，当时甚至发生人相食的惨状。

表1-4　徽州地区耕地面积变动

（单位：亩）

县名 数字 年代	歙县	休宁	黟	绩溪	婺源	祁门	合计	以南宋为100%	注
宋代（南宋）（一二七九年）	276 120	304 433	104 648	309 546	795 789	717 636	2 508 172	100%	据嘉靖《徽州府志》
元代（一三六七年）	475 477	464 425	338 887	322 535	1 008 064	729 891	3 339 279	133%	据嘉靖《徽州府志》
明洪武二十四年（一三九一年）	550 409	516 879	341 642	340 383	501 927	158 457	2 409 697	96%	据嘉靖《徽州府志》
永乐十年（一四一二年）	550 496	516 972	342 510	340 383	524 169	163 356	2 437 886	97%	据嘉靖《徽州府志》
天顺六年（一四六二年）	550 574	517 094	344 429	340 495	534 302	209 952	2 496 846	99.5%	据嘉靖《徽州府志》

续　表

县名数字 年代	歙县	休宁	黟	绩溪	婺源	祁门	合计	以南宋为100%	注
成化十八年（一四八二年）	550 643	517 186	345 804	340 495	553 502	219 736	2 527 366	101%	据嘉靖《徽州府志》
弘治五年（一四九二年）	550 634	517 186	348 804	340 495	553 572	217 056	2 527 747	101%	据嘉靖《徽州府志》
嘉靖四十一年（一五六二年）	550 685	517 466	348 894	340 495	569 308	218 265	2 545 113	101%	据嘉靖《徽州府志》
—	（照原额）550 685	万历十年 569 266	万历九年 349 499	万历九年 350 827	万历九年 573 787	万历二十年 251 801	2 645 865	—	据道光《徽州府志》
—	天启年间 377 425	泰昌一年 569 472	—	—	天启二年 625 918	万历四八年 251 841	—	—	—
清康熙六十一年（一七二二年）	490 619	480 296	164 049	203 851	503 099	214 665	2 056 579	82%	据道光《徽州府志》

续 表

年代\数字\县名	歙县	休宁	黟	绩溪	婺源	祁门	合计	以南宋为100%	注
一九五〇年	368 900	260 000	79 461	95 000	344 288	130 824	1 278 473	50.97%	根据安徽省档案馆所藏的资料
一九七〇年	380 000	260 000	90 000	110 000	319 249	120 000	1 279 249	—	根据《安徽省地图》一书记载的资料

从表1-4看，元代的田亩面积最大，整个徽州路比宋代增加了33%。明代，虽然屡经垦辟，但从全府看，田亩面积较之宋代或略为增加，或稍微下降，变化不大。始终未曾达到元代的数额。清康熙年间则降至宋代的82%。迨到中华人民共和国成立前后，下降幅度更明显。据一九五〇年的统计数，除歙县以外，徽州地区田亩普遍大幅度降低，这显然是不符合实际的。这是为什么呢？首先，不管历朝土地管理登记制度如鱼鳞图册制度等如何严格，但是鞭长莫及，依然不可能把穷乡僻壤的民间田亩数完全登记准确。正因为土地册上的田亩面积混乱，所以，在民间土地契约上，除写明亩数外，同时还附上产量或租额，有的甚至着重强调后者。例如，《明嘉靖合同标书》上就写明："不以亩步为拘，而以秤数为定。"[①]其次，由于各类田亩的折算比例因时因地不同。这一点我们从一九五一年土地整理档案资料中可以得到说明。一亩地的实际面积常因田、地、山、塘而

---

① 《明嘉靖合同标书》，编号2:16747，原件藏安徽省博物馆；又见《明万历谢氏誊契簿》，编号2:16761，原件藏安徽省博物馆。

异，一亩山的面积也因有高山、中山、低山的差别而不同。据歙县南源村一九五〇年丈量的结果，高山的一习惯亩可折合田 1.928 市亩。低山的一习惯亩则只折合田 1.613 亩。田的习惯亩与市亩则较接近，一亩等于 0.936市亩。有的茶山则以收 150 斤茶折田一亩。一九五〇年徽州地区的田亩数便是这样折算出来的。除茶山不能反映其实际面积外，基本上是符合实际的。由此推论，历史上的统计数字，显然会因各地习惯亩的不同，以及山、地、塘折算标准的不同，而造成数字的混乱。例如，宋代祁门田亩面积达七十一万亩，同期歙县田亩数则仅达二十七万亩，仅为祁门亩数的38%。歙县开发最早，有当地最大的徽州盆地横跨境内，田亩与祁门的差距如此之大，绝无是理。一九五〇年土地整理时，丈量的结果也证明了这一点。可见宋代歙县的数字当是熟田，而祁门则把荒地、山、塘都包括在内了，或者歙县的田亩数是经过折算的，而祁门则是田地、山、塘的总和。元代的数字则可以肯定是生熟田地及山、塘的总和。方志上即注明元代的数字是"田土"，而非耕地面积。明代初年，一些县份的数字，因沿袭元代旧例，包括生熟荒地、山、塘在内。如歙、休宁、黟、绩溪等是。以后尽管不断开垦，但多系由荒田变熟田。虽然也新垦辟了一些山地、池塘，但已折算成田，所以明末耕地面积比明初增加甚微。笔者在上海图书馆看到的休宁鱼鳞册中都将田土——实在地、山、田总额"分折实田"，即折算成税田。在清代，方志上更明确指出统计数是"田地山塘折田"。道光《徽州府志》上记载：清初的田 1 590 967 亩，地 444 242 亩折实田278 708 亩，山 684 267 亩折实田 151 733 亩，塘 32 116 亩折实田 34 868 亩。地折合税田的比率是 62.7%，山是 22%，塘是 108.6%。田地山塘的总计是2 751 592 亩，折合税田 2 056 276 亩（比表 1-4 分县统计少 303 亩）。明代及其以前的田亩数字中是全部还是大部折合成税田，折合的比率如何，已不甚了了。

在生产技术变化不大的情况下，单位面积产量的提高是有限的。宋代以来人口不断增多，势必在扩大耕地面积上求出路。但由于徽州山多且险峻，这种自然条件局限了耕地面积的扩大。上表的数字虽然不完全准确，但这个统计数与宋代以来的耕地面积基本上平稳地保持在一个水平上，因此，似当离实际不会太远。试以文献上的统计数及估计数制成表1-5。

表1-5　徽州地区人口密度及每人平均耕地面积变化

年代	人口	每方公里人口数	耕地面积/亩	每人平均耕地面积/亩	备注
宋代	崇宁年间（一一〇二至一一〇六年）167 896（540 000）	13（43）	（南宋年间）2 508 172	14.9（4.6）	凡括号内数均为估计数
元代	824 304	65.7	3 339 279	4.05	—
明代洪武二十四年（一三九一年）	581 127	46.3	2 409 697	4.15	—
永乐十年（一四一二年）	529 001	42.2	2 437 886	4.6	—
天顺六年（一四六二年）	510 425	40.7	2 496 846	4.9	—
成化十八年（一四八二年）	530 850	42.3	2 527 366	4.76	—
弘治五年（一四九二年）	557 373	44.4	2 527 747	4.54	—
嘉靖四十一年（一五六二年）	566 397	45.1	2 545 113	4.49	—

年代	人口	每方公里人口数	耕地面积/亩	每人平均耕地面积/亩	备注
万历二十八年（一六〇〇年）	1 200 000	95.6	2 645 865	2.2	—
清代康熙年间	217 152（1 085 000）	17.3(86.5)	2 056 579	9.47(1.9)	括号内数为估计数
道光三十年（一八五〇年）	2 000 000	159.4	3 000 000	1.5	估计数
一九五〇年	857 972	68.4	1 278 473	1.49	—
一九七〇年	1 408 844	112.3	1 279 249	0.91	—

资料来源：本表是根据本节前诸表制成的。

从表1-5可以看到，明代徽州地区每口的平均田地数远比全国的每口平均田地数少。根据梁方仲教授的统计，明代诸朝全国每口平均田地数都在6.5亩至20.6亩之间波动，清代顺、康、雍年间全国每丁平均亩数则在27.65亩至33.44亩之间波动[①]。而明代的徽州地区每口平均亩数却在4.15亩至4.9亩之间，摆动幅度不大；清代康熙年间每丁平均亩数虽升为9.47亩，但较之全国的每丁平均数仍然距之遥遥。明清时期徽州的人口密度远比各地为高。因此出外营商便成为当地相对过剩人口的一个出路。但也仅仅是一个出路，并不能解决这一问题。人口的相对过剩对奴隶制残余以及佃仆制的流行也多少起了些助长作用。

纵观徽州人口、耕地面积变化的概貌，可以看出，作为生产力中重要因素的人口，比生产力的其他因素变化要快；作为劳动对象的土地却比较

---

① 见梁方仲：《中国历代户口、田地、田赋统计》甲表66"明代历朝每户平均口数及每户每口平均田地数"，甲表75"清顺治、康熙、雍正三朝每朝及每十年平均人丁数、田地数及每丁平均亩数"。

平稳，变化不大。人口与土地变动的背后交织着十分复杂的政治经济因素，它既是徽州政治、经济、文化变化一个侧面的反映，又对徽州各方面的历史进程产生了作用。

二、封建土地占有关系和乡绅阶层

封建社会的基础是封建土地所有制。要了解明清徽州地区农村社会的经济结构，必须首先对当地的封建土地占有关系作一探索。封建土地占有关系涉及封建生产关系的各个方面，触及面甚广。本章只拟着重探讨土地占有形式，土地买卖与土地兼并，地主经济的剥削方式和特点，乡绅地主身份地位的变化情况等。

（一）封建土地所有制诸形态

秦汉之际，徽州地区乃越人居住之地，阶级分化还不很明显。正如《史记》所称："江淮以南，无冻饿之人，亦无千金之家。"①如前所述，汉代以后，尤其晋、宋迄唐末，北方强宗大族纷纷迁入，他们恃强兼并土地，抑勒土人和从外地逃来的农民充当其部曲、佃客，由此，封建土地所有制便不断地发展起来。到了明清时期，除自耕农土地所有制之外，私人地主土地所有制并没有显著扩大，但宗法地主土地所有制则日益发展。

1.私人地主土地所有制

以全国而论，从明中叶起到明末，大土地所有制加速发展，田连千顷的地主不乏其人。河南"缙绅之家率以田庐仆从相雄长，田之多者千余

---

① 《史记》卷一百二十九《货殖列传》。

顷，即少亦不下五七百顷"①。在江南"有田者什一，为人佃作者十九"②。

但徽州的情况和全国不一样，从现存大量分家书、鱼鳞册等契约账簿，以及徽人文集等文献资料来看，明清时期，徽州没有发现占地数千亩以上的地主。休宁泰塘程一枝之祖程神佑，明初有"田产千亩"，即被视为甲于一乡而载诸《家记》③。万历天启年间"富甲一县"的缙绅、富商吴养春，占有黄山山地二千四百亩，这在明清时期的徽州已是罕见的了，而且这些山地都是松杉树木林地，并不是着意于出租剥削。北宋初年，祁门善和里程氏地主"所畜田园自乡里外郡，如池之石埭、宣之太平皆有之"④，并畜有大量牛羊。但到了明代这个家族虽依然屡世仕宦，占有的土地却只限本乡，已经为数不多了。万历二十四年（一五九六年），五大房未分之公有田产只有二百六十二亩又四十六丘，租谷三千零十七秤⑤。曾任义兵万户长，随同朱元璋部将邓愈转战安徽浙江一带，立有战功的歙人毕仁，坐罪蒙宥退归乡里后，"营置膏腴之田五百亩"⑥。在当时，这也算得是广置田产，因而载之于族谱。清代也没发现占有巨额田产的地主。当时，每户地主所占有的田地绝大部分只在百亩左右，几百亩以上的很少。中华人民共和国成立前，地主土地占有情况也大致如此。试以屯溪市郊徐村、祁门莲花塘村和歙县龙井村为例，将地主占有土地的情况制成表2-1。

---

① 郑廉：《豫变纪略》卷二。
② 顾炎武：《日知录》卷十《苏松二府田赋之重》。
③ 程一枝：《程典》卷二十三《食货第七》。
④ 《祁门善和程氏谱》足征录卷三《书四府君派后》。
⑤ 根据程昌《窦山公家议》卷四《田地议》所开列的田产、租谷统计。
⑥ 《新安毕氏族谱》（正德刻本）。

表2-1　一九五〇年徐村、莲花塘、龙井村地主占有土地情况

村名	户数			人口			土地			每户平均占有土地数/亩		每人平均占有土地数/亩	
	全村户数	地主户数	地主户数占比	全村人数	地主人数	地主人数占全村比	全村土地数	地主土地数	地主土地数占全村比	全村	地主	全村	地主
徐村	138	5	3.6%	579	25	4.31%	1114.43	630.33	56.56%	8.08	126.07	1.92	25.21
莲花塘	202	4	2%	694	21	3%	1872.499	110.99	5.9%	9.27	27.75	2.70	5.29
龙井	110	14	12.7%	377	68	18%	1199.5	758	63.2%	10.9	54.14	3.18	11.15

　　资料来源：华东军政委员会土地改革委员会编《安徽省农村调查》。

　　表2-1中，徐村每户地主平均占有土地为126.07亩，龙井为54.14亩，莲花塘更低至27.75亩，其中除莲花塘因有特殊原因占有数偏低外，其余两村的数字应该说是典型的。据同一时期歙县、休宁、祁门、绩溪、黟县、旌德、屯溪市等六县一市的统计，地主每户平均占有土地也只有52.78亩[1]。可见明清以来徽州地区没有大的土地所有者。

　　在徽州没有发现私人大土地所有者是有原因的。首先，明清以来，祠田、族田不断发展，土地兼并的余地因此愈来愈少。因为这一类田地是禁止变卖的，田地一旦转入祠田、族田，便被排斥出土地买卖范围之外而陷于僵化。其次，土地买卖常受到宗法血缘关系的限制。亲族有优先购买权，这对土地买卖的发展是一种束缚。再次，徽州地处"山谷之间，无平原旷野可为耕田"[2]，加之这种山田中，膏腴之田更少，一年的粮食产量

---

　　① 华东军政委员会土地改革委员会：《安徽省农村调查》。
　　② 归有光：《震川集》卷十三《白庵程翁八十寿序》。

有时只够维持两个月①。这种土质硗确，产量低微的田地，对购买者引诱力是不大的。总之，由于上述种种原因，使徽州地区土地的兼并集中受到很大的限制，长期以来，没有形成大的土地占有者。

2.宗法地主土地所有制

私人地主占地的偏低，并不表明徽州地区封建土地所有制的削弱。因为，这期间，徽州地区封建土地所有制的重心乃是宗法地主。忽视了宗法地主，就不能理解徽州的土地所有制。徽州地区宗法地主所有制的形式是多样的，其名称有族田、祠田、墓田、寺庙田、祭田、义田、学田等（下面统称之为族田）。在徽州，这是一种值得注意的土地占有形态。"祭田"，即"为祭而置者"②"祭之有田，业可久也"，属于供赡祖茔祠堂的产业③。祠田、墓田、寺庙田是专为各自的祭祀之用。义田、族田是为赡济"族之贫不能自业者"④。学田则作为鼓励教育族内子弟之费用。此外，还有跨宗族的地域性的乡党公会田，用作联络乡党感情的会餐费用，以及砥砺名教，解决地方纠纷，或与外地争讼的费用。这类田既不普遍，数量也不大。以上种种名目之田，用途虽各有区别，但必要时也可互用。值得注意的是，这些田地，名为宗族公有财产，实际上多由族长管理，或由宗族缙绅指定的人管理，还有的是轮房管理。但不管采取什么管理形式，都在缙绅地主的控制之下。这种土地占有形式，我们一概称之为宗法地主土地所有制。

这一类土地所有制的出现，非自明代始。早在宋代，范仲淹已创设义田。南宋袁采在《袁氏世范》一书的"置义庄以济贫族"一则中，从宗法制的角度就义田问题大发议论。朱熹更积极提倡设置祭田。他在《家礼》中规定："初立祠堂，则计见田亩，每龛取其二十之一，以为祭田。"这一规定在其家乡徽州地区的影响更为深远。南宋以后，义田、祭田等一类田

---

① 天启七年二月大理寺寺正许志吉上的奏折，转引自程演生：《天启黄山大狱记》。
② 范涞：《休宁范氏族谱》。
③ 许登瀛：《重修古歙东门许氏宗谱·家规》。
④ 江珍：《许氏义田宅记》，见许登瀛：《重修古歙东门许氏宗谱》。

产便逐渐发展起来。例如，南宋时，休宁下东金氏已设置义田九十余亩，计租一千秤；宋淳祐和明弘治年间，又陆续增置①。祁门城东汪浚也在宋时置立义田②。但是，义田的大规模设置是在明朝以后，尤以清朝为最。

入明之后，从朝廷至地方官府，都把朱熹的《家礼》当作除颓风、易败俗、广治化的良策而加以推行③。因此，《家礼》中关于置祭田的规定便产生了更大的影响。例如，嘉靖三十五年（一五五六年），谢氏地主分家时，便遵朱熹《家礼》规定，"将分下所有田地山场存留一十七处（按：据统计，田地共44.515亩，又山场98处），逐年收贮善则堂，永为祭祀祖宗、修理堂宇"④之用。在朱熹的倡导下，官僚、道学家们趋之若鹜，纷纷慷慨解囊，捐资购置祭田。例如，明天顺、成化年间，婺源县鲕溪汪氏宗族中有八人考中举人、进士，他们在为表彰其功名而树立"聚英"牌坊时，各捐银两购置义田，称为"聚英坊义田"，并在"宗规"中规定，凡以后中举者，照例捐资购置义田⑤。嘉靖朝，兵部左侍郎歙县鲍象贤捐俸二百两，购买田八十亩、地四亩，作为他两个无出侍妾的祭田⑥。清乾隆年间，担任衡、永、郴、桂四郡观察使的歙人许登瀛捐银八千两，建祠堂楼馆，及置田产，以供"春秋二祭"⑦。乾隆七、八两年，歙县潭渡人清刑部安徽司郎中黄履昊"捐银计一万六百两，置田八百八十余亩"作义田，用以"恤族姓之贫孤"⑧。

徽商捐资购置，尤为族田的重要来源。有的富商巨贾捐资购置的族田，一次可达千亩以上。徽商的购置当占这一类田地的大部分。有关这方面的情况，拟留在后文"徽州商人商业利润的封建化"中加以讨论。

---

① 《新安休宁文昌金氏世谱》附录《下东金氏义庄赡茔》（成化刻本）。
② 同治《祁门县志》卷三十《人物志·义行·汪浚传》。
③ 《明会要》卷五十一《民政二·风俗》。
④ 《明嘉靖合同标书》，编号2:16747，原件藏安徽省博物馆。
⑤ 汪云秀：《汪氏世范录》（婺源）。
⑥ 《棠樾鲍氏宣忠堂支谱》卷四。
⑦ 《许氏阖族公撰观察蓬园公事实》，见许登瀛：《重修古歙东门许氏宗谱》。
⑧ 黄质：《仁德庄义田旧闻》，见《滨虹杂著》。

此外，送祖先神主入祠所交的神主费，也往往用来购置祭田。许氏家祠规定："凡是许氏后裔，分支祖有入许氏家祠神主，交纹银三至五两，聚买祀田，永供俎豆牌位。"①不过，在全部族田中，用神主费购置的族田数量并不多。

现将笔者搜集的族田设置资料列表2-2如下：

表2-2　徽州族田举例

例	时间	地区	氏族	捐置人	田产名称	面积/亩	租额	资料来源
1	南宋	休宁	金	—	义田	90余	1000秤	《新安休宁文昌金氏世谱》
2	南宋	祁门	汪	汪浚	义田	—	—	同治《祁门县志》卷三十《人物志·义行》
3	南宋	歙县	程	—	庙田	65.28	—	《休宁陪都程氏本宗谱》《附录》
4	元	祁门	吴	吴元杰	寺田	100	—	同治《祁门县志》卷三十《人物志·义行》
5	明	祁门	胡	胡天禄及其子孙	义田	330	—	康熙《徽州府志》卷十五《人物志·尚义》
6	明	婺源	汪	汪焕祖	族田	100	—	康熙《徽州府志》卷十五《人物志·尚义》
7	明	歙县	罗	罗元孙	族田	100	—	康熙《徽州府志》卷十五《人物志·尚义》

---

① 《清代许氏宗祠神主票》，编号2:233616，原件藏安徽省博物馆。

例	时间	地区	氏族	捐置人	田产名称	面积/亩	租额	资料来源
8	明	休宁	吴	吴继良	义田 学田	100 87	—	康熙《徽州府志》卷十五《人物志·尚义》
9	明	歙县	李	李天祥	义田	?	—	民国《歙县志》卷九《人物志·义行》
10	明	歙县	余	余文义	族田	120	—	康熙《徽州府志》卷十五《人物志·尚义》
11	明	歙县	方	方尚本	义田	数十亩	—	民国《歙县志》卷九《人物志·义行》
12	明	?	郑	—	义田	—	700余秤	郑仕素等九人立的租约
13	明	歙县	谢	谢显佑	义田	?	—	民国《歙县志·恤政志·优老·义田》
14	明	歙县	许	许禾	义田	?	—	民国《歙县志》卷三《恤政志·优老·义田》
15	明	歙县	程	程钧	义田	?	—	民国《歙县志》卷三《恤政志·优老·义田》
16	明	歙县	吴	吴荣让	—	?	—	民国《歙县志》卷三《恤政志·优老·义田》
17	明	祁门	马	马禄	祭田	—	—	同治《祁门县志》卷三十《人物志·义行》
18	明	休宁	程	?	祠田	10亩又山二处	—	《新安休宁古城程氏宗谱》

例	时间	地区	氏族	捐置人	田产名称	面积/亩	租额	资料来源
19	明	休宁	范	？	祭田	22.38	—	范涞《休宁范氏族谱》
20	清	歙县	吴	吴邦伟	祭田	千余亩	—	民国《歙县志》卷九《人物志·义行》
21	清	歙县	江	江承珍	族田	200	—	民国《歙县志》卷九《人物志·义行》
22	清	歙县	许	许以景	义田	数顷	—	民国《歙县志》卷九《人物志·义行》
23	清	歙县	方	方德龙	义田	109	—	民国《歙县志》卷九《人物志·义行》
24	清	歙县	许	许以晟	义田	百余亩	—	民国《歙县志》卷九《人物志·义行》
25	？	歙县	许	许日辉	义田	七千余亩	—	民国《歙县志》卷九《人物志·义行》
26	清	歙县	胡	胡纯睦	义田	四十余亩	—	民国《歙县志》卷九《人物志·义行》
27	清	歙县	江	江振鸿	族田	千数百亩	—	民国《歙县志》卷九《人物志·义行》
28	清	歙县	汪	汪人御	义田	500	—	民国《歙县志》卷九《人物志·义行》
29	清	歙县	郑	郑廷佐	祭田	50余	—	民国《歙县志》卷九《人物志·义行》

例	时间	地区	氏族	捐置人	田产名称	面积/亩	租额	资料来源
30	清	歙县	鲍	鲍玉堂	族田	500	—	民国《歙县志》卷九《人物志·义行》
31	清	歙县	汪	汪受嘉	祭田	数十亩	—	民国《歙县志》卷九《人物志·义行》
32	清	祁门	谢	谢明哲	学田	140	—	同治《祁门县志》卷三十《人物志·义行》
33	清	绩溪	曹	曹六行	学田	数十亩	—	乾隆《绩溪县志》卷八《人物·尚义》
34	清	祁门	黄	黄佑生	祭田	数十亩	—	同治《祁门县志》卷三十《人物志·义行》
35	清	祁门	汪	汪兆滋	祭田	数十亩	—	同治《祁门县志》卷三十《人物志·义行》
36	清	祁门	洪	洪世迎	义田	百余亩	—	同治《祁门县志》卷三十《人物志·义行》
37	清	祁门	张	张为镇	义田	数十亩	—	同治《祁门县志》卷三十《人物志·义行》
38	清	祁门	张	张启勋	祭田 义田	数百亩 数十亩	—	同治《祁门县志》卷三十《人物志·义行》
39	清	祁门	许	许鑫	族田	十余亩	—	同治《祁门县志》卷三十《人物志·义行》

例	时间	地区	氏族	捐置人	田产名称	面积/亩	租额	资料来源
40	清	祁门	黄	黄万仞	祭田	—	300秤	同治《祁门县志》卷三十《人物志·义行补遗》
41	清	祁门	谢	谢时贵	祠田	35	—	同治《祁门县志》卷三十《人物志·义行补遗》
42	清	？	金	？	族田	32.97	—	新安金泰续编《金氏家谱》（乾隆三十年刻本）
43	清	歙县	汪	？	祠田	4.9	6石4斗	《歙西塈田汪氏家谱》（光绪刻本）
44	清	歙县	徐	？	祠田	12.16	—	《歙西朱方徐氏族谱》（乾隆刻本）
45	清	歙县	黄	？	墓田	5.23	66斗又银1两7钱5分	《潭渡孝里黄氏族谱》（雍正九年刻本）
46	清	？	项	—	祠田	18	—	《桂溪项氏祠谱》（乾隆刻本）
47	清	歙县	鲍	鲍启运	义田	1249.5	22 836.51斗	《棠樾鲍氏宣忠堂支谱》（乾隆刻本）
48	清	歙县	鲍	鲍志道老婆	义田	101.09	2285斗	《棠樾鲍氏宣忠堂支谱》（乾隆刻本）
49	清	歙县	鲍	？	祀田	？	2317.1斗	《棠樾鲍氏宣忠堂支谱》（乾隆刻本）

例	时间	地区	氏族	捐置人	田产名称	面积/亩	租额	资料来源
50	清	歙县	鲍	—	祠田	130	—	《鲍氏着存堂宗祠谱》（清黑格写本）
51	清	歙县	黄	黄履昊	义田	880余亩	—	《仁德庄义田旧文》见黄质《滨虹杂著》
52	清	歙县	汪	汪裕琮	祭田义田	?100	—	民国《歙县志》卷九《人物志·义行》

　　族田不得典卖，主管人如有盗卖等情，以不孝论处。由于不断地增置，族田的数量愈来愈多。到了中华人民共和国成立前，宗法地主土地所有制发展到历史上的最高峰。封建宗法制强固的村庄，族田所占的比例特别大，有的成为当时最大的土地占有者。我们试以一九五〇年祁门县莲花村的族田为例作一考察。

　　莲花村是一个行政单位，包括东塘、西塘、黄土塘、下塘、合村、莲花塘等六个自然村，绵延十余里，居住着吴、项、余、汪、朱、黄、范等七姓。除每个宗族各有宗祠外，还有乡党寺会。各个宗祠和寺会均有田产。现将各祠堂寺会占有土地情况统计如表2-3。

表2-3　一九五〇年莲花行政村祠堂、寺会占有土地统计

名称		占有田亩数/亩	占全村田亩总数百分比	备注
全村		1 872.499	100%	—
各宗族祠会	吴致顺堂	982.864	52.49%	—
	项氏宗祠	31.61	1.69%	—
	余德宁祠	106.22	5.67%	—

名称		占有田亩数/亩	占全村田亩总数百分比	备注
各宗族祠会	汪氏宗祠	23.3	1.24%	—
	黄氏宗祠	5.8	0.31%	—
	朱务本堂	19.4	1.04%	—
	范永机清明会	31.1	1.66%	—
乡党寺会	谱福寺	25.68	1.37%	由吴、朱、黄、余、汪、项等六姓组成
	五门会	21.2	1.13%	由余姓的三个支派和黄、项姓组成
	聚奎文会	9.6	0.51%	由余姓的三个支派和项姓组成
	同英文会	13.45	0.72%	由莲花村及其附近的有功名的人组成:"以名教相砥砺,乡有争竞,始则鸣族,不能决则诉于文会。"见《歙风俗礼教考》
	同善茶亭	7.8	0.42%	由全村七姓组成
合计		1 278.024	68.25%	—

　　莲花行政村祠堂、寺会的土地占全村土地总亩数的68.25%,这种情况虽不普遍,但也不是绝无仅有。同一时期,祁门县查湾公堂祠会的土地也占全村总耕地面积的75.2%。至于一般的村庄,族田也占有一定的比重。现以祁门查湾、歙县岩寺东堨村、西堨村和长陔礼教村等四个村庄为例,把这些不同类型的村庄的族田占有情况列成表2-4。

表2-4 一九五〇年查湾、东塌、西塌、长陔礼教村族田占有情况

村名	全村土地总面积 / 亩	祠堂寺会数	祠堂寺会田		备注
			亩数	占全村总田亩数	
查湾	2 344.3	21	1 762.5	75.2%	
东塌	2 005.35	5	100.5	5%	
西塌	3 140.9	6	100.43	3.2%	
长陔礼教	847.85	18	103.71	12.2%	长陔、礼教原是两个村,因祠堂祀会两村共有,故作一村计算,合并统计

资料来源:皖南区党委农村工作部《农村情况与土地关系》

表2-4四例中,各宗族拥有的族田情况是不一样的。第一例,族田在全部土地中所占比例高达75.2%。查湾汪姓自明中叶以降,屡出仕宦之人,是一个在地方上有政治势力的宗族。同时,该地商业资本也很发达。直至中华人民共和国成立前,营商的人仍然不少(详见本书附录《关于徽州的佃仆制的调查报告》)。根据我们掌握的材料,除一些充当大姓佃仆的小姓没有祠堂,不置族田外,几乎各个宗族都有数量不等的族田。据一九四九年统计,徽州耕地面积1 183 477.46亩,其中族田一类土地169 431.49亩,占总耕地面积14.32%[①],这数字大体符合历史事实。在徽州地区的家乘谱牒中,屡见"一依文公家礼",墓、祠各有祭田的记载。依《家礼》规定,要按当时的田亩数取二十分之一为祭田。单这一项已占5%,再加上义田、学田、族田等,数量当远超过此数。

综上所述,宗法土地所有制之所以特别发达,并成为徽州地区封建土地所有制的重心,是由于在朱熹的倡导下,当地的封建官僚和各个大族,

---

① 中共安徽省委农村工作部:《安徽省土地改革资料》。按:中华人民共和国成立初期徽州所属的婺源县已划归江西,另划入旌德县。此数指当时徽州所领有的地区。下同。

都把祠产族田视为实现宗法制尊祖、敬宗、收族三个原则的物质条件，因此广为设置，其中尤其是富称天下的徽商积极捐资购置祠产族田，更对徽州宗法土地所有制的发展起了很大的推动作用。宗法土地所有制的发展，同徽州封建宗法势力的强固，相互作用，互为因果。

3. 自耕农土地所有制

自耕农是一个不稳定的阶层。它往往是一个社会阶级关系张弛的显示器。当阶级压迫、剥削严重时，其数量往往减少；阶级关系趋向缓和，其数量则随之增加。徽州自耕农的数量虽时有增减，但波动的幅度并不大。从徽州没有发现大的土地所有者来看，相对地说，明清时期自耕农数量及其占有田亩数当比其他地方要多些。由于历史文献没有分阶层的记载，因此，明清徽州自耕农在总户数中的比例已无法确知。据中华人民共和国成立初期即一九四九年的统计，徽州的总户数为215 754户，其中自耕农的户数为66 316户，占总户数的30.74%；总耕地面积1 183 477.46亩，其中自耕农的土地面积323 269.84亩，占总耕地面积的27.32%。另外，还有半自耕农的土地178 225.79亩，占总耕地面积的15.06%。自耕农和半自耕农土地之总和达501 495.63亩，占总耕地面积的42.37%[①]。不过应当指出，太平天国运动期间，由于清军和太平军的多次拉锯战，曾造成徽州地区经济凋敝，人口锐减，有些城乡夷为废墟。地主经济受到了太平天国革命的沉重打击，自耕农的数量则相对上升。因此，上面关于自耕农的统计数也当比明清时期为高。但尽管如此，这个数字仍在一定程度上证明，徽州地区自耕农数量确比其他地区要高一些。

徽州自耕农的数量及其占有的土地数量相对多，而且相对稳定的状况，其原因是复杂的。首先，明代以来，直至清代的咸丰年间太平天国运动前，这里没有发生过大的社会动荡。诚然，当明清新旧王朝嬗递之际，徽州的佃仆宋乞[②]领导佃仆、奴仆起义，曾给缙绅地主以沉重的打击。但

---

① 中共安徽省委农村工作部：《安徽省土地改革资料》。

② 黄质《滨虹杂著》的《陶长公传》中称宋乞为"地仆"。按：黄质是歙人，熟悉家乡掌故，没有如一般书所记载称之为"奴"。

打击的范围限于拥有佃仆、奴仆的地主。同时，这次起义很快便被镇压了下去，没有造成整个社会的大动荡。其次，因当地土地瘠薄，徽州的乡绅地主对土地的追求相对地说不像其他地区的地主那样急切。因此，这个地区土地的兼并速度是很慢的。这里没有发现大的土地所有者，可见土地兼并相对缓和。复次，宗法地主愈到后来愈成为土地的主要兼并者，这对自耕农固然是一种威胁，但宗族地主购置的田产，对族内的自耕农又起到一定的稳定作用。族田的一个目的就是为了赡族。遇到天灾人祸时，宗族对族内自耕农发放免息贷款，或给予赈济，防止其彻底破产。对宗族地主来说，族内保持一定数量的自耕农，既符合所谓"敬宗恤族"的道德规范，有利于消融族内的阶级对立，又便于缙绅地主将其应担负的赋税转嫁到自耕农的头上。

以上便是明清徽州自耕农土地所有制相对发达的原因。

明清时期的徽州，以上三种土地所有制是该地区的主要土地占有形式。随着阶级关系的发展变化，三者间的比例当然也会不断地发生变化。可惜限于资料缺乏，明清时期，这三种土地所有制的消长情况，已无法做出统计。现根据中华人民共和国成立初期的统计，制成表2-5。

表2-5　一九五〇年徽州各阶层土地占有情况

名称	户数	占总户数百分比	人口数	占总人数百分比	亩数	占总耕地面积百分比	每户平均土地数/亩	每人平均占有土地数/亩
封建地主	5 664	2.62%	24 924	3.21%	298 969.23	25.26%	52.78	12
宗族地主	—	—	—	—	169 431.49	14.32%	—	—
半地主式富农	798	0.37%	3 815	0.49%	20 761.05	1.75%	26	5.44
富农	2 353	1.09%	11 816	1.52%	37 087.15	3.13%	15.76	3.14

名称	户数	占总户数百分比	人口数	占总人数百分比	亩数	占总耕地面积百分比	每户平均土地数／亩	每人平均占有土地数／亩
自耕地	66 316	30.74%	270528	34.86%	323 269.84	27.32%	4.87	1.19
其他小土地所有者①	140 623	65.18%	464 838	59.90%	333 958.7	28.22%	2.37	0.72
合计	215 754	100%	775 921	100%	1 183 477.46	100%	5.49	1.53

资料来源：华东军政委员会土地改革委员会编《安徽省农村调查》。

从表2-5看，值得注意的有两点，一是已出现了富农和半地主式富农的土地所有者。所谓半地主式富农，即指既出租土地，又像富农那样，雇工进行土地经营。二是宗法地主土地（亦即族田）占总耕地面积的百分比，较一般地区为高。据同时期的统计，安徽全省这一类土地才占总耕地面积的4.17%。

必须指出，徽州佃仆制的顽固残存并延续至中华人民共和国成立前，同徽州封建土地占有关系是密切关联的，与宗法地主土地所有制关系尤为密切。关于这个问题，我们将在后文再作详细讨论。

（二）土地买卖和土地兼并

我国封建社会，没有严格的土地占有等级结构。土地私有，允许土地

---

① 这是一个复杂的阶层，包括贫农、雇农、小土地出租及其他阶层，其中无土地的未详，因此也就无法确定有土地的户数。这里的户口数是整个阶层的户数。

买卖是封建经济的一个重要特点。早在战国时期，就已出现土地买卖的记载[①]。此后土地买卖愈来愈发展。到了明清时期，购买土地已是地主获得土地的主要手段。虽然缙绅地主也常常通过封建特权占有土地，但这仅是兼并土地的补充形式，不是形成私有土地的正常途径。

拥有货币者皆可购买土地，然后坐取地租，成为地主。"以末致富"的商人、高利贷者可以把他的利润和利息投入地产，向地主转化；农民中的个别幸运儿也可通过"力农致富"，购买土地而成为地主，这就使地主经济的生机特别旺盛。单个的地主固然可因政治风云变幻而破产败落，但在社会上，因为土地可以购买，所以，又可以源源不断地生产出新的地主来。中国的地主经济之所以历经沧桑而未衰，较之于欧洲通过分封和庇护占有土地的领主经济更具有生命力，是与土地可以买卖有着重大关系的。

土地可以当商品买卖，但又不同于一般的商品。土地买卖历来都要受到封建宗法制度种种限制。明清时期，随着商品经济的日益发展，土地愈加商品化，土地买卖范围日渐扩大已形成历史趋势。但徽州的土地买卖仍然没有冲破传统惯例的限制，买卖的手续愈益繁杂，地权的分割亦越发细密。

首先，土地的买卖受到了封建宗法制度的限制。在地权的转移中，宗族、姻亲有购买的优先权。一般地说，土地卖出，要按亲疏次序，亲者优先，次及地邻、典当主、原卖人。在享有优先权者不要的情况下，才允许其他人购买。因此，姻亲旧主往往从中作梗。或抑勒贱价不照时付，或托名阻挠，挺身告理。有的买卖已成交，族人还要借故追回强买。万历年间，祁门五都《洪氏誉契簿》[②]保存的205张契约中有103张是土地买卖的契约。现将这103起土地买卖情况制成表2-6，以便考察地权转移时买卖双方的关系。

---

① 《韩非子·外储说》记载，中牟之人有"弃其田耘，卖宅圃"者。《史记·廉颇蔺相如传》亦载，赵括曾以国君所赐金帛"日视便利田宅可买者买之"。

② 原件藏安徽省博物馆。

表2-6　万历祁门地权转移中买卖关系概要

年代	契数	契约性质	土地类别及亩数	土地价格/两	出卖人姓名	买人姓名	买卖人之间的关系	备考
弘治六至八年(一四九三至一四九五年)	4	卖	田5.813,又一地丘	40.9	方岳、方宽、方相兄弟	洪氏	二起系原主,二起系地邻	—
弘治六年(一四九三年)	1	卖	地1亩40步	2.5	程彦禄	洪氏	地邻	卖山骨并苗木,力坌可能自留
弘治六年(一四九三年)	1	卖	山6亩并松木,除力坌外	10	方宽	洪氏	—	卖山骨并苗木,力坌自留,享有者康新祖、王宁宗。此契与洪氏有何关系,而载于此不明
成化六年(一四七〇年)	1	卖	山19亩	5	叶春	方邦本	地邻	—
成化十八年(一四八二年)	1	卖	洪家墩等处山	53	洪景富	汪芹	—	—

年代	契数	契约性质	土地类别及亩数	土地价格/两	出卖人姓名	买人姓名	买卖人之间的关系	备考
成化十九年（一四八三年）	1	退赎	洪家墩等处山	53	汪芹	洪达、洪沾	—	因山原主洪景富出卖之先未经让族亲，经里长周正、中人谢友正等劝谕而退赎
正德二年（一五〇七年）	1	卖	田1亩	7.5	饶昶	洪氏	—	—
正德七年（一五一二年）	1	卖	田2亩	14	黄镒	洪氏	—	—
嘉靖元年（一五二二年）	1	卖	田0.8亩	9	方伇	洪氏	—	—
嘉靖二十一年（一五四一年）	1	卖	山1备	4	饶昶	洪大升	原山主	卖山上力坌浮木,力坌权保留
嘉靖三十六年（一五五七年）	1	卖	山2亩	1	李天佑	李天奇	地邻	契尾李天奇批云:"前项山地因业不便,情愿转卖与洪名下为业。其价银照契收讫"

年代	契数	契约性质	土地类别及亩数	土地价格/两	出卖人姓名	买人姓名	买卖人之间的关系	备考
永乐六年（一四〇八年）	1	卖	田4.17亩	305贯	郑永宁	（洪）均祥	—	—
嘉靖三十八年（一五五九年）	1	卖	田4.6亩，租19秤	32	黄万仁	洪寿二	—	—
嘉靖三十八年（一五五九年）	1	卖	田塘庄基地二处	5	陈永寿	洪寿公	—	—
嘉靖四十一年（一五六二年）	1	卖	5.25亩，租60秤10斤	54	洪尚镇	吴安之	—	卖田骨
隆庆二年（一五六八年）	1	卖	"地山庄仆"	8	谢廷松	（洪）相一	—	—
隆庆二年（一五六八年）	1	卖	田6.5亩，硬租72称13觔	41	孙阿光	洪寿公	—	—
隆庆四年（一五七〇年）	1	卖	田1块，早租3秤	1.3	陈桂	洪寿公	—	—
万历六年（一五七八年）	1	卖	田4.7亩，早租12称	4.2	王兴保	洪六房	—	—
万历七年（一五七九年）	1	卖	田1.2亩	12	汪邦化	洪寿公	—	—
嘉靖至万历	18	卖	田18.25亩又五块	156.62	洪姓	洪姓	同宗	—

年代	契数	契约性质	土地类别及亩数	土地价格/两	出卖人姓名	买人姓名	买卖人之间的关系	备考
成化至万历	6	卖	地20.56亩	20.56	洪姓	洪姓	同宗	—
隆庆至万历	3	卖	山3亩	7	洪姓	洪姓	同宗	—
正统五年（一四四〇年）	1	卖	山1亩	1	王进	洪仕友	—	—
正德十四年（一五一九年）	1	卖	田1亩	4.1	汪文	洪瑄	—	正德十三年（一五一八年）方优卖与汪文，次年又转卖给洪瑄
嘉靖十八年（一五三九年）	1	卖	山15.6亩	4.4	饶瑛	洪氏	—	—
万历二十九年（一六〇一年）	1	卖	田旱租8觔11两	0.3	金志连	洪寿公	地邻	—
万历二十七（一五九九年）	1	卖	田并庄基地,早晚租5秤16斤	4.04	金与恩	洪寿公	—	—
洪武二十三（一三九〇年）	1	卖	山3亩	钞3贯夏棉布2匹	宋宗荫、宋张保	洪宽	—	—

年代	契数	契约性质	土地类别及亩数	土地价格/两	出卖人姓名	买人姓名	买卖人之间的关系	备考
建文二年（一四〇〇年）	1	卖	山1亩3角	钞6贯夏棉布4匹	宋孟义	洪氏	地邻	此山同上山合一山，洪武二十三年已卖3亩给洪氏，今又卖此。价格比前抬高
永乐十二年（一四一四年）	1	卖	地1.5亩山25亩3角	钞202贯	王进	洪宽	—	—
永乐十四年（一四一六年）	1	卖	房屋三间，地2.45亩	钞800贯	王安	洪宽	—	—
永乐十四年（一四一六年）	1	卖	山40亩	钞300贯	李赛宗	洪宽	—	—
嘉靖二十三年（一五四四年）	1	卖	山1亩6分	0.5	饶瑛	洪氏	—	—
正德八年（一五一三年）	1	卖	田1亩	10.4	叶夔	洪萱	—	—
嘉靖三十八年（一五五九年）	1	卖	田0.8亩，硬租7秤10斤	6.4	汪乾文	洪氏	—	卖田骨
正德十一年（一五一六年）	1	卖	田3.25亩	52	光珪	洪理、洪侃	—	—

年代	契数	契约性质	土地类别及亩数	土地价格/两	出卖人姓名	买人姓名	买卖人之间的关系	备考
万历四年（一五七六年）	1	卖	田早租30秤	18	汪文奎、汪文彦	洪氏	—	—
嘉靖四年（一五二五年）	1	卖	田2.4亩	30	仰饧	洪氏	—	—
嘉靖二十八年（一五四九年）	1	卖	山1亩之二分之一	11.2	胡幼淳	洪六房	地邻	此山之一半,先年已卖洪氏
万历二十七年（一五九九年）	1	卖	山并在山竹木及胡仆祖坟地	3	洪隆芳	洪寿公	同宗	—
万历十一年（一五八三年）	1	卖	房屋基地	2.5	洪应阳	洪寿二公	同宗	—
嘉靖四十一年（一五六二年）至万历三十二年（一六〇四年）	34	卖	田12.95亩又20块,租479秤	311.71	洪氏	洪氏	同宗	—

　　从表2-6可看出，103起土地买卖关系中，同宗63起，占61.17%；原主3起，占2.9%；地邻8起，占7.77%；买主与卖主关系不明的29起，占28.16%。买卖关系不明的29户中，当然也可能包括一些亲故之类。值得注意的是成化十八年（一四八二年），洪景富将山场一处卖给异姓汪芹，因事先未经先让族亲，成交后的次年，族人洪达、洪沾挺身告理，经里长周正、中人谢友正等人出面"劝谕"、疏通，此山又按原价退回，由洪达、洪沾购买，才算了事。宗法制度对土地买卖之束缚，于此可见一斑。有的大地主家族把禁止土地向外姓转移写上家规。祁门善和里程氏地主在《窦

山公家议》中规定：禁止"子孙妄将田地、山场、祠墓等件盗卖家外人者"。再是，凡族田、祠墓田、义田、学田一类的土地，是禁止出卖的，只能购进，不能卖出，因此愈积愈多。这部分田产，除宗族衰落，不肖子孙可能盗卖外，一般说来已被排除出流通领域。这也是宗法制束缚地权转移的表现之一。

其次，土地买卖过程中手续也愈来愈繁杂。土地买卖必须有中人、证人。中人大多数都是卖主的族人、姻亲、近邻或地保等。如果未经中人在卖契上签字，买主是不会承受的。中人的参加意味着土地买卖的公开性，意味着这种买卖行为需要得到公众的通过。买到了土地，还要到官府办过税手续。官府虽仅从税收着眼要求办理这种手续，但这在客观上，也增加了买卖的手续。买卖的手续还随着地权的分割而增多。关于地权的分割问题，在明代已经出现，如上面提及的祁门五都洪姓地主誊契簿中所载，卖田骨、山骨（田底权）的即有四处，占总起数的4%。说明地权已分割成田底权和田面权，出现了一田二主，即田骨主（田底权）和田皮主（田面权）。入清以后，这种情况日益发展。与田骨（山称山骨，买田骨、山骨又称"大买"）相对的田皮（或称佃皮，买田皮称"小买"），也成了一种可以出卖的地权，因此，要取得一块土地的全部所有权就不容易了。不管是田底权，或是田面权，往往又不是一次断卖的。所谓断卖（当地有时称杜卖）即指一次卖断，或经过加找最后一次立下了卖断契。断卖之后，买卖人之间除买者以后出卖时，原卖人享有比族亲稍次的优先权（即所谓原主优先权）外，不再发生关系。这种断卖形式，手续简便，双方关系也很简单。但除断卖之外，还有活卖。这种方式就复杂了。它意味着卖出的土地没有领足田价，留有赎回、加找的权利。乾隆三十四年（一七六九年），祁门吴凤同立下的加找契约便是一例：

> 主找佃价契人吴凤同，今有先年母手将父遗下田皮一号，坐落土名巨流，计田一丘，当日凭中三面言定加找价银二两整，其银契当日两相分明。其田永远不得取赎。……
>
> 乾隆三十四年二月　日立加找佃约人

吴风同

见中人　冯春福①

经过办加找手续之后，这块田算断卖了。但原主卖的只是田面权，他原未占有田底权。又如道光十年（一八三〇年）胡程氏立下的契约中写道：

> 立退光板小买田契胡程氏同男进顺，今因正用，自愿将祖遗下化字乙丘，计税六分，土名门前坦，凭中出退与汪名下为业，三面言定得受退价九四平色元系银十四两足兑正，其银当即收足。其田即交管业作种。此事两相情愿，并无威逼准折等情……今恐无凭，立此光板小买田契存照。
>
> 道光十年十二月 日立光板小买田契人　胡程氏
>
> 同男　胡进顺
>
> 凭中　胡芳年

再批：其田十二年之内不准取赎，十二年之外听凭原价取赎。

再批：于道光三十年十一月 日凭中找价大钱二千八百正，其钱当即收足，其田即批杜退，永远存照。②

"退"字在当地是活卖的表述字眼。约中再批规定十二年之后方可取赎，这近似于典，又不同于典。关于田地典当，乾隆十六年（一七五一年）汤杜九立下的典约中写道：

> 立典约人汤杜九今因缺用，将承祖佃头一处土名水磨墙计额租十一砠，凭中出立约典与卢名下为业，三面议定时值价九七色七两五钱正，其银当日收足，其田即听管业耕种交租，无得声（生）情异说，恐后无凭，立此典约存照。其麦本家存留。其田言定十年为率，听自本家备原价赎回。
>
> 再批：厕水乙个，本家存留，其地不得超租，批照。

---

① 原件藏中国社会科学院历史研究所，编号4615号。

② 原件藏安徽省博物馆，编号2:27986。

> 乾隆十年十二月　日立约　汤社九
>
> 见见卢君用　余启
>
> 代笔　余启成①

从以上两张契约看，典当与活卖相同之处在于：已交出地产作抵押品的出典人还保留要求加找地价差额及双方同意的期限以内赎回土地之权。其与活卖不同之点在于：典当的回赎时限一般不能超过十年，过期以后，如果没有赎回，这笔典当必须另立新契，转为售卖；而活卖的时限则较长，胡程氏活卖的田面权，是过了十八年，再加找大钱二千八百文断卖的②。

地权的分割和土地买卖手续的繁杂，反映了土地买卖关系的发展，既意味着土地所有权的顽固性，同时又意味着封建土地所有制在地权转移运动中有更生的可能和回旋的余地，这正从一个侧面反映了中国土地制度富有弹性、僵而不死的特征。

土地买卖必然带来土地兼并。拥有货币财富的人都可购买土地。"户口之贫富无恒业，土田之贸易无恒主。"③这样"以末起家"的一部分徽商，便可以购置土田，出佃取租，变成地主。例如，清代婺源人洪栱乾原是贫寒出身，"幼服贾，精会计。其于物也，人弃我取，往往获利数倍。广置田宅"④。又如黟县汪源，经过惨淡经营，"渐裕"后，便"买田筑室，以垂久远之规"⑤。其商业利润通过购买田产向地租转化。

---

① 藏南京大学历史系图书资料室。

② 徽州这种不是一次卖断的活卖，比起闽南地区就要显得简单了。闽南地区，田地卖过之后，卖主可以田价增高、手头缺银为由，向买主"找价"。"找"之后而"增"，而"贴"，一般要经过三次以上才算卖断。时间可延续几年、十年，甚至百年。参阅杨国桢：《试论清代闽北民间的土地买卖》，刊于《中国史研究》1981年第1期。

③ 危素：《休宁均税记》，见嘉靖《休宁县志》卷七《词翰类·记述》。

④ 吴德旋：《初月楼闻见录》卷九。

⑤ 吴翔藻：《汪赠君卓峰家传》，见民国《黟县四志》卷十四《杂志·文录·传》。

徽商还通过高利贷兼并土地。经营高利贷是徽商的重要行业①。高利贷者趁农民之困，占夺土地。道光十年黄细保立下这样的契约：

> 立退小买田契人黄细保，今因缺少使用，自情愿将自己业场字号小买田一业，计税一亩五分，土名金线充，凭中立契出退与本家堂侄孙名下为业，三面言定得受田价九四平足元银十二两正，其银当即收足。其利每年秋收交纳，风车净谷十二斗正挑送上门，不致欠少。倘有欠少，听凭本家起业耕种，无得异说。……
>
> 再批：其田听凭银利取赎。
>
> 道光十年十二月又借出九四平足献元银八两整。当即收足，其利每年交纳净谷八斗整，不得欠少，此照。
>
> 道光十年三月 日立退小买田契人 黄细保
>
> 凭中 黄启佐②

上契中的土地是作为十二两银子债务的抵押，每年所交的十二斗租谷相当于高利贷的利息。随着借贷增加八两，租谷也增加八斗。债主支付这笔钱相当于预付低廉的地价。尽管"再批"说"听凭银利取赎"，但如此苛重的租谷（每亩产量约五石），以"退田"为名的借贷者是很难有取赎之日的。当农民处于更不利的地位时，高利贷者便兼并了这块土地。祠堂一类的宗法地主也用高利贷的手法兼并土地，或则以租谷变卖成货币放高利贷取息购买，或则捐赠人一开始就指定将所捐之资金放高利贷"收息置义田"③。这一类地主以高利贷活动来兼并土地的手法同上引的黄细保的

---

① 据《明神宗实录》卷四百三十四"万历三五年六月丁酉"条记载：万历年间河南一省徽商有汪克等二百一十三家当铺。许承尧《歙事闲谭》卷十七《唐模许翁》亦载：歙县许某，在江浙有"质物之肆四十余所"。按：典商以休人为多。徽州本土高利贷资本也很活跃，歙县嘉、万年间"多子钱家，岩镇则其薮也"。（汪道昆《太函集》卷五九）。清代嘉庆年间的休邑典铺就有三十五家（嘉庆《休宁县志》卷三）。

② 原件藏安徽省博物馆，编号2:27981。

③ 民国《歙县志》卷九《人物志·义行》。

例子是相同的①。高利贷者通过兼并土地，使其利息转化为地产，从而坐收地租。

徽州的地主本来兼营商业和高利贷，使其地租向商业资本和高利贷资本转化；商人、高利贷者又兼并土地，使其利润和利息转化为地产。这样，地主、商人、高利贷者结成了三位一体。

不过值得注意的是，在整个土地兼并活动中，徽商所占的分量并不太大。即使是明清时期，在土地收益提高、押租制出现、人口急速增加、粮价上涨，从而掀起土地兼并热潮的情况下，拥有足以兼并大量土地资本的徽商，也没有在本地着力于增殖田产，没有在增殖商业资本的同时，把购置土地作为增加财富的主要手段。首先，从他们占有的土地看，如前所述，数量都不多。其次，积累土地过程中速度也很慢。据祁门五都地主《洪代誉契簿》统计，该地主积累土地的过程如表2-7。

表2-7　祁门五都洪氏地主土地积累情况

时间	面积			价格/银两	契号	原主姓氏
	田/亩	地/亩	山/亩			
洪武二十三年（一三九〇年）	—	—	3	钞3贯，夏棉布2匹	139	异姓
建文二年（一四〇〇年）	—	—	1亩又3角	钞6贯，夏棉布4匹	138	异姓
永乐六年（一四〇八年）	4.173	—	—	钞305贯	42	异姓

---

① 又如乾隆三十四年许阿江立下的典契说：本部本图立当契人许阿江今因缺少使用，将承租分受化字2704号田9分9厘8毫土名沙丘，凭中亲侄，当与族名下为业（按：即当作族田），受纹银十两整。其租议定每年交纳风车净谷22斗，挑上门不得短少。如有欠少，听凭耕种管业无得异说。恐口无凭，立此当契存照。

再批：其银以情借恳约于年内本利立清，今将其田以信立契为凭，准于年内送还不误，又照。乾隆卅四年十月 日 立 当契人 许阿江 凭（中）亲侄许清远（原件藏安徽省博物馆，编号2:23572）。

时间	面积			价格/银两	契号	原主姓氏
	田/亩	地/亩	山/亩			
永乐十四年（一四一六年）	—	2	40	钞1 100贯	141—142	异姓
永乐二十一年（一四二三年）	—	1.5	25亩又3角	钞220贯	140	异姓
正统五年（一四四〇年）	—	—	1亩	1.00	135	异姓
成化六年（一四七〇年）	—	—	19	5.00	14	—
成化八年（一四七二年）	—	竹园1片	—	2.00	194	同宗
弘治六年（一四九三年）	3.41	1.16	9	19.5	1—3	—
弘治七年（一四九四年）	1.24	—	—	18.80	4	—
弘治八年（一四九五年）	0.833	—	—	11.10	5	—
弘治十七年（一五〇四年）	0.33	—	—	4.00	10	—
正德二年（一五〇七年）	1	—	—	7.50	24	—
正德七年（一五一二年）	2	—	—	14.00	25	—

时间	面积			价格/银两	契号	原主姓氏
	田/亩	地/亩	山/亩			
弘治八年（一四九五年）	1	—	—	10.40	179	异姓
弘治十一年（一四九八年）	3.25	—	—	52.00	181	异姓
弘治十四年（一五〇一年）	1	—	—	4.10	136	异姓
嘉靖元年（一五二二年）	0.8	—	—	9.00	27	—
嘉靖四年（一五二五年）	2.4	—	—	30.00	202	异姓
嘉靖二十一年（一五四二年）	—	—	山力坌	4.00	33	—
嘉靖二十三年（一五四四年）	—	—	1又6方	0.50	144	异姓
嘉靖二十四年（一五四五年）	5.12	—	—	33.00	143	同宗
嘉靖二十八年（一五四九年）	—	—	1备	11.20	203	异姓
嘉靖三十六年（一五五七年）	1.8	—	2角	20.00	38,40	同宗
嘉靖三十七年（一五五八年）	4	—	—	28.00	41,43	同宗
嘉靖三十八年（一五五九年）	5.4	—	—	38.40	46,180	异姓
嘉靖三十九年（一五六〇年）	1.3	—	—	12.70	51	同宗
嘉靖四十年（一五六一年）	2.5	1备	—	15.70	52—54	同宗

时间	面积			价格/银两	契号	原主姓氏
	田/亩	地/亩	山/亩			
嘉靖四十一年（一五六二年）	1	—	—	8.60	56	同宗
嘉靖四十二年（一五六三年）	2	—	—	12.50	57	同宗
嘉靖四十四年（一五六五年）	1备	—	—	8.70	58	同宗
隆庆元年（一五六七年）	0.5亩又1备	—	—	13.90	59—60	—
隆庆二年（一五六八年）	8	庄基1备	1备	58.40	61—65	—
隆庆四年（一五七〇年）	1备	庄基1备，又一步3分4厘	1备	11.53	67—70	3备买自同宗，1备买自异姓
万历四年（一五七六年）	3	—	—	18.00	183	同宗
万历六年（一五七八年）	4.7亩又1备	店屋基地1备		12.00	77—78	一自同宗，一自异姓
万历七年（一五七九年）	1.2亩又1备	—	—	19.60	81—82	一自同宗，一自异姓
万历八年（一五八〇年）	2.95	1步3分4毛	—	23.35	83—87	同宗
万历九年（一五八一年）	5.2	—	—	33.00	89、90、94	同宗
万历十年（一五八二年）	1.73亩又2备	—	—	27.20	98—100、102	同宗
万历十一年（一五八三年）	3备	店屋基地1备	—	43.90	104/107—109	同宗
万历十二年（一五八四年）	2备	—	—	15.40	105、110	同宗
万历十三年（一五八五年）	2.65亩又3备	—	—	35.22	113—117、119—120	同宗
万历十四年（一五八六年）	1.2	—	—	7.12	121、124	同宗

时间	面积			价格/银两	契号	原主姓氏
	田/亩	地/亩	山/亩			
万历十六（一五八七年）	1备	—	—	14.00	126	同宗
万历十七年（一五八八年）	0.96亩又1备	—	—	25.05	127—128	同宗
万历十八年（一五八九年）	0.43亩又1备	0.14	—	32.72	129—132	同宗
万历二十二年（一五九四年）	2.5	—	—	13.50	134	同宗
万历二十三年（一五九五年）	1备	—	—	53.00	163	同宗
万历二十七年（一五九九年）	1备	—	1备	7.04	165,166	同宗
万历二十九年（一六〇一年）	1备	—	—	0.30	164	异姓
万历三十年（一六〇二年）	1备	—	—	9.50	167	同宗
万历三十一年（一六〇三年）	1备	—	—	14.60	168	同宗
万历三十二年（一六〇四年）	2备	—	—	4.80	169—170	同宗
总计	79.576亩又26备	4.8亩又7备	98亩6角又8备	钞1 634贯，夏棉布6尺，银876.83两	—	—

从上表看，洪氏地主从洪武二十三年（一三九〇年）至万历三十二年（一六〇四年）的二百一十四年间，共积累田79.576亩又26备，地4.8亩又7备，山98亩又6角又8备，为购买这些土地而付出的白银共876.83两，钞

1634贯，夏棉布6匹①。其速度既慢，数额也不大。可见徽商对土地兼并的热情不高。这是为什么呢？

这是因为用资金购置田地不如营商合算。试根据万历祁门五都地主《洪氏誉契簿》等制成表2-8。

表2-8 万历祁门县地价与地租比较

时间	土地面积	地价/两	地租				地租的购买年	备注
			租谷	每秤谷价/两	租谷折银/两	地租率		
嘉靖三十八年（一五五九年）	0.8亩	6.4	7秤10斤	0.1	0.75	11.7%	8.53	①按当地的记载，以0.83斗等于1秤折算，②谷价以《茗洲莫氏家记》（明刻本）关于祁门当年的谷价的记载作依据
万历十年（一五八二年）	213步	7.2	9秤	0.0415	0.373	5.19%	19.3	
万历十年（一五八二年）	1备	27	36秤	0.0415	1.49	5.5%	18.12	
万历十二年（一五八四年）	1备	1.9	2秤12斤	0.0415	0.11	5.79%	17.29	
万历十二年（一五八四年）	1备	13.5	21秤	0.0415	0.8715	6.45%	15.49	

从表2-8中的数例看，地价在正常年景下，需要收租八年至十九年方

---

① 明代前期，政府每年向市场购买官用棉布两千万匹，刺激棉布涨价。据徽州契约载，永乐二十二年（一四二四年），棉布十匹折钞二百贯，每匹二十贯。到宣德八年（一四三三年），据兼掌行在户部事礼部尚书吕漢的奏文说，棉布"每匹折钞三百贯"。前后九年涨价十五倍。江南地区的田赋中有折缴棉布的规定。由于宝钞贬值，棉布也可能被用来作为完纳田赋之用，所以土地买卖中以棉布偿还地价。实际上，当时棉布似不可能起通货作用。

可偿还。田主每年还得向国家交纳赋税。万历年间推行一条鞭法后，摊丁入地，田赋加重，不管田主是否收足租，照样要交纳田赋。即使不算所负担的田赋，一年的地租未及地价的十分之一，而商人赚什二之利已被称为廉贾。可见地租远不如商业利润。因此，人们购买土地时，往往裹足不前，持十分慎重的态度。《窦山公家议》中规定，"日后续买田地，管理（人）务要亲临查勘亩步、丘数（按：土地往往鸡零狗碎，数丘未盈一亩）、实租、税粮、时价，必须的实相应，方许动支众银买业。……且买田须宜量力，不可勉强"①。一般地说，地主购置田地，主要是为了保证其自身的消费，并未把增殖土地作为增加财富的主要手段。

对于购买土地，明中叶日益发展起来的宗法地主的态度与一般地主和徽商则不同了。他是徽州地区一个不可忽视的土地兼并者，购买族田、祠田、义田等土地，动辄数十亩、数百亩，甚至一千多亩。这是因为，购买这一类土地并不完全从经济利益着眼，而是为了强固宗法制。族田、祠田等的购置是在"尊祖、敬宗、收族"等道德规范的鼓舞下进行的；族田和祠田的收入又常用以培植封建人才，扩大其在地方和中央的政治势力。从后一意义看，购置族田、祠田带有政治投资的性质。此外，还有的是受风水迷信思想影响的缘故。为了托福于祖宗，不惜重价购买风水地来瘗埋枯骨。例如，乾隆五十八年（一七九三年），棠樾盐商鲍氏为了买一块仅供一穴墓葬的山地，竟付出了一千两银子②。

综上所述，土地买卖和土地兼并，都蒙上了浓厚的宗法关系的色彩。吴梅颠在《徽歙竹枝词》中说："聚族成村到处同，尊卑有序见淳风。"这种尊卑有序家长制统治的宗法制，正是中国没有土地占有等级结构的封建制的补充。从全国范围看，由于商品经济的发展，地权转移加速，族亲购买权日渐被冲破，土地制度的宗法关系也随之日趋松懈。但在徽州，土地

---

① 程昌：《窦山公家议》卷四《田地议》。

② 《棠樾鲍氏宣忠堂支谱》卷十七《祀事》。明俞弁《山樵暇语》下记载："江南之田，惟徽州极贵，一亩价值二三十两者。"似即指此类田地，从接触的历史资料看，很少有如此高昂的地价。

制度的封建宗法关系——宗法地主土地所有制却在发展。这种落后的所有制容易成为落后的生产关系最后安身立命之所。

（三）地主经济及其制约下的个体小农经济

在我国封建社会，土地私有，土地允许买卖是产生地主经济的条件。这两者是同时出现并互为因果的。土地买卖的不断发展又为地主经济注入生机，使之不断得到加强。地主经济及其制约下的小农业与家庭手工业相结合，是中国封建社会经济结构的基本形态。

明清徽州地主的土地经营也偶有雇用佣、奴自营的。据文献记载："徽州之吴氏……皆大姓也。恒买仆，或使营运，或使耕凿。"[①]歙县棠樾鲍献旌之老婆也"恒率诸僮仆力作，至晚不息"[②]。但这种利用佣工、奴仆进行农业生产的情况并不多见，这是一种带有奴隶制残余的落后的生产方式，同清代其他地区出现的带有资本主义萌芽性质的经营地主是截然不同的。

徽州地主一般都采取出租土地，坐取地租的方式。它包括佃仆制与一般租佃制两种形式。佃仆制是本书讨论的重点，拟在后文作专题探讨，这里只谈一般的租佃制。

从涉猎的资料看，当时徽州地区绝大部分取额租制，少量取分成制。

分成制规定"每年秋收，请田主临田监割均分"[③]，或四六分。均分即主佃对半分，四六分即四成归佃户，六成归地主。这种分成制比例固定，按年景丰歉决定地租额。地主往往干涉甚至支配佃户的生产，限制佃农对田地的自由经营。在这种经营方式下，增产部分佃农仅能得到一半或四成，因此，他们不愿意对土地投资，提高土地丰度。在分成制下，佃户交纳的只能是实物租，这又阻碍了实物地租向货币地租的转化。总之，分

---

① 徐珂：《清稗类钞·奴婢类》。

② 《棠樾鲍氏宣宗堂支谱》卷四《支祖代传》。

③ 请参看苏诚鉴：《从一批租佃契约看鸦片战争前徽州地区封建地租剥削》，《安徽日报》1963年2月9日。

成制挫伤了佃农的生产积极性，束缚了农业经济的发展①。

在额租制下，租额是固定的。明代的契约都写明"早租""晚租"的额数。有的租额前还添上"硬"字。到了清代，租约上也兼有"时租"或"硬租"之称。明代的硬租契约都写明"水旱包交"，表明这种租额没有讨价还价的余地。但其他名称，如"早租""晚租""租谷"等的额租，是否还可以活议呢？《新刻徽郡补释士民便读通考》一书中收有这样一张《佃田约》，全文如下：

> 立佃约人某，今佃到某都某名下，土名某处，田若干耕种，议定每年秋收，交纳租谷若干，每秤几十斤，净称，其谷务要干净。不致短少。如遇年程（成）水旱，请田主临田监割，分几分田租，分几分力粪。如无故荒芜田地，自甘照约交纳租谷赔偿②。立此佃约③。

这是明末流行的租约格式，具有一定的普遍性。从以上佃约看，额租是指正常年景。遇有水旱，还可以活议。到了清代，依然如此。嘉庆二年（一七九七年）鲍日怀立还的佃约中写道：

> 立租批人鲍日怀今租到许名下场字号大小田丘计田税二亩正，每年秋收交纳时租谷四十八斗整。其谷挑上门，照依时年车收（按：指租谷的规格，即经风车风净之意。有的写作"风车净谷"），不得欠少。若有欠少，任凭本家起业，另招他人作种。如遇干旱年岁，眼同监割分租。恐口无凭，立此租批存照。

> 嘉庆二年二月 日 立租批人鲍日怀
> 凭中张正和④

契约中说"如遇干旱年岁，眼同监割分租"。但按什么比例分租没有交代。笔者在《棠樾鲍氏宣忠堂支谱》中看到，在逐丘罗列祀田的土名、租额及佃人名字之后作一总计说：

---

① 关于分成制，可参阅刘永成：《清代前期的农业租佃关系》，见《清史论丛》第二辑。

② 在清代则往往写明："倘有荒芜，照邻田赔偿。"

③ 吕希绍：《新刻徽郡补释士民便读通考·佃田约》（明末刻本）。

④ 原件藏安徽博物馆，编号2:23568。

时 一九四九斗一升 三分半

共 租 丰欠约扯

硬 三六八斗 六分整。①

从这一记载可知，凡歉收之年，时租和硬租的减免都有一定的规矩。鲍日怀立的佃约中没有写明"监割分租"的比例，可能是因为当地已有成例的缘故。鲍氏祀田的"硬租"可以因丰歉而活议这一点很值得注意。在同一本《支谱》中的《公议体源户（按：是为交纳赋税而立的祠户）规条》中写道：

> 征租定于处暑日，督总与执事者会同族长、文会②约定分数，时租收几分，硬租收几分，书明实贴收租，所俾众佃共知。③

处暑是庄稼形成定局之时，最后落实租额较为适宜。议定时租和硬租的"分"数时，佃户没有参加，全靠祠堂、祠户的管理者和族长、文会议定。从上可见，无论时租、硬租都可活议，但"硬租"活议的余地当比"时租"少。硬租活议，似多限祠田、义田一类的宗族土地。这类土地是以"义"标榜的，比私人地主显得宽容些是有原因的。

一般说来，正租之外，还有额外的浮收。浮收的名目及数量因时因地而异。现将安徽休宁县某地主一八五四至一八六〇年对一佃户浮收的租额列成表2-9。

表2-9　安徽休宁县某地主一八五四至一八六〇年对一佃户浮收的租额④

年代	原定租额/石	实收租额/石	浮收额	
			石	百分比
一八五四年	11.40	12.00	0.60	5%

---

① 《棠樾鲍氏宣忠堂支谱》卷七《祀事》。

② 参看表2-3一九五〇年莲花行政村祠堂、寺会占有田地统计表中关于文会的备注。

③ 《棠樾鲍氏宣忠堂支谱》卷十九《义田》。

④ 转引自李文治：《中国近代农业史资料》（第一辑 1840—1911），生活·读书·新知三联书店1957年版，第262页。

年代	原定租额/石	实收租额/石	浮收额	
			石	百分比
一八五五年	10.18	10.80	0.62	6%
一八五六年	8.06	10.00	1.94	19%
一八五七年	21.13	22.40	1.27	6%
一八五八年	30.00	31.60	1.60	5%
一八五九年	30.00	31.60	1.60	5%
一八六〇年	29.24	33.60	4.36	13%

从上表看，浮收额在5%~24%之间。有的还在契约上规定交租鸡、租草等农副产品。租谷的规格也在佃约上写明"抛飏干净""风车净干扇谷"等，还规定"其谷担送上门""包送上船"或"包送上仓"。

额租制因租谷是相对固定的，在一定程度上有利于佃农的生产积极性，有利于向货币地租转化。在明代，种经济作物的山地，已经规定以银交纳地租。有的谷租也以折银交纳，可见已出现了货币地租的过渡形态。但直至清代，尚没发现属完全意义的货币地租。

山场的租佃一般取分成制。笔者在万历祁门五都地主《洪氏誊契簿》中发现这方面的契约三十四张，全属分成制，现将其分成比例统计如表2-10。

表2-10　祁门洪氏地主山场租佃分成统计比例

名称	例数	占比
主、力对半	25	73.53%
分垒占三分之一	2	5.88%
主力四六分	1	2.94%
没有写明力垒	6	17.65%
合计	34	100%

洪氏地主山场的租佃契约中，百分之73.53%的契约规定对半均分，这

反映当地分成的一般情况。誊契簿中有一例说"照例均分",这反映"均分"已成惯例。偶有比例大小之不同,则是由于栽养山场所花的工夫、成本与众不同的缘故。关于当地所出现的"力坌"和"田皮权"问题,为了叙述的方便,拟留待后文一并讨论。

必须指出,一般租佃制下,主佃双方都是同姓或同宗的族人,或外村大姓的农民,彼此之间没有主仆名分,人身依附关系是松弛的。在额租制下,尤其折银租出现后,地主只管收租,对佃户如何经营土地,已不干预。享有永佃权的佃户有时将土地转佃他人,地主还不知道。清嘉庆年间棠樾鲍氏"祠规"中规定:"倘遇佃人转手顶种,征租时务须查询明白,即于该佃名下填注某年某人顶种字样,以备稽查。"①租佃账簿或宗谱的族田卷上都载有土名、面积、租额以及佃户姓名,地主只同账簿上的佃户发生关系。从鲍氏祠规规定征租时查明顶种人看,佃户转佃时并不通过地主。有些距离较远的佃户,趁祠堂管理人控制不严,有时拒交或减交租谷。据《休宁查氏肇禋堂祠事便览》记载:

> 缘因业远佃赅,虽经取讨,十获二三,其后,值年(人)中又多懒散因循,益复难追。所收者未足办粮之数,几欲控追,无如一羊九牧,彼此相推,遂作空谈。②

可见在佃农的抗租斗争面前,有的地主只有胡叹奈何了。

但是地主阶级是不会善罢甘休的。面对佃农反抗斗争的逐步加强,超经济强制削弱的情况,为了制止佃农拒交或减交地租,地主便在以前敲诈信鸡、茶叶、柴薪等财礼的基础上,于清代采行押租制。所谓押租,就是佃农向地主承佃之前要交一笔保租的银子。以后佃农若欠租,便以此扣抵③。现根据休宁县一农家账簿的记载,将该农家所交的押租金统计如表2-11。

---

① 《棠樾鲍氏宣忠堂支谱》卷十七《祀事》。
② 《(增广)休宁查氏肇禋堂祠事便览》卷四(清抄本)。
③ 关于押租制,请参阅刘永成:《清代前期的农业租佃关系》,刊于《清史论丛》第二辑。

表2-11 休宁一农家交纳押租统计①

年代	租地面积/亩	地租/文	每亩平均地租数/文	押租/文	每亩平均押租数/文	押租占地租
一八五四	7.3	14 905	2 042	22 750	3 116	152.6%
一八五五	1.2	？	—	10 160	8 466	—
一八五六	3.1	？	—	10 100	3 258	—
一八五八	1.6	？	—	5 000	3 125	—
小计	13.2	—	—	48 010	3 637	—

表2-11告诉我们，休宁县这一农家在一八五四年所交的押租额竟高过租额的一半。可以设想，一般说来，靠租佃田地为生的佃农很少有现钱交纳押租，因而往往被迫告贷于富户，从而陷入高利贷的泥坑。在农民为筹备租押金以及青黄不接急需借贷之时，拿到押租金的地主又转手以高利借给农民。押租制势必助长高利贷活动的猖獗。

押租制是商品货币经济发展、主佃之间封建依附关系松弛的产物。它是一种经济强制手段用以保证地租的实现，以弥补超经济强制的日益削弱。它不仅是更加野蛮更加残酷的剥削形式，而且也是佃农经济发展的一个障碍物。

在额租制下，"时租"遇水旱灾可酌情减免，增产又不追加租额，理应有利调动佃农的积极性，增加生产费用的投资，有利于佃富农经济的出现。事实上清代也偶有佃富农经济的萌芽。但这种佃富农经济忽起忽灭，不能维持长久。之所以如此，押租金太高是佃富农经济无法发展的一个重要原因。我们从休宁一农家账簿中可以看出这种原始佃富农的遭遇。该户佃富农本身并无土地，全靠租佃土地。这本农家账簿记载了一八五四至一八六三年的情况，其中一八五四至一八五九年记载齐备，一八六〇至一八六三年则只记了几笔。关于该佃富农历年经营田场及副业的利润，李文治先生根据账簿记载，制成表2-12。

---

① 根据李文治：《中国近代农业史资料》（第一辑1840—1911）表"安徽休宁县一农户历年租用土地及租额的变动"的资料编制。

表2-12　休宁一佃富农历年经营田场及副业利润统计

年代			一八五四年	一八五五年	一八五六年	一八五七年	一八五八年	一八五九年
田场面积			7.3	8.5	11.6	15.0	16.6	16.6
田场及副业收入	合计	钱额/文	87 227	126 871	108 751	161 419	195 407	237 551
		百分比	100%	100%	100%	100%	100%	100%
	田场收入	钱额/文	63 730	78 879	86 462	135 663	162 428	173 396
		百分比	73.1%	62.2%	79.5%	84.0%	83.1%	73.0%
	副业收入	钱额/文	23 497	47 992	22 289	25 756	32 979	64 155
		百分比	26.9%	37.8%	20.5%	16.0%	16.9%	27.0%
生产费用	合计	钱额/文	56 127	94 671	104 022	92 720	137 519	154 397
		百分比	64.3%	74.6%	95.7%	57.4%	70.4%	65.0%
	田场生产资料	钱额/文	18 402	24 546	27 930	28 427	32 657	36 493
		百分比	21.1%	19.3%	25.7%	17.6%	16.7%	15.4%
	副业生产资料	钱额/文	16 475	50 395	37 197	19 053	24 688	41 454
		百分比	18.9%	39.7%	34.2%	11.8%	12.6%	17.5%
	人工费	钱额/文	21 250	19 730	38 895	45 240	80 174	76 450
		百分比	24.4%	15.6%	35.8%	28.0%	41.0%	32.2%
剩余价值	合计	钱额/文	31 100	32 200	4 729	68 699	57 888	83 154
		百分比	35.7%	25.4%	4.3%	42.6%	29.6%	35.0%
	地租	钱额/文	14 905	15 360	14 741	31 169	46 970	49 162
		百分比	17.1%	12.1%	13.6%	19.3%	24.0%	20.7%
	利润	钱额/文	16 195	16 840	-10 012	37 530	10 918	33 992
		百分比	18.6%	13.3%	-9.2%	23.3%	5.6%	14.3%

从表2-12看，每年利润在5.6%至18.6%之间波动。一八五四年以后，徽州是太平天国运动的地区。一八五六年，在战乱中被掳去大猪二

头，以致副业收入减少，致使当年亏损 9.2%。获利最少的一八五八年，利润 5.6%，即 10 918 文。依时价石谷 2 000 文计，折谷 5.5 石。利润最高的一八五七年，利息达 23.3%，即 37 530 文，依时价石谷 1 800 文计，折谷 20.85 石。虽然得到这些利润，但因逐年增加租入田场，还得给地主交纳一笔押租金，所以是以损失押租金利息的代价换来这些利润的。试将利润与押租金利息列成表 2—13 如下。

表2-13　休宁一佃富农经营田场、副业利润与押租金利息比较

年代	利润		押租金利息估计		备注
	钱额/文	占生产总收入	钱数/文	占总收入	
一八五四年	16 195	18.6%	6 825	7.8%	本表是根据李文治先生的统计资料编制的，见《中国近代农业史资料》（第一辑 1840—1911），第 257 页
一八五五年	16 840	13.3%	11 920	9.4%	
一八五六年	10 012	−9.2%	18 526	17%	
一八五七年	37 530	23.3%	24 084	14.9%	
一八五八年	10 918	5.6%	32 810	16.8%	
一八五九年	33 992	14.3%	42 652	18%	

从表 2—13 看，得到的利润抵去押租金利息后，除一八五四年、一八五五年和一八五七年略有盈余外，其余年份均系亏损。难怪这一户佃富农惨淡经营几年后，到一八六三年，便赶快把经营面积从一八六〇年的 19.5 亩缩小到 5.8 亩。其后的情况在账簿上虽然没有记载下来，但其每况愈下的命运是可想而知的。

另外，在棚民租佃山场中也曾出现佃富农经济的萌芽。所谓棚民，即从邻近地区前来租垦山场，种植苞谷、树木，搭棚而居的农民。这种棚民"大约始于前明，沿于国初，盛于乾隆年间"。据嘉庆年间的统计，其数量如表 2—14。

表2-14　嘉庆年间徽属各县棚民统计

县名	棚数	丁数
歙县	334	1 415
休宁	395	2 522
祁门	579	3 465
黟县	9	69
婺源	74	295
绩溪	172	915
合计	1 563	8 681

以上是各县开报的数字。有的棚民"春去秋来无定"，确数难以稽查。嘉庆年间，包括家属在内的棚民当有数万之众①。嘉庆年间，因棚民开山"垦种苞谷，以致山倾石泻，涨塞河道，山上坟茔尽行挖掘，山下田庐皆受其害"。仁宗颙琰曾下诏查办，着令分别情况分批遣返回籍，但仍未能杜绝。这些棚民租佃的形式各有不同。租约上"有载明价银、年限，年满退山者，亦有不载年限者；复有并无银本，带有家室，立有年限承佃，及承佃并无年限，均与山主分收花利者"②。大体可分作三类：一、山主出租山场，逐年收租；二、富民包租再转佃棚民，坐取租利；三、富民包租山场，采取雇工的经营形式。前两者乃系封建的租佃关系，唯有后者带有原始富农经济的性质。

"棚民种植杉杨，雇用工人，均系外籍流民"③。这些流民系"短雇帮伙"④，与雇主的关系是留去自由，可以支配自己的人身。档案材料记载：休宁县丁云高等人，租山雇工专门种植苞芦。"据丁云高供：小的是怀宁县人，今年三十七岁，是乾隆四十四年上与姐夫胡宗义到休宁，合伙向巴鸿万、巴五德、巴遂租这山场，写立租批，计价五百三十两，议定十五年

---

　　①　按：据高廷瑶《宦游纪略》卷上记载："徽州府所属各县俱有棚民，不下二十万人。"此数似有夸大。

　　②　道光《徽州府志》卷四《营建志下·水利》。

　　③　嘉庆《黟县志》卷十一《政事·塘堨》。

　　④　嘉庆《黟县志》卷十一《政事·塘堨》。

为满，价银都要陆续交清。小的们自租之后，就不许各村人家上山樵柴……胡宗义在左视源等处搭棚开垦，小的在这吕洞汰等处搭棚兴种，两棚相隔二里多远。这冯建国、郑昆山、储玉章、汪南山、陈文翰、冯朝佐、丁添南、郑添光、钱国丰，钱柱丰、纪秀升、何永盛都是小的雇请垦种之人。"这些雇工都是外地"异民"，靠"佣工度日"[1]，每年工钱四两、六两不等。巴鸿万等人是山主，以地主身份收取租银；冯建国等人是外来穷民，靠出卖劳动力维持生活；而丁云高等人则拥有较多资本，包租山场，雇佣工人，种植苞芦，谋取利润。这种经营方式是佃富农经济的萌芽。

棚民租佃山场中出现的佃富农经济的萌芽，同样遭到夭折的厄运，不同的是它的夭折原因来自封建政府的遣散。可见富农经济的萌芽，来之不易，发展更难。

下面探讨地主经济规定和制约下的耕织结合的个体小农经济。

小农经济有两种类型，一为自耕农，一为佃农。自耕农如上所述，在明清时期的徽州是相当发达的，佃农中又可分为一般的佃农和佃仆。不论是自耕农还是佃农，都是"以织助耕""以副养农"的个体小农经济。这种以一家一户为生产单位的小农，局促于山陬水涯，"居则有室，佃则有田，薪则有山，艺则有圃"，"妇人纺织，男子桑蓬"[2]。正如《新安竹枝词》所说的："多住山陬与水涯，到死不知城市路，近村随地有烟霞，山乡僻处少尘嚣。"他们与世隔绝，耕以自食，织以自衣。在地主经济制约（或说支配也可）下，小农业与家庭手工业相结合的个体经济是中国漫长的封建社会经济结构的基本形态。

这种耕织结合，小规模的、个体的农业经济之所以长期存在，其原因是多方面的。

首先，封建地主经济的经营方式必然是小农经济。因为，不管是一般

---

① 档案，乾隆四十七年九月二十三日萨载题。参阅吴量恺：《清代乾隆时期农业经济关系的演变和发展》，刊《清史论丛》第一辑。

② 顾炎武：《天下郡国利病书》卷三十二《歙县风土论》（成都龙万育燮堂订本）。

的租佃制还是佃仆制，地主都是将土地分散地租给个体农民耕种。租佃者租种土地是为了取得生活之源，他们不可能有租佃大量土地的资金，因而也不可能进行大规模的农场经营。如前所述，即使偶有进行较大规模土地经营的佃富农经济出现，也因经受不起地主的残酷剥削，或因遭到封建政府的摧残而终归于夭折，最终还是恢复到小规模的个体农业经营。

其次，经营小块土地的自耕农，虽然可以不受地租的剥削，但却必须承担繁重的赋税和劳役。在这种繁重的赋税和劳役的压榨下，要保住原有的小块土地往往已经不易，更谈不上购进大量土地，作大规模的农场经营。自耕农是封建国家直接剥削的物件。为了保证赋税、徭役的供应，封建国家历来关注这一阶层的存在。"稳定小农"是封建王朝长治久安的良策。每一个新王朝建立时，对此尤为关注。他们总是采取奖励垦荒等政策，积极培植自耕农。诚然，自耕农这一阶层是很不稳定的，经常在分化。但是，破产的自耕农除流落他乡，转死沟壑，或当佣工、奴仆（除战乱及大灾害外，一般情况下这一数量不多）外，更多的是沦为佃农，依然进行小规模的个体农业经营。"力农致富"的自耕农固然也有，但不过凤毛麟角，微乎其微。即使侥幸上升为富户，其拥有地产在其死后，由于要按照"分析家财田产，不问妻妾婢生，止依子数均分"①的法律规定进行分产，所以，分家后又会析成小块，同样进行小规模的分散的生产。历史上也曾存在过进行较大规模田场经营的累世同居的大家庭组织，如明代歙县的汪通保，"一堂五世，男妇大小百余人"，清代同县的方统来"五世同居"②等即是。但这种田产公有，由家长统一指挥组织生产的家庭组织形式，不管历代王朝如何提倡旌表，最终都因家庭内部不可克服的矛盾冲突而分裂成若干小家庭，从而加入个体小农经济的队伍。自耕农随着人口的自然增多，通过子孙分居和财产的分析，便会像细胞分裂一样再生产甚至增殖自己。可见，不管社会如何地动荡，也不管自耕农这一阶层自身如何不断分化，它依然会以一定的数量存在于中国广袤的土地上。

---

① 《明会典》卷十九《户部·户口》。

② 民国《歙县志》卷九《人物志·义行》。

最后，小农业与家庭手工业结合异常牢固，不易分解。这种与农业牢固地结合在一起的家庭手工业，并不像欧洲封建社会晚期那样，因商品经济的发展而与农业分离，也没有出现大量农民流入城市的现象。我国的手工业没有从农业中分离出来，走向独立发展的道路，从而为资本主义的产生和发展创造条件。相反，在我国，手工业与农业的结合十分强固。

明清时期，徽州地区由于人口增加十分迅速，封建剥削沉重，而且山地陡绝，厥土骍刚不化，易涝易旱，农业发展的余地不大。因此，非从种植经济林木和发展家庭手工业方面寻求出路不可。所以，这个地区杉、松、漆等经济林木和体现山区特点的家庭手工业得到了较大的发展。例如，驰誉海内的文房四宝，除最后工序出自名家或手工作坊外，不少生产环节都是由农民加工的。又如茶叶的加工，陶土的运输、樵薪等都是不可或缺的副业。纺纱织布也很普遍。据文献记载，黟县、祁门的妇女尤为勤苦，"织木绵，同巷夜从相纺绩，女工一月得四十五日"[①]。农民通过加强种植商品化的经济林木和发展家庭手工业，增加收入，以资生计。

明清时期，徽州商业资本特别发达，加之小农经济中出现的家庭手工业方面的进一步发展和商品化倾向，理应为资本主义萌芽提供充分的条件，但是，如上所说，新的生产方式在农业中一经露头便夭折了，在手工业方面也看不出明显的进展。其之所以如此，是因为当时萌芽状态的资本主义生产比小农业和家庭手工业相结合的生产方式还没有显示出更大的优越性。"新旧生产方式的更替，最终决定于它们所提供的经济利益的大小。"[②]与农业相结合的家庭手工业生产，成本低廉。它可以因地制宜，就地取材。原料的成本极为低廉，有的几乎不费一文（如砚石、陶土），工具又简陋，生产资料的费用亦极其低微；其次，这种手工业充分利用了农闲时间、雨天和晚上。上述黟县、祁门的妇女"一月得四十五日"即一例。生产者可通过农业生产与手工业生产的合理安排，交错进行，使时间

---

① 嘉靖《徽州府志》卷二《风俗志》。

② 方行：《中国封建社会的经济结构与资本主义萌芽》，刊于《历史研究》1981年第4期。

不至于浪费；再次，这种手工业可以使劳动力得到充分利用，男女老幼皆可参加。每个人都可选择适合自己体力、技术的手工工种。在这种情况下生产出来的产品的成本和质量，往往是处于萌芽状态的资本主义生产的产品无法与之竞争的。因为，在同样简单的工具条件下，产业资本家需要盖场坊并雇佣工人进行生产，所以，很难取得比家庭手工业生产更优惠的经济效益。工场主为生产每一产品所投入的生产资料及购买劳动力的费用要比小农高得多。所以，商人宁可用包买的形式控制小农生产品的流通过程，在旧的生产方式基础上剥削小农的剩余劳力，而不愿开办工厂，雇工生产，与之竞争。这就是为什么在漫长的中国封建社会中，甚至到了近代，商品经济依然很难分解小农业与家庭手工业相结合的经济结构的原因。正如马克思所指出的："因农业与加工制造业直接结合而起的巨大经济和时间节约，在那里，曾对大工业产品提出非常顽强的抵抗。"[①]

在地主经济的支配下，小农业与家庭手工业的牢固结合并长期存在，使农村愈加陷入贫困和落后状况。由于小农经济的个体性和生产规模的狭小，既不可能抗御所遇到的自然灾难，更无法改变恶劣的生产条件。明清时期，徽州地区的一部分农民还在采取"刀耕火种"的落后耕作方式即其一例。在这种生产条件下，农民终年辛劳，却不得不"仰给杂粮"。"精馐华服，毕生不一遘焉。女人尤号能俭，居乡数月，不沾鱼肉。"[②]

极端的贫困带来了极端的愚昧，"疾病多凭作卦愈，赛会保安自破费"[③]，把自己的命运寄托于大自然的恩赐与冥冥中的神明。他们的理智拘泥于最狭隘的范围内，把理智变成迷信的驯服工具，使之屈从于传统的惯例。这种相沿成俗的惯例，成为他们日常生活的楷模，从未敢越雷池一步，墨守成规，很少进行革新活动。中国封建社会缓慢发展的原因固然是多方面的，但同这种耕织结合的个体小农经济的长期存在亦不无关系。

---

① 马克思：《资本论》（第三卷），人民出版社1966年版，第373—374页。

② 《歙风俗礼教考》，转引自许承尧：《歙事闲谭》卷十八。

③ 《新安竹枝词》。

（四）乡绅地主的身份地位及其隆替

明清时期，徽州地区乡绅势力雄厚，且久而未衰，对当地历史的各个方面，产生了深远的影响。探讨乡绅地主的形成、盛衰隆替及其特点，可以帮助我们理解当地的土地占有关系，以及农村社会的经济结构。

"乡绅"的含义众说纷纭，没有共通的理解①。依笔者之见，可理解为"在乡的绅士"，亦即有仕宦功名的人在乡里的称呼。它是明清时期由科举制度和学校制度产生的一个社会阶层的特定名称。这个阶层是怎么形成的呢？我们知道，宋元年间，经乡试中式的举人，只取得参加会试或殿试的一次资格。落第后如要再考，还得从乡试开始。举人没有成为终身的资格。明清两朝，这种情况发生了变化。不仅举人，就是入了国学的监生和入了府、州、县学的生员，也都取得了终身的资格。这些被视为有功名的人，中了进士的，无疑可得到官爵；举人和监生也有出仕的可能；就是生员，也被认为可通过科举，或被选入国学，而有了出仕的希望，因而也具有准官僚的资格。"科举必由学校。"②学校已不是原来意义的养士机关，而是作为科举取士的必经阶段。科举和学校造就的这批人才，形成固定的集团，在明清称之为乡绅。乡绅也可分为缙绅和绅衿两个等第。前者是指现任的文武官员、退任官员，以及封赠、捐买的虚衔人员，后者则包括有功名而未仕的举、监、生员等。徽州的乡绅阶层，无论人数之多抑或官爵

---

① 日人寺田隆信教授于一九八〇年八月提交天津明清史国际学术讨论会的论文《关于"乡绅"》可资参考。寺田氏认为，"乡坤"即"在乡的搢绅"。他引用明末人陈继儒《群碎录》一书中关于搢绅一词的解释："搢绅谓插笏于绅。绅，大带也；搢，插也，今作缙。缙，帛赤色。"并指出："所谓搢绅是指在着礼服时被允许将笏插于大带的人，专指有官位，身份高的人。"但他又认为，乡绅的含义应是"具有生员、监生、举人、进士等的身份及资格而居于乡里的总称"。按：关于搢绅，《晋书·舆服志》载："古者贵贱皆执笏，其有事则搢之于腰带。所谓搢绅之士者，插绅之士者，搢笏而垂绅带也。"

② 张廷玉：《明史》卷六十九。

之高，都比其他地区突出。据统计，明代徽州地区有进士三百九十二名，举人二百九十八名。生员，明初的定额是府学四十名，县学二十名，后来又增加了同样额数的增广生员，以及定员无常的附学生员等。因府县学的定员不止是一次童试的取录额，而是不断递补缺额的常在学校之额数，加之附生数额未详，其绝对数已不可考，但其数量当超过举人进士许多倍。此外，还有被封赠，或通过"急公议叙"而得官爵者，亦属这一阶层。可见乡绅阶层的人数是很可观的。从官爵来看，据明嘉靖年间创立的北京歙县会馆捐册名单，和会馆观光堂题名榜名单统计，嘉靖以后，歙人当过大学士者一人，尚书者一人，侍郎者九人，寺卿者五人，给事中四人，检讨编修二人，巡抚五人，巡按御史六人，廉史四人，知府三人，督学一人。另外学士唐皋、都宪江东之，尚书殷正茂未曾列名，还不算在内①。还有"以进士官部曹及守令者约三十人尚未及录"②。可见出任京朝官者不仅为数甚多，而且还有大学士、尚书之类的高官。

乡绅在礼仪、司法、经济等方面都享有不同程度的特权。官品愈高，特权愈大。缙绅享有优免赋役的特权③。他们干涉和操纵地方行政，权力"大于守令，莫敢谁何"。出门高轩结驷，皂隶开路，随从簇拥，气焰万丈，赫奕非常④。他们犯法，往往以罚俸或以赎金抵罪。其子孙可按品级荫叙，"或即与职事，或送监读书"⑤，保证其后代至少有一人做官，使他们可以继续置身缙绅行列之中。绅衿等第中的生员，可着相当九品官的服装，出入可乘肩舆。生员不能轻易逮捕监禁。在徽州，乡绅阶层由于人数

---

① 《北京歙县会馆建置原始》，转引自许承尧：《歙事闲谭》卷十。按：官衔以生前实职为准，死后追封不算。

② 许承尧：《歙事闲谭》卷十一《科举故事一》。

③ 《万历会典》卷二十《赋役》记载，嘉靖二十四年制定：京官一品，免粮三十石，人丁三十丁；二品，免粮二十四石，人丁二十四丁。依次递减，至九品免粮六石，人丁六丁。地方官则按品级各减京官一半，其不入流的教官、军人、监生、生员等，各免粮二石，人丁二丁。

④ 何良俊：《四友斋丛说》卷三十五《正俗二》。

⑤ 《明会要》卷四十八《选举二·任子》。

众多，官爵高崇，势力特别大，尤以"晚明为盛"，这同"颖阳（按：即许国）入相，或多所汲引"①有关。

明天启年间，由于缙绅间的内讧、倾轧，曾发生所谓"黄山大狱"②。魏珰忠贤大发淫威，歙人富甲一县的吴养春父子三人相继死在诏狱之中，且株连吴氏的亲族地邻。这对徽州缙绅势力曾是一次打击，但这是局部的，而且，不久崇祯御极，又为这些被打击的缙绅平反复职。

顺治二年（一六四五年），由宋乞、朱太领导的佃仆、奴仆起义，一度给徽州的乡绅以沉重的打击，但这次起义很快便被镇压下去了。清初，统治者基于明末乡绅横行，兼并土地，诡寄田亩，拖欠、包揽钱粮等弊病，直接影响了国家的财政收入，因此，顺、康两朝对乡绅采取了限制、打击政策。顺治十四年（一六五七年）规定"自一品官至生员吏丞，止免本身丁徭，其余丁银仍征充饷"③，革除了优免田赋的特权，限制了优免差役的范围。顺治末年的江南奏销案、哭庙案以及多次闹案等，都曾给乡绅以一定打击。但徽州的乡绅阶层却没有受到多少损害，其势力依然保留下来，继续通过科举取得官爵。据统计，有清一代全徽州府中举人仍高达六百九十八名，进士二百二十六名。这些人中，有不少的人跻入最高统治集团。单以歙县为例，即有大学士四人、尚书七人、侍郎二十一人、都察院都御史七人、内阁学士十五人。整个徽州府当官的人数则更多了。尤其清中叶以后，朝廷滥行捐纳，富商巨贾因而得到许多虚职空衔。大盐商江春、鲍廷博等甚至结交天子，大得乾隆皇帝之欢心，特恩优渥，褒奖弥隆，可谓"财势通天"。徽州乡绅的势力一直保持到嘉庆末年，这时徽商势力衰落，徽州缙绅势力也随之受到削弱。到了咸丰年间，由于遭到太平天国运动的打击，这个阶层的势力便从此一蹶不振了。

① 许承尧：《歙事闲谭》卷十一《科举故事一》。
② 翰林院编修吴孔嘉因与乡绅吴养春有世仇，勾结魏忠贤，唆使其弟吴养泽的家仆（一说伙计）吴荣告发吴养春霸占黄山等罪，而酿成所谓"黄山大狱"。详见程演生：《天启黄山大狱记》。
③ 《清朝文献通考》卷二十五《职役考》。

　　例如，祁门善和里乡绅地主程氏，本是北方士族，东晋时，程元谭出任新安太守，因受东晋王朝赏赐田宅而留居歙之黄墩。唐末，其裔户部尚书程仲繁始迁祁门善和里，子令湮遂在这里定居下来。五代时令湮之子承海、承津、承潜均仕南唐。入宋，海、津富极一时，"乡人号为程十万"。"言其家资为十万计也"。自宋至明屡世仕官，"有以文德显名者，有以武功着绩者"。单明代中进士者就有程泰、程宏、程昊、程杲、程昌等五人。这个家族历代高官显宦，从按察使、布政使等地方官到中央的尚书都有人出任。但到了清代，虽有人得到封赠奉直大夫之类的虚职空衔，却已无人担任实职官[①]。清末，这一家族更形衰落，无论政治、经济地位都已今非昔比。唯有高耸的祠堂，屹立的状元坊（为宋宝祐年间武举状元程元凤而建）、方伯坊（为程泰而建）、宪伯坊（为程昌而建）等牌坊尚能为其后人增添"光彩"。又如明中叶至清初在地方上政治势力显赫一时的查湾汪氏，清中叶以后，其势力也同样渐趋式微[②]。

　　由于乡绅地主的衰落，使无功名官爵的庶民地主得以抬头。这时，土地的买卖更加频繁，地权的分裂更加细密。原与佃仆制并行存在的一般租佃制也逐渐取而代之，不断发展起来。

　　徽州的乡绅阶层势力雄厚，且能历经明代，乃至清中期而不衰，原因是多方面的。首先，这个阶层有着深远的历史渊源。如前所述，徽州多名宗世族，而这些世族多系东晋南朝和隋唐时迁来徽州。隋、唐两代末年，在农民起义的打击下，门阀世族地主退出了历史舞台。但迁入徽州的世族，却由于当地"山深地僻，兵革不到"[③]，没有受到大的打击。到了宋代，他们凭借传统的政治地位及家学渊源，通过科举等途径，出任地方和中央的大官，依然保持其政治势力。正如南宋徽州人罗愿所指出的："黄巢之'乱'，中原衣冠保于此，后或去或留，俗益向文雅。宋兴则名臣辈

---

①　见《善和乡志》《祁门善和程氏谱》《窦山公家议》（以上均系明刻本）和《程氏置产簿》（乾隆年间手抄本）。

②　关于查湾汪氏，请参阅本书附录《关于徽州的佃仆制的调查报告》。

③　江依濂：《橙阳散志》卷末《歙风俗礼教考》。

出。"明清徽州乡绅阶层同宋元官僚集团有其继承性。他们老谋深算，富有统治经验，善于在变幻无常的政治风云中保存自己并求得发展。其次，这一阶层以官、商相济，他们往往是官僚、商人、地主三位一体。以他们的政治势力作营商的后盾；营商取得的高额利润，又可捐买官爵，交通王侯，并支持子弟族人"读书登弟"，攫取官职，因而又是他们发展政治势力的经济基础。最后，徽州乡绅阶层内部虽然也存在各种矛盾，存在彼此倾轧的一面，但一般来说，其乡土、家族观念很强，在官场上相互间多所汲引，施政和建言中注意保护徽商，共谋本乡宗党的利益，因此，他们往往结成一团，具有一荣共荣，一衰俱衰，休戚与共的一面。这些特点造成徽州乡绅阶层隆盛而久久未衰的地位。

还必须指出，徽州的乡绅是从魏晋南朝的北方士族和宋元的官僚集团脱胎而来的。魏晋时，他们是部曲、田客制生产关系的代表，本来就保留有浓厚的奴隶制残余。虽几经历史的洗刷，但直到明清时期，奴隶制的斑点在他们身上依然未消，家内仍然蓄养有数量不等的奴婢，作为封建剥削的补充。《大明律》规定："庶民之家，存养奴婢者，杖一百，即放从良。"但乡绅地主，却不在此例。这一特权使其蓄奴合法化。我们在明清契约及地主账簿中，均发现有买卖奴婢的记载[①]，有些徽商还兼营买卖人口。据万历《休宁县志》记载："贾人子掠外地子女，人挈数口以归，岁入不下千百，十年生长倍蓰。"[②]甚至像范溥那样出任过知州的缙绅也充当人口贩卖者[③]。

由于乡绅阶层势力根深蒂固，长期隆盛未衰，且又与历史上的各种奴隶制残余保持着千丝万缕的联系，从而直接影响到佃仆制的盛行，宗法制的强固，封建理学的严酷统治，以及商业资本的发达。这个阶层对徽州各方面历史的影响，拟在后文中阐述。

① 请参看章有义：《清代皖南休宁奴婢文约辑存》，刊于《文物资料丛刊》1978年第2期；又见（休宁）《黄氏商人地主收支账簿》，编号1000434，原件藏中国社会科学院历史研究所。按：据该账簿记载，婢女的价钱在20两～26两之谱。

② 万历《休宁县志》卷一《舆地志·风俗》。

③ 《王鸿绪密缮小折》，载《文献丛编》第三辑，转引自韦庆远等：《清代奴婢制度》，刊于《清史论丛》1980年第2期。

三、徽州商业资本

　　明代中期，随着社会生产力的发展，社会分工不断扩大，某些地区的手工业部门逐步脱离农业，走上独立发展的道路，手工业生产过程中的某些工序，也变成独立的专门行业。这种情况在江南地区尤为明显。手工业部门的不断增多，导致了地域分工的扩大和农产品商品化的发展。由于商品流通范围的日益扩大，商人资本空前活跃起来，出现了徽商、山西商、陕西商、江右商、闽商、粤商、吴越商等商人集团，其中尤以徽商和山西商人的势力最为雄厚。正如明人谢肇淛所指出的"富室之称雄者，江南则推新安，江北则推山右"①。

　　明代晚期至清代乾隆末年，是徽商的黄金时代。营商人数之多，活动范围之广，资本之雄厚，皆居当时各商人集团之前列。营商已作为徽州人的重要职业。据方志记载，"农十之三，贾七焉"，"以货殖为恒产"，甚至说"田少民稠，商贾十之九"②。徽人汪道昆也说："业贾者什七、八。"③这里说的农、商比例未必完全正确，但我们由此可大略知道营商人数之多。明代的小说中，把商贾说成是徽州的"第一等生业"④。徽商经营的

---

　　① 谢肇淛：《五杂俎》卷四。

　　② 道光《徽州府志》卷二《舆地志下·风俗》，乾隆《歙县志》卷一《舆地志·风土》。

　　③ 汪道昆：《太函集》卷十七《阜成篇》。

　　④ 凌濛初《二刻拍案惊奇》卷三十七载："徽州风俗以商贾为第一等生业。"

行业，"以盐、典、茶、木为最著"①，其他行业，徽商也无不插足其间。有的商人，行商、坐贾、牙行兼备，一人兼营数种行业。大体说来，歙县多盐商，休宁多当业，婺源则木、茶商为多。长江中下游是徽商的主要活动地盘，沿江各地区有"无徽不成镇"之谚。其次"吴越、楚、蜀、粤、燕、齐之郊，甚则逐而边陲，险而海岛"②，也都留下了他们的踪迹。正如明人张瀚所指出的，徽商的足迹"几遍天下"③。《一统路程图记》的作者黄汴本人就是徽商。他在该书的序言中自述从弱冠之年起，随父兄"览洞庭之胜，泛大江，溯淮扬，薄庆燕都"，"后侨居吴会，与二京十三省暨边方商贾贸易"④。从他个人的经历中，也可看到徽商活动范围之广。有的徽商甚至营商海外，如著名的海寇首领、商人王直即一例。明人谢肇淛曾指出："新安大贾、鱼盐为业，藏镪有至百万者，其他二三十万则中贾耳。"⑤到了清代，有的盐商更是富比王侯。可见商人资本势力之雄厚。徽商在中国商业史上占有极其重要的历史地位。

（一）徽州商业资本发展的历史渊源

徽州商人资本有其源远流长的发展历史。它的起源可追溯到东晋年间。到了宋代，日渐发展起来。

如前所述，秦汉时期，东越人已在徽州栖息繁殖，三国时，称徽属之民为"山越"。当地豪强多以宗部的形式控制山民，据险割据称雄，不纳王租，商品交换是不发达的。魏晋南北朝时期，为了逃避战乱和种族压迫，北方士族纷纷渡江南徙。地势险阻的徽州成了他们的避难所。隋、

---

① 民国《歙县志》卷一《舆地志·风土》。

② 康熙《休宁县志》卷一《方舆·风俗》。

③ 张瀚：《松窗梦话》卷四《商贾记》。

④ 《一统路程图记》是一本记载行商程图的书。作者黄汴根据自己的亲身经历，参以前人记载，相互考订、校勘，历二十七年方告完竣，隆庆四年（一五七〇年）刊印行世。参看日人寺田隆信：《山西商人的研究》。

⑤ 谢肇淛：《五杂组》卷四。

唐，尤其唐末，为逃避农民起义的打击，士族再次源源南迁徽州。北方大族迁入徽州，使当地的风俗逐步改变。

我们知道，西晋以后，社会风习发生了变化。这时，官僚、世家大族外托清高，内怀贪鄙，殖财牟利，甚至连帝王也受到这种风气的影响。例如，齐东昏侯"于苑中立市，太官每旦进酒肉杂肴，使宫人屠酤。潘氏（按封贵妃）为市令，帝（即齐东昏侯）为市魁，执罚，争者就潘氏决判。"[①]帝王尚且如此，官僚世家大族更可想见了。他们以雄厚的资本，任用宗人、奴仆代为营商，开设邸舍，发放高利贷，凭借特权收聚商货，贩卖取利。东晋南渡后，南北阻隔，各方政府、贵族常借彼此报聘特遣之使，互相交换产品，聘使及官僚借此营求异地奇货，转卖赚钱。另外，各级官僚一旦致仕回乡，亦将搜聚之商货，拥载随归，称之为"还资"或"归资"。新安（徽州府的前称）太守张率就曾遣家僮载米三千石还宅[②]。如此巨量的米，不用说是要投入市场上去出卖的。可见官僚、士族经营商业已蔚然成风。

这些具有营商传统的世家大族迁到徽州以后，因当地处于万山之中，峰回而谷峻，疆舆隘僻，鲜农桑粟帛之利。山多田少，不可能兼并大量的土地，所以，便同时兼营商业。关于徽州商人资本在东晋南朝的情况，史籍记载不多。但从片鳞只爪中尚可窥见其大概。《晋书》卷二十八《五行志》载：

> 海西公时，庾晞（按即司马晞）四五年中……宴会辄令娼妓作新安人歌舞离别之辞，其声悲切。

这里说的是司马晞未败之前，每逢宴会便令娼妓扮作新安人，边舞边唱离别之辞。他们出外经商的离情别意被编入歌辞供娼妓演唱，说明新安商人的经商活动已为时人所知。

这段史料，已引起《知新录》的作者及晚清翰林许承尧的注意，许承尧在《〈知新录〉记徽俗二则》一文中说：

---

① 《南齐书》卷七《东昏侯》。
② 《南史》卷三十一《张裕传》。

《知新录》云：徽俗好离家，动经数十年不归。读晋《司马睎传》有云，睎未败时，宴会（辄令）娼妓作新安人歌舞离别之辞，其声甚悲。后睎果徙新安。则知此风自晋已然。盖新安居万山之中，土少人稠，非经营四方，绝无治生之策矣。①

可见《知新录》作者及许承尧也认为徽商的兴起早在东晋时期。

徽州商人资本的发展与当地农业和手工的生产有着密切的关系。迁入徽州的名宗大族，同时传来了中原地区先进的农业生产技术。有的地方豪强，如程灵洗等还对农业进行了一些改良②。这些改良的效果虽然有限，但多少促进了农业生产的发展。火耕水耨的耕作法，逐渐为深耕细作所代替。一些大小不等的山间盆地不断垦辟起来。山场也逐步得到开发。农业生产力的提高为商品交换提供了更多的可能。到了宋代，商品经济迅速发展，尤其是在徽州境内，作为商品的土特产和手工业产品日渐增多，徽州商人资本便更加活跃起来。

先看土特产和手工业产品的情况。

宋代出产的纸，已很负盛名，这同当时印刷业的发展有关。歙、绩交界地"龙须"产有"麦光、白滑、冰翼、凝霜"等名目的佳纸。苏易简《文房四谱》载：

> 黟歙间多良纸，有凝霜澄心③之号，复有长者，可五十尺为一幅，盖歙民数日理其楮，然后于长船中以浸之，数十夫举抄以抄之，傍一夫以鼓而节之，于是以大薰笼周而焙之，不上于墙壁也。于是自首至尾，匀薄如一。④

这样规模的造纸作坊，产量当不少，费著《蜀笺谱》云：

> 四方例贵川笺，盖以其远号难致。然徽纸池纸竹纸在蜀，蜀人爱其轻细，客贩至成都，每番视川笺价几三倍。范公（即范成大〔一一

---

① 许承尧：《歙事闲谭》卷二十六。

② 江同文《思豫述略》卷一：灵洗"别水陆所宜，刈获早晚"。

③ 澄心，即澄心堂纸。南唐李后主（在位九六三至九七五年）曾经设置"澄心堂"，用以贮藏徽州出产的精美纸张。澄心堂纸之称源自于此。

④ 苏易简：《文房四谱》卷四（见《学海类编》丛书本）。

二六至一一九三年〕）在镇二年，止用蜀纸，省公帑费甚多。①

可见南宋初年，徽纸曾运往四川，夺去了本地有名蜀笺的市场。

墨：逃到徽州的易水著名墨工奚超、奚廷珪父子所制的墨，大受南唐后主李煜的称赏，赐其父子以国姓"李"氏。在宋代，李廷珪成为驰名全国的制墨家。制墨之家多开设作坊自制，有的还雇请匠人帮同制墨。据《春渚纪闻》记载：

> 黄山张处厚，高景修皆起灶作煤制墨为世业，其用远烟鱼胶所制，佳者不减沈珪，常如。沈珪、汪通辈或不自入山，亦多即就二人买烟，令渠用胶，止各用印号耳。②

所制之墨，皆驰名海内，畅销各地。

砚：歙砚由于南唐李后主的称赏，在五代，乃至宋代已誉满天下。出现了李少微等许多著名的砚工③。砚工可因石取势雕镂上富有艺术价值的图饰。歙砚是时人企求的珍品。

笔："歙本不出笔。"④徽人由于力学近邻的宣笔，在宋代果然出现了歙州吕道人、黟县吕大渊、新安汪伯玄等制笔名工，所制之笔为世所重。"澄心堂纸、汪伯玄笔、李廷珪墨、旧坑石之砚"，被视为"新安四宝"⑤，为时所尚。徽人因而兴建"四宝堂"，"文房四宝"之称自此始。

茶：徽属祁门县唐代已是著名的产茶区，咸通三年（八六二年），歙州司马张途曾指出："（祁门）山且植茗，高下无遗土；千里之内，业于茶者七八矣。由是给衣食，供赋役，悉恃此。祁之茗，色黄而香，贾客咸议，愈于诸方。每岁二三月，赍银缗缯素求市将货他郡者，摩肩接迹而

---

① 费著：《蜀笺谱》，又见《古今图书集成·理学汇编·字学典·纸部》。

② 何薳：《喜渚纪闻》卷八《买烟印号》。

③ 详见穆孝天：《安徽文房四宝史》，上海人民美术出版社1962年版，第50页。

④ 叶梦得《石林避暑录话》卷一："世言歙州具文房四宝，谓笔墨纸砚也，其实三耳。歙本不出笔。盖出于宣州，自唐唯诸葛一姓，世传其业。治平嘉祐前有得诸葛笔者，率以为珍玩云。一枝可敌它笔数枝。熙宁后，世始用无心散卓笔，其风一变。诸葛氏以三副力守家法不易，于是浸不见贵，而家亦衰矣。"

⑤ 赵吉士：《寄园寄所寄》卷十一《故老杂纪》。

至。"①南唐刘津也曾说:"婺源、浮梁、祁门、德兴四县茶货实多。"②宋代,"茶则有胜金、嫩桑、仙芝、来泉、先春、运合、华英之品,又有不及号者是为片茶八种。其散茶号茗茶"③。从茶的名目和等级之多,可见制茶业又有了进一步的发展。

漆和木材:这也是重要输出品。典籍有载:"民物繁伙,有漆楮杉材之饶,富商巨贾多往来。"④"漆则诸邑皆有之"⑤。良木则"松梓槭柏梼榆槐檀,赤白之杉……大抵松杉为尤多"⑥。当地还适蚕桑,已出现以丝绸为业的"机户"⑦。其产品无疑也是要投入市场的。

南宋初年,政府允许徽州人户把折帛钱折银交纳赋税。《宋会要》载,徽州地区不通水路去处,从绍兴末年起,已经使人户用银折纳折帛钱⑧。夏税一折为折帛钱,再折为银。我们知道,夏税秋粮折银交纳的情况虽然非仅限徽州一地,但之所以使徽州折银交纳,"不通水路去处"当不是其原因。事实上徽州有新安江通抵杭州,交通是便捷的,主要原因正是由于当地土特产与手工业品的输出较多,银两的流通较普遍⑨,所以才有可能使人户将折帛钱折为银。而用银折纳折帛钱,又迫使农民不得不将土特产和手工业产品投入市场,促进了商人资本的发展。

一般地说,商人以贩运为业,不一定以本地有无该种产品为营业的条

① 张途:《祁门县新修阊门溪记》,见《全唐文》第八百零二卷。又白居易《琵琶行》有云:"商人重利轻别离,前年浮梁买茶去。"祁门县的西南部是在大历年间从浮梁县划出来的。

② 刘津:《婺源诸县都制置新城记》,见《婺源县志》卷五十九《艺文》。

③ 淳熙《新安志》卷二《物产·货贿》。

④ 《宋史》卷四百六十八《童贯传》附《方腊传》;方勺:《青溪寇轨》。

⑤ 淳熙《新安志》卷二《物产·货贿》。

⑥ 淳熙《新安志》卷二《物产·木果》。

⑦ 袁甫《蒙斋集》卷二《知徽州奏便民五事状》:"臣又考究自来揽户之弊:其受于税户也,则昂其价,及买诸机户也,则损其直。"

⑧ 《宋会要辑稿·食货十·赋税杂录下》"乾道元年五月三日"条;又见《建炎以来系年要录》卷一百八十二"绍兴二十九年五月己未"条。

⑨ 传世的南宋银铤中,有一枚上有"达州今解发宝庆三年绍定元年分进奉大礼银重伍拾两"的字句,就是徽属休宁县出土的。见罗振玉:《贞松堂集古遗文》。

件。但是，徽州山多田少，粮食不足而盛产土特产与手工业品的经济结构，对商业的发展，起了刺激的作用。水路交通的便捷又为商业的发展提供了可能。茶叶、木材等土特产可顺新安江东下浙江各地，还有"祁门水入于鄱，民以茗、漆、纸、木行江西，仰其米自给"①。徽州商人资本就是在这种情况下，得到了初步的发展。

据文献记载，宋代商人依然保留东晋南朝时期驱奴营商的习俗。婺源县有一方姓盐商，就曾带仆人到芜湖行商②。有的商人长期在外，多年不归。例如，黟县有一商人远出经商，离家竟达十年之久③。尤其值得注意的是，这时已经出现了拥有巨资的商人。宋初至真宗（在位九九八至一〇二二年），祁门善和程承津、程承海兄弟"广积产业而致富"，"乡人号为程十万。每称津为十万大公，海为十万二公。言其家资以万计也"④。

徽商与当地世家大族往往有着十分密切的关系。上述祁门善和程氏家族有一个叫程旻的富商，他从善和迁到栢溪。"高宗时，边境不靖，国用唯艰"，程旻"纳五万缗佐北征饷。上以敕褒之，其略曰：旻以巨商为义民，输家佐国，理宜嘉擢，以表忠诚，特授朝散郎。"⑤程旻是程承津、程承海的后代，程承津、程承海又是唐末户部尚书程仲繁之孙，中奉大夫、善和始祖程令涫的儿子。程氏家族最早来到徽州的人是东晋新安太守程元潭。从程氏谱系看，北宋的程承津、程承海及南宋巨贾程旻，均出身于同一世家大族。可见这个地区的富商巨贾往往同世家大族合为一体。

宋代名宗大族兼营商业的情况，我们还可再举一例，以资佐证。《新安毕氏族谱》中云：

> 公姓毕氏，讳仁，字子荣，歙人也。其先世居河南偃师。至唐，有讳师远任永州司马。乾符四年丁酉（八七七年）调歙州中散大夫金

---

① 淳熙《新安志》卷一《州郡·风俗》。
② 洪迈：《夷坚志》甲志卷第四《方客遇盗》。
③ 方回：《桐江集》卷八《两请浙漕贡士舒君墓志铭》。
④ 程复：《祁门善和程氏谱》足征录卷三《书四府君派后》。
⑤ 康熙《祁门县志》卷四《孝义》。

书判。施政甫期年，没于官，遂葬于黄墩。子孙因家于歙。其后有讳汝霖，始迁梧山之阳，石耳之阴，世以积善种德相传。……父之考讳天祥，克承先志，营废举之业，而家益饶。公……迨年十六，懋迁有无，以货茶往淮之庐州东镇阳设肆而坐贾焉。每岁天祥翁运茶以引计者数百，俾寓于其所，终年而鬻，获利恒数倍于本。以故得尽交淮海之豪杰，遂知名于时。丁酉（一三五七年）秋，我朝龙兴，六虬渡江，东南列郡惟歙款附，版图先入职方氏，主将宁河武顺王邓镇守歙城，料民之丁壮为义兵，命府县官择武勇而有才略者，遂署公充万户长。……洪武辛亥以罪谪海南。至洪武七年甲寅（一三七四年）蒙恩宥归田里，以疾终于家。[①]

这个官僚后裔的家庭，从唐末两宋以来，"世以积善种德相传"。依当地风俗，"积善种德"，即多指捐资兴办封建慈善事业，这是一部分商人资本的归宿。下面我们还会谈及。元代，该族传至毕天祥、毕仁父子，仍"克承先志"。毕仁又以贩茶发家而"知名于时"。明初，毕仁摇身一变成为新王朝的官僚。由此可见，毕氏这样的强宗大族在宋代已经兼营商业了。

这些资本雄厚的大商人，在徽州境内发行会子。绍兴末年，洪适知徽州时，上乞免发现钱札子云：

> 小郡在山谷之间，无积镪之家，富商大贾，足迹不到，货泉之流通于廛肆者甚少，民间皆是出会子，往来兑使。今若一旦拘刷见钱发纳，不半年一岁，即见钱竭，无以流布善后。[②]

这里所说的"民间皆是出会子，往来兑使"，就是指商人自己发行一种代替现钱使用的票据（或叫作钱票），作为交换媒介。这种钱票既可用在本地区内交换商品，兑换现金，相互使用，又可转换给其他地方请托汇款的人。商人资本的活跃，从此可见一斑。

据此，我们可以断定，由于东晋南朝时期南迁到徽州的北方世家大族

---

① 毕济川：《新安毕氏族谱》卷九《仕宦志》。

② 洪适：《盘洲文集·拾遗之部·户部乞免发见钱札子》。

带来了兼营商业的习俗，加之徽州地区特有的一些有利条件，商业资本得以抬头。到了宋代，商业资本得到了进一步发展，日益活跃起来。总之，明清时期负有盛名的徽州商人资本曾经经历过一个兴起和逐步发展的历史过程。

（二）徽州商人资本形成的一个重要来源

关于徽州商人资本的来源，藤井宏教授归纳为：共同资本、委托资本、婚姻资本、援助资本、遗产资本、劳动资本和官僚资本等七种类型[1]。除此之外，依附农民的山租和劳役租也是一个重要的来源。关于这个问题，东晋南朝，乃至唐宋以前，限于文献材料的缺乏，已无法具体阐述，但明清时期迭有记载，我们可从当时身兼地主的徽商与山租和劳役租的关系中窥见其大略情况。

山场的收入在当地占有极重要的地位。"向来田少山多，居人之日用饮食取给于田者不敌取给于山。"[2]徽州所出的土特产和手工业品原料无不取自山场。例如：景德镇所需的陶土来自婺源、祁门的高梁山和开化山，歙县的砚石取自龙尾山等地，纸笔墨的原料毛竹、松树以及其他土特产如杉木、茶叶、漆等，也无不出自于山。贩卖山场所出的土特产，以及原料取自山场的手工业产品，是商人资本形成的一个重要来源。

利用佃仆开发、管养山场，是徽州地区的一个特点。砚石的开采，陶土的发掘和运输，有一部分便是利用佃仆无偿劳动来承担的。至于山上的茶、竹、树木，也主要是由佃仆培植、管养的。据徽州《江氏家规》记载：

> 里水碓新开路傍竹木，召仆安童照管长养。立有召约，付伊收执。各房毋许私自砍掘竹笋，打扰长养之人，违者罚银五钱入祠堂公

---

[1] 藤井宏：《新安商人的研究》，《安徽史学》1959年第1期。
[2] 祁门《环溪王履和堂养山会簿》（嘉庆十九年刻本）。

用。其柿栗果利三房眼同均取，毋许私盗，如违罚银一钱八分。①

这是嘉靖六年（一五二七年）仲春，八十四岁的地主江时造"卧病口嘱书此"的。类似这样召佃仆兴养竹木的事例，在徽州佃仆文约中不乏其例。这些佃仆不仅要负责种植、管养竹木，而且地主如果自开纸厂造纸的话，竹子的砍伐，或麻的沤制也都要佃仆提供无偿劳动。徽州是重要的产茶地区，祁门一带尤宜茶树的种植，连地边或田界上都种上茶。据明清佃仆文约记载，山主和地主往往要求佃户把茶叶同租鸡、柴薪等作为正租之外的附加租交纳。笔者在实地调查中，也发现地主规定佃仆以交茶叶作山租的例证。如茗洲佃仆陈近贤，中华人民共和国成立前租佃葆和堂的山地耕种，其中便有一亩是种茶的，每年交茶租十斤，茶山同样也召佃仆管养。有的地主置立专簿登记茶叶的收入。据地主胡廷卿《茶产总登》②记载，从光绪十一年至二十一年（一八八五至一八九五年），每年从祠背后山、徐家坞和汪郎冲三处茶山收入的红绿茶在四十斤至九十一斤之间。除自用外，还可卖得洋银五元至十五元不等。现将其茶叶逐年收入统计列表如表3-1。

表3-1　胡廷卿《茶产总登》所载茶叶逐年收入

年代	收入红绿茶总数	自用部分	出售部分	
			额数	所得银元数
光绪十一年（一八八五年）	41斤16两	5斤12两	36斤4两	8元
光绪十二年（一八八六年）	41斤	6斤	35斤	8元2钱
光绪十三年（一八八七年）	61斤2两	10斤	51斤2两	8元2钱2分
光绪十四年（一八八八年）	39斤13两	9斤13两	30斤	5元3钱1分

① 徽州《江氏家规》，北京大学图书馆善本室藏本。
② 原件藏中国社会科学院历史研究所，编号1000366。

年代	收入红绿茶总数	自用部分	出售部分	
			额数	所得银元数
光绪十五年（一八八九年）	47斤2两	3斤6两	43斤14两	11元7钱2分
光绪十六年（一八九〇年）	61斤14两	15斤4两	46斤10两	8元3分4厘
光绪十七年（一八九一年）	53斤12两	10斤3两	43斤9两	9元1钱3分8厘
光绪十八年（一八九二年）	84斤9两	17斤4两	67斤5两	9元8钱4分8厘
光绪十九年（一八九三年）	59斤12两	—	59斤12两	15元1分3厘
光绪二十年（一八九四年）	65斤9两	17斤9两	48斤	8元1分3厘
光绪二十一年（一八九五年）	91斤	5斤	86斤	15元6钱5分
合计	646斤17两	99斤15两	547斤2两	110元1钱4分6厘

注：每斤18两。

佃仆兴养的毛竹和茶，以及佃仆交纳的茶租等，都可径作商品输出贩卖。

尤其是木材的兴养与输出，同徽州商人资本形成的关系更大。杉木等木材历来就是重要的输出品，南宋范成大曾说：

> 休宁山中宜杉，土人稀作田，多以种杉为业。杉又易生之物，故取之难穷。出山时价极贱，抵郡城已抽解不资，比及严，则所征数有倍。严之官吏方曰："吾州无利孔，徽歙杉不为州矣。①

严州官吏以征收徽州的税捐为全州的"利孔"，可见徽杉输出量之大。

---

① 范成大：《骖鸾录》"癸巳岁正月三日"条，见《知不足斋丛书》第一百八十册。

南宋偏安杭州，大建宫殿，所需木材有许多就是从徽州砍伐，顺新安江东下，经严州运去的。明代建寿宫所缺阴沉木，有一部分也是采自徽州。徽州的杉木尤以婺源所出的品质佳：

> 杉干直叶细，易长，江浙向最盛，徽州婺源者质最坚，自栋梁以至器用小物，无不需之。①

根据明清小说记载，婺源出产的棺材在江南很畅销，尤其"婺源加料双輤寿板"最为名贵②。本地粮食不足，输出木材，输入粮食，在很大程度上弥补了经济上的这个缺陷。婺源县就是"以其杉桐之入，易鱼稻于饶"③。因此，当地地主把木材收入列为重要的一项。汪道昆在《太函集》中谈到婺源富商余瓒的事迹时说：

> 家故饶。至处士（即余瓒）父滋大，及处士在事，修父业而息之。田入租，山林入材木，田宅入书致（契），积著入子钱。④

这段话很值得注意。余瓒靠出租土地取得地租，出租山场取得木材，靠出租田宅勒迫农民立下委身为佃仆的书契，靠借贷取得利息。这道出了地主兼商人根植于佃仆制基础上的经济特点。历史事实也是如此。靠"山林入材木"，的确是地主剥削佃仆的一项重要内容。现存佃仆给地主立下的这类契约不少，一般都写明所租山场四至，栽种树木的品种、租额以及作出"勤于兴养，禁盗变卖"等保证。例如万历四十八年到天启二年（一六二〇—一六二二年）三年间，佃仆唐圣等先后给吴氏地主立下了两张契约，原文如下：

---

① 《增补陶朱公致富全书》卷一，转引自傅衣凌：《明清时代徽州婺商资料类辑》，《安徽史学通讯》1958年第2期。
② 冯梦龙：《警世通言》卷二十二《宋小官团圆破毡笠》。
③ 光绪《婺源县志》卷三《疆域六·风俗》。
④ 汪道昆：《太函集》卷四十八《明故处士慕山余季公墓志铭》。按：日本人藤井宏博士在《新安商人的研究》中引用"山林入材木，田宅入书契"一句时，解释为"使家丁于山林种树而收其材木。对人质的田宅取其书契"。此说似不符合徽州的历史实际。

　　庄人唐圣等①、张春等、潘兴保等、沈一孙等，共承佃到山主吴倪名下山二号，坐落六保，土名牛头坑东瓜湾枧南坑山，四至自有经理可照。今承佃到前去遍山砍拔锄种栽分松杉苗木，毋许抛（荒）丈土。日后成林，倘外人盗砍，随即报主一同理治。倘野火，随即救护。自定之后，各宜遵守。今恐无凭，立此合同佃约存照。

　　再批：其山松子，山主出备，言定无力分（垄），永寿。万历四十八年三月二十九日

　　　　　　　　　　　　立承约人　唐圣等、唐绿等、张春等、

　　　　　　　　　　　　　　　　潘兴保等、沈一孙等、唐长孙等

　　　　　　　　　　　　　　　见人　吴立政、倪思达、倪永寿

　　十六都庄人唐圣、唐绿、潘兴保等今佃到房东吴元臣名下本都六保土名橾圆坑西边山一号，前去锄种杆栽松杉木苗，日后成材，议定三股为悉（息），主得二股，力得一股。其力垄先尽山主，无许变卖他人。其松子尽系佃山人出备。三年遍山包青，杆杉苗系山主杆，其力垄与佃人无干。毋许抛荒丈土。日后毋许口（反悔），倘有野火，随即救护。今恐无凭，立此存照。

　　　　　　　　　　　　　　　　　天启二年三月十八日

　　　　　　　　　　　　立承佃人　唐圣 唐绿 唐住兴

　　　　　　　　　　　　　中见代书　倪时中②

　　从这两张契约看，山场种松杉两种树。前契说明松树的树苗——松子由"山主出备"，"言定无力垄"。杉树的力垄或许前已有定例，无须写上契约。从后契看，松树部分因松子由佃仆自备，所以成材之日给予三分之一收获量的力垄。由此推知，三分之一的分成仅大体相当于"松子"的价值，等于偿还佃仆的生产成本。兴养树木实际上是无偿的劳动。有的地主干脆不定力垄，只任意给一点补偿费。关于力垄的处理，在契约中一般都

　　　① 唐圣等，即唐圣等一家人之意。
　　　② 《吴氏誊契簿》，藏中国社会科学院经济研究所。

规定："其力坌先尽山主，不许变卖他（人）。"①从上两契中提到的佃仆唐圣等，于万历四十八年佃种的土名"东瓜弯枧南坑"山场的力坌，就在天启二年"尽致（数）出卖与房东倪名下，面议时价纹银一两二钱正"②。出卖力坌就是将地主用以补偿佃仆劳动和佃仆支付的生产成本的部分树木卖出。佃仆在出卖这种树木时，要遵守"先尽山主"的规定。地主通过这种规定，最大限度地控制着山场上的木材。

我们从休宁地主兼商人黄氏《家用收支账》③中，可看出木材收入的重要地位。以乾隆五、六两年为例，这一家地主的收入统计如表3-2。

表3-2　乾隆五、六两年休宁黄氏地主各项收入统计

项目 数额	全年总收入	"客外"店支寄回		收回高利贷本利（包括祠会高利贷）		卖婢身价		收地租（折银）		卖山场木材		山契当银	
		额数	占总收入	额数	占总收入	额数	占总收入	额数	占总收入	额数	占总收入	额数	占总收入
乾隆五年（一七四〇年）	106.18两	55.96两	52.7%	7.79两	7.3%	4.1两	3.9%	0.53两	0.5%	37.8两	35.6%	—	—
乾隆六年（一七四一年）	275.337两	117.025两	42.5%	32.11两	11.7%	—	—	0.53两	0.2%	100.012两	36.3%	25.66两	9.3%

从表3-2看，木材收入竟占全年收入的百分之三十五或三十六。必须指出，树木的生长期要二十年，乃至三四十年不等，每年的收成不是一样的。

---

① 《天启二年庄人徐乐徐兴给山主吴元臣立还文约》，见《吴氏誊契簿》。
② 《唐圣等给地主吴倪立还文书》，见《吴氏誊契簿》。
③ 原件藏中国社会科学院历史研究所，编号1000434。

　　我们这里所说的乾隆五、六两年，是黄氏商人地主雍正十一年至乾隆八年（一七三三至一七四三年）的十一年中木材收入较多的两年。

　　另外，中华人民共和国成立前当地木材生产的情况，对于推论明清时期木材在收入中所占据的比重及其与商人资本的关系，也有一定参考价值。

　　我们试以歙县长陔区南源村为例作一典型分析。一九四九年，该村共有126户610人，散居在五个自然村，绵延十五里。地处崇山峻岭，田仅七十亩，每人平均0.11亩，另有几处山头可耕种少量苞芦，其余山场几乎不能开垦。全村除三户鳏寡外，都到一二十里外的近邻遂安县租种山场。全村人的生活来源，大致是苞芦维持四个月，茶叶收入维持两个月，其余则靠木材收益。木材的销路，价钱的高低，与全村人民生活的关系至大。

　　租来的山场分片放火烧山，开山种苞芦。连种二三年后，因山场已贫瘠，便改种杉树。杉树生长期一般为三十年，瘦山要四十年，肥山也要二十年。当杉树长到三尺粗时，就算到了砍伐期。一九四九年全村在山场上的木材有8000柄～8500柄①，这些木材已为一个地主兼商人、一个医生兼商人和杭州设在当地的一个公司所购买。木材的价格是根据产地距河流的远近来议定的。一般地说，一柄木价1.5斗米。从山上拖到河沟钉成木筏需五个工，工钱四斗米；从河沟放木到街口三五公里，工钱四斗米，从街口放木到杭州工钱六斗米。每柄木头连买带砍伐，放运到杭州需付一石五斗五升米的成本。山场上的木材价贱，但运费很高。在杭州，一柄木的销售价是四石五斗，利润差不多是成本的两倍。现列表如表3-3。

---

　　① 柄是当地计算山场木材数量的单位，每柄等于周围1尺粗的树木四十根，周围2尺粗的不到四根，周围3尺粗的等于一柄三分。

表3-3　杉木销售价格

品名	支付在购买一桅杉木的资金	支付在运输上的资金				运费与商品进价之比率	一桅杉木在杭州的售价	利润率
		山场到河沟	河沟至街口	街口至杭州	合计			
杉木	1.5斗米	4斗米	4斗米	6斗米	14斗米	1:9.33	45斗米	190%

材料来源：皖南区党委农委会编：《农村情况与土改关系》。

地主从佃仆、贫苦农民榨取来的木材、毛竹、茶叶等土特产，要作为商品输出贩卖，必须仰赖水路运输。在铁路，公路出现之前，水运是最便宜的运输手段。徽州恰恰提供了这个条件。徽属境内除新安江外，还有丰乐水、浙溪、绣水、乳溪和徽溪等可通舟楫。徽州的土特产可通过这些水道运送到杭州、江南各地。正如赵吉士所指出的：

徽处万山中，每年木商于冬时砍倒，候至五六月，梅水泛涨，出浙江者，由严州，出江南者，由绩溪。顺流而下，为力甚易。[1]

在明清时期，木材的砍伐和运输，往往是利用佃仆的劳役来承担的。徽州佃仆制的一个特点是除交纳实物租外，还要提供一定数量的劳役地租，有的干脆全部取劳役地租。据徽州《汪氏置产簿》记载：崇祯十年（一六三七年），汪君善将祖父及其父购置的下片屋地一业中属自己所分得的三分之一，其父续置到亲伯汪锃的分数，下片卢纪法火佃住基一业和屋前厕所自己应得的三分之一，土名方塍上原卢静住基火佃屋地一业本身所分得的分数，土名观音塘坞等处上豆租一石零八升，土名藏塌头山园一业上豆租七斗，尽行凭中立契出卖与同都本图堂兄汪名下为业，"其屋地、豆租、伙佃一并听买人随即管业收租"。在这张契约中，把伙佃与屋地、豆租并列，可见伙佃（亦即佃仆）身份地位之低，买伙佃的意义，就是买主可以勒迫其为自己服役。同一本《置产簿》中，还有这样一张契约：

二十一都三图立卖契汪君善，今因缺少使用，央中将承祖业到　字　号土名西坑火佃二工，住佃人徐显富，又将　字　号土名观音塘

---

[1] 赵吉士：《寄园寄所寄》卷十一《故老杂纪》。

坞火佃乙工半，住佃人佛仂，又将土名西山　字　号火佃乙工，住佃人叶九龙、迟久等共计工五工正。其工伙佃凭中三面出卖与堂兄汪名下为业。当日得受价银正，其工随即听买主叫工管业为定。先年并无重复交易，如有内外言说，尽是卖人之当，不涉受业人之事，恐后无凭，立此卖契存照。

顺治十年二月　日

卖契人汪君善

中见人汪受升①

从这张契约看，谁享有这三号屋地及附着在此的火佃，谁就享有五个工的劳役租②。这本《汪氏置产簿》中同样的契约还有八张，均系顺治年间所订，契约上都说明出卖之后，伙佃工一听"买人管业"。这种伙佃工，地主完全可以自由支配。有的就用在"泛簰"（即放木）等商品运输上。祁门李氏分家文约有这样的记载：

智勾标得各处火佃开录于后。此系搭使唤，其基地并系众存。

一、流口：方韩得、王付二、卢才安、程群安、程记宗、黄贵安、黄贵兴、黄贵才、卢怀安、汪永隆、江旺、王得、王才

一、小柘：方祖、方志份、方云清、方志才

一、（下缺）：江四×、方志付

一、半流坟亭：汪音乞、江舟份

一、黟县考义汪友兄弟，众存守庄

前项火佃，除各房婚姻丧祭急切重事，仍听量情使唤。其远行下县往州，装簰、放木，讨柴等事，毋得互相使唤，其住屋日后再整，俱是众备工食。③

这里火佃所服的"远行下县往州"劳役的具体内容不清楚，但它同装

---

① 徽州《汪氏置产簿》，藏中国社会科学院历史研究所。

② 附着在这三号地的火佃并非只服役五个工，而是因主人子孙繁衍，火佃服役的主人也随之增多。主人汪君善只分得五个工而已。

③ 转引自傅衣凌：《明清农村社会经济》，生活·读书·新知三联书店1961年版，第15页。

簰、放木等劳役并列，可推知当应包括商品运输的劳役在内。这样，佃仆又无偿地给身兼地主的商人节省了应支付在商品运输上的资金。

从上可见，佃仆交纳的土特产和佃仆在商品运输上提供的劳役，是徽州商业资本形成中的一个重要来源。佃仆交纳的土特产多半成了供输出的商品，他们在商品运输上提供的劳役，则节省了很大一部分必须用于商品运输费用的商业资本，这两者都可以看作是商业资本的实际组成部分。

（三）佃仆在商业活动中的应用

徽州商人资本的发展同使用佃仆、奴仆营商也是有关系的。身上带有奴隶制斑点的名宗大族历来就有驱奴营商的习俗。明清时期，随着商人资本的迅速发展，使用佃仆、奴仆营商的数量更多了。在明清历史文献上，这些人多称为世仆、伴当，有时也用竖子、苍头、奴、家丁等名目。必须指出，这些人中佃仆所占的比例是不少的。佃仆与家内奴隶，法律上同归奴仆类。无论文献记载或习惯称呼，两者往往没有区别。由于两者在文献记载上的混同，佃仆被用来营商一事往往为人们所忽略。

恩格斯曾经指出：奴婢是"替富人做家务和供他们过奢侈生活中的奴隶"[1]。家内奴仆用于生产性劳动是很少的。在徽州，除大官僚兼富商巨贾之家蓄养较多的家内奴仆外，一般商人地主的家内奴仆数量都不多，这是因为，采取佃仆制的奴役剥削形式比蓄养家内奴仆要划算得多。与其蓄养大批单纯消费性的家内奴隶，不如占有佃仆，既可呼之来服役，解决生活上甚至商品运输上劳役之需[2]，又可令其租种田地，管养山场，收取山租。此外，徽商多行贾在外，"妇持家政，以男仆入室为嫌"[3]。这也是一

---

① 恩格斯：《家庭、私有制和国家的起源》。
② 佃仆契约中多数规定供应地主婚冠丧祭等劳役之需，也有规定每年供"佣工""火佃工"之劳役数额。实际上往往超过此限，清中叶以前尤其如此。明代有的甚至没有限额，随时"听从呼唤使用"。
③ 林西仲：《挹奎楼选稿》卷十二《老女行》。

般商人不愿养家内男仆的原因。文献记载，徽商出外所带的世仆、伴当或家丁，随行有数人、十余人、"数十人"，甚至达"百数十人"之多，很难想象，这些人中全属家内奴隶。

例如《详状公案》卷二，断强盗掳劫（阮大尹审）条云：

> 衢州府常山县丁文、丁武，其祖曾任守珠主事。遗下家资数万，珍珠广多。子孙亦善守善，创日多增益。且山多竹木。适有徽州婺源客人王恒，带家丁随行十余人往贩杉木，闻得丁宅山多，用价银一千五百两，登门买挤，凭中交银。[①]

婺源多木商，虽有经营皇木的大商人，但比起藏镪百万，乃至数百万的歙、休盐商来，又是次一等了。常山是婺源的邻县，王恒亲带家丁随行深入山区贩木，似属中下等商人。此行是"登门买挤"。挤[②]，即挤山，亦即砍伐。商人出外购买木材时，带着对兴养树木有经验的佃仆同往，比带供家内劳役需要的奴仆前往当然更有用。像王恒这样的商人也未必要豢养这么多家内奴隶，可见王恒所带的家丁随行中，似当有佃仆在其中。

如果说这一记载，仍含混不清、难以确定的话，那么休宁县茗洲吴氏《葆和堂需役给工食定例》中，关于佃仆参加营商活动的记载就很明确了。茗洲位于休宁西陲，今属流口。该村经陆续开垦，中华人民共和国成立时全村也才有土地56亩，人口326人，每人平均不到二分地。明清时期的已耕土地应更少。当地人民主要靠出产茶叶和营商维持生计。吴氏地主在这里有一总祠堂，名曰葆和堂，其属下有五个分祠堂。分祠堂及吴氏地主都占有佃仆。光绪十五年（一八八九年）三月，吴葆根录记的《葆和堂需役给工食定例》就是一本佃仆服役时主家提供工食的条规，其中"搭桥撑船"一目规定；

> 船桥乃一村门面。七月半搭桥，三月初一拆贮用船，省得忽发洪水误事。……搭桥之日，……尔等有在外生意者，各出酒资三分，庶

---

① 转引自藤井宏：《新安商人的研究》第四章附注，《安徽史学》1959年第1期。

② 挤，即"挤"字的俗写。《礼记》十卷十一《少仪》："埽席前日挤。"挤，即扫除之意，后引申为割、砍伐。

家客苦乐均受。

就是说，佃仆凡出外经商者，要"出酒资三分"，作为搭桥的代役钱。可见有的佃仆是要随同主人出外经商的。文献的记载同中华人民共和国成立前的实际情况是相符的。据笔者实地调查，中华人民共和国成立前，茗洲吴氏葆和堂及其属下分祠共有佃仆五十三户。这些佃仆参加营商的已很少，但其中有两户佃仆，其女儿被商人娶为小妾，这两户佃仆每户各出一人随同经商。由此可以推想，似应取得主人信任的佃仆，才可能参加营商活动。

徽商长期营商在外，需要时常寄钱和书信回家。休宁有一黄氏商人在外设有"客外"店（在何处不明），在苏州设有"永晟"典铺。为了保持这些外地营业点与原籍的联系，便需要有所谓"脚人"。担任从这两处运送钱物和书信回原籍的"脚人"有宋脚人（庆）、吴脚人（六寿）和汤脚人父子。脚人送信单程少则半月，多则二十六天。脚人来往频繁，有时一个月要派脚人回原籍两次。例如乾隆二年三月，就从"客外"先后两度派汤脚人父子回休宁[1]。担任"脚人"差事的人，父子相承，忍受着长年累月的长途跋涉和露宿风餐之苦，似亦当由奴仆或佃仆充当。

使用佃仆或奴仆营商，对商人资本的发展是起了作用的。那些赢得主人特别信任的佃仆、奴仆，还可离开主人的直接监督，像掌计一样获得商业活动的自主权。有的因"巧于货殖"，富有营商才略而为主人赚得高额利润。原属歙县旧地，后划为严州淳安县的徐氏仆阿寄义愤成家的事迹，明末被写成了小说，已为众所周知[2]。据《明史·阿寄传》记载，徐氏仆阿寄将主母变卖首饰得来的"白金十二两"作为营商的资金，"入山贩漆，期年而三倍其息，……历二十年，积资巨万"[3]。这是利用奴仆经商致富的一个例子。阿寄应当是徐氏的佃仆。徐氏昆弟析产分居时，老大得一

---

[1] 休宁黄氏《家用收入簿》，藏中国社会科学院历史研究所。

[2] 冯梦龙：《醒世恒言》卷三十五《徐老仆义愤成家》。淳安县原属新安郡的始新县，始新县是从歙县划分出来的。

[3] 《明史》卷二百九十七《阿寄传》。

马，老二得一牛，老三早逝，遗下寡妇，仅分得仆人阿寄。徐氏家产如此，是一破落户无疑。阿寄是有妻儿的。以徐氏这样的家境，一般是不会把阿寄当家内奴隶来豢养的。所以，阿寄在更大程度上可能是徐氏祖传的佃仆。分家时，佃仆照例是要同家产一起分配的。再是阿寄死时，其妻仅"敝缊掩体"，如此寒酸相，显然不似"积资巨万"的富商家内奴婢的穿着，恰恰说明他是离主别居，有独立的家庭经济的佃仆。个别佃仆或奴仆在参与营商活动时，甚至趁机蓄积私财、私设店肆。徐珂《清稗类钞》中记载：

> 徽州有小姓，小姓者别于大姓之称。大姓为齐民，小姓为世族所蓄家僮之裔，已脱奴籍而自立门户者也（按：家僮离主家自立门户，的确是佃仆的一个来源。但没有特殊的原因。是不能改变主仆名分的）。间或出外为贾，若与大姓同肆，亦平等视之。及回乡，则不与抗行矣。[1]

又如《儒林外史》卷二十三《发阴私诗人被打，叹老景寡妇寻夫》中，描写扬州富商万雪斋原是徽州万有旗盐商程明卿的奴仆，由于充当主人的小司客，不断积聚私财，没有多少年工夫便发了大财。《儒林外史》虽是文艺作品，但当是现实生活的反映。可见，在经商中，个别家内奴隶或佃仆是可能积资致富的。

有的佃仆还被用来充当徽商的保镖。徽商身持重资，浮泛于烟波浩渺的江海，出没于荒原古道，不测之事随时都可能发生。为了保障行旅安全，除了求神保佑之外，则要依靠有武术的佃仆或家奴保镖。

"新安古昔称材武"[2]，民间传习武术之风盛行。这里有尚武传统，似与商人资本的发达也是有关系的。佃仆中有一类称"郎户"，或称"拳斗庄"，是充当家兵使用的。徽商外出时正可用他们来当侍卫。据笔者实地调查，中华人民共和国成立前，祁门查湾汪氏祠堂尚拥有拳斗庄121户。郎户，凡十六岁至四十五岁体魄健壮的男子，都要进行武术训练。一般地

---

[1] 徐珂：《清稗类钞·种族类》。
[2] 顾炎武：《天下郡国利病书》卷三十二《江南二十·徽州府·义兵》。

说，这些拳斗庄一个人赤手空拳可敌八个人，如手持一齐眉棍或火叉，则可敌十二个人。他们中的一些人即被用以充当徽商的随从保镖[1]。中华人民共和国成立前尚且如此，明清时期当可想见。

有的巨贾利用拳斗庄作威作福，作为营商的政治后盾。据《右台仙馆笔记》记载，歙县大贾许某，"家僮百数十人，马数十匹，青骊彤白，无色不具，腹鞯背鞲，亦与相称。每出，则前后尊从，炫耀于闾巷间"[2]。这个富商使用的"家僮百数十人"中，当有擅长武艺的佃仆在其中。又如休宁程廷灏之父，弃儒从商，"课僮奴数十人，行贾四方，指画意授，各尽其材"[3]。因而大赚其钱。"各尽其才"这句话表明，这数十僮奴都是具有各种技艺专长的人，那些具有武术本领的佃仆，当然也在其内。

徽商行贾名都大邑，亲临繁华逸乐之所，因而生活上的贪欲大增。不仅在异乡挥金如土，奢侈放荡；回到家乡，亦同样"以豪侈自喜，浆酒藿肉，奉养逾王侯"[4]。生活上所需的繁杂的劳役，常随意呼唤佃仆来承担。例如，祁门善和程氏商人外出，要佃仆为其抬轿。若在晚间，还要佃仆在路前持火把照明。正如乾隆《歙县志》的作者所指出的，"拥雄资者，高轩结驷，俨然缙绅"[5]。

从上可见，徽商不仅利用佃仆参与其经商活动，日常生活中也需要佃仆为其提供种种劳役。这也是徽州的地主商人在对佃仆进行经济剥削的同时，顽固坚持保留主人与佃仆之间强烈的人身依附关系的重要原因。

---

[1] 这同清代山西商人雇佣的"标师傅"相类似。详见卫聚贤：《山西票号史》，中央银行经济研究处1944年版。

[2] 俞曲园：《右台仙馆笔记》，转引自许承尧：《歙事闲谭》卷十七《唐模许翁》。

[3] 缪昌期：《从野堂存稿》卷三《故光禄丞敬一程翁墓表》，见潘恩辑：《乾坤正气集》第三百一十六卷。

[4] 俞曲园：《右台仙馆笔记》，转引自许承尧：《歙事闲谭》卷十七《唐模许翁》。

[5] 乾隆《歙县志》卷一《舆地志·风土》。

（四）徽州商人的缙绅化

徽商势力迅速崛起，正是明代后期矿监税使横行之时。明王朝陆续派出大批宦官充当"矿监""税使"，分赴全国各地征收矿税、商税。"征榷之使，急于星火，搜括之令，密如牛毛。"①徽商竟能在这种重征迭税，横征暴敛下得到发展，没有国家政权的庇护，没有封建特权的保障，是不可能的。徽商与封建官僚或合为一体，或互相结托，其势力渗透到地方政权，甚至伸向国家政权中枢，这是他们商业活动取得成功的根本原因。当然，徽商在与封建官僚相互勾结的同时，也有受其控制、盘剥、摧残的一面。天启年间，巨贾吴养春即因家奴一纸告讦，便被籍没全家，甚至连累歙县的其他商贾，即其一例②。这种情况，乾隆末年以后更甚。我们这里只着重谈徽州商人集团如何缙绅化，如何培植其在封建政权中的势力，亦即如何加强其封建性，使之成为落后的生产关系——佃仆制的顽固维护者。《歙风俗礼教考》中云：

> 商居四民之末，徽俗不然，歙之业鹾于淮南北者，多缙绅巨族。其以急公议叙入仕者固多，而读书登第，入词垣、跻胰仕者，更未易仆数，且名贤才士往往出于其间，则固商而兼士矣。③

盐业是受官府直接委托，并在其庇护下经营买卖的。能"业鹾于淮南北"，说明他们已与封建官僚相勾结，或本身已取得一定官职，跻身于缙绅之林。他们除以"急公议叙""捐纳"和"读书登第"作为攫取官位的途径之外，还以重资结托，求得部曹、守令，乃至太监、天子的庇护。即使未取得官爵的，也能享有缙绅的特权。

通过"急公议叙"来取得官爵的现象，早在宋代已经出现。如前所述，宋高宗在位年间，祁门柏溪程杲，因值"国用唯艰"之时，"纳五万

① 顾炎武：《天下郡国利病书》卷二十八《江南十六·赋役书》。
② 详见程演生：《天启黄山大狱记》。
③ 江依濂：《橙阳散志》卷末《歙风俗礼教考》。

缗佐征北饷"而被授以"朝散郎"。在明代，据吴士奇《征信录》中的《货殖传》记载：

> 近（按：即万历年间）国有大役，宗人（按即吴养春）有持三十万缗佐工者，一日而五中书之爵下。①

歙县富商为国捐输三十万两银子，明王朝在同一天内给他家诰授五人为中书舍人，由此可见豪商通过捐输取得官位之一斑。但是，当时捐纳得官一途尚未广开。所授官爵，多为虚职。商人也并不汲汲于求得实职。他们的目的是在取得虚职空衔之后，可以享有减免税收的特权，以及免遭官吏种种额外勒索②。同时在经营上，社会地位上，以及控制佃仆等方面取得大量好处。事实上捐资得官所取得的利益也远超过所捐资金的若干倍。

到了清代，捐纳制盛行。但商人仍多图荣衔，一般不求任实职，此与一般士子捐纳、候补上任者不同。嘉庆《两淮盐法志》中记载，从康熙至嘉庆年间，捐输的代表者名单中有：陈光祖、程之䵖、黄光德、程可正、程谦六、吴鼎和、黄源德、江广达、程俭德、洪箴远、汪必相、陈恒升、黄仁德等③。正如日人藤井宏博士在《新安商人的研究》一文中所指出的，这些人的原籍虽无记载，但可以肯定是徽州人。因从明清时代的文集、笔记、小说等看，两淮商人中的陈、程、黄、吴、汪、洪诸氏，都是徽商。又如许承尧撰的《歙县志》记载：

> 两淮八总商，邑人恒占其四，各姓代兴。如江村之江，丰溪、澄塘之吴，潭渡之黄，岑山之程，稠墅、潜口之汪，傅溪之徐，郑村之郑，唐模之许，雄村之曹，上丰之宋，棠樾之鲍，蓝田之叶，皆

---

① 转引自许承尧：《歙事闲谭》卷四《吴士奇〈征信录〉中之〈货殖传〉》，许氏按语云："《歙志》作六中书。言万历间，师征关酋，吴养春上疏，愿输饷银三十万两。诏赐其家中书舍人凡六人：吴时俸、吴养京、吴养都、吴继志、吴养春、吴希元。明制中书贵于清制，有由御史翰林迁者。"

② 嘉庆《两淮盐法志》卷四十三《人物·行谊·杨羲传》：在明代，"凡淮商登仕版者别立户籍，号曰'官商'，凡官吏需索，诸浮费皆不之及"。

③ 嘉庆《两淮盐法志》卷四十二《捐输》。

是也。①

歙县控制两淮盐业的吴、黄、程、洪等也正是上面捐输代表者的姓氏。

所谓"总商"，是"推择淮商之干敏者，以承有司之事"者，"凡盐事之消长赢缩，以逮公私百役，巨细无所不当问"②。他是与盐政衙门打交道的盐业界代表，同时也是盐业界内部的调解人和管事人。在明代称之为盐策祭酒、贾人祭酒、贾人正则。担任这个职务的人，由于职责的关系，有更多的机会结交王公大臣，甚至交通天子，因而也容易得到朝廷的封赏。例如，乾隆、嘉庆年间，歙县棠樾鲍志道担任两淮总商二十年。任职期间，由于盐税征收和发动盐商在军需、赈济、河工等方面大量捐输，为清王朝统治极尽犬马之劳，因此，大得清王朝的器重，从乾隆五十五年至嘉庆六年（一七九〇至一八〇一年）的十一年间，朝廷先后敕封他"文林郎内阁中书""候选道""直奉大夫内阁侍读""朝议大夫刑部广东司郎中""中宪大夫刑部广东司郎中"和"朝议大夫掌山西道监察御史"等六个官衔。他曾以道衔恭祝乾隆八十寿辰而受到特恩。嘉庆六年，鲍死时，"京师缙绅先生知公者，与侍御（按指其子勋茂）游者，皆为位而哭"。嘉庆十年，下诏"准入祀乡贤祠"。朱珪为之撰写墓表，纪昀为之作传。其妻汪氏屡封恭人，其子孙也都得旌表诰授。例如，嘉庆二十五年，长子鲍叔芳即因"乐善好施"，诰受中奉大夫议叙盐运使司，孙鲍均诰授即用员外郎，次子鲍勋茂"官屡遇覃恩"，掌山西道监察御史③。

又如，歙商郑鉴元，他和鲍志道同时在扬州"总司鹾事十余年，诰授通议大夫候选道。乾隆五十五年入京祝万寿，加一级，召预千叟宴，赐御制诗及粟帛。又以输军饷一万两以上，议叙加五级，覃恩诰封中宪大夫，刑部山东司员外郎"④。这个盐商不仅取得了官爵，而且上交天子，得到

---

① 民国《歙县志》卷一《舆地志·风土》。
② 《棠樾鲍氏宣忠堂支谱》卷二十一《传志·中宪大夫肯园鲍公行状》。
③ 《棠樾鲍氏宣忠堂支谱》卷二十一《传志》。
④ 阮元：《揅经室二集》卷六《诰封刑部山东司员外郎郑君墓志铭》。

乾隆的隆遇。

"读书登第",也是徽商孜孜以求的得官之途。他们"处者以学,行者以商"①,往往"商而兼士"或"士而兼商",行商取厚利,读书求名高,双管齐下。《知不足斋丛书》的编刊者歙商鲍廷博(侨居杭州)即一例。鲍廷博之父鲍思诩"性嗜读书",为了承欢子其父,廷博力购前人书,"既久而所得书益多且精,遂卓然为大藏书家"。当乾隆诏开四库馆,采访天下遗书时,鲍廷博集其家所藏六百余种进呈朝廷。因所献之书多系珍本,深得乾隆皇帝的欢心。诏还原书,且在原书题诗以赠。后又御赐图书、缎匹、褒奖弥隆。《知不足斋丛书》刊行后,嘉庆皇帝下诏旨加以旌表,特恩赏他以"举人"的学衔。他一生所谓"勤学耽吟",以雅致自娱,晚年作夕阳诗甚工,为世所盛传。他的版本学的造诣,也深得当时学者所称许②。他虽未曾登仕途,但享有的特权、声望,却远非一般缙绅官僚可比。

有的即使"弃儒从商",但一旦取得了商业上的成功,又可重操儒业,以求向缙绅转化。例如《休宁古林黄氏重修族谱》中《太学奕山汝极公行状》云:

> 公素业儒,为太学生。专于肆业,典务托匪其人,恣侵渔而反毁舍,以掩其狡,万金灰烬一空,公以义命自安,略不为之变色,亦不深咎其人。人服其量。生齿日繁,举子业缘之以废。公益折节为俭,拓陶朱之术,吸山林川泽自然之利。鉴前车之失,不任人而任之次子,数十年间业渐起。以凤志未酬,课子孙,隆师友,建书舍为砥砺之地,置学田为膏火之资。③

这里充满溢美之词,美化、夸张在所难免,但它所反映的问题是甚值得注意的。作为国子监学生的黄汝极(一五五三至一六四〇年),最初致力于举业,托人代为经营典当业。典业破产后便弃儒从商。经过数十年惨

---

① 鲍全德:《歙县紫阳书院岁供资用纪》,载《棠樾鲍氏宣忠堂支谱》卷二《文翰》。

② 阮元:《揅经室二集》卷五《知不足斋鲍君传》。

③ 黄凝道:《休宁古林黄氏重修族谱》(乾隆十八年刻本)。

淡经营，终于重振家业。但他不以此为满足，仍想"读书登第"以求得官职，于是又弃商从儒，孜孜以求完其"夙志"。歙县《溪南江氏族谱》又云：

> （江才）北游青、齐、梁、宋间，逐什一之利。久之复还钱塘时，已挟重资为大贾。已而财益裕，时时归歙，渐治第宅田园为终老之计。……翁年四十余，有四子，即收余资，令琇、珮北贾维扬，而身归于歙；教瑾、珍读书，学文为举子。[①]

江才既得"厚利"，便又追求"名高"，一面令其两个儿子继续营商，一面督课另外两个儿子读书。四子江珍于嘉靖甲辰（一五四四年）中进士，取得了官职。歙县唐模人，侨居江都的大盐商许氏，也因严于督课子弟事儒，两个儿子均中了进士。许承家官翰林院编修，许承宣授翰林院庶吉士，时称"同胞翰林"[②]。一些徽商还通过巴结官僚，打通关节，得以在两浙、两淮等地设立商籍。明中叶以后，朝廷规定每年以一定的生员名额给予商籍子弟。这种特权，扩大了徽商进入官僚机构的可能性。总之，贾为厚利，儒为高名，贾和儒是相辅相成的。"夫人毕事儒不效，则驰儒而张贾，既侧身飨其利矣。及为子孙计，宁弛贾而张儒。一弛一张，迭相为用，不万钟则千驷，犹之转毂相巡。"[③]从宋代起，徽俗益向文雅，"名臣辈出"，尤以晚明及清前期为盛。徽商在自身缙绅化方面取得了很大的成功。如前所述，明清时期，徽州出了一大批朝廷显宦，这些出任中央与地方的官僚中绝大部分是徽商子弟。他们的乡土、宗族观念很强。"凡有关乡闾桑梓者，无不图谋筹划，务获万全。"[④]他们在施政和建言中，极力保护商人利益，充当他们的政治代言人。例如，歙县唐模盐商子弟许承宣，官工科掌印给事中时，"扬州五塘关政滋弊，承宣谓此关外之关，税外之税也。慷慨力陈，一方赖之"。此外，他还"蠲逋赋，定潼关税额，

---

① 《溪南江氏族谱·撰述·处士终慕江翁行状》。

② 民国《歙县志》卷七《人物志·文苑》。

③ 汪道昆：《太函集》卷五十二《海阳处士金仲翁配戴氏合葬墓志铭》。

④ 《许氏阖族公撰观察蘧园公事实》，见《重修古歙东门许氏宗谱》卷首。

核盐丁民丁之实，复驿马之旧"①。又如乾隆年间，歙人许登瀛任衡永郴桂四郡观察使时，首创捐输一万五千金，强买汉口新安会馆附近的店房，扩大会馆出入的路径，镌新安巷额，开新安码头，方便行商坐贾出入往来。并"建奎星楼一座，为汉镇巨观"。后来又"买附近会馆房屋基地，造屋数十栋，以为同乡往来居止。并开经学，延师儒以为同乡子弟旅邸肄业之所"②。在京和各地的官僚，都以所在地的会馆作为聚会的场所，共谋本乡宗党的利益。

此外，徽商即使自己不能跻身于缙绅官僚的行列，也可通过结交当道者而求得庇护，同样可以享有特权。据吴士奇《征信录》中的《货殖传》载："正德中，扬州守瑶从车驾，为侍卫所困，宗人有景芳者，出囊中千金，各厌其欲，守乃得脱。言未遇时与景芳相善。"③这是官僚和商人间相互结托之一例。徽商往往利用"同乡之谊""男女婚盟"等等，结交各级官僚。为虚张声势，有的商人向官僚士大夫索取诗文，然后编集刊行传世，借以沽名钓誉，扩大其商业影响。休宁闵川毕兰、毕蕙兄弟"肆力生财之术，家业饶裕冠一乡"。天顺至弘治年间（一四五七至一五〇五年），"务商于苏、松、下邳、清源间"。当汪守贞中进士时，毕兰以有"男女婚盟之好"为名，从清源不惜远道前往道贺。"至则缛仪盛礼，揖宾阶而升，再拜称贺。"临别时，请士大夫题词赠诗，汇成卷，曰："金台别意。"由翰林编修王华作序。后来又向官僚士大夫索取诗文，编为一册，题曰《江湖济利》。乃兄毕蕙"甫冠"即开始营商，五十多岁告老还乡时，"徐朝阳数十辈具酒肴于松溪之浒"。送别的人各赋诗词以赠。刑部主事云南按察司佥事曹鼐写《江湖送别序》，巡海道浙江按察使副使曹时中作《送毕廷美（毕蕙字）归故里序》。由此可见，毕氏兄弟与官僚勾结之一斑。徽商广交当道，营商活动自然逢凶化吉，神通广大了。毕兰"天顺间客武林，时城河水涸，木筏不通，惟骆家河可通，而阻防。官府难之"。经他向官

---

① 民国《歙县志》卷六《人物志·宦绩》。

② 《许氏阖族公撰观察蓬园公事实》，见《重修古歙东门许氏宗谱》卷首。

③ 转引自许承尧：《歙事闲谭》卷四《吴士奇〈征信录〉中之〈货殖传〉》。

僚韩雍默说情，终于允许木筏从骆家河通行。又如"客两淮时，私醝盛行，白昼水路之间，猖狂无忌，而官醝山积不发"。而对官醝敌不过私醝的情况，又是经他向官府控告，终于由政府出面对私醝"严加禁止"①。政府缉私盐，固然为保证盐税收入，但也保护了官商的利益。

徽商的触角甚至一直伸到皇宫。他们勾结太监，以为其用。据歙县《岩镇志草》载：

> 方果斋先生伦，少时经商北地，收有一童，年八岁。养方六年，与盘费遣之归。其人后为火者②，升至少监。世庙（嘉靖帝）命解御香火承天。临行奏请，公事回，假道报恩主。因至徽州礼拜，奉以蟒袍玉带玩好，更嘱咐地方官用情而别。③

歙商方伦可能看此童奇货可居，有意遣之北归，授童其为"火者"。后来果然如愿以偿。这个"火者"因此成为他在内廷的靠山。然而，这比起清代盐商结交天子来，又不过大巫小巫了。侨居扬州的大盐商江春，便"以布衣上交天子"。乾隆六次巡视江南，他为之"扫除宿戒，懋著劳绩，自赐宴加级外，拜恩优渥，不可殚述"④。他任两淮总商，"身系两淮盛衰者垂五十年，乾隆中，每遇灾赈、河工、军需，百万之费，指顾立办"。又曾"与游击白云上设计"，捕获盗金册逃窜江淮的太监张凤。乾隆三十一年，特加布政使衔⑤。"布衣"一变而成为"缙绅"。

徽商或则自身缙绅官僚化，或则与各级官僚相结托，因而与封建王朝有着密不可分的联系；商人、官僚，地主三位一体，成为坐地称霸的豪强。他们武断乡曲，颐指气使地奴役佃仆。他们可以私设公堂，对佃仆进行严刑拷打。"里或有讼，率不白郡县"，得他们一言，即可所谓"决

---

① 新安《毕氏族谱》卷九《仕宦志》。

② 《皇明诏制》"洪武五年五月"条载："福建两广等处豪富人家，多有乞觅别人之子阉割驱使，名曰'火者'"。这里是指太监。

③ 佘华瑞：《岩镇志草》贞卷，藏安徽省博物馆。

④ 民国《歙县志》卷九《人物志·义行》。

⑤ 嘉庆《两淮盐法志》卷四十四《人物·才略》。

平"①。这一切，对于维护徽州社会中的身份等级关系，维护传统的地主与佃仆之间的主仆关系，都是一个重要的因素。

（五）徽州商人商业利润的封建化

明代后期迄清代前期，徽州商人从低价购买，高价出卖中剥削直接生产者的剩余产品，又剥削从事商品运输、保管的民夫的剩余劳动，获得巨额利润，使商业资本不断增殖。尤其是盐业中，商业资本总额已增殖到数以百、千万计②。徽州商人所赚得的巨额利润，除一部分并入商业资本外，投入生产领域的为数甚微。那么，这样巨额的利润用到什么地方去了呢？

一是以课税、捐输等形式奉纳给封建王朝。富商巨贾固然可以利用特权逃避种种浮费及额外的勒索，但正课是必须交纳的。陶澍曾指出："国初，淮纲正课原只九十余万两，加以织造铜斤等款，亦只一百八十余万两。"但到乾隆年间"已及四百余万"，"科则数倍于原额"③。

利润中的更大部分还消耗在为国捐输一项上。如前所述，万历间，歙商吴养春一次就为明王朝捐输三十万两。到了清代，随着徽商的暴富，捐输所需的资金数量之大更是惊人。现根据嘉庆《两淮盐法志》记载，将"捐输"项下交纳的款额统计如表3-4。

---

① 程昌：《窦山公家议》卷首《行实·窦山先生程公行实》。

② 据李澄《淮鹾备要》卷七记载："闻父老言，数十年前，淮商资本之充实者，以千万计，其次亦以数百万计。"按：这是李澄于道光二年（一八二二年）所记述。"数十年前"，即乾隆年间，正是两淮盐商极盛之时。

③ 陶澍：《陶文毅公全集》卷十四《覆奏办理两淮盐务一时尚未得有把握折子》。

表3-4 康熙至嘉庆年间捐输款额统计

（银以两计，米、谷以石计）

军需			
年代	捐输者	捐输原因	款额 / 两
康熙十七年（一六七八年）	陈光祖、程之馥等	急公济饷	135 000
雍正十一年（一七三三年）	黄光德	佐边饷	100 000
乾隆十三年（一七四八年）	程可正、程谦六等	佐征讨大金川军粮	800 000
乾隆二十年（一七五五年）	程可正等	佐荡平伊犁军饷	1 000 000
乾隆二十三年（一七五八年）	黄源德等	佐荡平西北军粮	1 000 000
乾隆三十八年（一七七三年）	江广达等	佐平金川军需	4 000 000
乾隆五十三年（一七八八年）	江广达、程俭德等	佐镇压台湾林爽文起义军需	2 000 000
乾隆五十七年（一七九二年）	洪箴远、程俭德等	佐进军后藏军需	4 000 000
乾隆六十年（一七九五年）	洪箴远	平苗族石三保起义军需	2 000 000
嘉庆元年（一七九六年）	汪必相等	济兵食防汉口	米21 500 石
嘉庆四年（一七九九年）	程箴远、程俭德等	佐平川陕楚起义军需	2 000 000
嘉庆五年（一八〇〇年）	程箴远、程俭德等	佐平川陕楚起义军需	1 500 000
嘉庆五年（一八〇〇年）	洪箴远等	佐平川陕楚起义军需	500 000
嘉庆六年（一八〇一年）	洪箴远、程俭德等	佐平川陕楚起义军需	2 000 000
嘉庆八年（一八〇三年）	洪箴远	—	1 000 000

续　表

年代	捐输者	捐输原因	款额 / 两
小计	—	—	22 035 000 米 21 500 石

河工（包城工）			
年代	捐输者	捐输原因	款额/两
乾隆二十四年（一七五九年）	两淮众商	—	17 600
乾隆二十七年（一七六二年）	江广达等	佐修黄河经费	2 000 000
嘉庆五年（一八〇〇年）	洪箴远等	佐修河工之用	500 000
嘉庆八年（一八〇三年）	洪箴远等	济城工之用	100 000
嘉庆八年（一八〇三年）	洪箴远等	佐修河工	1 100 000
嘉庆九年（一八〇四年）	洪箴远等	佐修河工	谷 100 000 石
嘉庆九年（一八〇四年）	洪箴远等	佐修堰堤工	1 000 000
嘉庆九年（一八〇四年）	黄潆太、程俭德等	—	400 000
小计	—	—	5 117 600 谷 100 000 石

灾济			
年代	捐输者	捐输原因	款额（两）
康熙十年（一六七一年）	除恒升等	济淮扬灾	22 670
康熙十八年（一六七九年）	两淮众商	济扬州灾	33 000

年代	捐输者	捐输原因	款额／两
康熙三十年（一六九一年）康熙四十九年（一七一〇年）	两淮众商	济水灾	1 812
乾隆三年（一七三八年）	两淮众商	济扬州旱灾	127 166
乾隆三年（一七三八年）	汪应庚	济扬州旱灾	47 310
乾隆六年（一七四一年）	黄仁德等	济淮扬水灾	71 049
乾隆七年（一七四二年）	汪应庚	济淮扬水灾	60 000
乾隆七年（一七四二年）	黄仁德	济淮扬水灾	240 000
乾隆十一年（一七四六年）	程可正等	济淮扬水灾	200 000
乾隆十八年（一七五三年）	两淮众商	济通泰淮水灾	300 000
乾隆二十年（一七五五年）	程可正等	济两淮水灾	300 000
乾隆二十四年（一七五九年）	两淮众商	济通泰淮水灾	21 826
乾隆三十六年（一七七一年）	两淮众商	济灾	谷16 960石
乾隆三十六年（一七七一年）	两淮众商	济灾	10 380
乾隆四十六年（一七八一年）	两淮众商	济灾	谷12 500石
乾隆四十六年（一七八一年）	两淮众商	济灾	2 620
乾隆五十一年（一七八六年）	两淮众商	济灾	3 920
乾隆五十三年（一七八八年）	江广达等	济水灾	1 000 000

续　表

年代	捐输者	捐输原因	款额/两
乾隆五十六年（一七九一年）	洪箴远、程俭德等	代灶丁纳历年积欠	33 843
嘉庆六年（一八〇一年）	洪箴远等	济汉阳灾	谷1 00 000石
嘉庆七年（一八〇二年）	洪箴远等	济江西灾	谷1 00 000石
嘉庆七年（一八〇二年）	洪箴远等	济湖北灾	100 000
嘉庆九年（一八〇四年）	洪箴远等	济江西安徽灾	200 000
小计	—	—	2 775 596 谷229 460石
备公			
乾隆九年（一七四四年）	程可正等	备内府公事之用	310 000
乾隆十二年（一七四七年）	程可正等	备内府公事之用	160 000
乾隆十三年（一七四八年）	程可正等	备内府公事之用	200 000
乾隆十四年（一七四九年）	程可正等	备公用	1 000 000
乾隆十一年（一七四六年）	程可正等	因南巡蒙"加斤捆重"，捐充内府公用	300 000
乾隆二十二年（一七五七年）	黄源德等	供南巡赏费之需	1 000 000
乾隆二十五年（一七六〇年）	黄源德等	贺皇太后七旬寿诞	100 000
乾隆二十六年（一七六一年）	黄源德等	供皇太后巡江浙赏费之需	1 000 000
乾隆三十二年（一七六七年）	黄源德等	备赏用	1 000 000

年代	捐输者	捐输原因	款额／两
乾隆三十六年（一七七一年）	江广达等	贺皇太后八旬寿诞	200 000
乾隆四十五年（一七八〇年）	江广达等	备赏赉之用	1 000 000
乾隆四十九年（一七八四年）	江广达等	供南巡赏赉之用	1 000 000
乾隆五十五年（一七九〇年）	洪箴远、程俭德等	贺乾隆八旬寿诞	2 000 000
小计	—	—	9 270 000
四项总计	银 39 198 196　米 21 500 石　谷 329 460		

两淮盐商中，上述这些人的原籍虽无记载，但可以肯定大多数为徽州人。一般说来，清代，北方为西商的势力范围，南方为徽商天下。据光绪《两淮盐法志》列传记载：由明嘉靖到清乾隆期间，移居扬州的客籍商人共八十名，其中徽人占六十名，山西、陕西各占十名①。徽商处于绝对的优势。表中所列的各项捐输，多半出自徽商是合情理的。从康熙十年至嘉庆九年（一六七一至一八〇四年）的一百多年间，捐输银达 39 198 196 两，米 21 500 石，谷 329 460 石，这当中的大部分当是徽商捐输的。这项捐输成为清王朝的重要财源之一。

明万历末年以后至清前期，两淮盐实行纲法，即招商认销。官府编造纲册，凡纲册有名者据为窝本，无名者不得加入。依照窝数，按引派行。窝本犹如田契，传为世业。产有定额，运有定引，销有定岸；盐之运销，由商人包办。商人专卖制因此确立。封建政府视盐为利薮，有时允盐引"加斤捆重"，故意让盐商受益。但盐商也必须将巨额的利润在捐输、急公

① 万历《扬州府志》卷一记载："（维扬）皆四方贾人，新安贾最盛，关陕、山西、江右次之。"可见至少从万历年间起，扬州的各商人集团中，徽商已居首位，扬州客籍商人的统计数字，转引自薛宗正《明代盐商的历史演变》一文，刊于《中国史研究》1980 年第 2 期。

济饷、佐修河工、城工、灾赈等项下，报效朝廷。徽商如不顺从盐官（盐运使）的意旨，向朝廷报效，就会受到盐官和胥吏更多的额外勒索，以致破产。所以，当朝廷假意拒收捐输款项时，盐商还要装出情恳意切、真心实意为朝廷报效的模样，请求赏受。江春以"百万之费，指顾立办"而得到乾隆的隆遇，但也因此陷于"家屡空"的困境，晚年不得不"贷帑"以资营运①。可见所谓"捐输""报效"，实是不得已的贿赂。盐商从人民榨取来的商业利润，相当部分就这样转到朝廷的腰包去了。

二是"捐纳"和"捐监"的耗费。在明代，商人可以"急公议叙"的方式得官，这同清代的捐输是一样的。"急公议叙"或"捐输"只是有议叙授官的可能，并不是法定的。议叙官职固然要看捐输的款额多寡，但同时也要看皇上的态度，没有严格的标准。到了清代，实行捐纳制②，官职是定价出卖的，监生也可以捐资获得。为了跻身于绅衿行列，徽商不得不付出一笔商业利润，正如一家商人所哀叹的那样："捐监援职，计费匪轻。"③

三是用于培养封建人才的投资。为了培养政治势力，徽商是不惜财力的。他们常以一部分利润修建书院、学校，培养宗族子弟。徽属各县每个村寨都设有私塾学堂。嘉靖《婺源县志》作者指出："十家之村，不废诵读。"④府、县学之外，又创办各种书院。各县书院林立，单歙县，"书院凡数十"⑤。其资金多半靠徽商捐献。例如，前面提及的大盐商鲍志道，就曾捐三千金修建紫阳书院，捐八千金修建山间书院⑥。乾隆初年，担任

---

① 嘉庆《两淮盐法志》卷四十四《人物·才略》，按：贷帑，实是向朝廷借高利贷。

② 关于清代的捐纳制，请参阅许大龄：《清代捐纳制度》，燕京大学哈佛燕京学社1950年版。

③ 徽州《阄书契底》，编号1000461，藏中国社会科学院历史研究所。

④ 嘉靖《婺源县志》卷四《风俗》。

⑤ 鲍全德：《歙县紫阳书院岁供资用记》，见《棠樾鲍氏宣忠堂支谱》卷二十二《文翰》。

⑥《棠樾鲍氏宣忠堂支谱》卷二十一《传志》。

两淮总商的徽州盐商汪应庚，看到江甘学宫①岁久倾倒，也捐五万余金亟为重建。同时还"以二千余金制祭祀乐器，又以一万三千金购腴田一千五百亩，悉归诸学，以待岁修及助乡试资斧"②。徽商挑选那些所谓"器宇不凡"的族内子弟加以培养。"族内贫不能学者"，招入家塾"悉力扶植之"③。有的大族设义学，招收族内的贫寒子弟。歙县潭渡孝里黄氏（按：黄氏系盐商世家）家训写道：

> 子姓十五以上，资质颖敏，苦志读书者，众加奖劝，量佐其笔札膏火之费。另设义学，以教宗党贫乏子弟。④

休宁《茗洲吴氏家典》也记载：

> 族内子弟有器宇不凡、资禀聪慧而无力从师者，当收而教之，或附之家塾，或助以膏火，培植得一个两个好人作将来楷模，此是党族之望，实祖宗之光，其关系匪小。⑤

这个出资扶持家学的茗洲吴氏，也是"以商贾为第一等生业"的宗族。

徽商除捐资购置学田作教育的专门费用外，还从他们捐款购置的祠田、祭田中，提取一部分租息，资助族内子弟入学膏火，或作科举应试费用。

徽商为培养他们政治上的代表是煞费苦心的。同治年间，歙商就曾以一万二千三百余缗的巨资，在南京建造歙县试馆，作为士子乡试住宿之所⑥。在徽商的资助、奖掖下，徽州科举及第之人，如前所述，为数甚众。徽州人文之所以极盛一时，毫无疑义是同徽商的资助、培养、奖掖分不开的。

---

① 按："江甘"当系江都、甘泉县的合称。江甘学堂虽不在徽州本籍，但侨居淮扬地区的徽州商人子弟同样可以受惠。

② 汪客吟：《汪氏谱乘》（乾隆写本），藏歙县图书馆。

③ 《棠樾鲍氏宣忠堂支谱》卷二十一《传志》。

④ 黄玄豹：《潭渡孝里黄氏族谱》卷四《家训》。

⑤ 吴翟：《茗洲吴氏家典》卷一（康熙刻本）。

⑥ 《南京歙县试馆账簿》。

　　四是作为宗族活动和封建慈善事业的费用。徽商还将赚得的一部分利润用来建宗祠，修坟茔，置祠田、祭田、族田、义田，修族谱，大搞敬祖恤族的慈善活动，以及修建奖励贞节的牌坊等提倡封建礼教之举。当地重祠、茔，"平时构争结讼，强半为此"。徽商为建祠堂修坟茔不惜工本，历来十分慷慨。他们"平生奔走江湖，稍获微资，即归里安顿先人，建造坟茔，筑就完固。若必欲如是而心始快"①。明嘉靖年间，徽商金德清"往东粤"及"京师各省"营商，"十年间遂积万金"。一回家，便捐金600两建宗祠，捐300两请"无际大师作会斋僧"②。万金的资本竟拿出九百两投入建祠堂、"会商僧"，这差不多占其资金总额的十分之一了。以"富而好礼，笃于宗亲"闻名的巨贾汪应庚，捐资修建学堂已如前述。此外他又在扬州"兴复平山堂、栖灵寺，建五烈祠"，增修歙城的贞节祠③。侨居杭州的歙县新馆鲍概等八名商人，"慨捐己资，共成巨万，建立宗祠，并输祭产"④。同族鲍鸣歧则捐赠祭田八十五亩，捐义冢地九亩多，与宗亲"合捐上祀户田十七亩有奇"，"清节户田二十亩"。还在新馆"自置住居一所，为他日守墓计"⑤。他们不仅在原籍慷慨解囊，就是徽人侨居集中的地方，徽商也要为这里封建慈善事捐资。大凡徽商"足迹所至，会馆、义庄遍各行省"。徽商在北京，除建北京会馆外，又在北京永定门外五里许石榴花庄（旧名下马庄）建北京歙县义庄一座。该义庄"规制甚宏，厅事高敞，周垣缭之，丛冢殆六七千，累累相次"。该义庄经过五拓其地，逐步扩建而成。兴建中，曾先后得到大学士许国、曹振庸、潘世恩等的赞助，但捐款"取于茶商为多"⑥。

　　黄正铭辑的《美萃流芳》一书，记载了徽商捐资在歙西北乡塌田镇兴

①　王人吉：《仁里明经胡氏支谱》卷首《韵庵公传》。
②　金焕荣：《京兆金氏族谱》卷二《先祖静斋心传略》。
③　许承尧：《歙事闲谭》卷十三《汪上章事略》。
④　《鲍氏著存堂宗祠谱》（清黑格写本），藏安徽图书馆。
⑤　鲍存良，鲍诚猷：《歙新馆鲍氏著存堂宗谱》卷二《家传·例授奉直大夫州同衔加二级鸣歧再从叔行状》。
⑥　许承尧：《歙事闲谭》卷十一《北京歙县义庄》。

建寺庙堂殿和修桥补路的情况。现根据该书的材料统计如表3-5。

表3-5　乾隆四十四年至四十五年歙商在塌田镇建寺庙堂殿及修桥补路捐资统计

年代	工程名称	数额	备注
乾隆四十四年（一七七九年）	普济桥	9 077两	—
乾隆四十四年（一七七九年）	河堤水射	600两	—
乾隆四十四年（一七七九年）	购置水口桥会田	9.7两	—
乾隆四十四年（一七七九年）	建文武庙	524.37两	—
乾隆四十四年（一七七九年）	茶亭	113两	—
乾隆五十二年（一七八七年）	重修塌田街道	650两	—
乾隆五十二年（一七八七年）	重修观音堂	1 679两	—
乾隆五十三年（一七八八年）	重修禹王台	630两	—
乾隆五十三年（一七八八年）	重修塌田西南两大路	数百两	—
乾隆五十三年（一七八八年）	修上园桥渡	298.5两	—
乾隆五十三年（一七八八年）	重修忠烈庙	619.5两	—
乾隆五十三年（一七八八年）	重修玉皇殿	汪充远独建数目不详	—
乾隆五十四年（一七八九年）	修玄武庙	494.65两	—
合计	—	14 695.72两	有两项工程所花银两未计在内

从表3-5看，这些工程除寺庙堂殿外，虽然还有带生产性的修桥补路工程，但修建者仍是从"积善种德"着眼的。从乾隆四十四年至五十四年（一七七九至一七八九年）的十一年间，共捐资14 695.72两，捐置会田九亩七分，还有两项工程未计在内。于此也可见徽商利润分配的一斑。

五是将部分商业利润转入购买土地。徽州地区山多田少，且土地贫瘠，没有很多土地，加之万历初年，张居正推行一条鞭法后，一段时间内土地负担比以前加重，因而使一些商人对购买土地有点裹足不前。据此，人们往往把脱离土地的倾向作为徽州商业资本的一个特征①。其实，一条鞭法推行没多久便名存实亡。社会上的土地兼并即愈演愈烈。徽商不管在本籍还是在外地，都在伸展其兼并土地的触角，尽管投入土地的这部分商业利润为数不大，但徽商把一部分利润用来购买土地却是事实。

成化年间，休宁山斗俞冕"商游湖广，历数岁计其囊仅足自老，乃幡然归，买田数亩为耕读计"②。又如徽州藤溪《王姓阄书》记载：商人王礼元自述云："思余一生，辛苦江湖，创有宜兴福德桥一店，小东门一店；武进洛阳桥一店，虞桥一店；镇江紫院一店。五处营运资本。"崇祯元年（一六二八年）王将这五处店产尽行变卖，转于田产③。像王礼元这种弃商置田当地主，坐食地租的情况是不多的。一般是将部分商业利润投入土地。例如：清代雍正年间，休宁巴尔常兄弟四人，析产时巴尔常分得土地二十七亩。分家以后，他在外开质押店，从事典当活动。从乾隆十四年始，他把商业赢利不断投入土地。到乾隆四十六年，前后共买土地一百七十一亩。巴尔常其他三兄弟中两户变卖土地，购买者就是巴尔常自己④。在外地亦然。康熙《清河县志》记载：流寓江北清河的苏、徽商人"招贩鱼盐，获利甚厚，多置田宅，以长子孙"⑤。可见徽商并没有违背"治生当以末起家，以本守之"的信条⑥。

六是大量利润耗费于穷奢极欲的生活，也是徽商利润的一项重要开销。他们在本籍"以豪侈自喜，浆酒藿肉，奉养逾王侯"。如歙县唐模许

---

① 古人也有徽商"脱离土地倾向"说。如，嘉靖《徽州府志》作者便认为"商贾虽有余资，多不置田业"（卷二《风俗》）。谢肇淛说："江南大贾，强半无田，盖利息薄而赋役重也。"（《五杂俎》卷四）吕坤说："条鞭法行，富大贾不置土田。"（《实政录》卷四"编审均徭"条）但都不能据此否定徽商将部分商业利润投入土地的事实。

② 《休宁山斗俞氏宗谱》卷五《事略》（万历刻本）。

③ 原件藏中国社会科学院经济研究所。

④ 《休宁巴氏置产簿》，藏中国社会科学院经济研究所，转引自李文治：《论清代前期的土地占有关系》，刊于《历史研究》1963年第5期。

⑤ 康熙《清河县志》卷一。

⑥ 焦竑：《淡园续集》卷十四《怀泉许隐君墓志铭》。

某，家中子弟"各具舟车，出游江浙间"[①]，所费不赀。每当迎春唱戏或汪越国公（即汪华）神会时，更巧立机关，争妍斗艳。据《休宁碎事》记载：

> 万历二十七年（一五九九年），休宁迎春共台戏一百零九座，台戏用童子扮故事，饰以金珠缯彩，竟斗靡丽美观也。近来此风渐减，然游灯犹有。台戏以绸纱糊人马，皆能舞斗，较为夺目。邑东隆阜戴姓更甚，戏场奇巧壮丽，人马斗舞亦然。每年聚工制造，自正月迄十月方成。[②]

他们争阔斗富，竟至乃尔！侨居两淮两浙的盐商，更是挥霍无度。他们"第宅宏敞"，"有园林池榭之胜"，[③]生活上的豪侈，无所不用其极。据《扬州画舫录》记载：

> 扬州盐务竞尚奢丽，一婚嫁丧葬，堂室饮食，衣服舆马，动辄费数十万。有某姓者，每食，庖人备席十数类。临食时，夫妇并坐堂上，侍者抬席置于前。自茶面荤素等色，凡不食者摇其颐，侍者审色则更易其他类。或好马，蓄马数百，每马日费数十金。朝自内出城，暮自城外入，五花灿著，观者目炫。或好兰，自门以至于内室置兰殆遍。或以木作裸体妇人，动以机关，置诸斋阁，往往座客为之惊避。其先以安绿村为最盛，其后起之家，更有足异者。有欲以万金一时费去者，门下客以金尽买金箔，载至金山塔上向风飏之，顷刻而散，沿沿草树之间，不可收复。又有三千金尽买苏州不倒翁，流于水中，波为之塞。有喜美者，自司阍以至灶婢，皆选十数龄清秀之辈；或反之而极尽用其丑者，自镜之以为不称，毁其面以酱敷之，暴于日中。有好大者以铜为溺器，高五、六尺，夜欲溺，起就之。一时争奇斗异，不可胜纪。[④]

---

① 俞曲园：《右台仙笔记》，转自许承尧：《歙事闲谭》卷十七。

② 赵吉士：《寄园寄所寄》卷十一《故老杂纪》。又见徐卓：《休宁碎事》卷七"赵氏日记"条，按：赵氏日记即赵吉士的先曾祖日记。

③ 许承尧：《歙事闲谭》卷十五《江兰家异事》。

④ 李斗：《扬州画舫录》卷六。

看，这种奢侈是何等的触目惊心！这里虽未说出何方人氏，但在清代扬州控制两淮盐务的商人中，日常起居能如此豪奢，能如此挥金如土地争奇斗异，毫无疑义当是财力、人数处于绝对优势的徽州盐商。又如乾隆南巡时，为了献媚邀宠，两淮八大总商之一，歙人江春曾在扬州大虹园，仿照北京北海之白塔的样式，于一夜之间也建成一座白塔，以供其观赏[①]。为显示这样的豪奢，所耗费的资金当可想见。徽商这种穷奢极欲，纵情声色犬马的荒淫无耻生活，正如马克思所指出的："投机得来的财富，自然要在这种形式中去寻求开心的用场，于是享乐变成淫荡，金钱，污秽和鲜血就同归一流。"[②]

徽商利润的各项用途在利润总额中的比例，因资料缺乏，已不可能作出确切的计算。近来发现的宋应星佚著四种之一《野议》，其中有《盐政议》一则资料，却可帮助我们窥见其大略情形。宋应星在《盐政议》中写道：

> 商之有本者，大抵属秦、晋与徽郡三方之人。万历盛时，资本在广陵者不啻三千万两，每年子息可生九百万两。只以百万输帑，而以三百万充无妄费，公私具足，波及僧、道、丐、佣、桥梁、楼宇。尚余五百万，各商肥家润身，使之不尽，而用之不竭。至今可想见其盛也。

盐商资本三千万两，每年获利九百万两。这些利润都用在非生产性的消费上。现列于下：

输帑（纳国家税银）100万两，占利润总额11.1%。

无妄费（包括僧、道、丐，佣、桥梁、楼宇等）300万两，占利润总额33.3%。

各商肥家润身500万两，占利润总额55.6%。

共计900万两，占利润总额100%。

宋应星这里所说的是万历年间事。这是一个大略的估计。各商肥家润

---

① 徐珂：《清稗类钞》第二册《大虹园之塔》。

② 《马克思恩格斯全集》（第七卷），第15页。

身费用中，当还包括并入商业、高利贷资本的那部分利润。

综上所述，徽商的利润，除一部分用来肥家润身，其余都耗费在：输帑，即以课税、捐输等形式奉纳给封建国家；捐纳、兴办封建教育，以培植、扩大其封建政治势力；置族田、建祠堂、修坟茔、撰宗谱，以强固封建宗法制。总而言之，这些商业利润都用在加强封建势力的各项事业中了。

（六）徽商的衰落及其历史作用

兴起于明中叶的徽商，在清代乾隆年间，发展到了它的鼎盛期。但是，"喜荣华正好，恨无常又到"。嘉庆以后，逐渐走上困顿的道路，道光时期则已陷入不可挽回的衰败境地。

徽商是在封建政权的庇护下得到发展的，但在享得许多优惠的经营条件和特权的同时，又受到封建王朝的勒索榨取。这种勒索榨取愈到后来愈加剧。嘉庆以后，清王朝尽管以泱泱天朝大国自居，内囊却已掏空了。嘉庆元年（一七九六年）爆发的白莲教起义，持续八年，波及五省，最后，虽被清朝血腥地镇压下去，但清王朝也因此陷入了难以解脱的财政危机。为了弥补财政支绌，更加强了对商人的盘剥。两淮盐商在康熙朝（一六六二至一七二二年）四次输银仅十九万二千四百八十二两。而在嘉庆朝，从元年至九年（一七九六至一八〇四年）捐输报效即达十六次，银一千零四十万两，又谷三十万石，米二万一千五百石①。比康熙朝不知增加了多少倍。这笔巨款和粮米，显然绝大部分都落在徽商头上。徽商计及锱铢，剥削得来的收益不仅被囊括而去，甚至有的连老本也被掏空，苦不堪言。像上面提及的江春，乾隆年间每遇捐输，"百万之费，指顾立办"，可谓赫奕

---

① 据嘉庆《两淮盐法志》卷四十二《捐输·军需》之记载而作的统计。

一时的富商巨子，后来也落到"家屡空"，晚年陷入靠借皇帑①营运的困境。其他的商人更可想而知了。有的商人一时不能完纳盐官授意的认捐款数，便采取加息挂欠的方法，即认捐之款转为欠官的帑银，照加利息，分作一定的年限，逐年连同课税一同交纳。可见"捐输报效"愈来愈成为徽商的一项沉重负担，这是导致徽商衰落的一个重要原因。

成化、弘治年间，开中制②危机日益加深，势豪占中，开中商人疲惫，徽州盐商正是在这种情况下兴起的③。尔后又因为万历末年推行纲运制，亦即官商一体的包销制而得到迅速发展。他们发迹的秘诀，如前所述，是不断地缙绅化，因而取得营商特权，利用垄断地位，攫取专利。但是到了乾隆末年以后，随着课税、捐输的日益加重，再加上其他种种额外勒索，徽商的处境便愈来愈险峻了。为了摆脱这种困境，他们加强对灶户及消费者的剥削，诸如"短价"收买，高价出售，短秤掺沙，等等，但这样一来，却又引起了私盐泛滥，而且愈演愈烈。嘉、道之际，两淮纲运区食淮盐者已经不多，城乡"食私者什七八"④。这是对盐商拼命搜括的反抗。由于政府机构的腐败，无法制止私盐贩卖，因此，盐商陷入了穷途末路。道光十二年（一八三二年），陶澍将淮北的纲运制改为票盐法。道光三十年（一八五〇年），陆建瀛又将淮南的改为票盐法。所谓票盐法，就是政府于盐场附近设局课税，不论谁，凡缴足盐税即可领票运盐，销售各地。原来的官商一体的包销制——纲运制因以打破。这样一来，靠盐业贩运专利发迹的徽商便更难逃败落的厄运了。正如陈去病在《五石脂》中所指出

---

① 关于帑银，请参阅韦庆远、吴奇衍：《清代著名皇商范氏的兴衰》，刊于《历史研究》1981年第3期；王思治、金成基：《清代前期两淮盐商的盛衰》，刊于《中国史研究》1981年第2期。

② 《明史》卷八十《食货四·盐法》："召商输粮而与之盐，谓之开中。"这里是说，明王朝利用食盐的专卖权，令商人运粮到需要的地区（其中以边区为主），交纳上仓，回内地的盐场支盐，这就叫作开中制。

③ 参阅万历《扬州府志》卷十一。

④ 包世臣：《小倦游阁杂说》，载盛康：《清经世文续编》卷五十一。

的：“自陶澍改盐纲，而盐商一败涂地。”①徽商的经营行业固然不仅限于盐业，但盐商是徽商的主干，其成败标志着这一商人集团的兴衰隆替。继盐商败落之后，典当业也因“左宗棠增质铺”而“几败”。茶商也一连“亏耗不可胜数”。曾国藩于太平天国运动期间，在徽州“纵兵大掠，而全郡窖藏一空”②。至此，徽商也就奄奄一息了。

以封建政治势力作后盾，是徽州商业资本得到迅速发展的根本原因。徽州商业资本是伴随徽商不断向缙绅渗透和转化而逐步增殖的。徽商势力发展的黄金时代是明中叶至清中叶，这时间也恰恰是徽州人在朝廷内势力发展最显赫的时候。嘉庆之后，徽州的缙绅势力趋向式微。无论是对朝廷机要政务的影响力，还是对地方政权的控制力，都已削弱，徽人任职的品级和人数，也已减少。尤其咸丰年间，缙绅势力遭到太平天国农民革命军极其沉重的打击。历史文献中，屡有“阖门‘就义’”“一门‘忠节’”的记载，真可谓是“烽燹所至，闾里为墟，幽壑深岩，逃匿无所”③。至此，缙绅势力一蹶不振。徽州缙绅势力的衰落，使徽商失去了政治靠山，其败落也就在所难免了。这里顺带指出，徽州的缙绅和徽商同时衰落，正是两者结为一体，互为因果，交相影响的表现。

称雄商界，显赫一时的徽商，虽于晚清衰落了，但它在明清历史上，却留下了堪人称叹的一页。

徽商从明中叶迄清中叶，在商界称雄近三百年，从其经营的范围和拥有的资金来看，都为一时之冠。徽商财雄势大，手眼通天，在明清时期的商界享有的崇高地位是毋庸置疑的，其所起的作用是巨大的。

一、徽州商人造成大量货币资本在个人手里的积聚。晚明，徽商已有积资“至百万者”，清代乾隆年间，更有积资达“以千万计”④者。这种大

---

① 陈去病：《五石脂》，连载于《国粹丛书》。
② 陈去病：《五石脂》，连载于《国粹丛书》。
③ 民国《歙县志》卷七《人物志·忠节》，又卷十一《人物志·列女》。
④ 据李澄《淮鹾备要》卷七记载：“闻父老言，数十年前，淮商资本之充实者，以千万计，其次亦以数百万计。”按：这是李澄于道光二年（一八二二年）所记述。“数十年前”，即乾隆年间，正是两淮盐商极盛之时。

量货币资本在个人手里的积累，为资本主义生产关系的萌芽创造了历史前提。徽州商业资本已出现从流通领域转入生产领域的情况。据方志记载，杭州唐栖镇"徽杭大贾，……贸丝、开车者，骈臻辐辏"[1]。就是说，这些徽商大贾不仅贸丝，而且"开车"缫丝，即进行蚕丝产品的加工。汪道昆在《太函集》卷四十七中也写道：

> 朱处士云沾，字天泽，海阳（休宁）新溪人也。……从兄贾闽，盖课铁冶山中，诸佣人率"多"处士长者，"争"力作以称。处士业大饶。会岁不登，处士贷者佣人钱百万。[2]

在《太函集》中，类似的记载还有一些[3]。一般说来，既是雇工受雇于商人，进行商品生产，就意味着这些雇工受雇于资本，是为市场而生产的，理当属于萌芽状态的资本主义性质。但是，由于徽商的封建性十分浓厚，在没有掌握雇工数量、生产规模，特别是生产关系的具体材料之前，还不能轻易下结论。以塘栖镇徽商进行蚕丝产品加工来说，它到底是前店后厂，小规模的手工作坊，还是规模巨大的手工工场呢？采用的是自由的雇佣劳动者，还是他们所惯用的"僮仆"呢？都不甚了了。又如休宁商人朱云治挟重资到福建"课铁冶"，"贷诸佣人钱达百万"，可见"佣人"数目之多。但从"会岁不登"，朱云治借贷与"佣人"看，这些佣人还未曾脱离农业生产。究竟朱云治独开矿业，由他直接雇"佣人"进行生产，还是用借贷的方法控制各个矿场呢？"佣人"与矿主的关系如何呢？这都缺乏明确的记载。它到底是投资开设的手工作坊或工场，还是商人雇主制，尚待考究。因此也就难以确定徽商投入缫丝和铁冶的商业资本是否已经转化成为产业资本。

《太函集》卷三十五《明赐级阮长公传》有一段关于徽商支配生产的

---

① 胡元敬：《栖溪风土记》，载光绪《塘栖镇志》卷十八《纪风俗》。

② 《太函集》卷四十七《海阳新溪朱处士墓志铭》。

③ 《太函集》卷四十六《明故处士郑次公墓志铭》："次公名天镇，字定之，歙长龄里人也。……弘治己酉，次公生长，受室海阳新溪戴妪。次公少服贾，以铁冶起。"又卷二十八《詹处士传》：詹杰，休宁人。"高皇帝（朱元璋）初，詹安以铁冶起富。"詹安的曾孙，即詹杰的父亲詹起"复用铁冶起，屡不赀"。

记载。一些学者常以之作为工场手工业的证据来引用，其原文是：

> 歙阮长公弼，字良臣，世家岩镇。少承家末造，躬力贾，起芜湖，两邑多重长公。……时购者争得采（染色），利归染人。长公复策曰："非独染人能白可采也。"乃自芜湖立局，召染人曹治之。无庸灌输，费省而利滋倍。五方购者益集，其所转毂，遍于吴、越、荆、梁、燕、鲁、齐、豫之间，则又分局而贾要津。长公为祭酒，升降赢缩，莫不受成，即长公不操利权，亦犹之乎百谷之王左海。

这里说的是阮弼发现芜湖的浆染业有利可图，便立局经营布料染色，将商业资本转入浆染业。经过浆染加工的布料，五方争购，销售地区甚广。因此，又立分局经营，并于要津之地销售。据此，有的学者便断定其为"规模极大的资本主义的染色作坊或工场"。

笔者认为这一看法很值得商榷。其一，从"乃自芜湖立局，召染人曹治之"看，似是说阮弼凭其雄厚的商业资本的力量，通过"局"这一包买机构来控制原独自经营的染匠，并没有建置场坊，雇请染匠到其中进行生产。正因为省去了场坊、工具等设备以及购买劳动力的投资，才"无庸灌输，费省而利滋倍"。其二，从"长公为祭酒"看，似随着加工后产品的畅销，其他的商人也纷纷加入，于是增立"分局"，扩大经营规模，形成有组织的行业，阮弼被推为"祭酒"。祭酒在明代亦称正则，清代称为总商。他是作为与政府打交道的浆染业的代表，同时也是浆染业内部的管事人和调解人。以上两点是可以互相佐证的。其三，上引的这篇阮弼传中还记载，他在经营浆染业的同时，又在芜湖郊外，"治甫田以待岁，凿夸池以待网罟，灌园以待瓜蔬，滕腊饔飧，不外索而足。中外佣、奴各千指，部署之，悉中刑名"。就是说利用佣工、奴仆进行多种经营的农业生产，供其消费。阮弼在农业方面既然坚持如此落后的生产关系，即便投资设厂，也很难设想雇用的是自由的雇佣劳动者。其四，从这条材料中，看不出阮弼和"染人"之间有支付工资的关系。由上所述，可见阮弼这种"立局"支配生产，是属于包买商的一种形式，而不是投资设厂，直接经营布料染色的工场手工业。

当然，尽管阮弼的身上还拖着一条很长的封建的且又兼有奴隶制母斑的尾巴，但他这种支配生产的形式仍然含有萌芽状态的资本主义生产关系的性质。

二、徽商所进行的远距离商品贩运，对商品经济的发展和各地区间经济联系的加强，起了促进作用。徽州有悠久的营商传统，积累了丰富的经验。他们往往以《货殖列传》所载的商界先贤为榜样，进行冒险远贾。嘉靖年间，歙商许秩曾唏然曰："吾虽贾人，岂无端木，所至国君分庭抗礼志哉！且吾能效农家者流，守镃基、辨菽麦耶？一日读《货殖列传》，见蜀氏工于市易，贾而田池射猎之乐拟于人君。迨然动游兴，于是买舟浙（溯）江流而上，直达成都。历川峡之胜，迁厥物产于齐鲁间。如是往来者再，资金益饶。"①有的徽商甚至敢于将资本孤注一掷，投入商贾。例如，歙商鲍鸣歧，太平天国运动失败后，资金丧失大半，又因"浙东适改票盐"②，认为株守不足取，乃作"背城计，而自与仰山从兄合资营运，悉力调度，获利甚厚，十年累巨万"③。徽商由于对行情的识见甚高，常常取得成功。正如道光《徽州府志》的作者所说的，他们"善识低昂，时取予，以故贾之所入，视旁郡倍厚"④。值得注意的是他们已抛弃了"百里不贩樵，千里不贩籴"⑤的传统原则，不止贩卖满足统治阶级需要的奢侈品及土贡式的地方特产，而且贩卖了一些与农民生活有直接关系的商

---

① 许象先：《新安许氏世谱》卷三《平山许公行状》。

② 指两江总督曹国藩改定盐章，取消陶澍废窝本行票法，贩卖自由的制度，实行保价，整轮循环转运之法。

③ 《鲍氏著存堂宗祠谱》卷二《家传·例援奉直大夫州同衔加二级鸣歧再从叔行状》（清黑格写本）。

④ 道光《歙州府志》卷二《舆地志·风俗》。按：徽商"善识低昂"获利倍厚，同其注意总结营商经验也有关。他们把经商的经验写成专书，供其后人学习。他们把经商看作一门学问。正如《生意蒙训俚语十则》（藏屯溪图书馆）中说的"商贾之道未有不学而能者也"。此书将经商的经验总结成勤谨、诚实、和谦、忍耐、通变、俭朴、知义礼、有主宰、重身惜命和不忘本（按即德，以德为本）等十条。他们还本着"业专易精"的原则，往往专门经营某一二行业，世代相传，如业鹾世家，木商世家等。

⑤ 司马迁：《史记·货殖列传》。

品。他们除从江南各地将米、麦等粮食贩运回本籍出售外，还在其他地方作粮食的转贩贸易。明末成书的《古今小说》中记载，徽州新安县（即歙县）人陈商，年二十四岁，到襄阳贩籴米豆，两个月后运到苏州府枫桥销售，陈商在苏州脱货后，回新安只停三天即向襄阳进发①。这虽是文艺作品的描写，但却反映了当时的现实情况。又如徽商通过贩运棉花和棉布，使原料产地和成品产地形成对流。这对商品经济的繁荣，促进社会分工的扩大，是起了一定的作用的。这种突破区域界限的商品贩运，有利于全国性市场的出现。徽商的贸易活动，不仅限于国内，甚至来往于日本和东南亚各国②。海外贸易，本来是资本主义产生的重要前提。可惜从明迄清，在闭关政策之下，虽偶允向外通商，但却受到了种种遏制和约束。因此，徽商中除像汪直之辈作海盗式的大宗贸易外，海外贸易的经营额是有限的。这里需要指出的是，徽商虽然不怎么关心农业生产，但也曾于明代将美洲的花生（时称万寿果、长生果）首先带回本籍，然后为各地所推广③。对引进和推广农作物新品种，作出了贡献。

三、徽商对各地区城市的兴起和繁荣，起了积极的作用。徽商踪迹遍天下。他们不仅从事贩卖贸易，而且开设店铺，行商与坐贾，两者兼之。行商所及，往往开设店铺，侨居于此。长江流域是其活动重要地盘，这一区域的各市镇中徽人侨居甚多。入清以后，扬州居民"土著较游寓二十之一"。二十分之十九的游寓人中，徽商所占的比例当属最多。就是在北方的临清，以商籍应考者，也是"十九皆徽商占籍"④。又以北京为例，明代隆庆年间，"歙人聚都下者，已以千万计。乾隆中，则茶行七家，银行业（指银楼业）之列名捐册者十七人，茶商各字号共一百六十六家，银楼

① 冯梦龙：《古今小说》第一卷《蒋兴哥重会珍珠衫》。

② 详见藤井宏：《新安商人的研究》第三节《新安商人的活动范围与营业项目》，《安徽史学》1959年第1期。这里需要补充的是明代小说《照世杯》中也曾描写新安贾人到安南（今越南）收买猩红绒毯子的情况。

③ 何炳棣：《美洲作物的引进、传播及其对中国粮食生产的影响》，《世界农业》1979年第4—6期。

④ 谢肇淛：《五杂俎》卷十四《事部二》。

六家，小茶店数十"①。这里尚未包括歙县以外的徽属其他五县。侨居外地的徽商，直至民国年间，依然不少。据一九五〇年调查，绩溪县余川村二百户841中，在家人口为631人，占总人口的75%，因外出经商而侨居异地的有210人，占总人口的25%。黟县南屏村975名居民中，侨居外地的商人193人，占总人口的20%②。马克思曾经指出："商业依赖城市的发展，而城市的发展也要以商业为条件。这是不言而喻的。"③游寓外地的徽商成为城市居民的组成部分，促进了都市经济的繁荣。

从上可见，徽商在明清历史上曾起到流通商品、繁荣都市经济、促进社会分工的扩大等进步作用，集聚了巨量的货币资本，并且已有少量资本开始与生产相结合，为资本主义萌芽提供了可能。

但是，徽商同时又身兼地主、官僚，形成三位一体，具有明显的封建性特征。而且，总的说来，他们是服务于封建制度的。我们从其利润的封建化中就可以看出这一点（详见上文）。这里还必须指出，徽商增殖资本的主要途径是从买贱鬻贵中赚取的价格差额。特别是盐商，在封建政府的庇护下，用专卖的形式，最大限度地赚取高额利润。众所周知，只有当商人感到经营商品生产比经营商业更能取得经济效益时，商业资本才会转入生产领域，向产业资本转化。由于官府的庇护和享有豁免税收等特权而取得优惠利润的徽商，是一般商人所不能与之竞争的。他们并没有感到有改为经营商品生产的必要。因而徽州商业资本转入商品生产领域的也就为数甚微。他们增殖起来的巨量商业资本，既没有多少向产业资本转化，本身又缺乏更广阔的活动舞台，即缺乏更大的市场。所以，当商业资本超过经营商业所需要的数量之后，超过部分便如上所述，或则挥金如土地耗费在"肥家润身"上，或则转入地下，窖藏起来，或则转为高利贷资本。徽商不仅在徽州境内，如岩镇等地大开典铺，还在外地利用高利贷盘剥农民和

---

① 许承尧：《歙事闲谭》卷十一《北京歙县义庄》。

② 华东军政委员会土地改革委员会：《安徽省农村调查》。

③ 马克思：《资本论》（第三卷），人民出版社1975年版，第371页。

市民。万历年间，徽商在河南一地便有汪克等二百一十三家当铺①。崇祯末年，徽商汪箕在北京有"家资数百万（按：实为数十万），典铺数十处，婢妾颇多"②。在清代，"新安大贾"在浙江嘉兴县，"每以质库居积自润"③。在平湖县城，"新安富人挟资权子母，盘据其中，至数十家，世家巨室半为所占"④。歙县唐模巨贾许某"启质物之肆四十余所，江浙间多有之"，伙计、掌计等经理人员"几及二千"，资金达"数百万"⑤。这些高利贷资本不仅对生产的发展毫无帮助，反而使之萎缩。

更值得注意的是，徽商将巨量的资金投入捐纳、捐输，建祠堂，修坟茔，建会馆、义庄，置祠产、族田，叙族谱、订家法宗规，开办学校、书院、义学、试馆，等等。一方面，他们力求向封建官僚转化，跻身于缙绅的行列；一方面，力倡程朱理学，强固封建宗法制，培植封建人才，扩大其封建政治势力。徽商投入这方面的资金愈多，封建理学对人们思想的禁锢，以及祠堂族长的淫威就越发加甚，封建宗法制的经济基础祠产族田等，就更为膨胀，商人与官僚、地主结成的三位一体也就更为牢固，他们在地方和中央的政治势力就越发显赫。一言以蔽之，封建主义的政治、经济和文化方面的势力就愈加雄厚。而这些正是横加在佃仆和广大劳动人民脖子上的粗大绳索，对坚持落后的生产关系起了恶劣的作用。因此，徽商在历史上虽起了一定的积极作用，但基本上是扮演了一个保守的角色。

---

① 《明神宗实录》卷四百三十四"万历三十五年六月丁酉"条。

② 计六奇：《明季北略》卷二十三《富户汪箕》。

③ 康熙《嘉兴县志》卷九《事文中》。

④ 康熙《平湖县志》卷四《风俗》。

⑤ 见俞曲园：《右台仙馆笔记》"许翁散财"条，转引自许承尧：《歙事闲谭》卷十七《唐模许翁》。

四、徽州的封建宗法制度

宗法制起源于氏族公社。从文字学上看，宗字的"宀"是屋宇的形象，"示"是神主的象征。《说文解字》解释宗字为"尊，祖庙也"。就是说，宗是祖先的神主之所在，为族人所尊。可见宗法制自古以来就同祭祀祖先联系在一起。宗法制根据血缘系统把同宗的人组织起来，通过祭祀活动唤起族人"慎终追远"之心，加强族人间的联系，使宗族组织得到巩固。宗法制盛行于西周。当时，宗族组织和国家政权是合而为一的，国家的各级机构，实际上就是扩大了的宗族组织。秦汉以后，宗子制已为多子继承制所代替，宗族组织和国家政权也已分离，但它却作为氏族制度的残余，附着于封建制度并与之相始终。魏晋南北朝时讲究门第，时尚谱牒，有所谓强宗大族，宗主荫户，这些实际上都是古代宗法制的花样翻新。宋代以后，经过程朱理学的浸透和装饰，又形成了以"祠堂族长的族权"为特征的封建宗法制度。唐末，在农民起义的打击下，世家大族这一身份性地主退出了历史舞台。在这种新的历史条件下，以"祠堂族长的族权"为特征的封建宗法制便成了地主阶级用以控制农民的一种形式。它与个体小农经济相结合，使中国封建社会的自然经济带上浓厚的宗法色彩。中国封建社会的长期延续，与之也不无关系。

徽州作为程朱理学之邦，其封建宗法制尤为典型。宗族组织秩然有序，祠堂族长的族权起到了补充封建基层统治的作用。宗规家法是横加于族众及奴婢、佃仆身上的枷锁，具有法律的效力。祠田族产则是巩固封建宗法制的物质条件。在温情脉脉的血缘关系的外衣下，宗族内部进行着血淋淋的阶级压迫。徽州封建宗法制度的强固，对当地历史产生了重大的影响，对佃仆制的残存关系尤大。在封建宗法制下，祠堂、宗谱、族田是互相关联的，是为了实现尊祖、敬宗、收族（或称睦族）等三个原则的。本部分拟先探讨宗法制的组织形式，次及祠堂、族长、宗谱、族田与宗法制的关系及其所起的作用。

（一）徽州的封建宗族组织

徽州的衣冠巨族是从汉末，尤其是晋、宋、唐末源源迁入徽州的。他们迁徙之前，家族组织严密，皆有系统的谱牒，门第森严。有的南徙时，依然保持原来的宗族组织。来到徽州之后，聚族而居，尊祖敬宗，崇尚孝道，讲究门第，以其家世不凡而自鸣得意。有的撰写家法以垂训后代，力图保持其过去的一套家风。

经过隋末和唐末农民大起义的打击，门阀地主已经退出历史舞台。宋代以后，非身份性地主掌握了国家政权。这时，徽州的名门右族虽然依旧有人仕宦朝廷，即所谓"宋兴则名宦辈出"，但他们是"以诗书训子弟"，通过科举途径进入官僚集团的，而并非凭借其门第之高崇。值得注意的是，宋代农民反抗斗争频繁而且激烈，起义者提出了"均贫富，等贵贱"等战斗口号，猛烈地冲击着封建制度。为了镇压农民起义，宋代的理学家鼓吹宗法思想，把宗法关系提到"天理"的高度。张载提出："管摄天下人心，收宗族，厚风俗，使人不忘本，须是明谱系世族与立宗子法。"[①]这段话表明，他鼓吹宗法制的目的，是为了"管摄天下人心"，亦即加强对人们的思想控制。程颐则提出要加强对家族的管制，要有"法度"。他认为治家者"礼法不足而渎慢生"[②]，也就是说，对族众要绳之以宗规家法。朱熹则通过撰写《家礼》等书，制定了一整套封建的繁文缛节，用以维系

---

① 张载：《经学理窟·宗法》。
② 程颐：《伊川易传》。

与巩固宗法家族制度。在他们的倡导下，与封建理学糅合起来的封建宗法制度逐步形成。它同前期的宗法制既有联系，又有区别。到了明清时期，徽州的封建宗法制越发完备和牢固。当地各大宗族都按一家一族来建村立寨，形成了一村一族的制度。村内严限他姓人居住，哪怕是女儿和女婿也不得在母家同房居住。随着宗族的繁衍，有的分房外迁另建村寨，也仍然保持派系不散。赵吉士曾指出：

> 新安各姓，聚族而居，绝无一杂姓搀入者。其风最为近古。出入齿让，姓各有宗祠统之。岁时伏腊，一姓村中千丁皆集。祭用文公家礼，彬彬合度。父老尝谓，新安有数种风俗胜于他邑：千年之冢，不动一抔；千丁之族，未尝散处；千载之谱系，丝毫不紊。主仆之严，数十世不改，而宵小不敢肆焉。①

这一段话道出了明代、清初徽州封建宗法家族组织的情况。赵吉士是清初的官僚，歙县人，注意研究本地的历史，撰有康熙《徽州府志》等传世，他的话当是可信的。

一个宗族是始祖繁衍下来的若干家庭的结合体。多聚居一村，也有的按房系分居几个村庄。宗族设有族长，族下的各分房设有房长，分房底下拥有数个到数十个数量不等的独立的小家庭。从纵的方面看，自家众而家长，而房长，而族长，"如竹之节，树之枝，从下至上，等级森严"。没有丝毫的"僭差"②。从横的方面看，则有嫡房、庶房、强房、弱房之分。可见封建宗法制度是以宗子、族长为中心，按照尊卑长幼的等级组织起来的。

有的宗族设有宗子。宗子者，"谱系之骨干也"，"上奉祖考，下一宗族，当教之养之，使主祭祀"③。宗子作为祖宗的代言人，充当一族之精神领袖，主持祭祀大典。设有宗子的宗族，另设族长（或称宗正、宗长）一人匡佐之。"宗长为宗子之家相"，"择合族所共服者公举之，以闻于官，

---

① 赵吉士：《寄园寄所寄》卷十一《故老杂纪》。
② 祁门《文堂乡约家法》（隆庆刻本）。
③ 休宁《茗洲吴氏家典》卷二《宗子议》，又卷一《家规》。

告于祖"①，以隆其任。他"虽无一命之尊，而有帅人之责"②。就是说，他未必辈行高、年齿尊，但却具有统帅一族之权威。凡没有设立宗子的宗族，旅长则集两者于一身，既可代祖宗立言，代祖宗行事，又是全族事务的统帅者。族长之下，还设有若干名目不同的助手，分管礼仪、财务、教化等方面事务。例如，休宁泰塘程氏宗族，在族长之下，便"立司礼一人，以有文者为之，俾相族人吉凶之礼；立典事一人，以有才干者为之，俾相族人之凡役事；择子弟一人为医，以治举族之疾；择有德而文者一人，以为举族之师"；族产财务则径由"族长与族之富者掌之"③。村落常常和宗族姓氏连在一起，因而宗族之长也就往往和村落的行政首领合为一体。

一个宗族拥有数量不等的独立的小家庭，有的宗族还拥有屡世同居的大家庭。屡世同居的大家庭不多，见诸文献记载，最早的是南朝歙人鲍安国，他"富甲于乡，田置六邑，兄弟十人，宗族三百余口同爨，时人义之，号其居曰十安堂"④。宋真宗时，婺源汪廷美，"孝友纯至，义居数十年，聚族众数百口，旦暮食必同席，有未至者不敢先，廷美节嗜欲，身衣缯布，非因祭不肉食"⑤。同县王德聪"有田百顷，非公事不入城郭，一家几五千指，同居七十余年"⑥。宋仁宗曾据奏上旌其门，敕赐匾曰："孝友信义之家"⑦。元代休宁朱震雷也是"累世同居"的家族⑧。明代歙县的汪通保，"一堂五世，男妇大小百余人"⑨。清代同县方统来也是"五世同居"⑩。以上这些是文献上作了记载的例子，实际存在的当不止此数。当

① 《郑氏家谱》（乾隆刻本）。
② 《郑氏家谱》（乾隆刻本）。
③ 程一枝：《程典》卷十九《宗法志第三》。
④ 民国《歙县志》卷九《人物志·义行》。
⑤ 康熙《徽州府志》卷十五《孝友》。
⑥ 《郑氏家谱》（乾隆刻本）。
⑦ 《新安武口王氏统宗谱·德聪公传》。
⑧ 《元史》卷一百九十七。
⑨ 民国《歙县志》卷九《人物志·义行》。
⑩ 民国《歙县志》卷九《人物志·义行》。

然这种累世同居的大家庭组织，无论如何只是少数。这种家族的财产是公有的，由家长统一指挥，组织生产。它比其他宗族组织更严密，家长对家众的控制更严，因而也更有利于封建地主阶级的统治。历来的封建王朝，对这种大家族都大力提倡和旌表。但尽管如此，这种组织形式却未能长久维持，其原因是秦汉以后，多子继承制已经确立，父亲的遗产，家中的男子均有继承权。累世同居共财，同爨合食，已失去了法律保障。其之所以还能够存在一时，全赖家长的所谓"德性""义行"来维持。可是，大家庭中每个成员所处的嫡庶、尊婢等级不同，贤愚不一，享得的待遇实际上并不一样。有的读书仕宦，有的终日劳作，有的锦衣紫带，有的竹笠粗蓑，温情脉脉的血缘关系外衣是无法掩盖这种矛盾冲突的，因而最终难免分裂成若干小家庭。这种以小家庭为基础的宗族在全部宗族中始终占着绝大多数。

无论是以屡世同居的大家族为基础的宗族，还是以小家庭为基础的宗族，都是以宗子族长为中心组织起来的，他们聚族而居，以血缘关系相联系，带有氏族家长制的残余，是农村中最顽固的组织。这是血缘和地缘相结合的典型，是古老的氏族公社的残余形态。

一个拥有数十户，乃至数百户个体小家庭的宗族，能经历千年而"未尝散处"，不是没有原因的。其中一个原因是聚族而居有克服自然灾害的较大能力。在生产力水平低下的情况下，单个的农户往往难于抵抗自然灾害。其次，聚集宗族的力量，尚可进行某些有利于农业生产的水利工程。在"高水湍悍，少潴蓄，地寡泽而易枯"①的徽州地区，兴修水利尤为重要。鲍安国就曾利用其大家庭的力量，兴建了一个可灌溉数百亩田地的水利工程。聚族而居，还有利于宗族内部各个小家庭之间经济上的互助，即所谓"有无得以相通"。休宁泰塘程氏家族内部，"若嫁娶者、产子者、死者、葬者、疾病者、患难者，皆以私财相赠"②。也有利于农忙季节的换工协作。总之，这种组织形式是同农业经济的发展水平相适应的。在各大

---

① 嘉靖《徽州府志》卷二《风俗》（嘉靖刻本）

② 程一枝：《程典》卷十九《宗法志第三》。

族相争雄长的情况下，团聚宗族也有抗御别的宗族欺侮的意义，即所谓"吉凶有以相及"[①]。当然，这一点也常被缙绅地主用以挑动械斗，转移视线，掩盖其对族众实行的家长制统治。宗族组织能得到维系和巩固，更重要的原因还在于地主阶级的着意培植。地主阶级通过建祠堂、修族谱、置族产，来贯彻所谓"尊祖、敬宗、收（睦）族"等原则，从而把宗族组织和祠堂祭祀系统合而为一，借血缘关系这一面纱，掩盖族内的阶级对立。同时又灌之以伦理道德、绳之以家法宗规，从思想意识、伦理道德等各方面，直到动用血淋淋的暴力，千方百计地保持宗法家族组织不致松散。

（二）祠堂、族长与族权

尊祖是宗法制的首要原则。明代休宁人程一枝说："人之生也，本之为祖，统之为宗，散之为族。祖也者，吾身之所自出，犹木之根也。……有生之道莫先于尊祖。"[②]兴建祠堂正是为了尊祖，申述报本返始之心，尽子孙的孝情。

祠堂的出现经历着一个历史过程，并非古已有之。在古代，"庶人祭于寝，士大夫祭于庙"[③]。就是说，普通的老百姓祭祖宗只能在居室内进行，只有士大夫，才有单独的祠庙。据黟县《济阳江氏宗谱》记载：唐末因济水泛滥，江桌从山东的高宛迁居黟之济阳前，先"告家庙"，可见这时已有家庙之设。不过江桌是曾"授尚书郎佐李存勖灭梁"[④]的朝廷高官，不是一般老百姓。宋代程颐提出"庶人无庙，可立影堂"[⑤]，朱熹在《家礼》中规定："君子将营室，先立祠堂于正寝之东，为四龛，以奉先世神主。"[⑥]就是说，在居室正厅的左边设置四龛，以供奉高、曾、祖、考四代

---

① 苏大：《大宗小宗说》，见《新安苏氏族谱》。
② 程一枝：《程典》卷十九《宗法志第三》。
③ 《重刻申阁老校正朱文公家礼正衡》卷一《通礼》注。
④ 《济阳江氏宗谱》卷首《唐尚书郎桌公传》。
⑤ 《重刻申阁老校正朱文公家礼正衡》卷一《通礼》注。
⑥ 《重刻申阁老校正朱文公家礼正衡》卷一。

神主。祠堂和居室是连在一起的。从居室脱离出来，独立兴建祠堂始自何时尚待考据。明代嘉靖十五年（一五三六年），礼部尚书夏言上《令臣民得祭始祖立家庙疏》中提出"乞诏天下臣工建立家庙"①，虽最终没有下文，但是，汪道昆在《吴田义庄吴次公墓志铭》一文中曾说，休宁吴田地主吴义庄于嘉靖年间"尝倡议葺宗祠、置祠田、定宗约，以兴孝让"②。从这个墓志铭来看，嘉靖年间，当已冲破"庶人无庙"的规矩。由于宗族的发展，子孙的繁衍，原设于正寝之东的祠堂，已不能容纳参加祭祀的族众，所以，择吉地，另建单独的祠堂便成为势所必然了。随着徽商资本的发展，祠堂的兴建愈益普遍。到了清代，凡各大族皆有宗祠，分房还有分祠堂。例如，休宁茗洲吴氏宗族有宗祠"葆和堂"，其下五大支派，每支派立有分祠堂，支派下各分房又有祠。正如民国《歙县志》作者所说的，"邑俗旧重宗法，姓各有祠，支分派别，复为支祠"③。程昌在《窦山公家议》中也说："追远报本，莫重于祠。予宗有合族之祠，予家有合户之祠，有书院之祠，有墓下之祠。前人报本之义，至矣尽矣。"④小族也有"香火堂"⑤。村寨之中，祠宇高耸，匾额辉煌，牌坊林立，既呈现出一派尊祖敬宗、崇奖贞节的气象，又充满着阴森森的杀气腾腾的气氛。某些"人文蕃盛"之族建之祠堂，极其"堂皇闳丽"。例如，乾隆二十八年（一七六三年），官僚许登瀛"捐资八千金"，"重建诰敕楼拜堂各五大间，并建崇文会馆，经蒙义学，高大门楼，四载告竣。计此拜堂可容千人跪拜"⑥。

---

① 夏言：《桂州文集》卷十一。按：冼宝干《佛山忠义乡志》卷九《氏族》记载："明世宗采大学士夏言议，许民间皆得联宗立庙。于是宗祠遍天下，吾佛诸祠亦多建自此时，敬宗收族于是焉。"嘉靖皇帝接受夏言建议，许民间立家庙一事，在"实录"和官修史书中未见载。冼宝干究有何据，尚待考证。

② 汪道昆：《太函集》卷五十六《吴田义庄吴次公墓志铭》。

③ 民国《歙县志》卷一《舆地志·风俗》。

④ 程昌：《窦山公家议》卷三《祠礼议》。

⑤ 《绩溪县志》卷一《风俗》。

⑥ 《重修古歙东门许氏宗谱》卷八《规约》。按：除奉祭高曾祖考的宗祠外，还有为某些先达、名宦，或忠义、节孝者而建的祠堂。这些祠堂或专祭一人，或合祭数人，有的为某一宗族所建，有的则为区域性的各宗族所共建。这些祠堂主要起教化作用。

气派十分雄伟。

祠堂的正厅设有神龛，以摆设祖宗神主。各房祖先神主入祠受祭需有一定条件，不是所有的祖先都有资格入祠的。据《休宁查氏肇禋堂祠事便览》记载：

> 祖德隆邵，除应祧者不敢滥主入祠。今后有致身科目及有功乡国者请入；有隐居不仕著书立言者请入；有行能未著不挂讥弹，子孙能捐十金助祭者请入；有朴愿自守族里推尊，子孙贫乏不能捐助者请入；其余子孙不得夤缘请托。[1]

从这一段话中可以看到，进神主入祠受祭是有条件的。这里规定：凡先祖德行隆昭者，除其后裔中"应祧者"可以入祠外，其余的不能"滥主入祠"。今后凡允其神主入祠受祭者，必须是其人生前或享有功名，或教化有功，或躬身践行封建伦理道德有突出表现的方可。至于"行能未著不挂讥弹"者，其子孙则要交一笔钱才能请入。乾隆六十年（一七九五）八月，歙县棠樾鲍氏宗族族长鲍元光及房长鲍公威等十九人议立祠规，规定庶母除因子贵受封外，必须交一笔钱，方许其神主入祠。值得注意的是，庶母神主入祠的要价因人因时而异，索价从"任其量力行之"，有二十八两甚至高达五百两者。致力于功名，准贵封者要价最低，"躬耕自给者"次之，富而身份等级低微者最昂贵。道光、咸丰、光绪年间，要价又有改动，总的趋向是不断低廉[2]。原因是愿为庶母神主入祠而捐款者不多，加之祠堂经费又日见困窘、拮据。

"行能未著不挂讥弹"者，要想入祠受祭，其子孙需要交钱，这实际上是宗法地主借机剥削农民的一种手段。

神主的位次左昭右穆，尊卑等级秩然有序。生前的身份等级在幽冥同样不能更改。尊卑伦理，在世俗和阴间均然，更加说明它符合"天理之自然"。神主象征着祖先的精神与形体之所在。供奉神主的祠堂是"祖宗神

---

① 《休宁查氏肇禋堂祠事便览·祠规纪事》（清抄本），藏北京图书馆善本室。
② 见《鲍氏著存堂宗祠谱》。

灵之所依"①，是为"妥先灵而奉祭祀"②。"庙者所以聚祖考之精神也，尊祖先貌也，先祖形所在也，所以仿佛先人之形容。"③因此，祠堂成为祖先象征物的综合体。

祠堂是祭祖的场所，也是族人团拜的地方。"祠而弗祭，与无祠同。"④元旦拜祭和四时祭都是在祠堂举行的。从家到族的扩大过程中，由于阶级矛盾的发展，血缘关系已日渐淡薄，为了维持血缘关系使之不至松散，通过祭祀和族食以唤起对祖先的追思、敬慕，加强与祖先的精神联系，便是一个有效的办法。祭祀是族人表达尊祖、崇恩、追远之心，使大家意识到共为先祖之后，是祖先血缘的继续，从而增强彼此间的亲切感。在祖先灵前举行合族宴饮，是为了表达和祖先在精神上相往来。祖先用过的祭品，意味着附有祖先的余泽，吃了会得到祖先的保佑，增强自己的能力。所以，分胙被视为族中大事，成为族人的一种权利，"革胙"或"停胙"是对族人的一种惩处。聚族团拜也是加强血缘关系之一法，因为"平日名不相闻，面不相识"，难免"相视如途人"⑤。团拜同祭祀一样都可以明人伦、叙昭穆、辨尊卑，让族人皆知其本源，加强彼此间的关切。元旦团拜也是在祠堂举行的。从上可见，在祠堂灵神面前举行的祭祀、族食、团拜，其功用在于用温情脉脉的宗族关系掩盖族内的阶级对立，使日益疏远的血缘关系不致于淡薄。祠堂也就成为维系宗族团聚的纽带。

祠堂也是正俗教化，宣扬封建礼教和伦理道德的地方。这些都是结合祭祀、族食、团拜、读谱、读乡约进行的。祠堂还是执行家法宗规、惩治族众和佃仆奴婢的场所，起到法庭的作用。这是香气袅袅，布置有尊祖敬宗睦族书画的祠堂产生阴森可怖气氛的原因。

祠堂成为祭祖的圣坛，族人际会的场所和执法的公庭，被视为关乎宗

---

① 范涞：《休宁范氏族谱·祠规》。
② 《重修古歙东门许氏宗谱》卷八《家规》。
③ 转引自小柳通义：《儒教宝典》，第558页（大正八年五月二十日再版本）。
④ 《重修古歙东门许氏宗谱》卷八《家规》。
⑤ 《休宁西门汪氏宗谱》附录《西门汪氏知本祠会团拜序》。

族命脉之所在，具有神圣不可侵犯的地位。所以，对祠堂的管理特别精心，设有一套管理机构。有的祠堂管理机构置于族长的管辖之下。例如，乾隆《新安程氏祠规》记载："管祠事六人，胜公下四人，佛公下二人，以三人正管，三人副管。照分递年挨换。"[①]这里的管祠事正副是从属于族长领导之下的。有的正副祠管事与正副族长合为一体。例如，歙县溪南江氏宗祠的祠正副即为一族之长[②]。祠堂往往设有守祠的佃仆，负责守护、日常洒扫和供奉香火。据《潭渡孝里黄氏族谱》记载："守祠人（即守祠佃仆）承值春秋二祭，帮助收租，有事邀请文会门长，并打扫看守祠宇。每岁酌给工食银二两，每年给箬帚四把。于朔望、令节、诞辰、忌辰前一日洒扫祠宇，务令洁净。至于大寒后择日扫尘，另给扫尘工食银四分。每逢大雨必请司年取钥开祠入内相视，如有漏处当即记明，以便修葺。"[③]这里给守祠佃仆规定的任务及待遇，同中华人民共和国成立前夕查湾报本祠、崇本祠的守祠佃仆相比较，原则上是相同的。不同的是查湾汪氏宗祠给守祠佃仆补贴的是谷，而不是银。负责传呼的劳役也更广泛，而且还兼服守夜、丧祭等劳役（详见本书附录）。由于祠堂的特殊地位，所以"宜整饰以肃观瞻"。朱熹在《家礼》中规定"或有水火盗，则先救祠堂，迁神主遗书，次及祭品，后及家财"。其目的也是树立祠堂高于一切的神圣地位。

族长和祠堂的普遍设置，是族权发展的一个标志。族长名目的出现始自何时，已难以稽考。据《休宁西门汪氏宗谱》记载，明代天顺年间（一四五七至一四六四年），有汪富宗者任族长，可见明代前期已有族长之设。明中叶后，关于族长的记载便屡见不鲜了。朱熹在《家礼》中强调了家长的权威地位，为后来的族长地位张本。族长就是家长的引申和扩大。族权是由族长来行使的，族权也就表现为族长之权。族长有哪些职责和权

---

① 《新安程氏阖族条规》，编号388，藏中国社会科学院经济研究所。

② 《溪南江氏家谱》第六本（万历年间撰），见多贺秋五郎：《宗谱的研究》，第788页。

③ 黄玄豹：《潭渡孝里黄氏族谱》卷六《祠祀》（雍正刻本）。

力呢？

一、主持祭祀礼仪（如设有宗子，由宗子主祭，族长协祭）。这是宗族活动最隆重的大典。"祭之犹言察也。察者，至也。言人事至于神也。"①亦即"交神明，申孝思"②。祭祀时，族长俨然以祖宗化身自视，在堂上亢声宣读祖训，族众俯首听命。在祖宗神灵前聚族宴饮时，族长高坐堂上，接受族众"奉觞称寿"和揖拜③。《重修古歙许氏宗谱·家规》中说，族长"分莫逾而年莫加，年弥高而德弥邵，合族尊敬而推崇之，有事则必禀命焉。此宗族之遗意也。有司父母斯民，势分相临而情或不通。族长总率一族，恩义相维，无不可通之情。凡我族人，知所敬信"④。也就是说，族长具有地方父母官所没有的"通"骨肉之"情"的特殊身份。这种特殊身份就是他可以代祖宗立言，替祖宗行事，凌驾于一族之上，对族众具有不可冒犯的权威。

二、主管族产。各大族都有田地、房屋、林本等族产。族产名义上属于族内公有，但实际上，族产的开销、处理，唯族长的意旨是遵。族长操有发放"周济"贫穷族人，资助族内子弟入学膏火等财权，这是族人不得不听命于他的重要原因。在管理族产中，族长和祠堂经管人借机尽情挥霍，自不待言。例如，举办迎神赛会、演戏、宴饮等，有的还贪污自肥。例如，歙县棠樾鲍氏著存堂宗祠的经管人鲍�，从乾隆五十年至五十六年，又从嘉庆八年至十九年，先后十九年中经管族产，但账目却从未作清理，后来经稽查，才勉强交出存银一百五十两，其贪污多少，无从确算⑤。由于可以从中贪污，所以族长、祠正被视为肥缺。有的世代相传，把持不放。例如，歙县棠樾鲍丙先之父，从康熙年间起，即"综理西畴宗祠"，以后丙先又继之经管。丙先之子鲍盛棠本攻举子业，有求仕上进之志，但

① 《重刻申阁老校正朱文公家礼》卷八《祭礼》注。
② 《重修古歙东门许氏宗谱》卷八《家规》。
③ 程一枝：《程典》卷十九《宗法制第三》。
④ 《重修古歙东门许氏常谱》卷八《家规》。
⑤ 《鲍氏著存堂宗祠谱》（清黑格写本，共二册）。

其父"丙先公命经纪祠总，乃一意修宗党，行不复应举"。盛棠之子鲍琮，原也"苦志下帷求进取，亦以继总祠事而罢"①。鲍丙先四代相传"经纪祠总"，鲍盛棠和鲍琮更不惜放弃举业，表面上是"轻仕宦，以祖宗报本为重"，实际上正是因为"经纪祠总"可以享到许多政治和经济特权。总之，操有宗族公产的财权，是族长能够实现族权的物质基础。

三、宣扬封建伦理道德，旌"善"纠"过"。祭祀、团拜、族食、读谱、讲解乡约等，都是向族众灌输封建纲常礼教，进行劝"善"惩"过"的好机会。例如，在祠堂中或设"彰善瘅恶"之匾，或置善过之簿。凡族中有善恶之人，分别书之于上，"屡善则屡书而善者知所劝，屡恶则屡书而恶者知所惩"，从而"别淑慝而示劝惩"②。有的除"悉书于籍毋隐"外，还在祠堂设"嘉善""思过"之位，善者、恶者分别就位，族长命赐善者以酒，并"俾少者揖之"；有过者坐在思过席上示众。有过者中如已改正的亦命以酒，以示与有过而不改者相区别③。其目的都是崇化导民，使族众改"恶"趋"善"，以"辅相王道所不及"，实则是为了消融族众的反抗意识，要他们甘当封建王朝的顺民。

四、家法宗规的制定者和执行者。家法宗规是族众行动的准则，是横加在他们颈上的枷锁。它是由族长和绅衿地主共同制定的，然后载之于谱，剞劂成册。这个问题下文将详细论及。谁要是触犯了家法宗规，"听族长、房长率子弟以家法从事"④。即是说，触犯家法的人要执之于祠堂，由族长惩治。例如，"不孝不悌者，众执于祠，切责之，痛责之"⑤，怠慢尊长者，"执而笞之"。惩办的方法是骇人听闻的，吊、鞭打、挖眼睛，甚至活埋处死⑥。

五、解决族内的争端。尽管勤加教化，家法严峻，但宗族内部的矛盾

① 《棠樾鲍氏宣忠堂支谱》卷二十一《传志》。
② 《重修古歙东门许氏宗谱》卷八《家规》。
③ 程一枝：《程典》卷十九《宗法志第三》。
④ 范涞：《休宁范氏族谱·谱祠宗规》。
⑤ 《新安程氏阖族条规》，编号388，藏中国社会科学院经济研究所。
⑥ 《宗祠内幕》，藏歙县图书馆。

冲突仍是不可避免的。"强欺弱、众暴寡、富吞贫、恃尊凌卑"的现象更是在所难免。族长"凡遇族中有不平之事，悉为之处分排解，不致经官。如果秉公无偏，而顽梗者不遵，则鸣之于官处治之"①。就是说经族长判决，还是不服，族长有权送官处治，俨然如基层法官。

六、族长的权力中，还有一点需要着重指出，即直接控制、奴役带有宗族农奴性质的佃仆。依附于祠堂的佃仆数量不少。他们名义上隶属于整个宗族，但因族长是一族之主，当然首先并且主要要受其驱使奴役。例如，出入为之抬轿，或被呼至家里服役等。据笔者在祁门善和里和莲花塘等地调查，这种情况直至中华人民共和国成立前依然存在。族长可以代表宗族惩治佃仆。隆庆年间（一五六七至一五七二年），祁门文堂陈氏宗族把"散居山谷"的小户（即佃仆），"编立甲长，该甲人丁许令甲长约束"。每月初一清晨，甲长要前来汇报佃仆的表现，凡有不服约束者，予以"重究"，而甲长不依时汇报者，亦"酌罚不恕"②。

凡此种种，说明族长犹如家长一样，具有统御一家，擅专一族之权。明末人傅岩指出："徽俗重长上，一家则知有族长、门长。"③族长之所以享有如此权威，与这一职务往往由缙绅地主把持有关。乾隆就曾指出："此等所举族正，皆系绅衿土豪。"④担任族长者即使不是缙绅土豪，也是受缙绅地主所倚重的。族正与豪绅结成一伙，从而使族权与绅权合而为一。在缙绅势力横行的明清时期，族权与绅权的结合，当然会加重族权的权威了。从另一方面说，绅权要与地方政权抗衡，也需要凭借宗族乡党的势力，因此缙绅也需要操纵族权。可见，绅权与族权结下的不解之缘是理所当然的。从《家规》中看，凡族众对族长的判处不服者，族长可"送官惩治"，这证明族权与政权也往往沟通一气，结为一体。族权所具有的这种基层审判权，是为地方政权所默许的。

---

① 《重修古歙东门许氏宗谱》卷八《家规》。
② 祁门《文堂乡约家法》（隆庆六年刻本）。
③ 傅岩：《歙纪》卷五《纪政绩·修备赘言》。
④ 《清实录》卷一千三百三十五"乾隆五十四年七月辛亥"条。

综上所述，祠堂是祭祖、正俗教化的圣地，也是族众排难解纷之所，具有地方公庭的职能；族长则是正俗教化、封建礼教纲常的说教者和家法宗规的执行者，因而也是"公庭"上的法官。祠堂族长的族权成为封建统治的补充，它在基层的统治，起到了封建政权所不能起的作用。

（三）家谱的修撰和宗规家法

家谱，又称族谱、统宗谱、世谱、世牒、支谱、房谱、家乘等等。立谱是为了明族属，"识其本源"[①]；为了纪世系，叙昭穆，辨亲疏，亦即明确后裔身份，及其尊卑嫡庶等级，它有尊祖、敬宗、睦族的意义[②]。修立家谱，起源甚早。魏晋南朝时期，谱牒是门第高下的依据。当时，谱学之盛是同门阀制度相联系的。唐末的农民大起义打垮了世家大族，谱学也随之中绝。唐代以前谱学之书也几乎都已散亡。宋代以后，由于欧阳修、苏轼的提倡，家谱才又出现。明清两朝，在以"祠堂族长的族权"为特征的封建宗法制不断发展的基础上，新的谱学开始盛行起来。

封建宗法势力强固的徽州，是新的谱学发达的地区之一。从我们所知道的宋元以来的郡谱，或单行的地方氏族谱，实在寥寥无几。但在徽州却有：陈栎《徽州大族志》（元延祐三年，即一三一六年撰刻）、郑佐等《实录新安世家》（明嘉靖二十八年，即一五四九年撰刻）、程尚宽等《新安名族志》（明嘉靖三十年，即一五五一年撰刻）、曹嗣轩《休宁名族志》（明天启五年，即一六二五年撰刻）等数种。陈栎的书，国内已绝版。后三种是在此书的基础上增补的。曹书仅限于徽州六邑中的休宁一邑，内容要详细得多[③]。至于家谱，则各宗族皆有。《棠樾鲍氏宣忠堂支谱》"序"中说：

①《新安世家梢云吴田吴氏族谱》（正统刻本）。
②关于修谱的目的，日人多贺秋五郎在《宗谱的研究》一书中说："一、序得姓之根源，二、示族数之远近，三、明爵禄之高卑，四、序官阶之大小，五、标坟墓之所在，六、迁妻妾之外氏，七、载适女之出处，八、彰忠孝之进士，九、扬道德之遁逸，十、表节义之乡闾。"
③参阅潘光旦：《明清两代嘉兴的望族》（民国三十六年版）。

"五季谱牒散亡，而宗谱遂为私家撰述，于是有合族之谱，有分支之谱。"①除佃仆等所谓"贱种"无家谱外，几乎没有无谱之族。各大族世系，尊卑嫡庶之所以秩然有序，经数十代不紊，全赖家谱。正如金焘《金氏家谱》"叙文"中所说：

> 江南新安故多巨室，四姓十六族比于崔、卢、王、郑。若其本支，百世垂条布叶，燕翼蝉联。虽游宦化居，不常厥所，而溯流寻源，莫不厘肤可考②，则谱牒是赖。

新的谱学之发达，成为"新安之异于邻郡"③的一个标志。

修谱是族中重大事件。十年，或二十年、三十年修一次。修期视各族的经济能力而定。有的宗族平时置有添丁簿，"自六岁外，不论贫富，曾否上清明，俱登乳名、官名、嫡庶姓氏、生年月日，用备查考"④。建立这种添丁簿，是为日后修谱作准备的。家谱编号分颁各支。然后"将版毁去，以杜盗印冒宗之弊"⑤。家谱"收藏贵密，保守贵久，每岁春正三日祭祖时，各带所编发字号原本到统宗祠，会看一遍。祭毕，各带回收藏。如有鼠侵油污、磨坏字迹者，罚银一两入祠。另择本房贤能子孙收管。"⑥久不修谱，视为不孝。朱晦庵曰："人家三代不修谱，则为不孝。"⑦名门右族所修之谱，不仅刻印工精，且以卷帙浩大为胜。例如，黄凝道撰修，于乾隆十八年（一七五三年）刊印的《休宁古林黄氏重修族谱》八卷，卷长51厘米，宽31.5厘米，共约重十五公斤。又如《新安武口王氏世系谱》计四十册，卷帙盈箱。太平天国运动时，这个家谱由精于少林武术，"数

---

① 《棠樾鲍氏宣忠堂支谱·序》（嘉庆刻本）。

② "厘肤"疑系"厘胧"的笔误。厘，即厘定，整理而改定之。胧，即胧赘，繁杂而无用。"厘胧可考"，意即繁杂的世系经考订后，条分缕析，整然可考。

③ 黄云豹：《潭渡孝里黄氏族谱》卷首黄吉暹《序》（雍正刻本）。

④ 范涞：《休宁范氏族谱·林瑭宗规》（万历刻本）。

⑤ 《重修古歙东门许氏宗谱》卷八《规约》。

⑥ 范涞：《休宁范氏族谱·谱祠宗规》。

⑦ 转引自吴烨：《休宁璜派吴氏族谱》（万历刻本）。

十人不能敌"的大力士王兆盛"负之逃"①。可见其重量不是一般人所能轻易搬动的。修谱时不惜工本，平时妥为宝藏，遇到突然发生的事变时，还要把家谱视为至宝而优先保护。歙县乘狮范氏宗族，于遭乱时"纳谱于竹匣，掘石而藏之"②。由于对家谱坚持"收藏贵密，保守贵久"，遇火水盗贼优先救护的原则，加之"新安在江左，介乎万山之间，鲜经兵燹"③，所以，徽州地区留存至今的族谱数量很多，笔者涉猎的虽仅是其中的一部分，但也已达一百余部之多。

家谱有一定的体例和原则。据《新安许氏世谱》"凡例"中说："古今修谱之例有三变：始如道统图体者；中如欧苏谱体者；至程篁墩（即程敏政）谓欧、苏谱体，一图一传，不见统宗之义，乃变为《汉书》年表，《唐书》相表体然。"④以上是就宗族世系支派的撰写体例而言，实际上家谱的内容要丰富、广泛得多。它包括序文、凡例、目录、世系世表、源流宗派、诰敕、像赞、别传墓志、祠堂记、祠规、家规宗约、家训家范、义田记、义庄记、墓记墓图等。当然，不是每一部家谱都包含有这些内容，其简繁、详略是各有不同的。文笔的高低、翔实的程度也有差别。但是，它提供的材料之广泛、具体，在一定程度上却可以弥补方志与官史之不足，是研究历史，尤其研究农村社会经济的一个重要史料来源。

修谱是以隐"恶"扬"善"为原则的。有时，为了扬善，以致粉饰其祖先的"功德"，甚至伪造官爵品位，以欺骗族众。但我们不能因此抹杀其史料价值。

一般说来，族谱中的"凡例""家礼""家（或宗）规""族训""族约"等部分，都有关于宗子族长特权和对族众约束的具体规定。为了行文方便，我们把这些"礼""训""规""约"，概称之为宗规家法。各个宗族的宗规家法，因与不同的传统、家风有关而各有其特点。但又因皆受程朱

---

① 《绩溪庙子山王氏谱》卷二十《世传六》。

② 范世觉：《歙州乘狮范氏宗谱》（乾隆刻本）。

③ 《新安休宁乾滩吴氏会通谱·序》。

④ 许象先：《新安许氏世谱》（隆庆抄本）。

理学思想的浸渍，所以，它所反映的宗法家族制度及治家原则却是共同的。有些条文甚至互相抄袭。家法除刊于家谱外，也有单独汇集成册的。大体上说，宗规家法包含如下内容。

一、把明清两朝皇帝的劝民谕旨规定为立身处世的准则，即所谓"圣谕当遵"。明代朱元璋的谕旨是："孝顺父母，尊敬长上，和睦乡里，教训子孙，各安生理，毋作非为。"清代康熙的谕旨是："敦孝弟以重人伦，笃宗族以昭雍睦，和乡党以息争讼，重农桑以足衣食，尚节俭以惜财用，隆学校以端士习，黜异端以崇正学，讲法律以警愚顽，明礼让以厚风俗，务本业以定民志，训子弟以禁非为，息诬告以全良善，诫窝逃以免株连，完税粮以省催科，联保甲以弭盗贼，解仇忿以重身命。"这些所谓"圣谕"，包含封建伦理道德的基本要求，凡忠臣、良民、孝子、顺孙，皆要奉之为圭臬。所以，家谱中往往照录，置之于扉页，并在家法上规定遵行，同时把它作为宗族乡约集会宣讲的内容。

二、把尊祖、敬宗的宗法原则写进家法，规定"祠堂当展""谱牒当重"。"祠，祖宗神灵所依；墓，祖宗体魄所藏。子孙思祖宗不可见，见所依所藏之处，即如见祖宗一般。时而祠祭，时而墓祭，皆展亲大礼，必加敬谨。"就是说，必须参加祭祠墓之大礼，且要虔诚敬谨。"谱牒所载，皆宗族祖父名讳，孝子顺孙，目可得睹，口不得言。"族人要竭力保护谱牒之安全，防止"鬻谱卖宗"[1]和他人冒认宗亲，极力把族谱神圣化。

三、规定宗族权贵集团的宗法特权和族众的受管束地位，即所谓"尊长上""御群下"。从房长、宗祠经理、族长、宗子等宗族权贵集团，至地方贤达、父母官都属"长上"。对长上要"尊敬而推崇之"，"要恭顺退逊，不敢触犯"。凡以少犯长，以卑凌尊者，可"执而笞之"[2]。凡"有德行族彦"，即使辈行不尊，年齿不高，但因其乃"本宗桢干"，则应该"忘分忘年以敬之"[3]，可见尊卑长幼是与贵贱相连的。"子孙受长上诃责，不论是

---

① 范涞：《休宁范氏族谱·谱祠宗规》。
② 《重修古歙东门许氏宗谱》卷八《家规》。
③ 范涞：《休宁范氏族谱·谱祠宗规》。

非。但当俯首默受，无得分理"①，要唯长上之命是听，无条件地接受管束。据婺源《清华戴氏世谱·家规》记载："凡子弟动作举事，咨而后行。其或有事往外，必言营何事，所住何地，所主何家，往返须几日。若无事外出，不行预告家长，隐讳不言，纵子弟非为，日后事发，责在本房家长。"还规定"昼勤职业，夜则居息"，不准"夜聚晓散"，或夜晚三五成群"附耳密语"。如犯，"权用家法治之"②。很显然，这是为了防范族众串联造反。"家法"起到了钳制、绳束族众的作用。

四、规定族众要各守其长幼尊卑等级名分，提倡孝弟、敦义睦族，即所谓"名分当正""宗族当睦"。同一宗族内部，嫡庶、长幼、尊卑，各有其名分，就是通常所说的"贵贱尊卑自有伦"。彼此称呼是有定序的，座次也必依先后，必须循规蹈矩，不准僭分越格。在正名分，辨尊卑的前提下，讲究孝悌和敦睦之义。子孙当以名节自恃，如有不孝不悌者，伤风败俗者，众执于祠，切责之，痛治之。要"尊尊""老老""贤贤"，即所谓"三要"；务"矜幼弱""恤孤寡""周窘急""解忿竞"，即所谓"四务"③。鼓吹什么族人对于一个人，固然有亲疏；但对于祖宗，则同为其子孙。因此，彼此应相求相应，相问相亲，过失相规，患难相恤，以此笼络人心。

五、教育子弟，要"养正于蒙""淑俊秀"。闺门内要进行"胎教""能言之教"，稍长，"又有小学之教，大学之教"。"父兄须知子弟之当教，又须知教法之当正"④。要择端悫师友，并将养蒙诗及孝顺故事日加训迪，使斯德性和顺。族中子弟"器宇不凡，资禀聪慧"者，尤应精心培植，以期将来取得"科第功名"，光宗耀祖。"族之有仕进，犹人之有衣冠，身之有眉目也。"⑤那些"聪明俊伟而迫于贫者"，由祠堂助以膏火笔札之资；

---

① 吴翟：《茗洲吴氏家典》卷一。
② 戴垣：《清华戴氏世谱》卷一《崇礼堂申立家规》（光绪二十三年刻本）
③ 参阅祁门《文堂乡约家法》；范涞：《休宁范氏族谱·谱祠宗规》；《新安程氏阖族条规》。
④ 范涞：《休宁范氏族谱·谱祠宗规》。
⑤ 吴翟：《茗洲吴氏家典》卷六。

或由族之殷富者"量力而助之，委曲以处之"①，以免饥寒困穷乱其心。务必使其业之能精，学有所成。可见其对封建人才的培养是煞费苦心的。

六、规定婚姻要"阀阅相宜"，要"严门第"②。"世家名不与贱寓"③，"不可与奴佃为亲"④，即所谓"慎嫁娶"。认为门第不对，既辱祖宗，又取讥诮。应当指出的是，明清时期已没有谱学专家审定各姓氏的门第，士、庶界线已不复存在。婚姻严门第，只是着重防止与"奴佃"为婚罢了。这种门阀观念表达了他们对历史的追忆。规定女子从小要以"三从四德，姆训夙娴，养之"。出嫁之后，要"孝事公姑，和处姒娌，顺相丈夫，女工习尚，中馈勤劬，慈俭贞洁"。妇女应深居简出，不许与斋婆尼姑往来。"不幸寡居，则丹心铁石，白首冰霜。"给妇女定下了种种清规戒律，极力贬低妇女的社会地位，把他们视为替宗族传宗接代的工具。奖励节烈。凡妇人女子值人伦之变时，能慷慨杀身，或从容就义者，"疏名于簿籍"⑤，分胙其家从优，还可奏闻于朝廷，旌表其门⑥。用登簿、分胙、竖坊挂匾来虐杀妇女的精神生活，甚至其生命。

七、严格管束奴婢佃仆，即所谓"制御仆众"。这是宗规家法中的一项重要内容。据《新安程氏阖族条规》记载：

> 族属既众，仆必多。倘主仆之分不严，则豪奴悍婢敢与弱主抗矣。自后不特犯本主者罪不容于死，即见他房之主，坐则必起，呼则必诺。少有干犯，告之本主痛加责治。仍遣本仆叩首谢罪于所犯之家，毋得宽纵，以失体统。本主姑息而曲护之，则鸣于众，共斥其主，公责其仆。此君子小人之大分，不可不正者，慎毋忽之者。⑦

---

① 《重修古歙东门许氏宗谱》卷八《家规》。

② 方玉缙：《杏仍留书》（康熙稿本）。

③ 歙县《洪氏族谱·宗规》。

④ 祁门金焕荣：《京兆金氏统谱》卷一《家训十条》。

⑤ 《重修古歙东门许氏宗谱》卷八《家规》。

⑥ 关于封建政府的族亲政策，参阅梁作燊：《就结构功能理论来看清代后期政府的族亲政策》一文，刊于香港中文大学《中国文化集刊》1980第2期。

⑦ 又见《重修古歙东门许氏宗谱·家法》。按：两谱所载，几乎完全雷同。

　　从这里可以清楚地看出，奴婢、佃仆虽属于某房某家，但对与家主同一宗族的族众均有主仆名分。相遇必须行主仆之礼，不能有所干犯。休宁茗洲吴氏宗族对奴婢、佃仆的制御，规定得更加具体。从饮食衣服、日用起居、到婚姻死葬，都有一套约束佃仆举止，污辱佃仆人格的具体规定。

　　此外，还规定"职业当勤"，说什么士农工商应各安其业。业"固贵乎专，尤贵乎精，惟专而精，生道植矣"。

　　"赋役当供，以下事上，古今通谊。"饬合族众将一年的差粮先办纳明白，宣扬这是"良民职分所当尽"。

　　"守望当严"，要维持地方的治安。基层的保甲组织，只能虚应故事，没有起到防盗治安之责。地方上凡有不遵防范，形迹可疑者，即鸣之宗祠，会呈送官。

　　"崇礼教，冠昏丧祭四礼当行。"①

　　以上种种，体现了尊祖、敬宗、睦族的宗法思想和建筑在嫡庶尊卑等级基础上的族长权威，囊括了忠孝节义的道德信条，以及修身、齐家、敦本、和亲之道。既鼓励族中的"俊秀"者，追求功名仕宦，增光祖宗；又告诫弟子辈要安分守己，服服帖帖地接受宗法家长制的统治。这里既有甜蜜蜜的劝诱，又有杀气腾腾的恐吓。因而成为教忠教孝最好的教材，成为月旦祠堂读谱的主要内容。

　　从上可见，族谱、宗规家法，是封建社会后期体现宗法思想，维护宗法制度，加强封建思想和政治统治的工具，起到封建政权所不能起的作用。尤其是代表、体现缙绅地主意志的宗规家法，更是宗子、族长管制、约束、镇压广大族众和奴婢、佃仆的依据。它虽然是一种民间的私法，但却得到封建政权的认可，作为国家法律的补充，实际上与国家法律具有同等的效力。它为封建王朝的"长治久安"起到了不容忽视的作用。

---

　　① 参见范涞：《休宁范氏族谱·谱祠宗规》。

（四）族田在宗法制中的作用

关于族田这一土地占有形态，在前文已经谈及，为了避免重复，这里只着重探讨其在宗法制中所起的作用。

族田一类的土地是封建社会后期，随着以"祠堂族长的族权"为特征的封建宗法制的形成而出现的。义田的出现稍早些，是由北宋的范仲淹所创立，旨在赡族。祭田则与祠堂、族谱联系在一起，都是为了实现尊祖、敬宗、睦族的原则而置立的。"祠必有祭，祭必有田。"祭田是为祭而置的。朱熹在提倡宗法制时，就已于《家礼》中提出要"置祭田"。规定"初立祠堂，则计见田亩，每龛取二十之一，以为祭田。宗子主之，以给祭用。如上世未置田，则合墓下子孙之田，计数而割之，皆立约闻官，不得典卖"。这种祭田，其性质和用途是明确的，即全族公有，不准典卖，为祭祀之用。这是朱熹的初意，事实上祭田的作用远不止于此，它还是维系宗法家族组织，使之不致松散的物质条件。

除族田、义田、祭田之外，还有祠田、墓田、庙田、学田等不同名目的土地。其最初的用途也各有区别，但又是可以互用的，都属于同一类性质的土地占有形态。此外，作为族产，还有山场林木，据嘉庆《黟县志》记载："查境内大山，多系各族祠产。"[1]这种情况非仅限黟县一县，徽属各县大致如此。祠堂拥有的山场木材当甚属可观。有的宗族还拥有供出租的房屋等族产。这些也都是为实现宗法制的三个原则服务的。

族田、义田、祭田、祠田、庙田、墓田、学田（以上种种名目，下面概称之为族田）、义宅、山场林木等族产，对于宗法制究竟起了些什么作用呢？

首先，为祠墓祭扫、迎神赛会、唱戏、祠堂的修葺和族谱的增修等提供费用，从而起到加强宗族间精神联系的作用。这些宗族性的活动所需的

---

① 嘉庆《黟县志》卷十一《政事·禁租山开垦示》。

款额甚巨。仅祭祀一项开销就很大。明万历年间（一五七三至一六二〇年），每年春正三日，休宁博村范氏统宗祠祭始祖，祖祠"祭席定规共十七桌"，"每桌五果、五肴、酒饭盏箸，如事生常仪"[1]，仰德祠祭席四桌，述功祠祭席五桌，共二十六桌。该宗族的祖先读书登第，入祠垣跻膴仕者不少，其始祖范传正就曾于唐代元和年间（八〇六至八二〇年）任过宣歙观察使，设祭时要达到"如事生前仪"的规模，其豪华当可想见。又如，据《潭渡孝里黄氏族谱》记载，歙县的黄墩是徽州黄氏始祖坟墓所在地。万历壬辰年（一五九二年）三月初五，徽州黄氏"各派至黄墩，肇举祀典，于是缙绅文学五十余人，仆从车舆，骈阗一市，祭奠礼仪森备，炫煌睹听，观者云集"。这是一次祭始祖的盛典，也是在地方显示宗族势力的一种形式。在这次祭典中共同议定："每年二月二十日风雨不移，合族十六派共支下四十名齐至黄墩，各具本等衣冠行祭。"祭品的定式是：

> 猪一口，羊一腔，糖献五色，饼锭五色，罩果五色（套花全），鲜献五色，面饼四桌，小糖狮四桌，插花三十支，衣冠六身（男四、女二），绢帛六副，香烛七对，金银纸钱，祀后土三牲一副，酒米三斗，饭米三斗，柴油盐酱醋菜，庖人、吹手、谢庙祝，谢三店，赏火头，挑锡器刀。[2]

从黄氏宗族祭墓活动及祭品定式单中，也可看到其耗费之一斑。没有族田等族产收入支持，这些活动是很难开展起来的。

祭祀的祭品，或在祖先灵前聚族合食；或由主祭及族之长者食用之后，将所剩部分分颁各户，名曰"分胙"，让各户均沾祖宗余泽。族食与分胙成为吸引族众参加宗族活动，接受宗法思想熏陶的物质条件。

族众既多，五服之外，血缘关系本已疏远，加之族内贫富分化，关于祖宗对待子孙是否公平的问题，有些贫苦的族人已经产生怀疑，因此，更需要频繁地举办这类宗族性活动，呼出祖宗的亡灵，拼命灌输同出一源的宗法思想，以便掩盖族内的阶级对立情绪。凡不积极参加这种祭祖活动的

---

[1] 范涞：《休宁范氏族谱·谱祠祭仪》。

[2] 黄玄豹：《潭渡孝里黄氏族谱》卷五《祖墓》。

人，就要受到族人的指责。

《潭渡孝里黄氏族谱》即曾写道：

> 子姓不肯遍诣各墓展拜，唯于给票（按：即颁发胙票）之处支领，是其胸中只重斤许猪肉，全无尊祖敬宗之心，不孝孰甚。[1]

只领胙肉而不参加扫墓活动的族人，被斥为"不孝孰甚"，在封建社会这已是一项很大的罪名了。

迎神赛会和唱戏等活动，对于局处荒野老林的农民来说，是难得的娱乐机会。把宗法思想渗透到这些活动中，最能为这些山民所接受，也最容易取得效果。当地老百姓的宗法思想，除在肃穆的祭礼中培植外，就是在教忠教孝的富有传奇色彩的戏曲中得到的。把宗法思想寓于娱乐之中，对广大农民进行宗法思想教育，是容易取得效果的好方法。

其次，赡济贫族，培养族人对宗族依赖的情感。这名义上是为了睦族，实际上是在加强族人对族长等权贵集团的封建宗法依附关系。范仲淹创立义田，已有赡族之意。钱公辅在《义田记》一文中指出，范仲淹置义田是为了"养济群族之人，口有食，岁有衣，嫁娶凶葬皆有赡"[2]。但是范仲淹和钱公辅都没有把它与宗法制联系起来。借义田发挥宗法制的理论是后来的事。南宋时，袁采在《袁氏世范》一书中提出"置义庄以济贫族"[3]，始就宗法制的原则发表议论。明初的方孝孺更对睦族观点加以发挥。他在《宗仪》中说："睦族之法，祠祭之余复置田，多者数百亩，寡者百余亩，储其入……，岁量视族人所乏而补助之，其赢则以为棺椁衣衾，以济不能葬者。"[4]后来发表这类议论的就更多了，置族田的宗族也愈来愈多。徽州置有义田的宗族，大体贯彻这一"赡济贫族"的原则。试以歙县棠樾鲍氏宗族为例，看其赡济族人的情况。

棠樾鲍氏是盐商世家，明中叶至清代中期富极一时。族人鲍志道于

---

① 黄玄豹：《潭渡孝里黄氏族谱》卷六《祠祀》。

② 《范文正公集》后附《褒贤集》卷三。

③ 《袁氏世范》卷一《睦亲》。

④ 方孝孺：《逊志斋集》卷一《宗仪·睦族》。

乾、嘉年间，曾担任过两淮总商二十年。其弟鲍启运也是以鹾业致富的。鲍启运于乾隆四十三年至五十三年的十年间（一七七八至一七八八年），先后捐资购置义田 1 211.16 亩，地 20.14 亩，塘 18.14 亩，每年可收租粒 22 836.51 斗。设督总一、襄事二，共三人负责管理。分立体源、敦本两个税户。体源户田 707.29 亩，地 20.14 亩，塘 9.55 亩，可收租粒 13 708.75 斗；敦本户田 503.87 亩，塘 8.59 亩，可收租粒 9 127.76 斗。两户的租粒分别藏入义仓，充当不同的用途。

体源户的租粒用于赡济。其对象是：1."本族鳏寡孤独四穷之人"；2. 自幼废疾，不能受室，难以活命者；3. 为年至六十的鳏独继嗣，而本人年未及十八岁者；4. 孀居有子年未及二十五岁者；5. 孤子年未及十八岁者；6. 孤女未出嫁之前。凡符合以上条件之一者，生前每人每月给谷三斗（闰月照发）；死后分情况给予丧葬费，即成年人每人每年给谷三十六斗，"孤子女自十五岁以内者给谷二十四斗，十岁以内者给谷十八斗，五岁以内者给谷九斗"。受赡济者遇到如下情况，不予发谷：1."盗卖祖坟公产，盗砍荫木者，永不准给"；2. 孀居而寄居亲戚家，姜住母家者，孀居年少时不愿食谷，出村佣食，及至年迈归家再行请领者，永不准给；3. 干犯长上，行止不端者，停给三年；4. 妇人打街骂巷不守规法者，停给一年。

敦本户的租粒用来在青黄不接时粜与族人。凡年在三岁以上，不论男女均可粜给。但是凡"盗卖祖坟公产，盗砍荫木者永不准粜"，聚赌者、酗酒者、妇人打街骂巷不守规法者，俟改过后次年粜给；干犯长上，品行不端，好事争斗者，停粜三年；有佣人、帮工者，该户不准粜，凡出外贸易来去不定，届期亲自报名者准粜。应粜者先于正月二十五日至仓所报名登记，管理人员再根据体源、敦本两户应纳钱粮营米的银两，计算粜出之粮每升该定价多少钱，每人应粜多少。二月五日收钱，二月十日发谷。为了防止荒年暴岁租粒无收，无以粜给，规定存仓谷五百石作老底，每年再提备荒谷三十石，逐年递增，连同老底谷积至一千石为止。体源户负责两户的租酒、晒谷工饭钱和修筐篓等管理费用；敦本户则负责完纳两户的钱粮营米。两户互相为用①。前者是赡济"四穷"及废疾、孀居等人，后者也意在赡贫，只是面要宽得多。凡未雇请佣人、帮工者均可享受。敦本户的救济粮还要收低廉的谷价，以供完纳国课。

以上两种救济粮，目的都是帮助族人度春荒，使之不致于陷入高利贷的泥坑。值得注意的是，这种做法对维护族人自耕农的地位，无疑多少是起了作用的。关于这一点在前文已经谈及，于此从略。在赡济中，两者当然都要体现尊祖、敬宗、睦族，维护族内尊卑长幼等级制度，以及所谓旌善纠过、奖贞惩淫的精神②。

有的宗族还设置有义宅、义冢，供贫而无所归者居住与安葬。弘治年间（一四八八至一五〇五年），歙县岩镇佘养浩曾建屋若干楹作为"义宅"，"凡族之疏而屯者听入居之"③。万历年间（一五七三至六二〇年）歙县东门许则诚捐田七十亩作族田，又于"郭东治垣屋七十楹居房，营塾舍"，"市肆六楹"出租取"僦直"，又"卜窑头墓一区"作为义冢，以供"死而无所归者"④安葬。

族产周济一般限于本族，以贫为原则，但也发现有施于视为"家人"的佃仆之辈。例如，曾经追随朱元璋部将邓愈平定天下的歙人毕仁，于洪武七年（一三七四年）归田后，"营置膏腴之田五百亩，尝割五十亩以赒同宗之贫乏，又及其佃仆之无依者"⑤。就是说，以五十亩作义田赡济族之贫者及生活无依之佃仆。休宁人，明代成化年间曾任兵部尚书的程信，"赐茔田内外共四百三十二亩立作义田，分为三部分：一分祭扫及修理享

① 参见《棠樾鲍氏宣忠堂支谱》卷十九《义田》。
② 据《棠樾鲍氏宣忠堂支谱》卷十七《祀事》记载，鲍志道的老婆首将其"针黹纺织所入……为权其子母"，然后将这笔高利贷得来的本利钱建义宅八间，并"办修浚衢井"等善事，又购置膏腴之田一百零一亩，作为赡济宣忠堂三大房女眷之义田，规定义田"仅惠妇人一辈"，"所有男丁童稚暨未出嫁女一概不与"。每年春天青黄不接时，除去不要此谷者外，按要者名数开仓匀分派。这种仅惠妇人，未分贫富的周济方法，除此之外，未曾发现。
③ 程敏政：《畲氏义宅记》，见佘华瑞：《岩镇志草》利卷。
④ 江珍：《许氏义田宅记》，见《重修古歙东门许氏宗谱》卷十。
⑤ 毕济川：《新安毕氏族谱》卷九《仕宦志》（正德刻本）。

堂碑序坟墙；一分周济贫难族人，亲戚丧葬嫁娶；一分给予守坟人衣食用度"①。值得注意的是，这里的周济范围已涉及贫难的族外亲戚。

再次，用来开办义塾，补助贫寒子弟入学所需的笔墨膏火之资及应试路费，这实质上是在培养封建爪牙。元末，婺源环溪松山人程本忠置田五百亩，创办遗安义学，供族之贫者入学。明代，婺源太白潘氏合族建置义田百亩，"开办太白精舍，供族内子弟入学"②。清代，潭渡孝里黄氏宗族也从祠产中"开支修脯，敦请明师，开设蒙学，教育各堂无力读书子弟"③。又据《明经胡氏龙井派宗谱》的祠规记载：

> 凡攻举子业者，岁四仲月请齐集会馆会课，祠内供给赴会。无文者罚银二钱。当日不交卷者罚一钱。祠内托人批阅。其学成名立者，赏入泮贺银一两，补廪贺银一两，出贡贺银五两，登科贺银五十两，仍为建竖旌匾，甲第以上加倍。至若省试盘费颇繁，贫士或艰于资斧，每当宾兴之年，各名给元银二两，仍设酌为饯荣行。有科举者全给，录遗者先给一半，俟入棘闱，然后补足；会试者每人给盘费十两。为父兄者幸有可选子弟，毋令轻易废弃。盖四民之中，士居其首，读书立身胜于他务也。④

明经胡氏龙井派，即绩溪县上庄村胡氏，是一个屡世经商的宗族。他用族产为族中子弟登第仕进提供物质条件。可见，徽州人文之盛，无疑同族产所起的作用是密切相关的。

最后，用作修桥补路，撑船春渡，开埧浚塘等宗族性的公益事业费用。例如，休宁茗洲村前有一河流，每年七月至次年三月搭桥，三月至七月因有洪水为患，需要撤掉木桥，改为撑船过渡。其费用均由族产开销⑤。

此外，还用以充当诉讼，以及宗族间械斗等经费。

从上可见，族田等族产为宗族性的活动提供了经费，从而加强了族人

---

① 《襄毅公（即程信）义田遗嘱》，见程敏政：《休宁陪都程氏宗谱》。
② 康熙《徽州府志》卷十《学校》附《书院》。
③ 黄云豹：《潭渡孝里黄氏族谱》卷六《祠祀》。
④ 胡钟毓：《明经胡氏龙井派宗谱》卷首《祠规》。
⑤ 见《葆和堂需役给工食定例》。

间的精神联系，增强族人的宗族观念。这是虚的一面。赡族则是一系列睦族活动的物资基础。这是实的一面。据宗谱记载，凡是族田较多的宗族，"节妇孤儿与出嫁守志，以及贫乏无依者，生有月粮，寒有冬衣，死有棺衾，葬有义冢，嫁有赠，娶有助，莫不一均沾其惠"①。这虽是溢美之词，但应该说族人多少是受到一些实惠的。族人所受到的这些所谓实惠，往往诱使他们俯首帖耳地听命、依附于宗族的权贵集团。贫族中的幸运儿，还可以受到教育，乃至于青云得路。这样的例子也不是没有的。因此，更使族人存有种种幻想，当然也就不容易对族中存在的宗族压迫产生怀疑。所以，凡是族田发达的宗族，其宗法家族组织也就很牢固。宗法制对农民的控制、绳束也特别紧。总之，族田等族产是封建社会后期封建宗法制的物质基础。

① 《许氏阖族公撰观察蘧园公事实》，见《重修古歙东门许氏宗谱》卷首。

五、徽州的封建文化

徽州僻处万山之中，山民"始愿而朴"①。随着北方士族的不断迁来，风俗由质趋文。从宋代起，文化不断发展起来。衣冠之族注重谈吐、风仪、识鉴。其"以诗书训子弟"②，于是，科举登第者日多。正如徽人罗愿所指出的，"宋兴，则名臣辈出"，"俗益向文雅"③。明清时期，文化更加发达。各方面的人才不断涌现。"以才入仕，以文垂世者"愈众。琴棋书画，篆刻金石，堪舆星相，剑槊歌吹者流，均不乏其人。程朱理学贯穿于当地政教风俗的各个方面。理学家所倡导的地术风水和冠婚丧祭之礼仪，也是民间普及教育的内容。该地尤其注重理学所鼓吹的以伦理纲常为内容的道德教育。通过这种教育，加强对人们思想的禁锢。浸透程朱理学的徽州封建文化，并不能带来社会经济的发展，反而对维护落后的生产关系起了恶劣的作用。

(一)教育的发达与人文郁起

明清时期，徽州地区按定例设有府、县学。科举者必出诸学校。府、县学是以培养科举人才为其宗旨的，因此，它成为读书人的进身之阶。府

---

① 王世贞：《重修文学记》，转引自道光《徽州府志》卷二《舆地志下·风俗》。
② 汪藻：《浮溪集》卷十九。
③ 淳熙《新安志》卷一《州郡·风俗》。

县学置有学田，其收入"令皆入官，而给其师生廪禄"①。各隅都分设社学。每学设教读一人，免其差役，教乡里子弟。康熙年间，歙县设有社学一百一十二所；休宁一百四十所，另县塾一所；婺源一百四十所；祁门二十七所，另县塾二所；黟县十三所，县塾一所，绩溪三十所，县塾一所。全府共五百六十二所，县塾五所。这是以地域为单位开办的。其经费或由各乡族捐助，或由官办，"往往属提学带管"②。

此外，徽属六邑还有许多书院，讲学蔚成风尚。据康熙《徽州府志》的记载，徽属各县书院有：

歙县十四所，即江东书院、紫阳书院、斗山精舍、初山精舍、崇正书院、师山书院、西畴书院、白云书院、南山书院、崇文书院、天都书院、风池书院、友陶书院和秘阁书院等。

休宁十一所，即西山书院、商山书院、万山家塾、秀山书院、东山精舍、柳溪书院、率溪书院、新溪书院、还古书院、天泉书院和瞻云书院等。

婺源十二所，即紫阳书院（亦即晦庵书院）、明经书院、石丘书院、阆山书院、遗安义学、中山书塾、桂岩书院、福山精舍、霞源书院、虹东精舍、东湖精舍和太白精舍等。

祁门四所，即中山书堂、查山书堂、李源书堂和东山书院等。

黟县五所，即碧阳书院、集成书院、中天书院、林历书院和桃源书院等。

绩溪八所，即嵋公书院、二峨书院、翚阳书院、槐溪书院、东园书屋、云庄书堂、梅林书屋和谦和书院等。

---

① 康熙《徽州府志》卷七《学校》，按：学田由来已久。府学田经宋代不断增置，到元初达1 888亩（包括山场）。歙县学田在宋代已有200亩。到康熙年间，据府志记载，府县学田数目统计如下：府学田160亩，歙县学田263.95亩，休宁县学田283.62亩，婺源县学田235.9亩，祁门县学田94.5亩，又地一块店房9间，黟县学田110.6亩，绩溪县学田59亩12角135步，店屋3间，松树一林。

② 康熙《徽州府志》卷七《学校》。

徽属六县共有书院五十四所，其中"以紫阳为大"[①]。歙之江东书院、绩溪之槐溪书院和婺源之遗安义学等三所于明代之前已废，明代实有五十一所。清初婺源之阆山书院和霞源书院也已废弃。这些书院创建先后不一。建置于宋代者十所，于元代者十二所，清初二所，其余皆建于明代。建置者或为府县守令，或为富商巨贾，唯有婺源的太白精舍系潘氏合族所建。

书院经常性的修缮费和开办费用，除来自书院田产收入外，其余的或为私人捐赠，或为官府资助。例如，明嘉靖年间，知县何东序拨款将歙之紫阳书院修葺一新[②]；乾隆十三年（一七四八年），官僚徽人徐士修又捐资修缮。这次修理"费以巨万"，其"又捐白金一万二千两生息，为生徒膏火之资"[③]。棠樾大盐商鲍志道与同人亦在盐业利润中，岁支银三千七百多两，又出己银八千两，附于两淮官库，岁取什一之息，作为书院经常性开办费用[④]。紫阳书院的经费就是这样靠官方和私人的捐助维持的。

书院分为几种类型：一是生员、士绅际会读书之所。如歙之紫阳书院。该院因紫阳夫子朱熹而得名的，所以被视为朱子道学之所在，是传播程朱理学之圣坛。"每年正八九月，衣冠毕集，自当事以暨齐民，群然听讲。"[⑤]嘉靖年间，知府何东序曾集府县学七所学校生员七十人读书其中。康熙之时，"六邑诸儒遵文公遗规，每岁九月讲学于此"[⑥]。乾隆时期，"师儒弦诵，常数百人"。六邑之来学者，自宋以来"于斯为盛"[⑦]。歙县溪南的崇文书院也属于这种类型。万历年间，六县的四方绅士麋集于此，

----

① 鲍全德：《歙县紫阳书院岁供资用记》，见《棠樾鲍氏宣忠堂支谱》卷二十二《文翰》。按：上举的书院名称皆见于康熙《徽州府志》卷七《学校》附《书院》。

② 康熙《徽州府志》卷七《学校》附《书院》。

③ 鲍志道：《与曹宫保书》，见《棠樾鲍氏宣忠堂支谱》卷二十二《文翰》。

④ 赵吉士：《寄园寄所寄》卷十一《故老杂纪》。

⑤ 鲍全德：《歙县紫阳书院岁供资用记》，见《棠樾鲍氏宣忠堂支谱》卷二十二《文翰》。

⑥ 康熙《徽州府志》卷七《学校》附《书院》。

⑦ 鲍全德：《歙县紫阳书院岁供资用记》，见《棠樾鲍氏宣忠堂支谱》卷二十二《文翰》。

索儒经之隐，阐理道之微。它虽非正规的官方学校，但其享有实际的社会地位是崇高的。二是着重于选拔"乡之俊秀者"，延聘名师以教。如元人程瑢为纪念其先人业绩而创办的绩溪羣阳书院，后来就专作教育子姓及族中俊秀的地方。这类书院往往延聘名师任教。如名儒赵汸[①]即曾受聘在婺源阆山书院任教。三是宗族义学性质。收族中子弟，或族中天资聪颖而贫不能入学者。如婺源的太白精舍，即由潘氏合族置义田百亩，以其所入供入学子弟之费用。祁门的李源书院，则由地主李汛捐赠田二十亩，用来帮助族中的贫寒子弟入学。元代黟县的集成书院，是由地主黄友仁创办的，也是一所黄氏宗族义学。集成书院后因元代农民起义爆发而废。明代，其裔孙黄志廉率族重建，仍作为督课族中子弟读书之所。

除府学、县学、社学及上举的书院外，一些名宗右姓、缙绅之家还设有家族的塾学，专为训导族内和家内子弟。这些塾学多置有学田，以其所入作开办费用。对于俊秀而贫穷的子弟，入学所需"修脯执费、礼传膳供、笔札膏火、行李往来、旦夕薪水、庆吊酬酢之费"[②]，均可由学田之所入开支。学田族田一类的族产，使有培养前途的人才不致埋没。这一类学校兴废无常，未见载于方志，数目已无法统计。据文献记载："十户之村，无废诵读。"[③]"远山深谷，居民之处，莫不有学、有师。"[④]可见学校的设置，甚为普遍。学校的种类，形式不同，其宗旨则一。这就是"明人伦，正风俗，崇孝悌，励廉耻"[⑤]，亦即灌输、传播封建的三纲五常和伦理道德，培养封建统治人才。

另外，各地还设有文会。这是言规行矩，讲学明道，砥砺名节，布宣教化的组织。凡致仕或休假官僚、举人、秀才以及未得功名的读书人，都

---

① 赵汸，明休宁人，字子常。生于元仁祐六年，卒于明太祖洪武二年。师事黄泽（字楚望，元资州人），究心春秋之学。赵汸晚年屏迹东山著述，学者称东山先生。著有《春秋集传属辞》《左氏补注》《师学》《东山存稿》。《明史》有传。

② 吴介石：《学田议》，见吴翟：《茗洲吴氏家典》卷二。

③ 嘉靖《婺源县志》卷四《风俗》。

④ 赵汸：《商山书院学田记》，见道光《休宁县志》卷一《风俗》。

⑤ 康熙：《徽州府志》卷七《学校》。

可参加。它定期集会，研讨儒家经典及程朱等著作，索隐探微。有的文会还规定研讨的范围。例如，嘉靖年间（一五二二至一五六六年），歙县岩镇就立有南山、斗山、呆山等文会。南山文会的会例规定："凡本籍新文学，入会则用彩旗鼓吹前导至南山亭，祝史执香作乐迎于道左。"研究经学者不予接纳。万历末年，又"复建友善会馆于株山之东，别为明经胄监会业之所。每岁三月二十日祭文庙。于其中即为课期，而文学不与也。"①文会中或研究文学，或研究经学，颇类专业性质的学术团体。清代，"各村自为文会，以名教相砥砺，乡有争竞，始则鸣族，不能决，则诉于文会，听约束焉"②。实即通过文会的教化来解纷析纠。

通过各种类型的学校，采取多种形式的传授，培养出了多方面的大批封建人才。

首先，科举及第的人很多。据徽属六县统计，中举人者，明代298名，清代698名③。中进士的人数亦相当可观。现将宋、明、清三朝进士的人数分县统计如表5-1。

表5-1　宋、明、清徽属六县中进士人数统计④

县名	宋代		明代		清代		小计	
	人数	占全府百分比	人数	占全府百分比	人数	占全府百分比	人数	占全府百分比
歙县	99	15.9%	164	41.8%	109	48.2%	372	30%
休宁	153	24.5%	56	14.3%	54	23.9%	263	21%
婺源	185	29.6%	98	25%	39	17.3%	322	26%
祁门	54	9%	46	11.7%	7	3%	107	8.6%
黟县	75	12%	11	2.8%	6	2.7%	92	7.4%

① 佘华瑞：《岩镇志草》贞卷。
② 《歙风俗礼教考》，见许承尧：《歙事闲谭》卷十八。
③ 据《徽州府科举录》（手抄本，藏安徽省图书馆）及府志统计，因侨居外籍者甚多，遗漏在所难免。
④ 明清进士人数根据朱保烔、谢沛霖《明清进士题名碑索引》一书统计。宋代进士人数，转引自斯波义信、扶马进《长江下游区域的都市化与市场的发展》一文。

县名	宋代		明代		清代		小计	
	人数	占全府百分比	人数	占全府百分比	人数	占全府百分比	人数	占全府百分比
绩溪	31	5%	17	4.3%	11	4.9%	59	4.8%
（不明所属县份）	27	4%	—	—	—	—	27	2.2%
总计	624	100%	392	100%	226	100%	1242	100%
附注	明清两代举行进士考试201科，取中的进士51 624，其中明代25 228人，清代26 396人							

从表5-1看，明代徽州中进士者392名，占全国明代进士总数的1.55%，清代226名，占0.86%。中式的人多，流传的科举佳话亦不少。例如清代歙县有"连科三殿撰，十里四翰林"之说。"三殿撰者，合歙、休二县言之。乾隆三十六年辛卯，状元黄轩，休宁人；乾隆三十七年壬辰，状元金榜，歙县人；乾隆四十年乙未，状元吴锡龄，休宁人。四翰林者，同治十年辛未梁耀枢榜，洪镔，岩镇人；郑成章，郑村人；黄崇惺，潭渡人；汪运轮，西溪人，皆西乡，沿丰乐溪滨，所居相距十里，以同科得庶吉士"[1]。又如歙县唐模许承宣许承家兄弟，于康熙朝皆中进士，一授编修，一授庶吉士，均属翰林院，故有"同胞翰林"[2]之说。还有"兄弟九进士，四尚书者，一榜十九进士者"[3]，"一科同郡两元者"[4]。这些中举者，有不少人后来成为朝廷的肱股大臣，为封建社会的经国济世效尽了犬马之劳。单以歙县为例，居科名之先者，如中状元的有唐皋、金榜、洪莹、洪钧等，立相国之隆者有许国、程国祥等，阐理学之微者有朱升、唐仲实等，大经济之业者有唐文凤、杨宁等，宏政治之才者有唐相、吴湜等，擅文章之誉者有汪道昆、郑桓等，副师武之用者有汪宏宗、王应桢

① 许承尧：《歙事闲谭》卷十一《科举故事一》。
② 许承尧：《歙事闲谭》卷七《文苑》。
③ 赵吉士：《寄园寄所寄》卷十一《新安理学》。
④ 徐卓：《休宁碎事》卷一"万青阁偶谈"条。按："两元"指康熙辛未状元戴有祺，会元张瑗。

等。这里仅列举一二，但已足见人才之盛了①。徽州的文人既多，著述又很丰富。单以歙县的江村为例，据该村清人江依濂写的村志《橙阳散志》所载统计，共有七十八位作者，编著的书多达一百五十五种。《橙阳散志》是乾隆四十年（一七七五年）刊刻的，以后的著述还未包括在内。这些作者中有名贤硕儒，也有富贾名宦，甚至还有名媛闺秀。例如，江阊继妻吴吴"幼承家学，工诗，著《香台集》。一时闺秀，酬唱成帙，太守（按：其父湖州太守吴谕）为序而行之"。江昱之妻陈佩所著的《闺房集》，也被选入沈氏别裁集②。徽州的诗人也很多，据《徽郡诗选》所载，自"洪武起，所选凡一百四十六人"③。这还仅是被选的诗人，未选入的当属更多。

书、画、雕刻等技艺人才也成批涌现。以歙县为例，书家见诸志者，明代方元焕、罗文瑞、刘然等工于小楷行草。清代程京萼、汪肤敏、吴元极等工榜书，程京萼还兼精于晋帖，徐起则兼工摹印。吴易、向杲人工篆书。潘琰、方辅、吴金城工分书，许应和吴邦宏工楷书。尤以方辅、程京萼的书法为世所称道④。

画家尤以精且多见胜。徽州地区见诸文献记载的画家，据统计在明代便有一百六十五人⑤。据《橙阳散志》载，单歙县江村所出的书画家，明代就有八人，清初至乾隆年间又有十五人⑥。画家队伍之大于此可见。明代的画家中首推丁云鹏和郑重。丁云鹏，休宁人，能画山水、竹石，尤工人物，是明代的人物画大家。他的门人吴羽亦能传其学。郑重，歙县人，善工细山水、人物，刻画入微。丁、郑均以人物画称誉画坛。明末木刻画受他俩影响尤大。山水画则首推歙人程嘉燧和李流芳（一五七五至一六二

---

① 参阅洪恝庵：《歙问》，见张潮：《昭代丛书》甲集卷二十四；又参阅府志。

② 许承尧：《歙事闲谭》卷十八《江村闺秀》。

③ 转引自许承尧：《歙事闲谭》卷二十五。

④ 参阅许承尧：《歙事闲谭》卷二《歙之书家》。

⑤ 据《古今画史》统计。此书分上下二册，上册录唐宋元各家，下册录明人。清代15人，当是后人添上的。此书乃系崇祯乙亥（一六三五年）周旦（歙县呈坎人）所撰，原名《古今画鉴》，后来书坊缩印时改为此名。

⑥ 转引自许承尧：《歙事闲谭》卷十八《江村之书画家》。

九年）。他俩都寄寓嘉定，均是诗人兼画家。程、李的山水画给稍后的新安画派以极大的影响。新安画派是明末清初形成的。其主要成员为弘仁、查士标、孙逸和汪之瑞等四人，因之称为新安四家，或海阳四家①。他们既各有师承，又有所创造，有所发展。例如，僧弘仁（一六一〇至一六六三年）以境界宽阔，笔墨凝重，寓伟峻沉厚于清简淡远之中为其特点，查士标（一六一五至一六九七年）以清淡疏简而又浓茂纵放见长，孙逸冶浑厚雄伟、幽淡清远于一炉，汪之瑞则以简淡静穆为特色。他们虽各有所师，各见其长，但都富有一种山林野逸，轩爽清秀的风味。他们自视为明代遗老逸民，清贫自守，以诗画来表达他们愤世嫉俗的感情。这一画派对当时与后人产生了深远的影响。与上述四人同时代的还有程邃（一六〇五至一六九一年，歙县人）、郑旼（歙人）、戴本孝（休宁人），黄吕（歙人）和雪庄和尚等人，也是明代的遗老逸民，而且又都以山水画名世，可谓是新安画派的羽翼。他们对后来的新安画家，也产生了很大的影响。清中叶，被列入"扬州八怪"的汪士慎（休宁人）和流寓杭州的黟人奚冈等，画品高逸，气韵荒寒，和新安画派是一脉相承的。近代画家歙人黄宾虹，更继承与发展了新安画派。他的山水画，追远取近，博采众长，融会贯通，形成了独特的风格。晚年其画变淡括为凝重浑厚，在中国的画廊中占有崇高的一席。笔者曾几度有幸往徽州作实地调查，所到之处，从庙宇楼阁至农民住房，其檐壁间多绘有山水人物画，并有题跋署款，琳琅斑斓，目不暇给。不禁有书画故乡之慨叹。

篆刻技艺，也是人才济济。有的别开生面，称雄印坛。晚明的婺源人何震（？至一六〇四年前后）便是被奉为"集大成者"的篆刻家。他刀痕显露，苍润厚朴，"依法而不泥法"，富有创新精神。篆刻风格有如异军突起，独树一帜。后人赞誉他"海内推为第一"，成为黄山派（或称徽派）鼻祖。上面提及的程邃，既以诗画名，篆刻又别树一帜，刀法凝重，富有

---

① 黄山有云海奇景，亦称黄海。海阳指黄海之阳，即他们四人的故里——休宁、歙县一带。"海阳四家"之称，源自于此。关于新安画派曾参阅朱泽：《新安画派与黄山》一文，刊于《黄山散记》（安徽人民出版社1980年版）一书。

笔意，尤以白文精探汉法，最为得神，被推为皖派的代表。诗、书、画、篆刻是相辅相成的。以诗画名又精于篆刻的还有李流芳[①]、汪士慎等。今人方去疾编著的《明清篆刻流派印谱》一书，收进自明中叶至晚清五百年中各个时期不同风格的篆刻家124人，其中徽州便占有23人，占总数的18.5%。从这一比例中，也可看出徽州篆刻技艺之发达。

雕刻技艺也很负盛名。首先值得提出的是砖雕艺术。在特制的青砖上，雕镂出各种题材的，精美、生动、细腻、繁杂的浮雕画面，被镶嵌在门罩、门楼和官第祠庙的八字墙上，使宅第的外观富于变化而且清新雅致[②]。这种砖雕艺术是明清徽州建筑艺术的一大特色。雕刻艺术的高超，从住宅内部雕工的细致和形色的多样化中，也表现了出来。例如，梁架的镂刻，从六角形花钵、莲瓣到各种花鸟，都显得精细、生动，而且与室内的结构融为一体[③]。雕刻技术的高超还表现在奇器的雕镂上。据《橙阳散志》记载：歙人刘铁笔（失其名，铁笔当为时人赋予他的雅号）"精镂刻。能以径寸木石作种种奇器"。曾以三年时间，为歙县江村江嗣岧刻"白石牌楼一具以赠，方广七寸，中镂山水树木，桥梁楼阁，其间窗户，修不盈黍，尽能启闭……外环石阑，玲珑洞澈，细极毫发"[④]。清人钱咏指出，这类"雕工随处有之，宁国、徽州、苏州最盛，亦最巧"[⑤]。塑像技艺也达很高水平。例如郑笔峰"以塑像著称，塑像能于神处得想"，"时人祈塑者相踵于门"[⑥]。

由于绘画和雕刻艺术的发达，又推进了雕版印刷术的发展。驰名海内

---

① 李流芳，歙县溪南人，寄寓嘉定。方去疾编著的《明清篆刻流派印谱》作江苏嘉定人，误。见周亮工：《读画录》，商务印书馆1936年版。

② 关于徽州砖雕艺术，可参阅鲍树民《徽州的民间砖雕艺术》一文。按：门罩即在离大门门框上方少许的地方，用水磨青砖砌成向外突出的线脚及装饰。顶上覆以瓦檐。门楼即仿照牌楼的形式，多为阀阅之家所采用，八字墙为大的府第及祠庙所设置。

③ 关于徽宅的建筑艺术，请参阅张仲一等著《徽州明代住宅》（建筑工程出版社1957年版）一书。

④ 江登云：《橙阳散志》，转引自许承尧：《歙事闲谭》卷十八。

⑤ 钱泳：《履园丛话》卷十二《雕工》。

⑥ 张大复：《梅花草堂》，转引自邓之诚：《骨董琐记》。

的新安"四宝"中的墨、纸，以及当地盛产的木材，为刻书业提供了物质基础。早在南宋嘉熙三年（一二三九年），已刻版印行著名学者祝穆所著《方舆胜览》一书，稍后又刻印朱熹等人著作。这些刻板秀劲圆活，线条绵密，柔润精确，时称徽本，可与临安（杭州）的刊本比美。从明代中叶起，随着社会经济文化的发展，各地刻书业勃然兴盛起来，徽州是刻书业的中心地区之一。据周弘祖《古今刻书》记载，万历以前安徽各地刻本八十九种中，徽州便占了三十一种之多。徽州刻书最多者首推歙县吴勉学的师古斋。他"搜古今典籍，并为梓之"，校刻经史子集数百种，校雠精审。又广刻医书。投入的资金几达十万两之巨①。又如吴琯的西爽堂、歙西鲍氏耕读书堂、岩镇汪济川主一斋、新都吴氏树滋堂、吴养春泊如斋，以及程荣、汪士贤等都刻了很多书。这些书刻工极精。明代歙县虬川还出现过世代相传的刻书名工仇、黄二姓。万历时人谢肇淛曾说："金陵、新安、吴兴三地，剞劂之精者，不下宋板。……及新安所刻《庄》《骚》等本，皆极精工，不下宋人；然亦多费校雠，故舛讹绝少。"②清代出现的丛书之刻中，歙县鲍廷博所刻的《知不足斋丛书》最为精审。关于木刻版画，则常见于徽人所作的小说唱本插图、墨苑、画谱、笺谱、花纸和契纸简帖③之中，这些版画表现出了非凡的技艺和独到的工力。徽州发明的版画采色套印术更享誉海内。这种彩色版画因有丁云鹏等第一流的名家作画，又有以技艺冠一时的虬川黄姓等名工雕刻，所以徽州版画鲜艳夺目，精丽绝伦。晚明时，胡正言采用当时流行的"饾版""拱花"二法，更使版画技术达到前所未有的高峰。他刻印的《十竹斋画谱》和《十竹斋笺谱》，影响深远。在《十竹斋笺谱》中，或用"饾版"表示深浅浓淡，或用"拱花"将素白的花纹凸现纸上。其遗法为当代的北京荣宝斋所沿袭④。近代

①　赵吉士：《寄园寄所寄》卷十一《故老杂纪》。

②　谢肇淛：《五杂俎》卷十三。

③　关于契纸简帖，请参阅赖少其：《套版简帖》，上海人民美术出版社1964年版。

④　关于徽州的印书和木刻版画，曾参阅蒋元卿：《徽州雕版印刷术的发展》，刊《安徽史学通讯》1958年第1期。

西洋版画传入中国之后，徽州版画趋向衰落。但在复制西洋版画作品方面也起了先导的作用。

综上所述，徽州教育发达，人才辈出，在文化领域的各个方面都有所建树。徽州的封建人才犹如群星灿烂，散发异彩，加之又以富名称天下，因而被视为封建社会晚期的夜明珠。封建文人一提起徽州，便眉飞色舞，赞叹不绝。说什么"人文郁起，为海内之望，郁郁乎盛矣"①。明代著名的戏剧家汤显祖有一诗云："欲识金银气，多从黄白游；一生痴绝处，无梦到徽州。"②虽带讽刺意味，但也反映出明人对之艳羡之情。从明代文魁王世贞游黄山一事，也可看出徽州文化人才在明人心目中的地位。此事张潮在《〈歙问〉小引》中记载甚详，兹摘引如下：

> 王弇州先生来游黄山时，三吴两浙诸宾客从游者百余人，大都各擅一技，世鲜有能敌之者，欲以傲于吾歙。邑中汪南溟（即汪道昆）先生闻其至，以黄山主人自任，饩名园数处，俾吴来者，各各散处其中，每一客必有一二主人为馆伴。主悉邑人，不外求而足，大约各称其技，以书家敌书家，以画家敌画家，以至琴奕篆刻，堪舆星相，投壶蹴鞠，剑槊歌吹之属，无一不备。与之谈，则酬酢纷纭，如黄河之水，注而不竭；与之角技，宾时或屈于主。弇州先生大称赏而去。③

看，仅歙一邑之人才，竟能与蓄意前来斗艺的、世鲜能敌的三吴两浙之各方面人才相匹敌，徽州人才之盛，于此可见一斑。

明清时期，由于徽商的资助，宗族的奖励，舆论的推崇，爱才的风尚，以及悠久深远的文化渊源的陶冶，造就了徽州人文的极大发展，但也应当指出，这一切成就又都是建筑在对佃仆的残酷压迫、剥削的基础之上的。

---

① 万历《歙志》卷三《风土》。
② 转引自赵吉士：《寄园寄所寄》卷十一《新安理学》。按："黄白"系指金银和黄山、白岳的双关语。
③ 张潮：《昭代丛书》甲集卷二十四。

（二）"新安理学"及其对思想的禁锢

徽州的官绅文人最引为自豪的莫过于徽州是程朱理学的故乡。据程氏谱载，宋代理学的奠基者程颢（一〇三二至一〇八五年）、程颐（一〇三三至一一〇七年）"胄出中山，中山之胄出自新安之黄墩，实忠壮公之裔"①，因此，被视为歙县（黄墩属歙）人。朱熹（一一三〇至一二〇〇年），乃二程之四传弟子，为理学的集大成者，其先人亦婺源人。追宗叙谱，徽州为程朱桑梓之邦。康熙《徽州府志》作者指出：程朱"嗣孔孟之统，而开绝学于无穷，其人物卓伟若此，一时名公硕儒，与夫节孝材武，遗老贞媛之属，文焕乎！"②作为理学的发祥地，"道学渊源在新安久矣"③。正如赵吉士在《新安理学》中所说的："新安自紫阳峰峻，先儒名贤比肩接踵，迄今风尚淳朴，虽僻村陋室，肩圣贤而躬实践者，指盖不胜屈也。"④由于理学家纷起，以理学教化乡人，四方之人遂谓徽州为"东南邹鲁"⑤。

在徽州，程朱被视为最得孔孟道统真传之人，因而加以顶礼膜拜。《徽歙竹枝词》有云："文庙偏东朱子祠，祠于此地最相宜。"⑥徽属各地的孔庙之偏东，皆置有朱子祠。朱熹被捧上了天，什么"名垂万禩，与天地相并"⑦，成为孔孟及其他先知先觉者的代言人和化身。

自井邑田野，以至远山深谷，居民之处，莫不有学、有师、有书

---

① 程昌：《祁门善和程氏谱》，按：二程之出歙县黄墩，明人似信非信。吴琦《新安程朱阙里记》云：明代官僚歙人方弘静"尝觌程伯子书于豫章唐氏，有忠壮公裔之章"。得此证据后说："千载疑之而一朝决之也。"赖一印章而决疑，近人许承尧也觉得牵强。

② 康熙《徽州府志》卷十七《书籍》。

③ 康熙《徽州府志》卷七《学校》。

④ 赵吉士：《寄园寄所寄》卷十一《新安理学》。

⑤ 赵汸：《商山书院学田记》，见道光《休宁县志》卷一《风俗》。

⑥ 吴梅颠：《徽歙竹枝词》，歙县图书馆藏手抄本。

⑦ 康熙《徽州府志》卷七《学校》。

史之藏。其学所本，则一以郡先师朱子为归。凡六经传注、诸子百氏之书，非经朱子论定者，父兄不以为教，子弟不以为学也。是以朱子之学虽行天下，而讲之熟，说之详，守之固，则惟新安之士为然。①

这种一切以"朱子论定"为依归，恪守不移，不越理学雷池之一步的情况，非仅限明初，明清两代均然。康熙九年（一六七〇年）颁布的上谕中规定："黜异端以崇正学。"正学即程朱理学，其余皆斥为异端而加以革黜。这样以朱学为依归，必然起到窒息思想，使之僵化的作用。但宗奉程朱，以理学为学之所本，却正是明清封建统治者的需要。在程朱理学的束缚下，由学校培养出来的陋儒，"科甲蝉联，海内宗风；官居上爵，代不乏人"②。相反，像戴震这样有真才实学的一代思想家，却屡试不第。后来经纪昀等疏荐，才以"乡贡士入馆（按即四库馆）充纂修官"，因此得特恩"命与会试中式者同赴廷对"③，授翰林庶起士官。总之，仍需要通过科举道路才能得到重用。这种以朱学为依规的取士标准，反映了封建社会晚期统治阶级的没落。

程朱所倡导的三纲五常、三从四德④等一套纲常名教，既是封建统治思想，也是每个人必须遵循并躬身力行的最高道德规范。明代官僚，歙人方弘静曾经说："郡之久安也，非徒以险阻足恃也。由内之纪纲不弛足以维之耳。纪纲之系于治乱，非世所习言乎？"⑤在方弘静看来，徽州封建统治秩序能否得以维持，完全取决于封建纪纲的弛张。

三纲中的父为子纲，子对父孝，原是处理家庭内部关系的一个原则。

---

① 道光《休宁县志》。

② 《生意蒙训俚语十则并小引》，见《诗文俚语杂抄》（手抄本，著者徽人，阙名）。

③ 《潜研堂文集》，转引自徐卓：《休宁碎事》卷七。

④ "三纲"为西汉董仲舒所提出，即"君为臣纲，父为子纲，夫为妻纲"。"五常"，即"仁、义、礼、智、信"五个永恒不变的原则，是儒家用来维护和调整"三纲"关系的道德教条。朱熹把这一维护封建统治秩序的"三纲五常"说成是永恒不变的天理。"三从"是指幼从父兄，嫁从夫，夫死从子；"四德"指妇德、妇言、妇容、妇功。程颐提出"饿死事小，失节事大"的说教，着重强调妇女的守节。

⑤ 方弘静：《素园存稿》卷十七《郡语》下。

孝的观念本来很早就已出现，非始自封建社会。甲骨文中有"孝"字，写作"𗥭"①。它是随着家庭的产生而出现的。最初的含义是子女对父母，子孙对祖先的侍奉和尊敬。宋代以后，理学家在"孝"字的含义中注入了尊长对卑幼进行等级统治、压迫的内容。朱熹在《戊申延和奏札一》中说："凡有狱讼，必先论其尊卑、上下、长幼、亲疏之分，而后听其曲直之辞。凡以下犯上，以卑凌尊者，虽直不右；其不直者，罪加凡人之坐。"②血缘关系中的尊卑、长幼等级，通过法典加以固定，因而使家族政治化。同时又把父为子纲、子对父孝的原则推衍开来，变成处理社会上的其他关系，如君臣、友朋和主仆关系，要求君臣间要讲忠，朋友间要讲信，主仆间要讲义，从而又使政治家族化。理学和宗法互相渗透，互相浸渍。应当指出，孝是封建伦理道德的中心。理学之所以拼命提倡"孝"，是为了移孝事君，推行君为臣纲，以达到"忠"的目的。所谓"忠臣必然是孝子，孝子必然是忠臣"，正如《论语》一书早就指出的："其为人也孝弟，而好犯上者鲜矣；不好犯上，而好作乱者未之有也。"从孝出发，以忠作归宿。孝是为了不犯上，不作乱，可见理学家鼓吹孝，其用心之良苦。这种苦心，封建最高统治者是心领神会的。崇祯元年（一六二八年），毅宗朱由检视察太学，"国子生婺源人江旭奇，以所注孝经小学，奏请颁行天下学校，同五经四书命题试士，大称上旨，即诏礼部如议颁行"③。

正因为封建纪纲的牢固与松弛，关乎封建统治的安危，所以道学家们对以封建纪纲为内容的道德教育是不遗余力的。他们通过种种渠道，采取种种方法，拼命灌输这种封建纪纲。

通过各类学校进行灌输是一个重要方面。一个小孩从牙牙学语时起，便用浸透封建纲常伦理道德的通俗读物当教材，诸如《三字经》《千字文》《神童诗》《弟子规》《闺训千字文》等，进行启蒙教育。有的缙绅之家甚至还自编教材，载诸家谱。晨起，由父兄率子弟诵读。这种情况直至清末

① 《甲骨文编》卷八·一〇《金璋所藏甲骨卜辞》四七六孝图地名。
② 朱熹：《晦庵先生朱文公文集》卷十四。
③ 赵吉士：《寄园寄所寄》卷十一《故老杂纪》。

依然如此。例如胡适（绩溪人）小时候（时当光绪初年）念的第一部书，就是其父胡传为他编的，题为《学为人诗》的四言韵文。此书开头说：

> 为人之道，在率其性。子臣弟友，循理之正，谨乎庸言，勉乎庸行，以学为人，以期作圣。

接着分说五伦关系。末三节写道：

> 五常之中，不幸有变，名分攸关，不容稍紊。义之所在，身可以殉，求仁得仁，无所尤怨。

> 古之学者，察于人伦，因亲及亲，九族克敦，因爱推爱，万物同仁，能尽其性，斯为圣人。

> 经籍所载，师儒所述，为人之道，非有他术；穷理致知，返躬践实，亹勉于学，守道勿失。[1]

这部韵文书同样也贯穿着封建的纲常名教和伦理道德。

宣讲乡约、祠堂读谱，也是进行道德教育的一种形式。所谓乡约，即依乡村原编保甲相近者为一约。有先达缙绅家居者，请其主约，否则推年高"德隆"者为约正、副。定期由通晓礼文者宣讲"圣谕"。在明末，有朱元璋的劝民六条；在清，有康熙的劝民十六条。约所设在寺观祠舍，清代每月宣讲六次。宣讲前，先由约正率领约人整肃衣冠赴约所，列班行礼如仪。然后在静穆严肃的气氛中，像煞有介事地逐步解释体现纲常名教内容的"圣谕"。约内"有善、过彰闻者，约正副举而书之，以示劝戒"[2]，使之起到所谓宣仁劝善，易俗移风的作用。祠堂读谱同样是以道德教育为内容，目的是教忠教孝，旌善纠过。它从形式到内容，都同宣讲乡约很近似。这里所谓的"善"，即忠实执行封建纪纲的行为，所谓"过"，即族人的反抗思想和反抗行为。不管是宣仁劝善，还是"旌善纠过"，其目的都是使广大劳动人民服从至高无上的皇权和全部宗法等级秩序。

为那些躬身力行封建道德，或以身殉道者置祠建坊，立传树碑，或给予物质上的照顾，也是加强封建道德教育的一种手段。府及所属各县，皆

---

① 见胡适：《四十自述》第一册，亚东图书馆1947年版，第36—38页。
② 见康熙《徽州府志》卷二《风俗》；嘉庆《绩溪县志》卷五《乡约》。

置有名宦祠、乡贤祠。对那些热心鼓吹和宣导三纲五常的官僚理学家，可称名宦、乡贤，入祠祭祀。对于各乡里的所谓先贤先达，或贞媛烈女，也为之建有祠、堂，或牌坊，以供祭祀或纪念。同时还为之立传，载诸方志；编作乡土教材，或编入戏剧，广为流传，以期家喻户晓，起到道德榜样的作用。对于那些"孝子顺孙，义夫节妇，家不给者"，由宗族祠堂加以"赈助"①。亦即给予物质上的照顾。在徽州的农村，高耸的祠堂，林立的牌坊，不知耗费了多少民脂民膏。所谓名宦、乡贤之流的封建卫道者，殉道者愈多，给人民带来的痛苦和灾难也愈重。

由于进行多种形式的封建道德教育，加以物质与精神上的鼓励，徽州地区的确出现了一些"或以气节著，或以道义名"的人。例如，歙人明代礼、兵科给事中凌义渠，当获悉崇祯皇帝吊死煤山时，即以身殉，先触柱不死，后自缢以殉。南明追赠他为刑部尚书，以表彰其忠节。祁门人户科都给事中汪惟效，当李自成的义军攻进北京，明朝灭亡后，便"匍匐南还，屏处深山，终身独坐"②，了其一生，以表示其对朱明的忠心。这里必须指出，他们之死，只能表明他们坚持与朱明王朝共命运，与农民革命为敌的顽固立场。但我们于此却可以看出封建道德教育在徽州的深刻影响。

殉理学之道最多者，乃徽州之妇女。程颐的"饿死事极小，失节事极大"③的道德说教，对妇女的摧残最为酷虐。丈夫一死，"动以身殉。经者、刃者、鸩者、绝粒者，数数见焉。或称未亡人而代养、而抚孤，釐居数十年终"④。就是说，丈夫死后的命运，只有或则以身殉夫，或则"却涂饰"，守寡侍养翁姑和抚育子女。例如，休宁榆溪程文学之妻金氏，闻夫疾殁在外，即誓与其偕穴。"绝粒三十余日，日啜水浆数口"，待其夫柩

---

① 《休宁茗洲吴氏家记》卷七。
② 康熙《祁门县志》卷四《宦业》。
③ 《二程遗书》卷二十二下。
④ 万历《休宁县志》卷一《舆地志·风俗》。

归，即"闭阁殒矣"①。对于订婚而未过门者，视为已有主，也当从一而终。侨居山阳县的歙人程允元和刘登庸女订婚，后双方父母皆亡故，家中落。女扶柩归葬天津，音讯隔绝。此女守贞数十年，寓尼庵中。乾隆四十二年（一七七七年），程允元依粮艘入京，停泊于天津。不期遇女家老仆，得悉守贞之情而要求相见，却遭到拒绝。后此女经调查程确系其未婚夫，方与之成婚。此时，双方皆年已五十七岁了。乾隆为之建坊旌表②。像这样遭到理学虐杀的妇女真不知有多少！贞女烈妇载诸志传者，为数特多。据《潭渡孝里黄氏族谱》所载统计，单歙县潭渡黄氏这一宗族，从成化到雍正（一四六五至一七三五年）的二百七十年间，节烈之妇女便有四十二人。徽属六县节烈妇女人数之众，当可想见。歙人赵吉士曾指出："新安节烈最多，一邑当他省之半。"③这就是程朱道学之邦结出的恶果。至于那些具有反潮流精神，敢于藐视理学教条而再嫁者，则"加之戮辱，出不从正门，舆必毋令近宅，至穴墙乞路，跣足蒙头，儿群且鼓掌掷瓦石随之"④。真可谓极尽了"戮辱"之能事。理学家们对妇女的贞烈者与叛逆者，一荣一辱，一奖一惩，态度何等分明！

　　孝悌忠信等伦理道德的教育，对徽州人民的摧残也是罄竹难书的。在孝悌的道德支配下，或为亲病"涤溺尝粪"，或以吮疽疗亲。例如，明代歙县棠樾鲍灿，"读书通大义，不求仕进。母余氏年七十，两足俱病疽，医药经年不效。灿昼夜吮之不浃"⑤。有的则庐墓三年，以报父母三年怀中抚育之恩。休宁人，刻意于春秋经之抉幽采微的汪纯，其父一死，即

---

① 《两洲集》，转引自徐卓：《休宁碎事》卷六。
② 民国《歙县志》卷九《人物志·义行》。
③ 赵吉士：《寄园寄所寄》，又见徐卓：《休宁碎事》卷一。
④ 同治《祁门县志》卷五《舆地志·风俗》；又康熙《休宁县志》卷一《方舆·风俗》（康熙三十二年抄本）。
⑤ 民国《歙县志》卷八《人物志·孝友》。按：笔者曾到棠樾考察，发现村前牌坊林立，其中有一座系为鲍灿而立。镂刻有"旌表孝行，赠兵部右侍郎鲍灿"等十二个大字，其旁有"慈孝里弘治……"字句，因年代久远，驳落不可辨。灿官兵部右侍郎，与谱传相合，县志则不载。

"容色贬瘁，呕血数升……并斋居墓庐三年，不入内"①。此外，为父捐生，千里寻亲，割胔疗亲者，皆不乏其例。崇祯年间（一六二八至一六四四年），歙县许村许世熙客居在外，"父卒，闻讣奔归"，号痛，水浆不入，三日呕血数升，死于枢前②。又如歙人汪铭璜，生数月，伪传其父死于淮，母陈氏自经以殉。汪铭璜由其祖母抚养成人。当祖母病时，铭璜刲股和药以进。后知其父尚在，走千里，辇而归。其子江浣，亦刲股疗母疾。江浣之子世琳，母得病时，年尚幼，与大姐各割股一胔以进。后大姊嫁叶氏，又割股疗其夫疾，致伤甚而死。在理学"孝节"的愚弄下，汪铭璜一家数代不仅肢体受到摧残，有的还献出了生命。理学对人们的毒害竟至乃尔！

割股、臂、肝和药，以及剜指甲化灰疗亲之风，在明清时期的徽州是甚为盛行的。歙县钟谦及其子女一家割股疗亲者五人，其次女适人，居溧阳，亦割股和丸邮送与父。又如罗祥先刲股疗亲，继又"裂左肋取肝"。据民国年间修的《歙县志》，明清两代割股、臂、肝、指甲疗亲者达162例③。这种摧残肢体以事亲的做法，十分残忍。有的当场昏厥，有的因此而丧命。由此可见理学的道德教育所带来的社会祸害之一斑。

主仆之间既是尊卑等级的关系，又有良贱之别。理学所鼓吹的主仆名分，在盛行佃仆制的徽州尤有特别重大的意义。它是横加于佃仆、奴婢颈上的枷锁。朱熹认为，这种尊卑、贵贱之不同是由于他们所禀受的气质不同。他说："禀得清高者便贵，禀得丰厚者便富……禀得衰颓薄浊者便为愚不肖，为贫、为贱、为夭。"这种禀受之不同，都是"天之所命"④。"天理如此，岂可逆哉。"卑者、贱者的命运应该逆来顺受，俯首帖耳地任尊者、贵者驱使奴役。理学家编造佃仆、奴婢受苦是"奴才投胎，命中注定"的谎言，千方百计地培养其奴性，使之安分守己，"甘受污贱"。说什

---

① 《道古堂集》，转引自徐卓：《休宁碎事》卷七。

② 民国《歙县志》卷八《人物志·孝友》。

③ 见民国《歙县志》卷八《人物志·孝友》。按：这一统计数中以刲股之例为多，刲臂次之，刲肝与剜指甲仅各数例。一人刲两次者，以一例计。

④ 朱熹：《朱子语类》。

么主对仆有豢养之"恩",情同父子,奴仆与主人间,流行"义男""义父"之称,所以主仆间既讲义,又讲孝。在这种道德支配下,奴仆便也要割股疗主。休宁胡宥,官贵州,得"脾疾",羸瘦且殆,其仆文顺乃"斋沐刲股肉杂进之"。又如歙县仆人张三爱,"年四十,不娶。爱役于主,主贫,或告之娶,不可。主老,逋租,县令索租急,当予杖。爱屡代之受杖,至百数,不少怼。爱为人修长,且健筋力,多种蔬,售以供主,衣肉不缺"。理学的道德教育对维护佃仆、奴婢与其主人间的主仆名分所起的作用是不容低估的。

理学对思想的禁锢愈剧,反抗愈烈。清代乾隆年间,戴震高举反理学的旗帜,有如异军突起,在思想战线上展开了英勇的斗争,发出了理学"以理杀人"的呼喊。

戴震(一七二三至一七七七年),字东原。生长于程朱理学之邦——徽州休宁县隆阜。他从小目睹封建纲常伦理对人们肉体和精神生活的虐杀和摧残,深知封建理学的虚伪性和反动性。戴震家境贫苦,年轻时随父当过小商贩,后来靠教书维持生活。由于受到豪强的迫害,曾游寓四方,过了十年的避难生活。他博学多才,智慧超凡,但直到四十岁才考中举人。此后,屡经会试,均未考中。五十三岁那年,他被乾隆特恩赐为同进士出身,授翰林院庶吉士的虚衔。他一生著述甚丰[1],成就是多方面的。无论是文字、音韵、训诂、古代算学、古地理学的研究,抑或名物、典制的考证,都作出了出色的贡献。尤其重要的是,他继承了古代的唯物主义传统,吸取了新兴的工商业者的思想因素和自然科学的某些成果,对程朱理学所倡导的封建纲常伦理,尤其是"存理灭欲"的反动观点,从自然观、

---

[1] 据《清史稿·艺文志》载,著作有《尚书义考》《毛郑诗考证》《诗经补注》《考工记图注》《孟子字义疏证》《经考》《方言疏证》《声韵考》《声类表》《转语》《水经注校》《水地记》《原善》《天文略》《勾股割园记》《五经术算考证》《屈原赋注》《屈原原赋通释》《屈原赋音义》《东原集》和《汾州府志》(此书编者多人、东原为其一)等二十一种。此外还有《尔雅文字考》《六书论》《历问》《古历考》《续天文略》《郑氏诗谱》《直隶河渠书》《大学补注》《仪礼考证》《孟子私淑录》《绪言》《原象》等十二种,共三十三种。

认识论，特别是从理与欲的关系上，进行了系统的、深刻的批判，揭露了理学"以理杀人"的反动本质，把反宋明理学的斗争推进到一个新的阶段。

戴震一生坎坷不平的生活道路，使他有机会接触到社会上的"卑者""幼者"和"贱者"，了解他们的疾苦，对他们产生了深切的同情。因此，他对维护"尊者""长者"和"贵者"利益的程朱理学的虚伪性和反动性，洞悉透彻。他对理学所进行的斗争，既英勇果敢，又击中要害。

戴震针对程朱"理在气先"的唯心主义命题，提出"气化即道""理在气中"的唯物主义命题。他认为，宇宙的本体和动因都是气。万物是由气之分化生成的。他指出："阴阳五行之运而不已，天地之气化也，人物之生生本乎是。"①在哲学的圣坛上，戴震赶走了程朱的至高无上的"理"，而代之以实体的"气"，丰富和发展了唯物主义的自然观。

戴震把宋儒弄得混乱不堪的"理"或"天理"，作了唯物主义的解释。他认为所谓"理"，即"自然之分理"②，事物的条理，亦即事物运动的规律。他肯定了规律（理）存在于事物（气）之中，"非事物之外别有理"③，有力地批判了朱熹的"理得之于天而具于心"④和陆九渊的"心即理"⑤的唯心主义谬论。

同程朱作理气先后的辩论，是戴震哲学的中心内容。其目的是驳倒程朱"存理灭欲"的谬妄。为此，他花了很大的精力对之进行揭露和批判。理学家本来是一伙骄奢淫逸、纵情享乐的衣冠禽兽，却大讲"理欲之辨"，把封建的纲常伦理奉为天理，对于下层人民之"饥寒号呼，男女哀怨，以至垂死冀生"⑥视作人欲，而横加挞伐，叫嚣"存天理""灭人欲"。戴震针锋相对地提出了"理存于欲"的社会伦理观。他指出："欲，其物；理，

---

① 《孟子字义疏证》卷中。

② 《孟子字义疏证》卷上。

③ 《孟子字义疏证》卷上。

④ 《朱子语类》卷九十八。

⑤ 《象山先生全集》卷十一《与李宰书》。

⑥ 《孟子字义疏证》卷下。

其则也。"①又说："人伦日用，其物也；曰仁、曰义、曰礼，其则也。"②可见他所说的欲是人伦日用等客观存在的事物，作为仁、义、礼的理，只不过是他们的法则。理不能超越人的情欲之外而独立存在，更不能把两者对立起来。他认为"饮食男女之欲"，是"生养之道"③，只要"知其限而不逾"④，就完全合乎理。他感慨万端地说，理学家之言理，"离人之情欲求之，使之忍而不顾之，为理。此理欲之辨适以穷天下之人尽转移为欺伪之人，为祸何可胜言也哉！"⑤在他看来，被理学所吞噬的徽州无数的孝子顺孙，贞媛烈女，正是离人之情欲而求理的结果。他主张洁情同欲、遂欲达情，肯定了正当的情欲是人们生存的条件，肯定了人民群众要求温饱，要求生存的权利，带有反禁欲主义的色彩。

戴震对社会上的权势者借助所谓"理"来压制、迫害人们的罪恶行径，作了深刻的揭露。他指出"尊者以理责卑，长者以理责幼，贵者以理责贱，虽失，谓之顺"。就是说缙绅地主，宗子（正）族长等有权势的人，用"理"来责难宗族中的广大族众及处于社会底层的奴婢、佃仆，没有理也算有理。而"卑者、幼者、贱者以理争之，虽得，谓之逆"⑥。地位低下，无权无势的奴婢、佃仆和广大农民，虽然有理，也算无理。是非如此易位，天理安在？他怒目金刚地痛斥宋明理学本质上正"同于酷吏之所谓法""酷吏以法杀人"，理学却是"以理杀人"。"以理杀人"，尤甚于"以法杀人"⑦。"人死于法，犹有怜之者；死于理，其谁怜之！"⑧这是新安理学横行下，代表受害的人们发出的悲愤的抗议和呼声。

---

① 《孟子字义疏证》卷上。

② 《孟子字义疏证》卷下。

③ 《戴东原给段玉裁信》；又见《原善》卷下。

④ 《孟子字义疏证》卷中。

⑤ 《孟子字义疏证》卷下。

⑥ 《孟子字义疏证》卷上。

⑦ 《戴东原集》卷九《与某人书》。

⑧ 《孟子字义疏证》卷上。

（三）徽州礼学与风水迷信

礼，本指周礼，传为周公所创，孔子赞成并维护之，即所谓"述而不作"。礼是儒家六艺之一，也就是孔子教学生的六门功课之一。后来的儒家不断引申，赋以新义，"述而不作"变成了"以述为作"。到了宋代，程朱又极力加以鼓吹和倡导，把礼当作"明父子君臣夫妇昆弟朋友之节"，践履封建伦理道德的工具；同时，又用礼来强固宗法制度，钳制人民的手脚，作为封建专制统治的补充。朱熹在《跋三家礼范》中说得很明白。他认为，士大夫幼未习礼，长大就无以行于家，无以议于朝廷、施于郡县，到晚年致仕回家时，也无以教于闾里、传之于孙。在朱熹的眼里，礼简直是须臾不可或缺的"宝贝"。

朱熹又著《家礼》，制定了通礼和冠昏丧祭的礼节。在通礼中，规定立祠堂，次奉先世神主；置祭田，以供祭祀。制定了平时家居日用之常礼：晨起，家长率子弟整肃衣冠焚香谒拜于祠堂大门之内，"正至朔望则参"，"俗节则献以时食"，"出入必告"祠堂，遣子入学、应试、追赠、生子等喜庆之事，都要告之于祖宗神灵。这就是说，对死去的尊长也要以死比生，保持生前的孝顺。在冠（包括笄礼）礼中规定，男子自十五至二十岁之间举行冠礼。（女子年十五，虽未嫁亦笄。）行冠礼仪之前，要准备好"合用之人"与"合用之物"，例如，选择"识习礼者为之赞宾"，"择僚友中贤而有礼者一人"为之"戒宾"。先告祠堂，行冠礼之日，夙兴陈冠服，先行加冠礼仪，再行醮礼，字冠者，继而宴宾客。冠礼成，冠者又"见于祠堂"，再出拜尊长、礼宾和"乡先生及父之挚友"。至此，冠礼方告结束。冠礼即责成人之礼，意味着冠者已长大成人，不同儿时，更要循礼守法，不能越封建礼教雷池之一步。昏礼，从议婚、纳采、纳币、迎亲至见庙，共五大项。如果把问名从纳采中分出，纳吉、请期从纳币中分出，便成了八大项。每项都包含有许多礼节。对婚礼之如此庄重，正如《礼记》所云："昏礼者，将合二姓之好，上以事宗庙，而下以继后世也。故君子重之。"①按照封建道德，"不孝有三，无后为大"②。这都说明婚姻的功用全在于使人有后，以便传宗接代。所以只说夫妇有别，未曾言夫妇有爱，对夫妇间的爱情是完全不顾的。

丧礼，先后有初终、举哀、易服、立丧主、筹备丧事，然后发讣告、淋浴（包括袭、饭含等）、置灵座、小殓、大殓、成服、哭奠吊丧、治丧、虞祭、小祥、大祥和禫等十多个大项目。有些项目，如治丧又包含有下面的许多仪节：择地、告启期、择日开茔域、祠后土、穿塘、作灰隔、刻志石、造明器、作主、迁柩、朝祖、奠赙、陈器、祖奠（一名堂祭）、遣奠、迁柩就舆、设奠、祝奉魂帛升车、柩行、及墓、下棺、祠后土、题木主、成坟等；送葬队伍归途以及到家又有一系列仪节，如此繁缛的仪节，如非治丧礼的专家，是很难熟识的。从初终到禫要经历二十七个月，所耗的钱财、工夫是难以计算的。这一礼仪显然已非一般家庭所能遵行，但不管贫富，对丧礼的注重却是共同的。祭礼，即指"四时祭"，冬至祭始祖，立春祭先祖，秋季祭祢。此外还有忌日祭、生忌祭、墓祭和焚黄告祭等③。其用意和通礼一样都是为了"慎终追远"，亦即"如死如生，如亡如存，终始一也"④。骨子里还是为了强调一个"孝"字。

朱熹的《家礼》，在明代为徽属各县所奉行。清初亦基本遵行朱熹的四礼。康熙《徽州府志》卷六《风俗》中说："婚冠丧祭多遵文公家礼。"但到了清代中叶之后，各地遵行程度已稍有区别。清人江依濂写的《歙风俗礼教考》中说，冠礼往往已从略，但笄礼仍"备极详慎"。乾隆《歙县志》记载，"冠礼俗久不行"⑤。当然，冠礼也不是所有的地方都不遵行了。事实上有些地区仍然奉行冠礼，如嘉庆《婺源县志》记载："婺所习有文公家礼，礼以冠为始。"婚礼则稍有变异。"丧，祭俗守文公家礼，小

① 《礼记·昏义》。

② 《孟子·离娄上》。

③ 见《重刻申阁老校正朱文公家礼》（万历二十七年自新斋余明吾梓版）。

④ 《荀子·礼论》。

⑤ 乾隆《歙县志》卷一《舆地志·风土》。

异大同。"有的族谱中写道:"冠婚丧祭,称家有无,遵行文公家礼。"①也有说"一遵文公家礼"的。总之,这个时期对文公家礼遵行的程度各地不同。一些地区还出现了把文公家礼和当地习俗混在一起的情形。所以休宁《茗洲吴氏家典》中说,凡以习俗淆于古礼之中的,要"革俗从礼",恢复朱熹制订的礼范。徽人李应干为该书作的"序"中写道:

> 我新安为朱子桑梓之邦,则宜读朱子之书,取朱子之教,秉朱子之礼,以邹鲁之风自待,而以邹鲁之风传子若孙也。②

《茗洲吴氏家典》一书,根据朱熹的《家礼》,结合本宗族的情况,规定了冠昏丧祭的礼节,作为子孙日后遵行的法典。在该书作者看来,"礼原于天,具于性,见于人伦、日用、昏、冠、丧、祭之间"③。把礼提到了"天理"的高度。每当行礼仪之时,要恭敬虔诚,防止"一切失容之事"。《休宁范氏族谱》"祀仪"中更具体规定:"临祭尤当严谨,不得附耳私语、回头四顾、搔痒伸腰、耸肩呵欠,拜时必俟声尽方起,拜后勿遽拂尘抖衣。违者罚。"④表面上是"务在孝敬,以尽报本之诚"⑤,实际上是以繁文缛节中的庄重、肃穆气氛,来进行封建伦理道德的感化,以期收到潜移默化之效。

明清时,徽州地区的名门右族之所以这样谨敬持奉朱熹的礼学,自有其原因。用礼来维护封建的尊卑长幼等级,突出家长的权威地位,以期强化封建宗法制,无疑是一重要原因。例如,礼仪中序立的位置,行礼的先后,都按尊卑长幼做了明确的规定。家长处于主人的席次,对于子弟家众居于统帅的地位。《休宁西门汪氏祀祖敦族录序》中写道,祭祀之日,"族之长幼其丽三百有余,不期而自至,不令而自敬。长者奠酒尽礼于初,幼者随班行礼于终。祭毕,长者坐,幼者立,不以富而忽,不以贵而略。祖

---

① 金焕荣:《京兆金氏统谱》卷一《家训十条》(民国二十年刻本)。
② 吴翟:《茗洲吴氏家典》卷首(雍正刻本)。
③ 吴翟:《茗洲吴氏家典·后序》。
④ 范涞:《休宁范氏族谱·谱祠祀仪》。
⑤ 吴翟:《茗州吴氏家典·凡例》。

孙父子之分无一之或乖，叔侄兄弟之伦无一之或紊"①。一初一终，一坐一立，辈分泾渭分明。凡有家宴，子弟及家众要"盛服序立"，上寿于家长，向家长致敬尽礼。宗正、族长也被看作家长。每当祭毕，举族会饮时，"宗正坐堂上，次长者，率昆弟子姓奉觞称寿，毕，皆拜"②。这种通过席次、礼仪体现出来的尊卑长幼等级是在神坛面前排列和举行的，因此，是为祖宗神祇所共认，是符合天理的，谁还敢僭分越格？更重要的还在于，通过推行朱熹之礼，申述"修身齐家之道，慎终追远之心"，以达到"崇化导民之意"。"冠者，成人道也。"旨在教终尽孝；"昏者，人道之始也。"目的是为生殖，传宗接代。这乃最大的孝；"丧者，慎终之道。""祭者，报本之道。"③丧祭之礼是施仁爱孝敬于祖宗先人，以祭祀来寄托思慕之心，崇尚其德而报其功。对死去的先人已如此，况对生人乎？正如《大戴礼》所云："丧祭之礼明，则民孝矣。"曾子也说："慎终追远，民德归厚矣。"④人厚德，讲孝道，人人皆互相报答，谁还相争，好勇斗狠？于是不治而化矣。所以，封建统治者把礼看成修身、齐家、治国、平天下不可缺少的东西。它关乎国家的安危。正如明代官僚崔铣所说："夫国无礼，犹水无防，人无礼，犹室无基，冲啮圮毁有极哉！"⑤由于理学家不遗余力地倡导与推行，朱熹的礼学对徽州人民的思想与行为产生了深刻的影响。康熙年间，出任徽州同知兼祁门县令的姚启元，对他初入祁境的印象做了这样的描写：

> 入其境，见君子让如慢，廉而知耻，无迎鱼矣；见其小人愿而恫慎，而知畏，无挺鹿矣。

他不禁发出"此礼义之国，有先王遗风焉"⑥的感叹。地方绅衿这副佯装礼让君子的面貌，和劳动人民，尤其佃仆奴婢俯首帖耳任人驱使的奴

---

① 汪恩：《休宁西汪氏本宗谱》（嘉靖六年刻本）。

② 程一枝：《程典》第三《宗法志》。

③ 见《太邑东乡崔氏族谱》。

④ 《论语·学而》。

⑤ 崔铣：《修礼》，见《明经世文编》卷一百五十三。

⑥ 见康熙《祁门县志·序》。

性之养成，都与朱子礼学的熏染是分不开的。一言一动，无处不受礼的约束。新安余氏始祖家训所遗的教子四字格言中写道：

> 随身侍立，有问即答，无问即默，赴席末坐，椅桌休靠，不可摸肱，下箸无躁。①

封建地主阶级通过多种渠道，采用各种形式，来培养礼，造成这种封建的精神文明，使之蔚成风气。今天现实生活中，有时还会出现过分讲究辈分，注重席位和名次的排列，凡事追求形式主义的"礼仪"等弊病，这也是封建礼仪的遗迹。

明清时期的徽州，讲究礼仪，尤重丧礼，于是，引起了风水之说和堪舆之学的盛行。

程朱倡导风水之说，这对当地起了直接的影响。程颐提出，葬地要使该地他日不为道路，不为城郭，不为沟池，不为贵势所夺，不为耕犁所及，认为这是葬地的"五患"。程颐提出"五患"的目的，正如朱熹所说的，是为使坟地"安固久远"，"使其形体全而神灵得安"。朱熹还进一步说，如果"择之不精，地之不吉"，则"子孙亦有死亡灭绝之忧，甚可畏也"。程朱的倡导，尤其是朱熹这些骇人听闻的话很起作用。埋葬时，"既择年、月、日、时，又择山水形势，以为子孙贫富、贵贱、贤愚、寿夭，尽系于此。而为求多不同，争论纷纷，无时可决"②。因此，亲人死后，有时"停柩于土上，以砖石甃之，至数十年远，犹不瘗埋者"③。富者尚可盖厝屋藏之，贫者仅覆盖瓦片或茅茨，日久难免有暴露骸骨者。乾隆五十七年（一七九二年），歙县令吴殿华在他颁布的《劝谕埋棺札》中说，有一次他到乡下去，沿途殡厝累累，经数十年而未葬者颇多。"有的厝屋倾倒，骸骨摊于稗外，树长棺头"④。这显然是贫苦农民一时无力营葬，久而久之造成的。有的先人尸骨尚未营葬，自己便死去了。所以，当地无

---

① 《始祖家训所遗教子四字格言文集》，见新安余耀等修：《长溪余氏正谱》。
② 吴翟：《茗洲吴氏家典》卷五。
③ 赵吉士：《寄园寄所寄》卷十一《故老杂纪》。
④ 吴殿华：《劝谕埋棺札》，见江依濂：《歙风俗礼教考》附录。

主的棺柩不少，县令吴殿华不得不劝谕"积善之家，代为掩埋"。至于佃仆奴婢，按当地的定例是"仆葬主山"。但地主唯恐他们葬入吉地，往往只许暂时浮殡停柩。由于买不起棺材，多用茅茨掩盖尸体，遇洪水时，骸骨漂散四野，晚间磷火飘荡于荒山老林，"前仆后追"①，宛如鬼魂世界，更增添了迷信的色彩。

风水之说，使那些名门富户竞相寻觅所谓龙脉真穴，为此不惜靡费巨资。歙县棠樾鲍氏宗族的里田祖茔被认为葬中吉地，其墓右尚可"祔葬一穴"。鲍氏宗族公议"族内愿祔葬者输费银一千两"，归祠堂正用。果然有人"于嘉庆八年冬月照议祔葬"②。一穴葬地，价达千两，而又仅限于卖给本宗的子孙，可见"吉地"之难得。所以，"有死者在时已营有生塘者"。有虽已安葬，但其后人仍四处寻求真穴者。清初户科给事中歙人赵吉士，其父母虽早已落葬，但是，仍以未找到真穴而宿寐不宁。不仅广求于郡内堪舆家，还到白下（南京）寻访地师，终于在本县觅得一地。其地"风水合局不必言，合抱大木罗列于前，亦不知多少。……因不惜重价成事。阖郡堪舆家二十余人，纷纷点穴不定，子（按赵吉士）用称土法，择土之重者用事，及开金井，土如紫粉，光润异常，登山者咸贺得地"③。赵吉士为点穴，一次就请来二十余个堪舆家，可见以讲风水混饭吃的人也不少。绩溪县上庄胡颜庵"念先人浮厝未葬，遂潜心堪舆之学，昼夜研究，靡间寒暑。平生奔走江湖，稍获微资即归里安葬先人，建造坟茔，筑就完因。若必欲如是，而心始快"④。像胡颜庵这样的商人，潜心于堪舆之学，是出自崇尚，非以此为职业。这是业余的堪舆家。众多的职业地师，加上业余的堪舆研究者，数量十分可观。由此，亦可见徽州风水迷信盛行之一斑。

所谓"吉地""龙穴"一旦得手，便极力保护，不让其破坏或失去。

---

① 《婺源乡土志》第十五课（光绪三十三年刻本）。
② 鲍琮：《棠樾鲍氏宣忠堂支谱》卷十七《祀事》。
③ 赵吉士：《寄园寄所寄》卷十一《故老杂纪》。
④ 王吉人：《仁里明经胡氏支谱》卷首《颜庵公传》（同治刻本）。

在堪舆家看来，"吉地本自天成"，但还要辅以人力的保护，如果"龙穴沙水一处受伤，则体破气散，焉能发福"？所以坟茔禁步内要添土拔草，并在四周种树护坟，以"保全生气"①。谁要是在坟旁动土砍树，轻则罚款祭树安土，重则诉诸公庭，缉拿究办。为了防止坟茔被人伤害，名门右族"皆有墓田，置人看守"②。这种守坟佃仆，除以佃田守坟为业外，还兼管山场，为家主带来许多经济利益，对于主家来说，可谓一举两得。为了提防年深日久，子孙盗卖墓田，或为他人侵夺，往往将墓图载于谱乘，并附有文字，说明土名、四至、面积、字号、税额及业人姓名等。尽管如此，因"势家贪吉谋葬"而发生的讼端依然蜂起，以至累年不解。崇祯年间任歙县令的傅岩在《歙纪》中写道："徽尚风水，争竞侵占，累讼不休，如洪包、方惟一等多案，结而复起，历年未已。"③赵吉士也曾说；"风水之说，徽人尤重之，其平时构争结讼，强半为此。"④我们从歙县潭渡黄允中的"规训"中，也可看出，为一丘墓地虑患之深远。黄允中之父于嘉靖三十六年（一五五七年）死去，黄广为寻求坟地，经过六年，终于找到稠林坟山一处。找到坟地后，还得善于点出真穴。他听说江西"湖溪何先生者，以术名名乡间，心目之妙真可驾轶今古"，便不惜厚币敦请前来点穴。经何地师三番四复地"搜剔，方遇真穴。鸠工启土，则色若五云，光如脂玉"。不期原卖主许世用发觉卖的是一块吉地，悔之不迭，即"捏税挟献势宦"，收买山邻强占山界。虽然鸣官获伸，但险些被人夺去。黄允中得到这一"真穴"，如获至宝。临死遗嘱说，日后子孙不得听信庸术，妄议穴情，轻加更改，周围树木"俱系荫庇坟茔，但许长养，毋许砍挤"，所购置的"山地庄屋盖为考妣坟茔在彼而设，逐年所收租利，一足解纳粮差，二足以守坟人耕种自食，不致累及后人，为子孙当保守"；守坟人"忠逆不常，尔辈务察其人而用之，其忠顺守分者抚而善用之，甚不安分

---

① 胡中毓：《绩溪明经胡氏龙井派宗谱》卷首《祠规》。
② 范涞：《休宁范氏族谱·谱茔附录序》。
③ 傅岩：《歙纪》卷五《纪政绩·修备赘言》。
④ 赵吉士：《寄园寄所寄》卷十一《故老杂纪》。

者逐之"①。重金求墓地、请地师，置山地庄屋，由专人护养，可见用心之良苦。重坟茔成为徽州区别于他郡的一大特点。黄吉遗在为《潭渡孝里黄氏族谱》写的序文中说：

> 新安之异于邻郡县者有三：……其一为陇墓历久如新筑，碑表有镌晋宋年号，子孙曾占籍千里外，阅数十百年可以归来扫祭。②

重坟茔的习俗，还表现在墓祭的分外隆重。清明有拜扫之祭，这乃"标识增封也，族祖则合族祭之，支祖则支族祭之。下及单丁小户，罔有不上墓者"。七月十五日有中元之祭，"焚冥衣，荐新米饭。新丧之家，有延僧追荐亡灵者，或就僧寺为之"。入冬有冬至之祭，或于十月祭，曰"送寒衣"，"亦感霜露之意"③。正如李梅颠《徽歙竹枝词》中所说的："墓祭三回重本源，清明冬至及中元，寒衣烧献金银袋，但只清明许乞墦。"一年三祭，所费不赀。墓祭礼仪，"富者欲过，贫者欲及"。康熙《徽州府志》作者指出，"一祭费中人之产"④。似非如此不足以尽孝情。有的家规中甚至提出"凡事死之礼，当厚于奉生"⑤。其荒谬竟至乃尔。

这里必须指出，程朱所倡导的繁文缛节，对于缙绅地主、富商巨贾是争奢斗富的机会，但对广大劳动人民却带来无穷的祸害。对自耕农来说，一些可以投入改善生产条件或扩大再生产的资金，为了对先人尽孝，都耗费到无谓的丧祭礼仪去了。有时，甚至使再生产也不能维持，而不得不告贷于富户。对于生活本已十分拮据，甚至负债累累的农民来说，则可能迫使他们卖儿鬻女，倾家荡产。这种伤天害理的事，却偏偏得到了理学家的表彰称颂。另外，坟茔禁步之内的树木是禁止砍伐的。坟茔，明皇朝虽有

① 《歙县潭渡黄氏族谱》（光绪抄本）。
② 黄玄豹：《潭渡孝里黄氏族谱》（雍正九年刻本）。
③ 江依濂：《歙风俗礼教考》。
④ 康熙《歙州府忘》卷六《风俗》。
⑤ 吴翟：《茗洲吴氏家典》卷五《祭礼考证》。

定制①，但民间往往自行其是。例如，祁门查湾汪氏祖坟，一概"禁步穿心四丈"。在这范围内的树木皆为荫坟之用。甚至凡认为对坟茔或村寨有荫庇作用的树木，哪怕是在远处，也禁止侵损。例如，查湾附近的"来龙山前面大小二照山，及成垄东面青龙二嘴，及双溪口二巽峰西而白虎山二重，及王四坳罗星并南面书台案"，被认为是查湾住基的"后而屏障"，因而，这些山头的树木也列为"四门众存长养庇荫"，不许相买受，以致互混侵损②。坟茔日增，庇护林木也日多。这些树木禁止砍伐，这对开发山区，发展林木生产无疑是一巨大的损害。农村社会经济之停滞不前，似与繁文缛节、风水迷信给农民经济上带来的破坏亦不无关系。

还要着重指出，这种繁缛的礼节也是佃仆制能够长期保存下来的重要原因之一。护木守坟和冠婚丧祭的繁杂劳役，历来视为"贱役"或"猥役"，是由佃仆专任的。礼节愈繁，所需的劳役愈多。冠婚丧祭的礼节愈讲究，专任这种劳役的佃仆愈是不可缺少。事实也是如此。从清初起，佃仆制日渐衰落，佃仆服役的范围也随之日渐缩小。但佃仆所专任的冠婚丧祭的劳役，却没有减免。残存到中华人民共和国成立前的佃仆，主要是服这一类的劳役。可见徽州盛行的礼教和风水迷信是佃仆制长期残存的一个重要原因。

（四）徽剧的勃兴与发展

在中国戏剧史上，晚明是地方戏勃兴，各地声腔争妍斗艳的繁盛阶段。从十六世纪至十七世纪中叶（即从正德至崇祯，一五〇六至一六四四年）的一百多年中，剧本繁多，剧作家与表演艺术家不断涌现，各地声腔纷出并不断流变，音律的辨正和演唱的改进，乐器的进步和乐声的协调，

---

① 据《重刻申阁老校正朱文公家礼》卷六注文记载：明王朝关于墓地的定制是"一品九十步，每品减十步。七品以下不得过三十步。庶民止于九步。坟一品高一丈八尺，每品减二尺，七品以下不得过六尺"。

② 《查湾龙源汪氏山场阄书·分山条例》（万历手写本，笔者手藏）。

脸谱的众多和成型，以及演出形式的多样，这一切标志着戏剧艺术的日趋蓬勃与完善。这时期，从穷乡僻壤到官僚缙绅府邸，乃至王府、宫廷，演唱之音缭绕，管弦不绝于耳。戏剧演出日益普及和兴旺。在这百花争妍的艺苑里，"徽池雅调"是一枝引人注目之花。

徽州、池州地区是徽池调及后来的徽剧的发祥地。但十六世纪中叶之前，徽池调尚未为人们所注意。徐渭（文长）在《南词叙录》中说：

> 今唱家称弋阳腔者，则出于江西，两京、湖南、闽广用之。称余姚腔者，出于会稽，常、润、池、太、扬、徐用之。称海盐腔者，嘉、湖、温、台用之。惟昆山腔止行于吴中。[①]

《南词叙录》成书于嘉靖三十八年（一五五九年）。所以，徐渭说的是嘉靖三十八年以前诸腔流行的大致情况。弋阳腔占地最广，从江西蔓延至湖南、福建、广东、南京以及北京。余姚、海盐二腔出自浙江，余姚腔流行于江苏一带及安徽之池州、太平等皖南山区；海盐腔行于浙江一省。昆腔则只限于苏州一隅。苦于资料不备，当时徽池地方戏剧的情况，现在已不甚明了。但是我们可以肯定，徽州、青阳、石埭、太平等地本有自己的民歌小调，先是从东邻的浙江传入余姚腔，继而从南邻江西传入弋阳腔。弋阳与徽州乃系近邻，从阊江水系传入最为便捷。当地的艺人除受余姚腔的影响外，着重吸取弋阳腔的特点，即把原来剧本"加"上解释文辞的字句，用"滚"的唱法使其声调有如朗诵。这种唱法连唱带白，尽量使其唱声接近语言，以便山民能听懂一些艰深的戏文，这就是通常说的"加滚"[②]，同时又保持其本地的语音和声调，创造出所谓徽池调的声腔来。到了嘉靖末年和万历初年，汤显祖在《宜黄县戏神清源祖师庙记》中说："至嘉靖，而弋阳之调绝，变以乐平，为徽、青阳。"[③]这里所说的"弋阳之调绝"，是指在宜黄这一地区，弋阳腔为徽青阳腔所取代。徽青阳腔一

---

① 徐渭：《南词叙录》。

② 参阅周贻白：《中国戏剧史讲座》，中国戏剧出版社1958年，第167页；周贻白：《中国戏曲发展史纲要》，上海古籍出版社1979年版，第321—328页。

③ 汤显祖：《玉茗堂全集》卷七。

且形成，不仅在本地站住脚跟，而且流传到了江西的宜黄一带，表现出朝气蓬勃的生命力。它犹如山泉奔出崎岖的山地，活跃于南北戏坛，为时所尚。它沿长江，跨黄河，抵北京，伸展到了东北地区。王骥德在《曲律》中说：

> 昆山之派以太仓魏良辅为祖。今自苏州而太仓、松江，以及浙之杭、嘉、湖，声各小变，腔调略同。……然其腔调，故是南曲正声。数十年来，又有弋阳、义乌、青阳、徽州、乐平诸腔之出。今则石台①、太平梨园几遍天下，苏州（按指昆腔）不能与角什二三。②

《曲律》成书于万历三十八年（一六一〇年），距上引的徐文长所说的四腔分布的情况只五十一年，诸腔的流布却发生了巨大的变化。这里所说的石台、太平梨园即指青阳、徽州腔，亦即汤显祖上面所说的"徽青阳"。数十年间，新兴的"徽青阳"腔竟能风靡各地，流布安徽、山东、山西、湖广、江西、四川、浙江、闽粤，比其母系弋阳腔所流传的区域，尚有过之而无不及，可谓是出于蓝而胜于蓝了。值得注意的是，昆腔虽经魏良辅、梁鱼辰辈相继改革，但仍不能与之匹敌。徽池调终于赢得了"天下南北时尚徽池雅调"的称号。难怪王骥德发出昆腔"不能与角什二三"的哀叹。"徽池"调或青阳腔的剧本集在万历以后广泛印行。一九五四年在山西万泉县百帝村便发现了青阳腔四个全本和两个零出③。可见这些剧本流传极广，其中有的还流传到了海外④。

　　在诸腔斗妍争胜的情况下，要求得自己的发展，必须取众腔之长，补己之短。因此，这便推动旧的声腔不断变化，产生出新的曲词。有时，即使保留旧腔之名，但实际上也已经不同于旧腔。例如，弋阳腔本是徽池调之母系，可是据清初康熙朝官僚刘廷玑说："旧弋阳腔乃一人自行歌唱，

---

①　石台当系石埭之误。石埭、青阳在明属池州府。

②　王骥德：《曲律》。

③　参阅赵景深：《明代青阳腔剧本的新发现》，见《戏曲笔谈》，上海古籍出版社1962年版，第87页。

④　王古鲁编辑的《明代徽调戏曲散出辑佚》一书，所辑的剧本均取自日本内阁文库所藏的古本。从此可见已流传到了日本。

原不用众人帮合，但较之昆腔则多带白作曲，以口滚唱为佳。"①这表明弋阳腔显然反过来又受到了徽池调的影响。清初已没有人特别提到徽池调，但徽池调并非已经不再流行，而是经过广采众腔，融合众长，形成了后来所谓"徽调"（今称徽剧或徽戏）。乾隆五十五年（一七九〇年），为庆祝高宗八旬寿辰，选各地戏班入京祝寿。据说京中梨园十余部，以"三庆"（祝寿前已进京）、"四喜"、"春台"、"和春"为最佳，时称"四大徽班"。从乾隆末年，中经嘉庆，到道光年间，四大徽班成为北京剧坛的盟主。据道光时人写的《梦华琐簿》记载："戏庄演戏必徽班。戏园之大者，如广德楼、广和楼、三庆园、广乐园亦必以徽班为主。下此则徽班、小班、西班，相杂均适矣。"这时，徽剧进入全盛期。徽班除主要采用二黄、西皮两大唱腔外，并吸取其他剧种的优点，如西秦腔、梆子、吹腔等，在此基础上形成京剧。徽剧是京剧的前身，但两者又各趋一径。在京剧形成以后，徽剧在安徽仍保持其原有的阵地。自身也有一些嬗变。但徽剧后来的发展却远逊于京剧。

徽剧由全盛趋向衰退，是有一定原因的。清末民初，徽剧向官绅阶层靠近，讲究文字风雅，失去了较深厚的群众基础；加之作为徽剧的培植、资助者——徽商在晚清已经衰败，不可能再给徽剧提供费用了。因而，到了清末民初，徽剧便日趋衰落了。光绪年间，徽剧活动地盘主要退回徽州本地。但即使如此，据徽属六县不完全统计，徽剧职业班社仍有大阳春、新阳春、二阳春、三阳春、新和春、新万春、新长春、太平春、老长春、柯长春、新瑞春、万年春、大寿春、凤春和、庆春和、元春和、福春和、仪春和、大舞台，小舞台、凤舞台、亦舞台、鲜舞台、新鲜舞台、鹤春班、子午班、新子午、老彩庆、吉庆堂、新庆升等三十余个②，其中休、歙两县占二十六个。大的戏班如"大寿春"曾拥有演员一百八十余人。徽剧的剧目本很丰富，据老艺人讲，原有一千多出，二十世纪五十年代能报

---

① 刘廷玑：《在园杂志》。

② 参阅洪菲：《谈"青阳腔"与"徽剧"的源流》，刊于《安徽史学通讯》1958年第4期。

出名目的还约有七百多出。清末民初，已是徽剧的强弩之末，徽州的戏剧社团尚且拥有如此阵容，及保有如此多的剧目，全盛时期的景况当可想见。应当指出，在清末民初，徽剧所唱的声调，除昆曲、吹腔、高拔子仍能与皮黄相间演唱外，青阳腔或高腔是很少见了。

晚明时期的徽池调能得到如此广泛的流行，自有其原因。徽州调不同于昆剧。后者轻柔婉转、流丽悠远，适合官绅于小庭深院观赏，而徽剧高亢爽朗、节奏鲜明，唱词较自由灵活，易编、易唱、易懂，宜于在人影幢幢、声音嘈杂的高台广场演出，所以为人民所喜闻乐见，具有广阔的群众基础。徽池调剧本虽然离不开"神仙、义夫节妇、孝子顺孙、劝人为善，及欢乐太平"的内容，但气氛热烈，高昂。据明人张岱在《陶庵梦忆》一书中记载：

> 余蕴叔演武场，搭一大台，选"徽州旌阳[①]戏子"，剽轻精悍，能相扑跌打者三四十人。搬演"目莲"，凡三日三夜，四围女台百什座，戏子献技台上，如度索、舞絚、翻桌、翻梯、筋斗、蜻蜓、蹬坛、蹬臼、跳索、跳圈、窜火、窜剑之类，大非情理。凡天地神祇、牛头马面、鬼母丧门、夜叉罗刹、锯磨鼎镬、刀山寒冰、剑树森罗、铁树血澥，一似吴道子"地狱变相"。为之费"纸札"者万钱。人心惴惴，灯下面皆鬼色，戏中套数，如招"五方恶鬼""刘氏逃棚"等剧，万余人齐声呐喊。熊太守谓是海寇，卒至惊起，差衙官侦问，余叔自往复之，乃安。[②]

这种演者逼真，观者如醉如狂，剧情、演员、观众的热烈气氛，台上台下融为一体的场面，是官绅府第和王府宫殿中看不到的。还应顺带指出的是，演《目莲戏》而选择"徽州旌阳戏子"，穿插的武术表演又大都属武术方面的硬功夫，这同"新安古昔称材武"[③]的徽州地区有武术根底有

---

① 安徽无旌阳之地名，一说系指桂德、青阳，一说旌阳乃系青阳之误，旌、青音近，以后说为优，因明代就已有"徽青阳"腔之称。

② 张岱：《陶庵梦忆》"目莲戏"条。

③ 顾炎武：《天下郡国利病书》卷三十二《义兵》。

关。今日京剧以武戏驰声海外，也恰恰是因它脱胎于徽剧而保留了徽剧的这一特点。

徽州地方戏得以迅猛的发展，除声腔的不断变更，唱白质朴自然，文辞本色，为人们所喜闻乐见外，其根本原因还在于其与徽州地区社会经济的发展有着密切的关系。

嘉、隆以降，在江南地区日益发展的商品经济的冲击下，徽州社会的经济结构，社会风习发生了一些变化。这时财富日渐集中，阶级不断分化，风习由质趋文。顾炎武在《天下郡国利病书》转引的《歙县风土论》中，有这样的描述：

> 国家厚泽深仁，重熙累洽，至于宏治，盖慕隆矣。于时，家给人足，居则有室，佃则有田，薪则有山，艺则有圃，催科不扰，盗贼不生，婚媾依时，闾阎安堵，妇人纺绩，男子桑蓬，臧获服劳，比邻敦睦……

> 寻至正德末、嘉靖初，则稍异矣。商贾既多，土田不重。操资交接，起落不常。能者方成，拙者乃毁。东家已富，西家自贫。高下失均，锱铢共竞。互相凌夺，各自张皇。于是诈伪萌矣，讦争起矣，纷华染矣，靡汰臻矣。……

> 至嘉靖末、隆庆间，则尤异矣。末富居多，本富益少，富者愈富，贫者愈贫，起者独雄，落者辟易。资爱有厉，产自无恒。贸易纷纭，诛求刻核。奸豪变乱，巨猾侵牟。于是，诈伪有鬼蜮矣，讦争有戈矛矣，纷华有被流矣，靡汰有邱壑矣。……

> 迄今三十余年（按：隆庆后三十余年，当指万历三十年左右，即十七世纪初年）则夐异矣。富者百人而一，贫者十人而九。贫者既不能敌富者，少反可以制多，金令司天，钱神卓地，贪婪罔极，骨肉相残。受身于享（按：系受享于身亡误），不堪暴殄。

上面这一段引述，描绘的虽然只是歙县一些变化较大的农村社会的风貌，但它意味着日益发展的商品经济，开始冲破自然经济的藩篱，农村社会出现了由质朴趋向"纷华"和"靡汰"的趋向。如前所述，明中叶以后，徽州的封建文化也有了长足的发展。社会经济文化的发展，势必提出对文化娱乐的要求。

尤其值得注意的是，上述引文中顾炎武提及的徽商的崛起。嘉、万以后，徽商无论是营业人数之多，活动范围之广，资本之雄厚，皆居当时各商人集团之前列，而与西商处于分庭抗礼的地位。积资以十百万计的徽商，为徽州地方戏的发展起了巨大的促进作用。其一，为了家庭娱乐，及便于随时招待客人，徽州的富商巨贾往往置备家乐。例如，侨居扬州的大盐商郑景濂之诸孙元嗣、元勋、元化和侠如等人，以"园林相竞"，在郑侠如的"休园"中，就置备有家乐。有一次举行诗文之会，会后郑请与会者听曲。"邀至一厅，甚旧，有绿琉璃四，又选老乐工四人至，均没齿秃发，约八九十岁矣。各奏一曲而退。倏忽间命启屏门，门启则后二进皆楼，红灯千盏，男女乐各一部，俱十五六岁妙年也。"[1]郑侠如故意蓄养或八九十岁的老乐工，或年仅十五六岁的妙年伶妓，显然是为了斗富竞奇。清代乾隆年间，侨居扬州的徽商置备家乐、戏班，蔚成风气。上面提及的"四大徽班"之一的春台班，原就是歙县大盐商江鹤亭（即江春）在扬州出资经营的。江鹤亭还曾搜罗四方名旦，如苏州的杨八官、安庆的郝天秀等充实该戏班。名噪戏坛的魏长生（四川人）也来扬州"投江鹤亭，演戏一出，赠以千金"[2]。由于徽商的培植，造就了一批水平较高的优伶。这对地方戏的发展与移植，是起过一定的影响的。其二，徽商可以为专职戏团的建立提供经费。一个戏团的筹建、排练、演出所需要的巨量经费，一般人是负担不起的，但这对于积资巨万的徽商却易如反掌。如上所述，徽州地方戏团数量如此之多，同徽商资助无疑是分不开的。其三，徽州的地方戏因徽商而流布各地。晚明，乃至清代，"徽人笃于乡谊，又重经商，（徽）商人足迹所至，会馆义庄，遍各行省"[3]。这些会馆义庄照例多建有演戏的神台。例如，北京永定门外的"北京歙县义庄"，规模宏大，四周

---

① 李斗：《扬州画舫录》卷八。

② 李斗：《扬州画舫录》卷五。

③ 许承尧：《歙事闲谭》卷十一《北京歙县义庄》。

有墙垣围住，内中所建的高敞厅堂，当可用以演戏。明代隆庆年间（一五六七至一五七二年）"歙人聚都下者，已以千万计"[1]，如包括徽属其他五县，人数当更多。乐观土风，乃人之常情。他们往往按乡土风俗在会馆义庄大演徽州的地方戏。这对于久离故土的徽州人是一种莫大的慰藉。随徽商流寓四方的徽州乐师优伶便成为徽池调或徽剧的传播者。

徽州民间有迎神赛会演剧的风习，这对徽州地方戏的广泛流传也是一个重要原因。徽州是程朱道学之邦，在程朱理学的浸染下，封建宗法制度十分强固。当地注重对祖先的祭祀，以此表示子孙对父母养育之恩的报答，并通过这种形式，加强宗族内部的联系和团结。祭祀分祧宗祭、族祭、家祭等，还有地方性的春祈秋报、闹元宵、祀五猖、祭越国公、太子会[2]等等。这些宗族的和地方性的迎神赛会活动，往往都和演戏相结合，即"张灯演戏"[3]与天地神祇祖先同乐。演戏规模的大小，当然要视各自的经济条件而定。其中一些名门右姓，富商大贾，往往不惜为之耗费巨金。例如，据赵吉士的曾祖父所写的《赵氏日记》记载：

> 万历二十七年，休宁迎春，共台戏一百零九座。台戏用童子扮故事，饰以金球缯彩，竞斗靡丽美观也。近来此风渐减，然游灯犹有。台戏以绸纱糊人马，皆能斗舞，较为夺目。邑东隆阜戴姓更甚。戏场奇巧壮丽，人马斗舞亦然。[4]

从这则材料看，晚明时期的休宁县拥有的地方戏班为数甚多，台戏的演出已很注意化妆和武工。当地演戏的盛况于此可见一斑。崇祯年间，歙县令傅岩也曾指出"徽俗最喜搭台观戏"[5]。到了清代，演戏之风依然很盛。除传统的迎神赛会"张灯演戏"外，民间还以"罚戏"来惩戒那些逾

①许承尧：《歙事闲谭》卷十一《北京歙县义庄》。

②按：太子之神，或说为汪华子；或说自唐时封藩某王之子，有德于民者；或说为"曾官太子通事舍人"，唐代安史之乱时保障江淮的张巡。以后说为优。

③嘉庆《绩溪县志》卷一《风俗》；又江依濂：《歙风俗礼教考》，见江依濂：《橙阳散志》末卷。

④赵吉士：《寄园寄所寄》卷十一《故老杂纪》；又见徐卓：《休宁碎事》卷七。

⑤傅岩：《歙纪》卷八《纪条示》。

限犯分，或所谓伤风败俗之举。譬如佃仆管山失职，山场被烧，树木被盗，或冒犯家法宗规，或应役不及时，均有罚款演戏的可能。有的还把犯者罚跪戏台前示众。祁门查湾汪氏地主往往以此惩治佃仆。剧本的内容充满忠孝节义自不待言，演戏活动又贯穿惩戒、教忠教孝的精神。难怪徽州的官绅、理学家对地方戏要给予扶植提倡了。明代的官僚如歙县之汪道昆、休宁之汪廷讷等，都曾撰写杂剧、戏曲，供优伶演出①。当地凡遇演戏，莫不扶老携幼，倾家乘兴往观。整夜不眠也乐此不倦。徽剧在徽州地区的广泛流行，活跃了当地人民的文娱生活，但也起了宣扬封建礼教，扶助纲常、维护当地落后生产关系的作用。

徽州盛行的佃仆制，似也多少促进了徽剧的发展。"新安古昔称材武"，这里本来就有武术传统。明清时期，有的佃仆被用来充当"看家护院"、守卫山场的保镖，有的地方甚至整村佃户都要充当地主的保镖，称之为"拳斗庄"。这种人于农闲季节要由师傅教习武艺。他们把当地的武术传统保留下来，这对于晚明勃兴的徽州地方戏的武工产生了直接的影响。正因为如此，徽剧以武工见胜。武工高超成为其特点之一。上引的"徽州旌阳戏子"演《目莲戏》所表演的武工，在今天看来依然令人叹服。一些名宗巨族往往还指定某些佃仆兼任乐仆。凡喜庆冠昏丧祭所需的吹打奏乐，一概由这些乐仆负责。他们与拳斗庄一样是世代相承的。农闲时要教习训练其子弟。据万历《洪氏誊契簿》记载：因冠昏丧祭的需要，"选集汪社等八人习学鼓乐"。规定这八个佃仆"各要在家永远伺候、不时应付，不得私自往外及他趁等情"②。专门提供鼓乐劳役。业专易精。正德、嘉靖年间，休宁工琵琶的查八十曾应诏"入内承应"③。他有这样的才艺，恐与当地深厚的乐工技艺渊源不无关系。还要指出的是，戏台的搭建也是由佃仆专其任的。戏班行头、乐器和行李的搬运也指定佃仆负责。这在徽

① 徽州的戏曲家除汪道昆、汪廷讷以外，明代还有传奇家休宁吴大震，歙县汪宗姬、程丽先；清初的戏曲家有歙县的吴震生、方成培；晚清的传奇家有歙县的郑由熙。

② 万历《洪氏誊契簿》，编号2：16760，藏安徽省博物馆。

③ 天柱外史：《皖优谱》卷六《场面谱》。

州一些地主的账簿上都有明确记载。戏台的建造格式，无征于文献。据笔者实地调查，戏台是有传统规格的。祁门查湾的佃仆，有的便是以搭戏台为其供役内容的。他们世袭此业，技艺家传。戏台固定在五凤楼门口八级台阶上。用柱子架搭，有舞台、乐池、化妆间等。因规格是固定的，非有专门的技术不可。从其格式看，颇有越人干栏式建筑的遗风，这是因为这里是古代越人居住的地方。从上可见，佃仆制潜蓄着与发展地方戏剧有关的人才和技艺，同时优伶乐工和佃仆在清时期本是同一个等级内的人，有时可以相互转化，这对地方戏的发展多少是起了促进作用的。

六、徽州的佃仆制度

　　明清时期的佃仆制是一种具有严格隶属关系的租佃制度。佃仆制流行于安徽、江苏、浙江、江西、湖南、湖北、河南、广东、福建等省的某些地区①，皖南的徽州地区尤为盛行。由于徽州地区明清时期的大量佃仆文

---

① 略举例如下：

安徽省：康熙《江南通志》卷六十五徐相国《特参势豪勒诈疏》："凤颖大家将佃户称庄奴，不容他适。"

江苏省：康熙《崇明县志》卷六："佃户例称佃仆，江南各属皆然。"又同书卷四："内地佃户与仆无异。"

浙江省：《江山县志》卷一《舆地·风俗》引汪浩志："田亩倩人种植，成熟分收，即佃户也。别有一种曰伙余，多自家仆，令其居庄看守，或外乡单丁，以庄屋栖之，给以偶，如奴隶。"

江西省：钱仪吉《碑传集》卷八十邵长蘅《提调江西学政按察使司佥事加一级邵公延龄墓碑》："吉赣俗以佃为仆，子孙无得与童子试。"又邹鼎《彻源邹氏族谱》卷四载，万历十八年（一五九〇年），安福县地主王敏十五及侄乾保将"佃仆良二、良八两户全户庄屋屋居、屋前空基、屋后山场，以及栾林树木等项，凭中召到城西邹汝光生面前承卖。……自今卖后，邹处理业收租，唤佃供役"。又焦竑《玉堂丛语》卷八："巡抚江西都御史闵珪，以江西盗贼多京宦大家佃仆。"

湖南省：《清文献通考》卷二《田赋》：湖南地主对佃户"有驱使之如奴隶者"。又同治《长沙县志》卷二十《政迹》：湖南地主"有擅将佃户为仆，恣意役使，过索租粒"。

河南省：李渔《资治新书》卷七金长真《请严主仆》中说，汝南地主将佃户"称为佃仆，肆行役使，过索租课"。又王士性《广志绎》卷三：光山有人"一荐乡书，则奴仆十百辈皆带田产而来，只听差遣不费衣食"。这是农民为避赋役而投靠为佃仆。

约和地主账簿的发现，推动了佃仆制问题的研究，学术界正在展开日趋深入的讨论。本章拟就徽州佃仆制的起源、性质及其演变的情况作一探讨。

（一）佃仆的名目及其数量

历史现象是错综复杂、备极纷纭。同一内容的东西，在历史文献上往往有不同的名称；而同一名称的东西，在不同时期内，又往往有不同的内容。明清时期的历史文献及民间文约上常见徽州地区载有佃仆、地仆、庄仆、庄人、住佃、庄佃、火（或作伙）佃、细民、伴档等名目。经实地调查，有的名目如佃仆、庄仆、庄人、庄佃、住佃、火（伙）佃等，于民国时期已不复存在。有的则一直保留至中华人民共和国成立前，如地仆、细民、伴当等即是。祁门南汉源一带依然流行"地仆"的名称。"伴当"则流行于祁门，专指地主家内奴仆，这些奴仆承担家内生活上的劳役，而非用于生产。这应该是伴当原来的含义。在歙县昌溪等地区，所谓伴当则指役使如奴的佃户。中华人民共和国成立前这里还流行着其他一些性质相同的名称，如祁门县的一些地方有"庄户"的名称，黟县、休宁有小户、小姓之称，它同"细民"是当作同义语通用的；歙县则称为"低下人"，绩溪叫作"祝活"（音读）；在查湾则有郎户和小户之称。郎户亦称拳斗庄；

接上：

湖北省:万历《承天府志》卷六《风俗》："潜江耘田多者，皆流商豪恣之民，土著反为佃仆。"

广东省：李渔《资治新书》卷一李少文《行高要县牌》中说，该县地主将世佃"称为世佃"。又钟秉文《乌槎幕府记》：饶平等地地主将佃户称为"佃僮佃仆"。又咸丰《顺德县志》卷三十一《前事略》、《新会县志》卷十三《事略上》，也有言及佃仆结社倡乱，"杀遂田主，据其田庐"等事。

福建省：凌濛初《二刻拍案惊奇》卷十三《鹿胎庵客人作寺主，剡溪里旧鬼借新尸》一文中，称福州刘秀才的佃户为"庄仆"。按：这一篇小说取材于宋洪迈《夷坚志》补卷十六《鬼小娘》一文。小说作者将原文的"佃仆"改为"庄仆"。可见宋代的佃仆，明末已习惯称为"庄仆"。

小户中又可根据其承担的劳役，赋以不同的名称，诸如守坟庄、包袱庄、抬棺木庄、龙灯庄、吹打庄、道士庄、火把庄、挑担庄、抬轿庄、粮仓庄、守夜庄、守木庄、修房庄、搭戏台庄等等。"庄"是庄仆的省略。

一家小户往往兼服几种劳役，因而也就一身兼有数种名称。

各类佃仆的身份地位也略有不同。担负家兵劳役的拳斗庄地位略高，承担丧葬劳役的抬棺木庄、包袱庄等最为低微。

当地风俗，"族居者曰村，其系属于村者曰庄"①。地主往往在田头、山沟建置房舍，形成一个又一个新的居民点，这种从属于村的居民点称庄。被招诱到此住庄、佃种的封建依附者，有时就称为庄仆、庄人、庄户②、庄佃③和住佃。庄佃和住佃都含有住庄、佃种之仆的意思。地仆之称和佃仆一样古老。宋有田仆、地客之称，地客亦即宋代客户中最底层者。

火佃，或写作伙佃、伙佃、火儿。这一名称非自明代始。宋代徽州人朱熹和左午的著作中皆曾提及。朱熹在《朱文公文集》卷九十九《约束粜米及劫掠榜》中说："州县火客佃户，耕作主家田土，用力为多。"左午在《左史谏草·戊戌三月二十五日奏为财赋八事》中说："火佃出力以得其半而可赡其妻孥，主人端坐以收其半而可足其用度。"由此可见，火佃之称在宋代就已经出现。

徽州的火佃，似原有结伙佃种之意④。所以，"火"有时作"伙"，或"伙"。当地重峦叠嶂，山深林密，虎狼横行，生产条件恶劣。嘉靖《徽州

---

① 嘉庆《黟县续志》卷三《风俗》。按：《皇朝经世文编》卷三十三赵锡孝《徭役议》记载："其业田之民，比户而居者谓之庄。"庄即居民点，徽州的"庄"，可以理解为从属于村的居民点。

② 司马光：《资治通鉴》卷二百九十，后周广顺元年（九五一年）九月末载："衡山指挥使廖偃……帅庄户及乡人悉为兵。"胡三省在其下注云："佃豪家之田而纳其租，谓之庄户。"可见庄户指可役使之家兵的佃户，也可见庄户之名称由来久矣！

③ 庄佃一词，狭义可指佃仆，广义又可包括庄屋、田地及在此居住佃种的佃仆。

④ 一九六五年，笔者前往徽州做实地调查时，曾请教已八十高龄的胡樵壁先生。胡先生长于地方掌故，有《祁门县志》等著作行世。他认为火佃有时指提供火把的佃仆，有时作为持火把照明劳役的名称。此说几经考虑，终不敢苟同。今转述于此，供学人参考。

府志》卷二《风俗》载："大山之所落，多垦为田，层累而上，指至十余级不盈一亩。快牛利锄不得田其间，刀耕火种，其勤用地利矣。……旱则俱出，扳峻壁，呼邪许之歌，一唱十和，庸次比耦而汗种，以防虎狼。"江依濂《歙风俗礼教考》中也说："早出，偕耕于山，耦樵于林，以防虎狼。"偕、耦均有结伙之意。由此可见，结伙佃种也许还有其他原因，但无疑是同当地生产条件恶劣，防止虎狼为害有关。

随着山区的不断开发，即使已经不需要为防虎狼而结伙佃种，但是火佃之名称依然保留下来了。按照徽州风俗，凡非同族的外来农民，一旦"种主田、住主屋、葬土山"，皆可勒迫其为佃仆。以租佃为生的火佃自然亦无例外，难逃陷入佃仆的厄运。从笔者涉猎的资料看，在明清时期，看不出火佃和庄仆、佃仆等一类具有严格封建隶属关系的依附者有任何实质的区别。万历祁门《洪氏誊契簿》①抄录从洪武至万历年间（一三六八至一六二〇年）的契约共二百零五张，有一张重复，实有二百零四张。其中有十七张是胡初父子祖孙三代人，从嘉靖三十六年至万历三十二年（一五五七至一六〇四年）四十七年间，给洪氏地主立还的文约。现将立约人的称谓和文约的内容列表如下。

表6-1　火佃胡初父子祖孙三代给洪氏地主立还文约统计

序号	时间	立约人姓名	约首称谓	落款称谓	契约内容要点
1	嘉靖三十六年(一五五七年)正月初五	胡初	五都塘坞住人	立合同人	立还养山及租屋地文约
2	隆庆五年(一五七一年)正月初一	胡初及子喜孙等	庄仆	仆	立还应役文约
3	万历四年(一五七六年)正月十一日	胡初等	一	立揽约人	立还养山文约

① 原件藏安徽省博物馆，编号2：16760。

序号	时间	立约人姓名	约首称谓	落款称谓	契约内容要点
4	万历四年(一五七六年)三月十一日	胡喜孙等	一	立承揽人	立还养山文约
5	万历四年(一五七六年)三月二十六日	胡初及子喜孙等	五都住人	立合同人	立还养山文约
6	万历八年(一五八〇年)九月十八日	胡初	一	立断约人	立还养山文约
7	万历九年(一五八一年)九月二十三日	胡初等	一	立承养约人	立还养山文约
8	万历十年(一五八二年)正月	胡初等	一	投状人	祖坟受人侵损,乞主人"剪刁安良"。
9	万历十年(一五八二年)二月初七	胡初等四房	五都洪寿公六房山仆	立还文书人	胡初等四房之祖胡昂、胡晟乞山主洪氏允葬上祖胡富夫妇以来,昂、晟子孙永远应付服役至今。四房保证以后葬主之山,必须经洪氏家主允与,不得擅自入葬。专此立还文约
10	万历十年(一五八二年)清明日	胡初等	一	立长养合同人	立还养山文约
11	万历十年(一五八二年)七月二十八日	胡初等	五都洪寿公六房山仆	立租约人	立还租山文约

序号	时间	立约人姓名	约首称谓	落款称谓	契约内容要点
12	万历十二年(一五八四年)十一月十八日	胡喜孙及子社隆等	仆人	立应付文约仆人	立还葬山文约
13	万历十四年(一五八六年)十二月初四	胡喜孙	仆人	立当约人	为娶长媳缺少财礼，将第三字社禄"当到房东洪寿公祀，纹银一两七钱整。其银照例每月加利二分算，约至来年八月间将本利一并送还。专此立还当约。"
14	万历十八年(一五九○年)正月初一	胡喜孙等	庄仆	立约人	立还赔偿盗木文约
15	万历三十一年(一六○三年)七月二十日	胡喜孙及子社隆等	火佃	立还文书火佃	因侵损主家护坟木，立还甘罚文约
16	万历三十二年(一六○四年)正月二十七日	胡喜孙等	仆人	仆人	因侵损主家护坟木，立还甘罚文约
17	万历三十二年(一六○四年)九月十二日	胡喜孙	—	立兴养文约人	立还养山文约

从上表所列的第9号契约看，胡初等四房从其祖胡昂、胡晟起便已沦为洪氏地主的佃仆。胡初父子祖孙三代给地主立还的文约中，有八张分别自称为火佃、仆、山仆和庄仆，说明火佃仆、山仆庄仆等名目是可以通用

的，彼此并没有实质性的区别。应当指出，上表中的 1、3、4、5、6、7、8、10 和 17 号等九张立还养山文约之所以没有写明胡初一家的火佃身份，也没有写明别的其他条件，同一般佃户所立的契约没有什么区别，显然是因为立下的其他文约已有这方面内容而被省略了。这就告诉我们在一些没有写明立约人身份的徽州契约中，有的可能也是火佃、佃仆等所立下的文约。我们在鉴别立约人的身份时应该注意。

到了清代，火佃和佃仆等名目同样可以通用。例如，雍正年间（一七二三至一七三五年）撰修的歙县《潭渡孝里黄氏族谱》卷五《祖坟》载：吴社祖的曾祖于明初投到黄氏七里湾屋宇住歇，负责守坟茔。其于弘治、正德年间的"服辨文书"和"领银造屋文书"上都被称为火佃。到清雍正年间，黄槐就上面两张文书写一段按语说："七里湾祖墓有祠有庄屋有佃仆，于前明中叶犹有领银文约，服辨文书，皆历历可据。"这里将火佃称为佃仆，显然也是因为两者没有什么区别的缘故。清代中叶之后，火佃之称少见了。但这只是说明，不同的历史时期，这一类封建依附者按习惯可以使用不同的名称而已。火佃和佃仆的身份地位没有什么实质性的不同。关于这一问题，笔者已另有专文讨论，于此从略。

这里必须顺带指出，早年的火佃交纳信鸡（或讹为信记）一事，相沿成俗，形成定例。火佃与信鸡结下不解之缘，提到"信鸡"时，往往把"火佃"冠在其上。例如：

> 立应役仆人胡文鼎等向来应役冠、婚、丧、祭，火佃信记而外，又有祖例柴薪每年每丁纳银一钱。自明迄今，胡姓交纳无异。今因柴薪银自十六岁以起至六十岁止，递年自愿五月十三月每丁各纳文（纹）银一钱正入匣。凡火佃信记，一切应役，皆不敢抗违。如有不遵，听东呈官理治。存照。
>
> 康熙三十年八月十四日　　　　　　　立应役仆人　胡文鼎
>
> 　　　　　　　　　　　　　　　　胡文晟　智　达
>
> 　　　　　　　　　　　　　　　　智　得　佛　保

天　生①

　　据笔者所接触到的文约，凡有火佃和信鸡同在一张文约中出现的，"火佃信鸡"都按顺序连在一起。所以，这里的"火佃信记"之间似不能加顿号而使之割裂开来，把火佃当"佃耕"解②。"应役冠、婚、丧、祭"是指服劳役的项目，"火佃信记"和"祖例柴薪"是交纳的附加实物租。"火佃"和"祖例"是分别用来修饰"信记"和"柴薪"的。

　　以上种种名目，在明清的一些文献上统称之为"仆"或"世仆"，其妻女则称为"婢"或"庄婢"。这是因为，在法律上，他们与奴婢同属一类的缘故。其实，他们并不同于奴婢，下面我们将要论及。通过实地调查，访问老农和熟于掌故的老先生，结合文献材料进行综合分析，使我们了解到，明清时期以不同名目存在于徽州地区的佃仆，来自不同的历史时期和不同的地区为地主承担不同劳役，彼此之间也存在着一些细微的差异，但实际上并没有什么本质的不同。为了行文的方便，我们把他们统称为佃仆。

　　佃仆的数量，已难以作出确切的统计，当地风俗，凡"葬主之山，佃主之田，住主之屋"，皆为佃仆，以此推测③，数量当属不少。嘉靖二十四年（一五四五年）成书的《窦山公家议》中说："计议佃仆，昔称繁庶，今渐落落，殊可慨也。"但是，就在祁门善和程氏地主自叹"落落"之时，该书所胪列的庄佃，据统计还有二十四处，佃仆四十七户④，那么，"昔称繁庶"的年代，佃仆的数量当属更多。另外从《李姓各庄印信议墨》中看，清顺治年间，李氏地主宗德、宗厚、宗荣、宗礼、宗义兄弟五房拥有的佃仆便有十一户又十三姓⑤。乾隆五十六年（一七九一年），汪氏宗祠支

---

①《胡文鼎还文书》，编号003499，原件藏中国社会科学院历史研究所。
②章有义先生《从吴葆和堂庄仆条规看清代徽州庄仆制度》（刊于《文物》1977年第11期）一文，在很多方面考订精确，阐释缜密。但是章先生以"火佃"作"佃耕"解，视为庄仆所服役杂役之一的说法，却不敢苟同，于此提出异议，敬请章先生指教。
③高廷瑶：《宦游纪略》卷上。
④程昌：《窦山公家议》卷六《庄仆议》。
⑤藏中国社会科学院历史研究所，编号003646。

丁先岸、柴垣、振民、敏正等先祖遗下的佃仆中，竟有十二姓仆众①，一姓有多少户不得而知，但从一家地主动辄拥有几十户，乃至十余姓佃仆，其数量当属可观。嘉庆十四年（一八〇九年），安徽巡抚董教增奏请："世仆名分当以有无身契，是否服役为继，如未有身契与未列服役及不与奴仆为婚者，虽曾葬主之山，佃主之田，住主之屋，均应开豁为良。"事为朝廷所批准。公文从省下逮府、县，以至都里，几经辗转，真正能有效执行的情况却不多。即使如此，仍"一时开豁数万人"②。此时徽属六邑的征税人丁总共只有二十万丁，属于开豁之列的已达数万人，如果包括未属开豁之列和属开豁之列而未得开豁的在内，数量就更可观了。事实上，经嘉庆十四年"开豁"之后，遗下的佃仆仍然很多。例如，据道光三年（一八二三年）安徽案内刑部咨议载："安徽省徽州等府属地方，似世仆而非世仆，似良民而非良民，俗谓细民者，不下数千余户。"③细民是佃仆的一种，其数竟达数千余户。祁门查湾又有"三千郎户、八百庄"之谚，就是说查湾汪氏拥有三千郎户（亦即拳斗庄）、八百家庄仆。此说虽然不知道存在于何时，又未见诸文献记载，但从中华人民共和国成立前查湾汪氏祠堂尚拥有二百零八户佃仆（详见本书附录）看，似未全属空穴来风，当反映了一定的历史事实。由此可见，佃仆制在明清时期是盛行于徽州地区的租佃制度。

（二）佃仆的来源

关于佃仆制的历史渊源容后再论。这里要谈的是，由于豪绅地主的压榨奴役，佃仆不可避免地夭折和逃亡，在这种情况下，佃仆的队伍是怎样得到不断补充的呢？其补充来源，除将家内奴仆放出别居，改用租佃的形

---

① 见《汪氏宗祠立议合墨》，编号237·4，藏中国社会科学院经济研究所。

② 高廷瑶：《宦游纪略》卷上；又见《大清会典事例》卷七百五十二。此数还包含宁国、池州二府，以徽州府居多，也可能有些夸大。

③ 见光绪十四年《大清律例汇辑便览》卷二十七。

式进行剥削与奴役，使之变成佃仆外，就是用种种方式勒迫破产的农民为佃仆。现分述如下：

1.释放家内奴仆为佃仆

徽州的绅衿地主，富商大贾，一直有豢养家内奴仆的习俗。这些奴仆可因赢得家主欢心，被"开恩"婚配成家，主家拨出一些屋地供其居住佃种，使其变成佃仆。这和两晋时的"免奴为客"大致是一样的。也可因忤逆家主被驱逐出外，以租种田地谋生。例如，永乐年间（一四〇三至一四二四年）祁门黄斑的先祖即曾投靠李友道，为义男。徽俗义男即奴仆[①]。后来李友道在"祊坑黄土岭造屋、批田，给以居住"。黄斑先祖遂从义男转为住主屋、佃主田的佃仆。黄斑"递年到李友遂家拜年。立有神牌，春秋祭祀"[②]。保留主仆名分。又如，康熙四十六年（一七〇七年），休宁人余百龄被卖给项姓地主为奴，改名富有，时当八岁。过了三年，又转卖给汪姓地主，改名为长发。康熙六十一年（一七二二年），婚配婢女金花，生了一男二女。雍正八年（一七三〇年），被逐出汪姓地主家，移居金村，后搬往江村。他被逐独居后，以佃田营生，从原来的家内奴婢变成了佃仆[③]。黄省曾曰："徽州风土，皆役鬌童，方与婚配，遂出别居，给本自爨，有召殆来。"[④]指的就是这种佃仆。他们往往被称为"小户"或"小姓"。徐珂《清稗类钞》中说："徽州有小姓，小姓者别于大姓之称。大姓为齐民，小姓为世族所蓄家僮之裔，已脱奴籍而自立门户者也。"[⑤]再是出任中央与地方官的徽人，一旦致仕还乡，往往将官署内僮婢[⑥]随同带回，

---

① 关于义男，请参阅彭超：《谈"义男"——安徽省博物馆藏明清徽州地区契约介绍之一》，刊于《安徽文博》1980年试刊号。

② 《田邻报数结状》，原件藏安徽省图书馆。

③ 《徽州文约》，藏中国社会科学院经济研究所。

④ 张萱：《西园闻见录》卷六"婢仆"条。

⑤ 徐珂：《清稗类钞·种族类》。

⑥ 乾隆二十五年安徽按察使王检奏曰：知州、知县等官，"多置僮婢以逞豪华，广引交游以通声气。亲戚往来，仆从杂沓，一署之内几至百人"。见《朱批奏折·内政类》。

给以婚配，令其在主人建置的庄田上居住佃种。明正德、嘉靖、崇祯年间，祁门查湾汪标、汪溙、汪惟效祖孙三人致仕还乡时，都从官署带回一批僮婢，让其在查湾四周的庄田上居住佃种。这些人后来即成为汪氏世代相承的佃仆①。

2. 由于佃种地主或祠堂的土地而沦为佃仆

徽州的豪绅地主每当开辟成一片土地，往往即视田地的多寡，相应在田头建置庄屋，形成一个有庄屋、有田地的大小不等的居民点，我们姑且称之为庄田，嘉靖二十四年（一五四五年），祁门善和里程氏地主便拥有这样的庄田二十四处②。地主招诱农民到这些田中来居住耕种，并勒迫其为佃仆。《窦山公家议》一书将拥有房屋、田地的庄田及居住在此的佃仆，称之为"庄佃"。

地主在路旁村口、关隘墓边建置房舍，以便在此居住的佃仆服巡夜、守卫和报警等劳役。例如，明代范涞编撰的《休宁范氏族谱》一书中绘有《七族村居图》，其中的《汉口村居图》就在村心大路边上绘有一列庄屋，标上"本家火佃"；《油潭村居图》绘画的范氏住屋，周围设有围墙，围墙外东南角路口的一列庄屋也标上"火佃"。显然是为了便于佃仆巡夜打更和守卫而设置的。在一些族谱的坟墓卷上，往往可以看到坟茔旁边绘有房屋，标上"仆屋"之类字眼，这也是供佃仆居住，以便守坟、管理山场的。又如天顺六年（一四六二年），陈宽、陈洪兄弟在与方帅保共立的文约中说，先年双方"故父"共买五都周音保名下地乙片，坐落五都，土名王村官路，……其地是二家造屋，召人住歇耕种田地③。可见住屋、佃田（包佃山）一般是连在一起的。有的佃仆佃田时，地主如无房屋供其居住，佃仆可向主家领银建造。例如，万历年间祁门查廷京、查廷洪兄弟向地主王咏卿佃田耕种，年租六秤，并领银三十两在田头造屋居住，后来又葬主山十

---

① 见本书附录。
② 根据程昌《窦山公家议》一书所载而作的统计。
③ 万历《洪氏誉契簿》，编号2：16760，藏安徽省博物馆。

三棺①。我们还看到，有的农民将屋、地卖给地主，然后租回居住、耕种。这些农民对地主"在徽俗即截然有主仆之分也"②。也有单独佃种田地而沦为佃仆的。康熙年间，休宁吴佛寿因佃种程氏祠堂的扶墩丘田而沦为佃仆，除交租外，还要"承值递年众役火拦等项门户"。后吴佛寿户死绝，又招诱吴守仁顶替，"依旧承值"。吴守仁又无嗣，于是"众议召与张平承役，以后凡种此田者，承其役无词"③。说明一种此地，除非死绝，否则无法逃脱充当佃仆的厄运。又如，休宁胡一等原系汪氏地主之佃仆，又租种近邻李浩、李炳兄弟之田，也为主纳租服役。按徽俗，对田主李浩、李炳兄弟有主仆名分，充当一仆二主的角色。康熙三十二年（一六九三年），因争执胡一等究属何家佃仆问题，汪、李两家还曾发生争讼④。直至清末，休宁茗洲吴氏葆和堂还是坚持凡佃田者即可勒追其为佃仆的陋俗⑤。

3. 由于没有栖身之所，被迫投到地主庄屋居住而沦为佃仆

据徽州文约载，即使单"住主屋"也可迫勒为佃仆。如隆庆六年（一五七二年）四月，汪什给张姓地主立还文书中写道：

> 今因本身无房住歇，父子商议自愿投东主张名下，土名社屋巷口，房屋一所拆披样，是身父子住歇。日后递年上工五日，且遇婚姻丧祭，听从叫唤使用，毋得拦阻，每年新正贺庆无失。⑥

同年，还有汪付保、汪三保兄弟投到这一家地主庄屋居住，也同样立

---

① 《祁门诉讼档案》，编号3579，藏中国社会科学院历史研究所。

② 《祁门诉讼档案》，编号3799，藏中国社会科学院历史研究所。

③ 《休宁程氏祠堂簿》，藏中国社会科学院经济研究所。

④ 《休宁诉讼档案》，编号003487三纸，又编号2175一纸，藏中国社会科学院历史研究所。

⑤ 见《葆和堂需役给工食定例》。

⑥ 《汪什立还文书》，编号003957，藏中国社会科学院历史研究所。

还文约，写明上工日数和承役项目①。类似的文约并不乏见。投到祠堂居住，同样沦为佃仆。一九六五年冬，我在歙县社会主义教育运动展览会的材料中，看到中华人民共和国成立前休宁县农民项桂生及其母流落歙县，就因无处安身，投到呈坎村罗氏祠堂居住而沦为佃仆。可见凡"住主屋"皆为佃仆的定例，一直到中华人民共和国成立前，仍然顽固地存在于徽州地区。

4. 由于葬在地主山场，死者的后人沦为佃仆

徽州大姓都聚族而居，凡土地山场无论开垦与否，都一概划界确定占有权。那些由于种种原因流落到此的农民，自然死无葬身之所。他们一旦将先人葬入地主的山场，便要立还文约承担劳役，确定主仆名分。例如，胡乞、胡进童等，由于将祖父安葬在地主洪瀚的山脚地，便沦为洪家佃仆。凡洪家"祖坟山地一应事务并婚姻丧葬应付使唤"。正德九年（一五一四年）胡乞、胡进童又将其父及叔父夫妇葬在该地主的山场上。此后，"洪家于黄岗一应事务听自使唤，以准山租"②。这一例子说明，沦为佃仆的农民，在地主山场入葬增多，服役也随之扩大范围。有的地主担心误给风水之地与农民纳葬，只允"暂借浮殡丧柩"，以便日后随时责令"将柩另移"。但即使如此，仍然属于"葬主山"定例的范围，同样要迫勒其为佃仆，同样要服役，"应付使唤"。更有甚者，农民葬坟过界一二尺，也被迫勒为佃仆③。在一些名分争讼案件中也可看到，官府常以"葬伊山上"作为确定主仆关系的依据。很显然"葬主之山"，即为佃仆，已为法律所承认。自从嘉庆十四年（一八〇九年）安徽巡抚董教增奏请被清朝廷批准

---

① 隆庆六年（一五七二年）十一月二十一日《汪付保、汪三保立迁文约》载："为因无房住歇，兄弟商议自愿投到东主张名下土名申明亭房屋三间并出入门垣后地披楼，是身住歇。日后每人递年自行上工三日，但遇主家婚姻丧祭之事，听从叫唤使用，不敢推拒，新正贺庆无失。"又在此约上批道："当领主文银二钱作买农具之用。"文约编号003958，藏中国社会科学院历史研究所。

② 《葬山应役正约》，见《明代仆人应主文书》，藏中国社会科学院经济研究所。

③ 见乾隆《程氏置产簿》所载万历四十六年至康熙六年（一六一八至一六六七年）叶毛乞、叶求富子孙三代因所谓葬坟过界等事，先后给程氏地主立下的六纸文书，藏中国社会科学院经济研究所。

之后，单凭"葬主之山"已不能构成主仆名分。但在光绪十五年（一八八九年）记录的休宁吴姓《葆和堂需役给食定例》中，仍然抬出"雍正十七年（一七二九年），本县朱老爷（按即朱鹭）以种主田，葬主山，住主屋三事通详，有一于此，俱在应主之列"的陈年老账，继续坚持旧例。可见被国家法律取消的地主阶级特权，仍然可在某些封建习俗，或地主阶级制定的祠规家法中保留下来，民法是"可以把旧的封建法权形成的很大一部分保存下来的"[①]。

5. 由于入赘、婚配佃仆的妻女而沦为佃仆

徽俗，"婚姻论门弟，弁别上中下等甚严"[②]。名宗大族的族人尽管已经破落成贫苦农民，但仍然禁止和佃仆通婚。违者除族，划入贱民，与族人有良贱之别。一般人一旦入赘佃仆之家，便沦为佃仆。嘉靖四十三年（一五六四年），祁门县农民方勇入赘佃仆汪六家，与其遗媚张六仙结为夫妇。他在立还应主文书中被迫写明：日后"生有男女并本身，永远居住房东谢求三大房庄屋，逐年照例应主毋词"[③]。有的入赘佃仆要改从仆姓。崇祯十一年（一六三八年），胡天得入赘休宁渠口地主汪承恩的地仆陈六郎，与其媳七俚结为夫妇后，便改名为陈学寿[④]。来自远地的入赘人，还需要有介绍人立约担保。康熙三十九年（一七〇〇年），太平县二都后村人孙尧入赘到休宁渠口汪姓地主佃仆朱永祥家，与其遗妻结为夫妇，孙除给地主立还入赘文约外，介绍人胡泰立又立还文约，写明"倘有来历不明，带妻私逃及为非不法等事"[⑤]，由他承担责任。改嫁给佃仆的寡妇及其随身子女，也沦为佃仆。万历年间，陈姓寡妇吴氏改嫁给洪姓地主火佃胡喜孙，吴氏随身之子陈大魁、陈小魁即改从胡姓，称为继子，均为洪姓

---

① 恩格斯《费尔巴哈与德国古典哲学的终结》（单行本），第43页。

② 同治《祁门县志》卷五《舆地志·风俗》引康熙志。

③ 《方勇立还入赘文约》，编号005087，藏中国社会科学院历史研究所。

④ 《胡天得立还入赘文约》，编号004902，藏中国社会科学院历史研究所。

⑤ 《孙尧、胡泰立立还文约》，编号006529、006521，藏中国社会科学院历史研究所。

地主之佃仆①，可见招赘和婚配等方式，是地主阶级占有劳动人手，进行劳动力再生产，补充佃仆队伍的重要途径。

6.因生活所迫而卖身充当佃仆

有一张于万历己酉年（三十七年，一六○九年）十月立下的文约写道：

> 洪三元，同妻李氏，男国胜，今因欠少食用，自愿浼中出卖与洪相公名下为仆，得财礼银十五两正，住居潭渡祠屋看守坟墓，每年正月初二上门叩岁，清明拜扫，中元节，及送寒衣②，主人上坟，务要在祠伺候。所种田园纳租每岁麦豆粟各一石三斗，乾洁送纳，不致短少，以上如有违失，以凭责治无辞。③

这是一张出卖全家为仆的文约。约中有关于承佃纳租服役的字句，其为佃仆无疑。据实地调查，类似的例子并不缺乏，当亦为佃仆的来源之一。一九六五年，我在歙县社会主义教育运动展览材料中，发现民国年间一张卖子为祠堂佃仆的契约：

> 立领文书人汪茂，因需用钱，愿将亲生子汪来富卖给呈坎罗家祠内守祠服役，领去银元四十元整。自后如有偷盗走失，俱身承当，天时不测，各安天命，空口无凭，立此存照。
>
> 民国十八年（一九二九年）九月 日立领
>
> 文书　汪茂
> 中见人　罗向手
> 代书人　罗时淦

卖身为祠堂佃仆的汪来富当时还健在，正担任生产队的干部。

以上所列农民沦为佃仆的种种原因，最终都与"种主田、住主屋、葬主山"有关。不管是入赘、婚配佃仆妻女，或卖身充当佃仆，他们都得

---

① 《胡喜孙立还应主文书》，见《明代仆人应主主书》，藏中国社会科学院历史研究所。

② 《歙风俗礼教考》载："十月间有上坟之祀，日送寒衣，亦感霜露之意。"

③ 《徽州文约》，藏安徽省博物馆。

"种主田、住主屋"，死后还得"葬主山"。正如万历祁门《洪氏誊契簿》所记载的，"造屋与住，山与葬坟，田与耕种，看守塘坞"①。

佃仆住庄佃种，并非始自明代。据宋代文献记载，在宋代，有的地主在僻静之地，或要害去处，设立庄屋，招诱农民居之，"或有火烛窃盗，可以即相救应"。住在这些庄屋，以耕佃为业的农民也称为佃仆②。佃仆自无立锥之地，地主不得不给死去的佃仆提供山场纳葬。明清时期，徽州地区的豪绅地主将"主山仆葬"作为古例，写在祠堂"定例上"③，"种主田、葬主山、住主屋"，三者联在一起，习俗相沿，形成定例。它成为农民沦为佃仆，亦即主仆名分形成的依据，也是徽州地区佃仆制的一个重要特征。

这三者中，佃田当是农民沦为佃仆，亦即主仆名分形成的主要原因。地主正是凭借他们"实际存在的土地关系的力量"④，才有可能勒迫农民为其佃仆。乾隆年间，安徽按察使暻善说，自宋元明以来，贫农佃耕"缙绅有力之家"的田地，"累世相承，称为佃仆"。这固然没有概括农民沦为佃仆的全部起因，但应该说他是抓住了问题的主要点。"佃田、住屋、葬山"三者本来是连在一起的。有的地主却把它割裂开来，凡"有一于此"皆为佃仆。始凭相沿成俗的习惯法，后来亦为官府所认可。

这里必须指出，同宗子弟是不能因佃田而勒迫其为佃仆的。大族的子弟破落而贫寒者，可由祠产，义田给予赈济，保证其最低限度的生活水平。绝不容许充当他人之仆。凡委身为他姓之仆者，被视为贱类而开除出族。在徽州佃仆文约上，也看到主仆同姓的情况，这是由于如下的原因形成的：一、这类同姓佃仆系由改从主姓的家内奴仆转变而来。明清时期，凡卖身为奴者，称为"义男""义子"，往往改从主姓。正如《清稗类钞·

① 万历《洪氏誊契簿》，编号2：16760，藏安徽省博物馆。

② 袁采：《袁氏世范》卷三《治家》，又见洪迈：《夷坚志》癸集下《东塔寺庄风灾》，丁集下《灵山水神》；晁补之：《鸡肋集》卷五《视田》。

③ 《葆和堂需役给工食定例》。按：这种风俗，宋代已然。《庆元条法事类》卷七十七："诸客户死贫无葬地者，许葬系官或本主荒地，官私不得阻障。"

④ 《列宁全集》卷六，第106页。

奴婢类》所指出的"既已卖身，例从主姓"。担心日后主仆子孙繁衍，彼此联姻，是主家要求佃仆改从主姓的原因之一。二、同姓佃仆连同附着在的屋地一起买来。例如，康熙年间祁门善和里程氏地主向郑双玉买来的胡家坦屋地，及附着在此的佃仆中洪、王、程三姓就有程姓一家①。三、因忤逆、冒犯宗规家法而被除族的同宗子弟。在笔者做关于祁门查湾佃仆制的调查中，就发现有将被开除出族的子弟勒迫为佃仆的情况。

（三）佃仆所受的封建剥削与奴役

佃仆一般都没有土地。有的祠规还写明，"地及山亦不得私自置买"②。他们只能靠租佃为生，分散在山间的庄田或坟边，与虎狼、枯骨为伍。有的则居住在村口、河边、路旁，以便巡更、警卫。这些房子粗陋、矮小、潮湿、阴暗，同主家高敞堂皇的楼房③形成鲜明的对照。生产条件也极其恶劣，"缘地势陡绝，厥土骍刚而不化，水高湍急，潴蓄易枯，十日不雨，则仰天而呼，一雨骤涨，而粪壤之苗，又荡然矣。大山之所落，力垦为田，层累而上，十余级不盈一亩，刀耕火种，望收成于万一"。"早出，偕耕于山，耦樵于林，以警狼虎。暮则相与荷锄，负薪以归。精馔华服，毕生不一遭焉。"④终年过着牛马般的生活。妇女白天劳动，夜间还得从事纺织，"女工一月得四十五日"⑤，而一年所得除交租外，剩下来的，食不足以果腹，衣不足以蔽寒。只好冬天上山挖掘蕨根充饥，夏麦登场时，则用糠屑掺杂米而食，名之曰干粮。他们披星戴月，负薪走市，换得一升半合之米，又往往为债主之家抢走，以致无不枵腹。有的佃仆揭其散衣残褥，投到短押小铺去换升合之米，以作晨炊。他们连盐也买不起，

---

① 乾隆《程氏置产簿》，藏中国社会科学院经济研究所。

② 《葆和堂需役给工食定例》。

③ 谢肇淛《五杂俎》卷四："余在新安，见人家多楼上架楼，未尝有无楼之屋也。计一室之居，可抵二三室，而犹无尺寸隙地。"

④ 江依濂：《橙阳散志》末卷《歙风俗礼教考》。

⑤ 嘉靖《徽州府志》卷二《风俗》。

往往淡食。"数月不沾鱼肉"①，更是常事。歙县石步坑一带流传一首民谣："稻屏竖起，家无口粮，寒冬腊月，冻得筛糠。"这正是他们穷苦生活的写照。生时既无快乐之日，死后也往往得不到安葬。地主往往只许他们暂时浮殡停枢。由于买不起棺材，多用茅茨掩盖尸体，遇洪水时，骸骨被冲散于四野，更是不用说的了。

绅衿地主对佃仆的剥削主要采取实物地租和劳役地租相结合的形式。佃仆租种田地，既要交租，又要供地主驱使奴役。正如《窦山公家议》一书所说："前人置立庄佃，不惟耕种田地，且以预备役使。"劳役地租的比重比一般佃户要多，这是佃仆制的一个重要特点。

在经济方面对佃仆的剥削是通过田租、山租、高利贷及额外农副产品的勒索来实现的。田租多取定额租（或称硬租），"不论风旱包交"。明中叶时，一般亩交十秤左右（一秤18斤至20斤），约二百斤，高的达十六秤，也有少量的取分成制，即稻成熟收割时，地主派人登场察看，依约订的成数交纳。

地租基本上是以土地所产的实物交纳。定额租由于租额是固定的，容易向货币地租转化。实际上也已经出现从实物地租转向货币地租的过渡形态——折银租。例如，嘉靖三十八年（一五五九年），黄毛、黄保给地主洪寿公立还文约中写道：

> 每年交硬谷租三秤半，计定价纹银二钱整，其银约定十二月尽送还付匣明白，不致短少。②

又如崇祯四年（一六三一年），胡社龙等给胡氏六大房立还佃约中写道：

> 早租一百三十八秤三斤六两，晚租二十七秤。其早晚（租）不论年旱熟，价目贵贱，额定早租每秤价银七分，晚租价银八分，其银递年冬至日交钱一半，次年初一日交足，如过期每两每月加利三分。③

① 嘉靖《徽州府志》卷二《风俗》。
② 《黄毛、黄保立还文约》，编号1—38，藏中国社会科学院经济研究所。
③ 《胡社龙等立还文书》，登记号18，藏中国社会科学院经济研究所。

逾期的地租按高利贷交利息，这一点很值得注意。佃仆在这种折银租和高利贷结合起来的剥削形式面前所遭到的厄运是不难想象的。一些种经济作物的园地、山场，则直接以银租的形式出现。明中叶，祁门善和程氏地主就把园地纳银租的数额写在《家议》上①，可见园地交银租在程氏地主那里已成定例。折银租和银租迫使佃仆必须出售农产品，以换取银两，这使他们对市场的依赖加强了。这样佃仆又要受到商业和高利贷资本的居间剥削。但折银租和银租仍应看作是一种比实物地租较为进步的地租形态，因为以银纳租使农民有了较多的经营土地的自由。在极端落后的生产关系下，为什么又会出现这种稍微进步的地租形态呢？这同徽州地区既是一个内部封闭的顽固的封建堡垒，同时对外"行贾遍及天下"，商业资本又很发达这种历史特点有关。

正租（亦称大租）之外，还有所谓"小租"，这是没有田皮权的佃仆应交纳的一种地租，亦称田皮租。所谓田皮权是永佃权的一种形式。清初，江西瑞金、石城等地，佃农在起义中曾以永佃权相号召。由于佃农的反抗斗争，江南地区相继出现了永佃权。永佃权形成的原因很多。在徽州，主要是由于佃仆向地主租来一些荒地，开垦时花了很多工本费，因而赢得了所谓"田皮"。田骨归地主，田皮归佃仆。这种田皮就是佃仆所付出的工本的代价。它成为佃仆的一种财产。但地主往往通过"偿还工本"的方法收归己有，或借口"出卖先尽山主（或田主）"等一类理由，利用优先购买权压价收买。这样，于原有田主名曰"田骨主"之外，又增加了"田皮主"这一阶层。一般没有田皮的佃仆除交正租外，还得向田皮主交纳小租。例如，清乾隆四十三年（一七七八年），王宗佩给陈姓地主立还佃约中写道：

　　本佃老租十二石整，麦租五斗五升，小租每石三升照算。②

---

① 程昌：《窦山公家议》卷四《田地议》。

② 《王宗佩立还佃约》，编号004795，藏中国社会科学院历史研究所。

有的小租高达"每石加六升"①，也有的以抬高正租的办法，包"小租在正租内"②。

佃皮被视为一种财产，因而可以典当或出卖。例如，乾隆十七年（一七五二年），祁门陈英有一块田皮，原是出典与吴姓地主的，后来经过加价便断卖了。契约中说：

> 今有自己田皮二号……计有两亩，先年凭中出佃（典）到吴朝奉名下为业，已得价交业，当日佃（典）约原载有听从原价回赎。今因正经急用，央原中向田主吴名下加价银三两整，其银当日一并收足，其田皮听从执田耕种，再无异说。③

有的田皮主把田皮典与别人后，又领回自种，向新田皮主交小租。如道光十二年（一八三二年）李东望在给昌公会典当田皮立下的文约中说：

> 立佃（典）田皮约人李东望，今因年逼，愿孜（将）土名亭子头客租④田一块计租拾砠，今佃（典）到昌公会内为业，当田得受田价九五平色银捌两整，言定秋后交利谷捌吊不得短小。⑤

这里"利谷捌吊"，显然是相当小租，也可视为典钱的利息。又同治十二年（一八七三年）十二月，祁门县刘社福给地主吴慎修立的出典田皮文书中写道：

> 今有承祖遗田皮一号……计税一亩二分，并田塍茶柯一并在内，今因正事急用，自愿央中将前项一并尽力立契出佃（典）与吴慎修朝

---

① 嘉庆二十一年（一八一六年）《郭长先立还佃约》，编号005518，藏中国社会科学院历史研究所。

② 《佃仆立还佃约》，编号005498，藏中国社会科学院历史研究所。

③ 《陈英立还断卖田皮契约》，编号004513，藏中国社会科学院历史研究所。

④ 客租，即"额租"的俗写。从契约中凡提到客租的，都有固定的额租数可证。例如乾隆五十二年九月×日，李加仁立下典约中说："今为无银支用，自情愿将父阄分得佃田一处，土名朱宗坦坑理，计田三丘，计客租七砠整。又将土名前坞佃田二丘，计客租四砠十斤整。二共田五丘，计租十一砠十斤整。凭中立约出典与戴社寿名下为业，三面议定时值九七色银典价二十一两五钱整。其银当面收足。其田即听受人管业耕种黄麦交租。……"这里也是在出典田皮权（原件藏南京大学历史系资料室）。

⑤ 《李东望出佃田皮契约》，编号004513，藏中国社会科学院历史研究所。

奉名下为业，当日三面言定，得受契价银洋十元整。……其田央中情商，原出佃（典）人领回耕种，每年秋收交下午谷一百六十斤，不得短少……其田任从迟早听从原价取赎。取赎之日，尚未到秋收交租，按月二分行息，取赎之日认还中全洋五角。[1]

此约中值得注意的是，取赎之日未到收获交租之期，按规定的租谷每月二分算息。假定交租期在十月，田皮出佃人如十二月赎田，应按两个月行息，即：160斤×0.2×2＝64斤。四月赎回，则应以六月行息，即：160斤×0.2×6＝192斤。如此苛重的利息，其目的在于防止秋收前赎回。

出佃山场给佃仆看养（或称兴养）树木，是地主剥削佃仆的一种重要方式。现存徽州地区佃仆给地主立的这方面的佃约不少。一般都写明所租山场四至，栽种树木品种、租额以及作出"勤于兴养，禁盗变卖"等保证。山租以分成租为主，亦偶有定额租。租率"四六"开、或"三七"开。清乾隆三十四年（一七六九年），陈正璜给康兴仁堂立还文约中写道：

祖坟山一号，土名瓦窑山，新立四至……。是身承去兴养松杉杂柴，三年以满将四至另议租银，出（由）身砍斫烧炭。其余山日后成材之日眼同出桛，三七均分，主得七分，力得三分。向有古树不在其内。

文约上又批注："三十七年十月初九日面议每年清明日交纳租钱一百八十文，不得拖欠。"[2]

从文约看来，可以分为两部分：其一，养山满了三年，便将松杉杂柴规定某些范围（四至），在此范围内佃仆付出一定租价，则可以砍柴烧炭。其二，除砍柴烧炭以外，其余将来长成的木材，双方亲眼检定，采取三七的分成制。还应特别指出，原有的古树，佃仆是绝对没有份的。兴养山场的佃仆，不能私砍树木，哪怕是一根杂树或一支树丫[3]，一旦发现佃仆盗

---

① 《刘社福出佃田皮文书》，编号004602，藏中国社会科学院历史研究所。

② 《陈正璜立还文书》，藏中国社会科学院历史研究所。

③ 清雍正三年《金富等给汪姓地主立还文书》，编号003500，藏中国社会科学院历史研究所。

砍树木，就要缉捕、惩处。在徽州《罗城张姓家收入账目》中，乾隆三十年（一七六五年）闰二月记下如下一段资料：

> 闰二月初四日，王长住后山邻汪丙禄来报可欲公坟山里弯杉木被王姓庄仆盗砍五株。因尔初五日，馨、建（按：即张德馨、张德建，可欲公为其高祖）出名，命兰芝往县呈报捕厅姜四公。蒙即签差刘魁、马快施林票拘王福、王榆、王九、王本四人。初六，锁拿三人来村。王本未获在逃。递等惧罪，央托辉远佫代为力恳免到案受责，愿还看守文书，备醮谢偿树命，送银十两，其回官费伊自料理。于是择吉二十八日，代备五碟、唐人、拖禄、乐人，请坟服罪。王福等外备豆腐粿饭各二升请山神，给与山邻汪丙禄，是夜特设一席酬劳辉远佫，陪席建润、振泰、照七褒。
>
> 十二肴开后：光参、鲜鸡、蹄包、拖禄、海虾、青螺肉九、猪肚、银鱼、冷菜、腌鸡、小炒肉。外送亥四斤，唐人四座，拖禄两妥，未收复，于三十夜散伙。①

王姓庄仆因砍了五株树，除立还文书保证不再犯外，送银十两，负责"回官费"，还备醮谢偿树命和请坟服罪，祭山神酬山邻，并设十二肴的丰盛宴席酬劳主家的族众。既受缧绁之苦，破费又巨。有的佃约规定"盗一赔九"。王姓庄仆的赔偿何止所盗之九倍？如果盗砍的人是山主的秩下子孙，对于佃仆来说还是个主人，这是要称呼为"官人""相公"或"老爷"的。要行追究，就犯"以卑凌尊"之罪②，如果不报山主，被发觉了，又要受处罚，作赔偿。例如，康熙五十二年（一七一三年），吴子富、谢四给李务本堂立还文约中说：

> 凡遇出水之日，劳主拨捞养之资，历来无异，近因身等懈怠，以至本堂支下庭官人、福官人窃取竹木苗笋，今被众主察出现藏赃证，

---

① 原件藏北京市文物管理局，编号文205。
② 朱熹在《戊申廷和奏札一》中说："凡有狱讼，必先论其尊、卑、上、下、长、幼、亲、疏之分，而后听其曲直之辞。凡以下犯上，以卑凌尊者，虽直不右，其不直者，罪加凡人之坐。"见《晦庵先生朱文公文集》卷十四。

要行重罚身等，再四恳求，蒙主宽恕，身等愿备三牲封山，量尝竹木价银一两整。自今封禁之后，自必用心看守，倘有家、外人等再盗竹木，不敢隐瞒，如再仍前懈怠，悉听家主重治。①

这是一张代人受罚的冤约。此约还有值得注意的是：山主不作山场收入分成比例的规定，而是在"出水之日"，随意以一笔所谓"拨捞养之资"，抵偿佃仆看养山场所付出的劳动。这里，更谈不到享有力垒了。

所谓"力垒"，它相当于上述的所谓"田皮"。有些山场，原来只有稀稀落落的几根杂树，甚至山石堆垒，难以植树。佃仆在看养山场过程中花费了工本。例如有的松杉树苗便是由佃仆出备的，因而形成了力垒。有的佃约写明，松杉树苗是由山主出备的，"言定匄（无）力分（垒）"②。力垒是佃仆所出工本的代价，它成为佃仆的一种财产，是可以占有或典卖的。但是在文约上多载有："力垒先尽山主，不许变卖他（人）。"③这个附带条件。万历四十五年（一六一七年），庄婢（佃仆遗孀）洪阿旺因赘子倪春成结婚，她将先夫的力垒卖给山主吴德臣，其约文写道：

> 原承故夫倪保先年间佃到东主吴名下山二号……栽垒木苗，今因赘子春成毕姻，自情愿将在内山浮木本位该得力垒尽数立卖与东主吴德臣老官人名下为业，当得受银二两整。④

有的力垒甚至几经转手，如倪孔祥先年从佃仆唐潘买得力垒三号，后于万历四十六年（一六一八年）又转卖给另一地主吴元臣。⑤

"田皮"（或力垒）权，本是明清时期佃农（包佃仆）经过斗争取得的永佃权，但农民斗争取得的这个成果最终却反而变成对佃户（包佃仆）的

---

① 《吴子富、谢四立还文书》，编号004399，藏中国社会科学院历史研究所。

② 《庄人唐圣等给地主吴元臣立还文约》，万历四十八年，天启二年各立下一纸，见《吴氏誊契簿》，藏中国社会科学院经济研究所。

③ 天启二年（一六二二年）《庄人徐乐、徐兴给山主吴元臣立还文约》，见《吴氏誊契簿》，藏中国社会科学院历史研究所。

④ 《洪阿旺卖力垒文约》，见《吴氏誊契簿》，编号132，藏中国社会科学院经济研究所。

⑤ 《倪孔祥卖力垒文约》，见《吴氏誊契簿》，编号132，藏中国社会科学院经济研究所。

另一重剥削。人类的历史是这样的曲折，本来已经前进了一步的，后来却又退了两步。从争得田皮权倒退为交小租的历史结局正是这样。

正租、小租之外，还以斛面、河斛、淋尖等名色进行额外榨取。一般地说，斛面每石加一斗二升，河斛每石加一斗，淋尖租有时规定以鸡顶替。这些规定不是一成不变的，往往因时、因地、因地主的贪欲不同而不同。清末，休宁县某地主的《农家账簿》中记载了一八五四至一八六〇年的浮收租额，这对我们了解正租之外的额外榨取是有帮助的（表6-2）。

表6-2　安徽休宁县某地主一八五四至一八六〇年对一佃户浮收的租额[①]

年代	原定租额/石	实收租额/石	浮收额		附注
			石	百分比	
一八五四年	11.40	12.00	0.60	5%	资料来源:据中国社会科学院经济研究所藏休宁县《农家账簿》编制
一八五五年	10.18	10.80	0.62	6%	
一八五六年	8.06	10.00	1.94	19%	编注者:账簿上议交租额的单位是石，实租额的单位是箩上表按当地箩、石折合率(一箩等于八斗计算)作出
一八五七年	21.13	22.40	1.27	6%	
一八五八年	30.00	31.60	1.60	5%	
一八五九年	30.00	31.60	1.60	5%	
一八六〇年	29.24	33.60	4.36	13%	

账簿上虽未说明是对哪一类型的佃户所作的浮收，但对佃仆的浮收当应不会特别宽厚。租谷往往规定为"午后谷"。交租时，要"请接主人端看租谷，登场抛扬洁净"[②]。对来收租的地主家人，要准备"租膳"款待。有的地主还对租膳酒菜的式样、规格做了规定。守祠和守坟的佃仆，在备

① 李文治:《中国近代农业史资料》（第一辑 1840—1911），生活·读书·新知三联书店1957年版，第262页。
② 《徽州文约》，编号004795，又编号005437，藏中国社会科学院历史研究所。

租膳的同时，还得"宰鸡祭祠"或"祭墓"①，还规定交租草、租鸡（文约中或称信鸡，或讹为信记）、柴薪等。有的地主更将这些农副产品折银征收，浮收的额外租因此便固定化了。例如，清康熙三十年（一六九一年），胡文鼎给地主立还文约中写明：柴薪银"自十六岁起至六十六岁"都要交纳。租例柴薪每年每丁纳银一钱，自明迄今，胡姓交纳无异②。

有些佃仆文约中，住屋和葬坟地也规定交租。例如，崇祯年间，佃仆李天椿立还的文约中写明，因葬主山，除服役外，每年要交信鸡一只③。又如《胡氏置产簿》上记载：康熙年间，胡氏地主有一块土名里坞的山地，原每年交"豆租十二斤"。后"程仆（按：即程野九、程大旺、程生等）埋众坟在上，四股认交坟租四砠（按：一砠二十斤至三十五斤）"④。一般说来，葬山多规定交实物租。住主之屋则多规定交银租。《休宁潜溪汪姓置产簿》誊录的契约中，有一张契约全文如下：

> 立租批仆王佛佑今浼中租到家主汪名下房屋乙半（间），坐落土名竹林塝通前至后出入门面堂地基，每年议定银乙两整，其租银三面议定，四季交纳不得欠少分文，倘有租银不清，任从家主另行招租，无得异说，今欲有凭，立此租批存照。
>
> 康熙五十八年十一月 立租批仆人 王佛佑
>
> 　　　　　　　　　浼中家人　汪禹功⑤

从上面这张契约看，一旦交不出租银，就有被赶出去的危险，这种情况似乎较特殊。更普遍的情况是主人同时提供庄屋和田地，并把这种做法

---

① 程昌：《窦山公家议》卷四《田地议》。

② 《胡文鼎立还文书》，编号003499，藏中国社会科学院历史研究所；又见康熙三十年《胡卷元立还文约》，藏南开大学。

③ 《庄人李天椿立还应主文约》，藏中国社会科学院经济研究所。

④ 《胡氏置产簿》（万历至雍正），藏中国社会科学院经济研究所。

⑤ 《休宁潜溪汪姓置产簿》上还有类似的契约两张，藏中国社会科学院经济研究所。

视为定例。甚至庄屋残破了，主人还出一笔钱供佃仆维修①。

屋租虽规定交银租，但有的也用猪肉、枞柴等折算交纳，或以劳役代租。据祁门善和《程氏置产簿》记载：万历十九年（一五九一年），佃仆程究保"造牛栏厕所在山主地上，其地亦不起租，以准看守坟茔之资"。这是以看守坟茔的劳役抵屋租之一例。

佃仆租种任何土地都要交租，甚至向家主租一屎坑也要交租。佃仆张爱保立还的文约中写道：

> 立租约人张爱保今租到
>
> 家主胡 名下土名瓦瑶租屎塪（按：即屎坑）一个，递年秋季交租谷半砠，送门交纳，不得短少，今恐无凭，立此租约存照。
>
> 乾隆十九年四月 日立佃约人张爱保。②

这些主家对佃仆无所不收租，可谓是敲骨吸髓，榨取至最后一滴血。

当主家繁衍分籍时，佃仆也随之扩大纳租的物件。万历十一年《胡法给十四房主人立还租约》③中写道：

> 十三都住佃胡法向住板石胡村源房东康名下柒保土名新丈二百玖拾七号。胡法住基计成地七分二厘二毛三丝，今因房东各分买受、分籍，多寡不均，应付不便。自情愿托本都里长陈汝忠请（有分的房主）至会议，将身住基议交晚租一秤十六觔。秋熟之时，送租上门。照依分籍交纳，以准递年应付。有分房东婚姻丧葬竖造，听主差使一日。其余分外杂差，众议尽行蠲免。庆贺新年，犒赏年碗。倘身修造屋宇木料工食，照依分籍给助。自议之后，身等子孙永远交租，不敢欠少。房东子孙体念宽恤，并不分外差使。恐后无凭，立此清分租约

---

① 程昌《窦山公家议》卷六《庄佃议》载："林村之庄系祖传佃仆，屋废已久，管理者宜加意起造。"又《潭渡孝里黄氏族谱》卷五《族墓》《七里湾大冢火佃领造屋文书》中写道："住人吴寄宗、程社克等今领到潭渡房东……共计二十八两，吴程两家领去买办木料砖瓦造屋住歇，永世守坟，毋许将银花费还债。察出见一罚十，仍行重责无词。……正德十三年七日二十三日立。收领人吴寄社（署名略）。"

② 《明清民间契约》，编号总#792，藏中国社会科学院经济研究所。

③ 藏中国社会科学院经济研究，编号1.29。

为照。计开房东各该分籍租数于后：

衢公祠该地二分四厘二毛七丝八忽该租一十二斤一两半

逸祠该地二分四厘二毛七丝七忽该租一十二斤一两半

□□该地四厘二毛一丝二忽该租二斤一两半

恒该地四厘零一丝三忽该租二斤

圣护该地三厘零一丝该租一斤半

永宪该地三厘○○九忽该租一斤半

祯祥该地四厘○一丝三忽该租二斤

仕祠该地一厘二毛○四忽该租九两半

武果祠地一厘二毛○四忽该租九两半

长孙该地六毛○二忽该租四两八钱

法孙该地六毛○二忽该租四两八钱

金保该地六毛○二忽该租四两八钱

显爵该地六毛○二忽该租四两八钱

应有该地六毛○二忽该租四两八钱

万历十一年十二月初一日

立约人　胡法

中见里长　陈汝忠

户丁　陈世肇

　　从上面的契约中，我们可以看到，祁门的板石胡村源康姓地主有七分二厘二毛三丝的地基为佃仆胡法所居住，后因"房东各分买受分籍"的缘故，该地共分成多寡不均的十四份，为十户和四个祠堂所有。佃仆如按占地的多寡给各房东和各祠堂服役颇多不便。经请里长出面召集各房主会议，商定以交晚租一秤十六觔代替一部分劳役。各房东和各祠堂依占地的多寡分摊这些租谷。衢公祠分得最多，即得该地二分四厘二毛七丝八忽，分得租谷十二斤一两半。胡长孙、法孙、金保、显爵、应有等五户分得最少，各分得地六毛零二忽，租谷四两八钱。此外，凡房东有"婚姻、丧葬、竖造"，佃仆胡法要"听主差使一日"。胡法便从原来只有一个主人增加到十四个主人，对他们都要交租和供役。

佃仆除向地主交纳地租、山租之外，还要服劳役。这种劳役一般并不用于生产，而是用来满足地主生活上的需要。所以，劳役量和范围都很不固定，往往因地主贪欲的不同而有所差别。明代及清中叶前，佃仆的服役范围见之于文字的多限于守坟、元旦拜节、婚冠丧祭、神社、应考各役，以及其他的急务。但实际上，服役的范围远不止此，佃仆往往要按照地主的需要，随时"听从呼唤使用。"

守坟的佃仆要经常给坟茔添土拔草，庇坟的树木要精心保护，不准外人践踏、砍伐。清明时节，要侍候前来拜扫、祭墓的地主及其子孙，还要承担祭墓的各项杂务。祠堂佃仆要负责祠堂内及其周围的日常洒扫，及香火恭奉。此外还有专门被指定担任乐役的佃仆，称为"乐仆"或"乐人"。乐仆和乐人平时要练习吹打，以免业务荒疏。供役一定要及时，不得有稍微差误。禁止乐仆"私自工顾（雇）与人，远出买卖"。因此，乐仆往往唯恐供役不及时而请求改服别役。有一张顺治八年（一六一五年）的文约写道：

> 吴天贞今因移往别居，不在原处，合族大众婚姻丧祭等事，难以呼唤应用，不便。……今自愿托中另立新文，子孙永远应服所有杂差等项，听主不时呼唤使用。[1]

佃仆吴天贞显然是因移往远居，难以及时应役，才不得不要求地主改派别役。除指定服专役外，不时呼唤服役的专案还很多。地主子弟应考时，要派佃仆护送、挑行李。遇到地主家有"婚庆吉祥"之事，佃仆要前往办理酒席，散发请帖，接送宾客。对新郎新娘及显贵宾客，佃仆要抬轿接进。佃仆还要承担诸如新年春戏、秋报神会等神社之杂役。休宁《程氏祠堂簿》载有康熙年间举办秋报神会时佃仆服役的有关记载：

> 本村并赤土岭万斛庄，地（仆）、火（佃）共二十一名老户，（负责）拖木、搭棚、拆棚、造轿交还原主。今除宋永祥、永起故绝，仍

---

[1] 《吴天贞立还文约》，藏南开大学。

实一十九户。以鸣锣三通，各要齐至共事，如隐壮丁，故将老幼搪抵，及点名不到者，重责十板，以警将来。

除供役外，神会所用的火栏，亦要由"地仆轮流买办松明点燃"。

在上述同一本《祠堂簿》上，又有这样的记载：

> 顺治十年癸巳岁（一六五三年），众造正厅及回廊门正厅，壬山（？）丙加（？）巳闰六月十二日乙亥动工，本村地仆，见丁应工一日。……八月十二日乙亥辰午时，竖柱排列正间及东西两间，起屋之日。……本村地仆俱至助力。①

可见兴建房屋、祠堂，佃仆是要提供劳役的。同时还可以看到，程氏地主以旧社会择吉日时辰的迷信为理由，责令佃仆准时供役，"神权"支配的一斑，于此可见。地主家有丧祭之事，佃仆要守护死尸，洗抹尸体，更换衣服，以及报讣、送殡、埋葬等等。佃仆"不敢有违"，稍有怠慢，就"要行呈（惩）治"。

有的地主对某些佃仆全部采取劳役地租的剥削方式。《汪氏置产簿》②誊录了从崇祯五年至康熙元年（一六三二至一六六二年）的置产契约。其中七张是买进的田地契约，其数量是以佃仆劳役租的租额来计算的。例如，顺治十二年汪君宜的立卖契中写道：

> 立卖契人汪君宜同弟汪原明，今因缺少使用，央用（中）将承祖续置到白字号土名西山火佃陆工，住人九龙、进富、迟九；又将土名观音塘坞火佃一工半，住人七十仂；又将 字号土名西坑火佃三工半，住人天赦、显付；共三号计工十一工，一并出卖与汪名下为业，三面议取时值价纹银一两整。其银当日一并收足，其业听从买人管业。倘有内外人言说，尽是卖人之当，不涉买人之事。所有税粮候册笔于本家户口，起割推入买人户内办纳。恐后无凭，立此卖契为照。
>
> 前项银契内价已随契领足，再批。
>
> 顺治十二年二月初九日立卖契人　汪君宜

---

① 藏中国社会科学院经济研究所。
② 藏中国社会科学院经济研究所。

汪厚明

中见　汪秀升

　　汪氏地主买进这三号地的意义是能享有十一个火佃工的劳役。似乎这些火佃工有的也可折银交纳。同上《置产簿》中还有一张契约内容如下：

　　　　二十一都三图立卖契人汪国震，今将承祖并续置到白字号，今丈宾字 号土名观音塘坞伙佃国贵三工半、国负二工、添寿二工、国祥二工，今将前项共计九工半，递年交纳工租一铢（钱）九分，共计地步，计税，凭中三面立契出与汪 名下为业，三面议定，时值价银一两整，其银当日一并收足，其伙佃工一听买人管业无异，如有内外言说，尽是出人之当，不涉买主之事。先年并无（重）复交易等情。所有税粮随之扒入买人户内输纳无异，恐后无凭，立此卖契存照。前项契内价银，随契领足，再批。

顺治八年四月 日立卖契人　汪国震

中见人　汪存荐

代书　汪致和

　　这里必须指出，这些火佃的服役对象并非只限契约所载买主。往往因主家子孙繁衍，火佃的服役主人也随之增多。在主人繁衍增多的情况下，为了防止需役时发生争执，常以合同公议，将"火佃工"分到各户。例如《万历祁门谢氏誊契簿》①记载：嘉靖二十八年九月二十八日 氏将祖传火佃应服役的火佃工"分扒各管（房）叫唤，不得相混"。分扒的结果是：

　　焕房：元隆二工奂己 天贵半工奂 闰胜一工奂

　　　　　闰保一工

　　　　　元隆二工斯众 天贵半工斯 闰胜一工楠

　　焰房：元隆二工楷 天贵半工楷 闰胜四工祉

　　　　　元隆二工斯 天贵半工斯 闰保一工

　　政房：元隆四工、闰胜四工、天贵一工、闰保一工

　　泡房：祁富六工、子安六工、天贵一工半、闰保一工半

───────────────

　　① 藏安徽省博物馆，编号2：16761。

濂房：祁富六工、子安六工、天贵一工半、闰保一工半

沐房：周保四工、元富四工、天贵一工、闰保一工

潜房：周保四工、元富四工、天贵一工、闰保一工

楷房：周保四工、元富四工、天贵一工、闰保一工

汛房：胜富四工、子善四工、天贵一工、闰保一工

满房：胜富四工、子善四工、天贵一工、闰保一工

泮房：胜富四工、子善四工、天贵一工、闰保一工

谢氏共分十一房。火佃元隆、祁富、周保、子安、元富、天贵、闰保、胜富、子善等九人各服十二个工。唯独闰胜十个工。天贵十二个工分到各房，可能是因为他有专长，各房都需要他去服役的缘故。

清代中叶以后，随着佃仆人数日益减少，服役的范围似乎逐步趋向于固定化。光绪十五年（一八八九年），吴葆根记录的休宁吴氏《葆和堂需役给工食定例》，对各项服役都作了规定，包括服役的质量要求、花费时间等等。有些劳役还指定了专人。该工食定例的前言中有"例已数百年"之语，据此看来，当是前已如此，只不过"定例"将佃仆的服役规范化、制度化罢了。这同明代，乃至清初，佃仆"听主不时呼唤使用"这种无边无际的服役情况对比，似乎有所改善。可是，从《定例》罗列的服役名目之庞杂看，服役还是很繁重的。况且《定例》虽然规定了服役范围，地主还可以随时按需要对《定例》进行修改和补充，或者索性把它撕毁，任意强迫佃仆为之服役。

据笔者在祁门查湾、善和里、莲花塘、休宁茗洲、绩溪上庄等村实地调查所得的材料看，直到民国年间，佃仆的服役情况仍基本沿袭前清旧例。但也有一些例外，如查湾的佃仆，除承担婚冠丧祭喜庆以及生活所需的劳役外，还要担负家兵劳役，即充当地主、商人的保镖，负责警卫，守护山场及汪氏地主之财产。关于这方面的详细情况，请参看本书附录。又如莲花塘的佃仆，在举行太阳神会时，要服残忍的祭祀劳役。每年农历六月十二至十四日为太阳神会期。太阳神系五谷之神，人们以为一年丰歉全赖其恩典，所以祭祀特别隆重。合村的人都整肃衣冠，去观看祭祀仪式。

其中有一项叫"烧油锅掐豆腐"，即在台前置一烧红的铁锅，将村民许愿捐献的菜油、豆腐放进锅中煎炸。担负这祭祀劳役的佃仆得用手将油锅中的豆腐捡起，扔到人群中去。其时动作要快，否则手即有被烫焦之危险。豆腐视为吉利的象征。围观的人争拾豆腐。抬到者意味着神已答应赐福与他，这一年五谷丰登有望了。再一项是"破血"。一个身穿短裤，裸露上身的佃仆，手执利斧，先在额头垂直地划一刀，叫"破天门财"。接着在背部左右两侧各划一刀，叫"挂背财"，又在胸前两侧同样各划一刀，叫"破胸财"。鲜血直淌，观者寒心，但谁也不敢出声。中华人民共和国成立前承担这个差事的佃仆许寿保（一九〇〇年生）今仍健在。曾露上身给笔者观看。当年的伤痕，今犹斑斑，真是惨不忍睹。

综上所述，自明清至民国，佃仆服役的范围，主要是冠婚葬祭喜庆，以及属于地主生活方面的一些劳役。但也有一些是属于生产性的劳动，如看守树木、除草、修路、建筑仓库、搭桥、春渡等。还应指出，如抬轿、奏乐、丧葬杂役等所谓"贱役"，也是由佃仆承担的，而且成为佃仆的一种标志。

佃仆的服役情况，前后亦略有变化。明代，有的佃仆在立还应主文书中写明"递年上工"的日数，或所谓"庸"几天，这种以天数计算的生产性劳役，清代以后不多见了。明代以至清初，佃仆除服被视为"贱役"的固定劳役外，日常生活中的所谓"寻常事"，是任意"滥征"的[①]。清中叶以后服役的范围相对固定。应该说，这多少是一个进步。明末清初，佃仆登主门服役时，只管饭吃；清中叶以后，主家有时须要支付酒资或小费。这似乎是以工食制逐步转入货币工资的一种反映。

以上种种劳役是和实物地租同时存在的。它成为佃仆制的一个重要特点。必须指出，劳役地租之所以占有一定的比重，是同地主采取有田地、有庄屋的庄田制有关的。佃仆制和庄田制、劳役租制是互相依存、互相影响的。

---

① 见程昌：《窦山公家议》卷六《庄佃议》。

（四）佃仆的身份地位

关于佃仆的身份地位问题，有种种看法。有的说是奴隶，有的说是农奴，有的说是半农奴，还有的认为属于贱民。众说纷纭，莫衷一是。本部分拟就这一问题作一探讨。

佃仆即佃田之仆。不管源于家内奴仆，放出别居，改以租佃形式进行剥削与奴役的佃仆，抑或来自破产农民，勒迫而成的佃仆，对地主都有封建的租佃关系和主仆名分。乾隆三十四年（一七六九年）刑部议："奴而兼佃户者，即退佃而名分永存。"①可见在封建统治者看来，佃仆是具有奴与佃户双重身份的。

佃仆和地主具有主仆名分，是人身依附强固的标志，也是佃仆区别于一般佃户的重大特征。主仆名分是终生的关系，而且延及子孙，世代相承，经"数十世不改"②。到了清末，有的佃仆即使退佃，可以出外打长工，但对原主人的主仆名分依然存在。不能出卖自己作他人之仆。例如，祁门县农民胡永，因"幼失怙恃，租种张姓田营生"。光绪十六年（一八九〇年）正月，梅树坑口章禄看到胡永能干，又能吃苦，便雇他为长工，继而以女宜巧婚配，勒迫他立卖身文约。胡永自认已是张姓佃仆，不能复卖自身而加以拒绝③。胡永去当长工，可能是已经退佃的缘故。但是胡永还自认是张姓地主之仆。可见一旦陷为佃仆，主仆名分的印记是不能抹掉的。主仆名分是以佃仆立还的文书契约为依据的。但如年代久远，契约遗失时，则以服抬轿，吹打奏乐，以及冠婚丧葬杂役等所谓"贱役"为根据。正如日人仁井田陞教授所指出的，只要承担主人祭祀的劳役，哪怕是最低限度的保留，就意味着仍然残存作为世仆（这里指佃仆）的依据④。

---

① 转引自《祁门诉讼档案》，编号3579，藏中国社会科学院历史研究所。
② 道光《安徽通志》卷二《风俗》。
③ 光绪《祁门各式状词抄底》，藏中国社会科学院历史研究所。
④ 见《中国法制史研究》（第三卷）第九章第一节。

对佃户取得主仆名分，就标志着佃户即其佃仆，地主就可以对之驱使奴役，对于佃仆，主仆名分犹如横在颈上的永远不可摆脱的枷锁。徽州地区常常出现为主仆名分之事争讼不休的现象。正如康熙年间祁门县令姚启元所说的"审其案牍，视其情词，非先祖之坟墓，则名分之等级"①。从宋代起，主仆名分法典化之后，这种主佃间的主仆名分是为法律所极力维护的。清雍正就曾叫嚷："夫主仆之分，所以辨上下而定尊卑，天经地义，不容宽假。"②

佃仆的人身是不自由的，他们被束缚于地主的庄屋、土地上，不准迁移逃跑，或以任何理由"私自离他地居住"③。擅自移居别处的佃仆，以"背主逃走之罪"论处④。对逃亡佃仆，地主或自行追捕，或呈请官府代为缉拿。非追缉捕获不肯罢休。佃仆陈五九连同其妻旺弟，女寿弟，康熙年间曾"私自搬往七都山塍赁屋住家"，并在此佃种。后被主家发现，陈被迫"央堂叔陈长成代行求饶"，并立文约，保证"暂在七都居住，候秋收后仍前回家居住服役无辞"⑤。有的地主规定："有呼即至，有令即行。"⑥要绝对听从使唤。佃仆唯恐供役不及时而忧心忡忡。居住距主家远的乐仆要求改服别役，生怕耽误祭祀之事，充当打手的拳斗庄，明知有危险，也得拼命上前。佃仆可因附着在的屋、地转卖、赠送、分籍而更换或增加主人。佃仆始团，从隆庆元年至万历十一年（一五六七至一五八三年）的十六年间，随着他住歇的屋地两度转卖，先后经历了三个主人⑦。又如万历年间，地主洪宗周兄弟将分得的李坑庄塘山屋地四股之一卖给洪兆先。两年后洪兆先又赠予洪寿公六大房。于是佃住耕种这块屋地的佃仆吴记富、吴记元二人，两年间也随之变换了三次主人，即由洪宗周而洪兆先，继而

① 康熙《祁门县志》序。
② 《起居注册》。
③ 《明代仆人应主文书》，编号18，藏中国社会科学院经济研究所。
④ 《徽州文约》，编号6526，藏中国社会科学院历史研究所。
⑤ 《徽州文约》，编号6526，藏中国社会科学院历史研究所。
⑥ 《黟县环山余氏宗谱》（民国六年刻本）卷一《家规》。
⑦ 《徽州文约》，编号4388、2907，藏中国社会科学院历史研究所。

洪寿公六大房，亦即从一家变成了六家，增加了主人①。这里顺带指出，徽州的火佃同其他名目的佃仆一样可随屋地变卖，看不出火佃身份略高的表现。有关火佃的契约中都写明：屋地、火佃"尽行立契出卖"，"其火佃一听买人叫唤"②。清中期之后，火佃之称少见，是因为在某些地方它为佃仆的称谓或其他名目所替代。如前所述，火佃和佃仆是可以互称的。

佃仆的婚配、过继等，要受到主家干预。崇祯年间，佃仆汪新志无嗣，以佃仆之子汪正阳过继，以承其"宗枝"。后又增以其侄福伙过继，此事因未征得家主同意，被视为犯有"欺藐之罪"，要报官惩处。后来正阳、福伙除被勒迫一同立下应主文书外，还要其亲属立下"甘罚戒约"③。有的地主强迫佃仆在立还文约中写明"后代婚配照例一由家主"④。可见佃仆是不能完全支配自身的。婢女转变来的佃仆之妻所生的子女，要以一女给主家当婢女，以"抵母之役"⑤。

在礼制和日常生活上，佃仆和主家也表现出森严的等级。从称呼、起居、婚丧礼仪，以至日常衣着，都有一系列区别等级和侮辱人格的规定。佃仆对主家族众，凡男人称朝奉、老爷、相公、官人，女性称孺人。途中相遇，如不作这样称呼并让路，即要诉诸祠堂族长，加以惩处。有事找主家，不能随便进入房舍，要恭立门外，请主人出来接见。休宁《茗洲吴氏家记》规定："佃仆有事关白，不能直入房舍内，殊为燕亵"，有事"则于门阈外候立白事"⑥。与主家"平日起居不敢与同，饮食不敢与共，亦不

---

① 《万历庄仆立还应主文书》，编号21、22，藏中国社会科学院经济研究所。

② 关于记载火佃身份地位的契约很多。请参阅中国社会科学院历史研究所藏的编号2988、775、146、2907、1855等件，经济研究所藏的编号"394（8）一函，又《汪姓置产簿》一件；北京大学图书馆藏的编号明契397.4/6757一函；安徽省博物馆藏的万历《洪氏誉契簿》等。

③ 《佃仆文约》，编号4904、6532，藏中国社会科学院历史研究所。

④ 《佃仆文约》，编号4882，藏中国社会科学院历史研究所。

⑤ 《乾隆四六一五四年状词和批示汇抄》，编号63，藏中国社会科学院经济研究所。

⑥ 吴子玉：《休宁茗洲吴氏家记》卷七，万历十九年手抄本。

敢尔我相称"①。春节出门，要腰束青带，以示低贱。祁门善和里程氏地主，每年年初二在祠堂正厅依年齿次序堂皇高坐，将关着的大门底板抽出，要佃仆从门底下洞口爬进去向他们跪拜叩贺，祈祷他们增财益寿。佃仆禁止使用布伞，所穿的草鞋则规定在前端偏侧作纽，以示区别。光绪年间，休宁茗洲吴氏宗祠葆和堂规定：佃仆盖房子，要"禀明祠堂，是何地名，稽查明白，写定发笔，完了承约，然后动手"。因基地是主家的，必须立下租约。房子的尺寸、规格都有定规。"衣衫酒食"规定，"绫罗绸缎不许着，大红纬帽，及珠簪头烧金镶笄不许戴"，酒席"不许用簋碗山珍，书姓成对灯笼不许用"。生儿取名不得"有犯家主及祖讳"。死后葬坟地点，要经主家稽查，"果然分毫无碍，方许扦葬"。做坟立碑尺寸和碑文格式，也作了规定②。一切都要循规蹈矩，不能僭分越格。

凡人不准与佃仆通婚，凡人（亦即良人、平人）宁可光棍终生，也不能与之联姻。一旦发现此情，即置之祠堂，按家法宗规惩处。《休宁茗洲吴氏家记》明载："门第不对（按：指与佃仆等贱民通婚），乡都诟笑，是人自以奴待其身，以卑下待其子，我族即不当与之并齿，生不许入堂，死不许入祠。"③在他们看来，与佃仆通婚，良、贱血统相混，将使祖宗蒙辱，所以必须以除族处制。方志记载：佃仆"即盛资厚富，终不得齿于宗族乡里"④。一般地说，佃仆所处的政治经济地位是不可能"盛资厚富"的，但也不排斥个别佃仆由于特殊机缘而变成小康之家，甚至富裕起来。但即使如此，其身份地位也不能改变。永乐年间（一四○三至一四二四年），祁门县十一都二图黄汪祖，始为李友道义男，后转为佃仆。到弘治、正德年间（一四八八至一五二一年），主家李氏"家道消乏"，佃仆黄汪祖的子孙买下租用的主家"居地"，将家中奉祭的原主人李友道神牌"弃毁

---

① 光绪《大清律例汇辑便览》卷二十七《刑律·斗殴》上。

② 《葆和堂需役给工食定例》。

③ 吴子玉：《休宁茗洲吴氏家记》卷七。

④ 万历《祁门县志》卷四《风俗》；嘉庆《婺源县志》卷四《风俗》；道光《徽州府志·风俗》。

不祭，亦不到伊家辞岁拜年"，挣脱主家的控制。该佃仆家境渐裕，嘉靖年间又析为两户，其中一人更跻入官绅的行列，并拥有田地二百二十余亩。嘉靖八年（一五二九年），黄珽因于途中为原家主李三学所叱骂而发生争吵，相互诉讼。官府审理结果，依然维护双方的主仆名分①。又据《西园闻见录》记载："先世佃仆，今已富强。"②可见佃仆中的个别幸运儿家业得以富裕起来是存在的，但即使是这些幸运儿，也不能因此改变其卑贱的地位。

佃仆子弟不准应试出仕。上述因特殊机遇而在经济上上升到小康地位的佃仆，客观上已具有维持子弟读书的经济力量，但因身份地位的限制，他们的子弟实际上仍很难得到读书的机会。许承尧在《歙县志》中说："至光、宣间，科举制停。城乡设学，此风（按：指佃仆子弟不准入学读书）乃革"。③但实际上革得十分有限。胡樵壁先生在《封建制度下的大户小户之分》一文中说；

> 辛亥革命后，……有些小户（即佃仆）已摆脱奴役，自成一个宗族。感觉人多没知识是最大缺点。因此合一姓之力来培养几个子弟读书。先问大户绅士们同意，代向学堂接洽，才能入学。还要向文约④捐一笔款子，以后文约集会时也发给一副帖子，便能带帖赴席。在宴会时，高坐堂皇的当然是大户科甲出身的前辈，小户只能坐在旁边的席次。对于讨论事项，小户也不敢发言。这种小户的界限，辛亥革命后虽有部分纠正，却未能彻底。⑤

据实地调查，直至中华人民共和国成立前夕，徽州某些封建势力比较顽固，仍然坚持佃仆制的宗族，还是不准佃仆子弟入学读书。其目的是使佃仆子弟的智力得不到开发，使之陷于永远的愚昧，以便于任意驱使奴役

---

① 《田邻报数结状》，原件藏安徽省图书馆。

② 张萱：《西园闻见录》卷十五《不校》。

③ 民国《歙县志》卷一《舆地志·风俗》。

④ 作者原注："文约是当时文人集会场所。县分五乡，每乡均有文约。如祁门城乡敦仁文约，东乡曙升文约，南乡间阳文约，西乡集成文约，北乡中字文约。"

⑤ 未刊稿。原稿由笔者手藏。作者有《祁门县志》刊行传世。

他们。佃仆身份的卑贱，还表现在法律上。明清法典把佃仆划入"奴仆类"，规定他们属于最低下的法律地位。男为奴，女为婢，在法律上称谓为"奴婢"。从社会等级结构看，佃仆和隶卒、乐户、奴婢等都属于贱民等级[①]。佃仆和奴婢一样称地主为家长。如前所述，与地主间的主仆名分是为法律所确认的。双方的法律地位相差悬殊。佃仆这种低下的地位不只对家长本人，就是对家长宗族中其他有服亲属，也无不如此。只不过随其与所隶属之地主服制的亲疏而有等差罢了。依照律例，佃仆"如与家长及家长之亲属有犯，悉照奴婢例分别问拟"[②]。据《明律》：主人殴伤及过失杀死奴婢，均无罪；如奴婢有罪而殴杀，杖一百；故杀，杖六十，徒一年。奴婢骂主人处绞刑；斗殴及谋杀主人，不论已伤未伤，均斩首；杀死，凌迟处死。这种规定在现实生活中也得到印证。崇祯年间，佃仆"汪三槐之妻九弟，送租欠谷二（斤），与（汪）菊父汪之时忿争，犯分于田间"，结果田主汪菊把汪三槐之母春兰打得遍体鳞伤，然后推之坠岸坑而死。歙县令傅岩受理此案时作出判决："春兰为汪野之婢，菊与野从堂兄弟，实同宗缌服[③]之亲。""汪菊合依殴缌麻亲婢至死律，减徒。庶主仆分明，情节允协矣。"[④]相反，清顺治年间，湖西守宪赵辑退则在其判案中，将击杀不法地主的佃仆福祥，坐以"谋杀家长"律，凌迟处死[⑤]。两者在法律上的地位形成鲜明的对照。

对于有犯的佃仆，家主除诉诸公庭，按法律处置外，一些大族还按家法宗规论罪。乾隆《新安程氏阖族条规》明确规定：佃仆"不特犯本主者罪不容于死，即见他房之主，坐则必起，呼则必诺，少有干犯，告之本主，痛加责治，仍遣本仆叩首谢罪于所犯之家，毋得宽纵，以失体

① 请参阅经君健：《试论清代等级制度》，刊于《中国社会科学》1980年第6期。
② 祝庆琪：《刑案汇览》卷三十九《安徽细民殴死大户分别拟罪》。
③ 服制分斩衰、齐衰、大功、小功、缌麻等五服。缌麻为五服之最轻者。同宗缌服指高祖父母及五服内在小功下者服之。
④ 傅岩：《歙记》卷九。
⑤ 李渔：《资治新书》卷八湖西守宪赵辑退《劫杀兄命事》。

统。……此君子小人之大分，不可不正者。"①这些家法宗规在现实生活中具有与法律同等的效力。直至中华人民共和国成立前，某些大族仍按祠规，对有犯佃仆作处治。其刑罚是骇人听闻的。如歙县呈坎罗氏的族长即可在祠堂对佃仆依所犯情节处以训斥、吊打，直至活埋等刑②。一些名宗大族，"家范肃于刑律，乡评严于斧钺"③，对佃仆操有生杀予夺之权。总之，佃仆不仅要受官方法律的约束，而且还要遭到宗规家法的管制。

在清代，朝廷曾于雍正五年、雍正六年、乾隆三十四年、嘉庆十四年、道光五年，先后五次下诏将徽州、宁国等地佃仆开豁为良，逐渐明确地放弃以"佃田、葬山、住屋"三者为勒迫农民作佃仆的依据。据此，佃仆队伍应不断缩小，但这些诏令收到的效果是很有限的。有的地主依然将应在开豁之列的这部分农民视为佃仆，虽然这部分佃仆的身份地位，已不为法律所承认。他们在现实生活中身份地位之高低，往往视其所依附的主家等级而定。主家的等级愈高，这部分人的地位便愈低。主家如属庶民地主，他们尚有诉诸公庭，要求开豁为良的可能，如果属于名宗大族、缙绅地主，那么，他们就将继续被视为"佃仆"。缙绅地主可径用家法对佃仆进行管制惩处。天高皇帝远，官府管不着、也不愿管。

不仅佃仆本人对所隶属的主家"既有良贱之分，则与主同族之人亦有尊卑之等"④，而且由于主仆双方不断地繁衍、分籍，于是又出现了此姓为彼姓之仆的现象。仆姓对主姓族人都有服役的义务。残存到中华人民共和国成立前的佃仆几乎都是这样，他们几乎都由祠堂族长管辖。压在佃仆头上的已不是一家一户的主家，而是整个宗族了。

这里顺带指出，在佃仆内部，彼此身份地位又存在略有差异的不同层次。这种稍微的不同与佃仆的来源及其服役的项目有关。大体说来，凡有卖身文契，或是以家内奴仆转化来的佃仆身份最低。这种人多为守祠和守

---

① 《新安程氏阖族条规》，编号388，藏中国社会科学院经济研究所。
② 《宗祠内幕》，藏歙县博物馆。
③ 雍正《江西通志》卷二十六《风俗》。
④ 洪弘绪、饶瀚：《成案质疑》卷四《小户附居大户年久指为世仆》。

坟佃仆，或以办理丧祭、抬轿、吹鼓等"猥役"为其专役。只有拥有较多佃仆的大族和缙绅地主才有专役佃仆。至于拥有佃仆户数不多的中小地主或一般宗族，是没有专役佃仆的。凡投靠，或相沿陋俗被勒迫为佃仆的，或本系官僚的家人、长随，随主还乡而转为佃仆的，这部分人地位略高，往往负责家兵劳役（如守卫、报警、充当打手），或拔草修路、撑船摆渡、挑担之类的劳役。

法律上已确认佃仆为地主之仆。因而，一般地说，佃仆没有登入国家户籍，与官府不发生直接的关系。隆庆六年（一五七二年），徽人汪尚宁为祁门《文堂乡约家法》写的"序"中说："本都乡约，除排年户众遵依外，仍各处小户（即佃仆）散居山谷，不无非分作恶、窝盗、放火、偷木、打禾、拖租等情。今将各地佃户编立甲长，该甲人丁许令甲长约束。"①可见这些没有编入里甲排年服役的小户，是另外由乡约给他们编甲，立甲长代为管束的。万历《休宁县志》记载："卑族（佃仆）下走，即积资倾里闬乎，卒不得列衣冠。……入公籍。"②万历年间修撰的《程典》卷二十一《籍役志》第五也记载："客家小户有捐千金而乞役不得者。"官府差役是编户齐民对封建国家承担的义务。没有登入户籍的佃仆除非替主家供值，是不允许其服这一差役的。这种情况，到清代依然如此。同治《祁门县志》的作者也说："民只知供正赋，其应公家者皆故家子弟，非有包头雇役及细民（即佃仆的别称）窜入版图者。"③可见佃仆附录于主家之下，是没有独立户籍的。在户籍的管理、编制上，也体现了佃仆身份地位之卑下。

佃仆在法律地位上虽然划入"奴仆类"，他们也经常要受到奴隶般的压榨，但实际身份地位并不等同于奴婢。马端临《文献通考·户口考》将

---

① 陈诏祥：《文堂乡约家法》（隆庆六年刻本），按：有的佃仆则分班择"伶俐"者长之；《黟县环山余氏宗谱》卷一"家规"中规定：将各房佃仆"分作十班，择伶俐十人长之。其长一年一易"。

② 万历《休宁县志》卷一《舆地志·风俗》。

③ 同治《祁门县志》卷五《舆地志·风俗》。

晋代佃客列入"奴婢门",但实际上佃客的身份地位要比奴婢略高一些。佃仆与奴仆有一些不同之处。

首先,地主对佃仆的驱使奴役是有条件的,有限制的,不像对奴仆那样可以无限制地任意进行人身强制。佃仆服役的范围,一般说来要限制在契约的规定之内。超越规定范围的役使是存在的,但是不为社会习惯法(或称不成文法)所认可。地主如果可以对佃仆为所欲为而毫无顾忌,那也就不必令其立还文约了。诚然,无论是佃仆的立还文约,还是地主自己订立的关于役使佃仆的家法宗规,都可以不遵守,或不完全遵守。但是有一定的契约和法规,总比对奴仆那种没有约束的役使要好一些。它多少总有点约束力。

其次,地主对佃仆的人身只是部分占有,而不是像奴婢那样全部占有,这可以从佃仆可以典卖自己的子女得到证明。万历年间,佃仆胡喜孙典当儿子所立的当约全文如下:

> 五都仆人胡喜孙,今为娶长媳缺少财礼,自情(愿)将三男胡社禄当到房东洪寿公祀。纹银一两七钱整,其银照例每月加利二分算,约至来年八月间将本利一并送还不致少欠。今恐无凭,立此照约为照。
>
> 万历十四年十二月初四日立当约人　胡喜孙
>
> 依口代笔　洪天南　中见人　洪德聚[1]

值得注意的是,胡喜孙将其儿子恰恰典当给其主家,而且条件也十分苛刻。但这毕竟同主人对奴仆本身及其后代的全部占有,对其生活、婚配一包到底是不同的。又据《黄氏膳茔簿》记载,黄氏族众规定:守坟佃仆鲍伦等生子长大到能应役时,允族内"雇去,每年约定工银若干,衣服与穿,不在工银之内扣算,至冠后算该工银与本人讨妻,如财礼不足,四分均凑。不然小者各村讨去,老者当众应役,死后泯于无还,又不若此时分

---

① 见万历《洪氏誊契簿》,编号2:16760,藏安徽省博物馆。按:关于佃仆可以将子女出卖,或入赘到不属同一主家的佃仆妻女,可参看中国社会科学院历史研究所藏的佃仆契约,编号4886、602等。

去各存一房何如？今议：从万历六年（一五七八年）正月起，凡仆生子，日后不论多寡，止许存作松涧公支下众用，毋许私卖私买，如违，君子罚银三两，入众公用。小人重责四十，仍令取赎"①。上述记载表明，佃仆子孙也同样可以出雇或私卖，但在佃仆人数日益减少的情况下，胡氏宗族不得不禁止佃仆将子息卖给族内私人。这同允许其族人雇去，用工钱充讨妻财礼一样，都是为了保证佃仆的再生产，使之不致泯灭、绝种。从佃仆可以典卖、出雇自己的子女看，他们没有完全丧失人身支配权。

复次，佃仆不像奴隶一样是主人之物，而是主家之人。生命肢体是得到保证的。婚姻过继虽受干预，但仍被承认为合法。尽管与主家有主仆名分，但主家是把他们与奴隶区别开来的。在家法祠规中，有时两者是区别对待的。万历年间撰修的《溪南江氏家谱·祠规》中规定："祖宗所遗佃仆，服劳执役，须大家'怜恤'，毋恣凌虐，或有触犯，告之祠正副，论以名分所在，扑责示惩。"②相反，对家内奴婢的扑责惩处，则无须通过祠堂族长。主人可以任意摧残奴婢的肉体，什么"棰楚熨剪""立成人彘""其悬梁之鬼，入井之魂，杖下之尸，惨切有不忍言者"③。这犹如对一头牛，一匹马，任意抽打、宰割一样。可见佃仆的生命、肢体要比奴婢有保障。

再次，佃仆区别于奴婢的另一个方面，是佃仆有独立的个体家庭经济。佃仆以户计，而不像奴婢那样以口计。尽管他们的财产受到种种限制，但他们一般都拥有简单的农具，个别的还拥有房屋和土地。在休宁潜溪《汪姓置产簿》上，就有佃仆将屋、地典当与主家，然后租回的记载。其当约全文如下：

> 四都十图立当契仆王阿孙，今因急用无措，自情愿同男佛佑、叔夏仍商议，（将）承祖所遗屋一片，通前至后地屋基在内，系生字三

① 原件藏中国社会科学院经济研究所。

② 见《溪南江氏家谱》第六册，转引自多秋贺五郎：《宗谱的研究》。

③ 蒋鸿藻：宣统《诸暨县志》卷十七《风俗》。按：关于主人对奴婢的摧残、压迫，请参看韦庆远、吴奇衍，鲁素：《清代奴婢制度》，中国人民大学出版社1982年版。

千八百九十一号，土名竹林塝；又自置地一业，系三千八百九十二号，浼中说合出当与家主汪名下为业。三面议定当售纹银二十两正，其银当成契日一并收足，其屋自今出当之后，悉听受主管业，另行招租，无得异说，其原来脚赤契文乙纸亦缴付收执。其基地并无重复典当，以及准折债务等情，如有内外人拦阻不明等事，尽是阿、男、叔承当，不涉受主之事。今恐无凭，立此当契存照。

　　内改一置字。倘业日后变动，先尽当主，不得私卖，再批。其银合九五色足，平合万安街米法。

康熙五十八年十一月初三日

立契当人　王阿孙

叔　王夏仍

男　王佛佑

王进生

与立上契的同时，王佛佑又用每年租银一两五钱，王夏仍用每年租银一两三钱，将当出的房屋租回居住。①佃仆在租种田地、山场中，由于花费了工本费，还赢得了所谓"田皮权"和"力坒"。这些也可当作财产一样典当，或者出卖。他们除经营农业外，还经营与农业结合在一起的家庭小手工业。同样是以一家一户作独立的生产单位。佃仆不像奴隶那样，要用鞭子驱使去劳动，他们有一定的劳动兴趣，是自主的独立生产者。②

　　综上所述，佃仆与地主既有封建的租佃关系，又有主仆名分。佃仆附属于庄屋、土地上，没有迁移的自由，可随屋、地的变卖、赠送、分籍而

---

　　① 是书编号075，藏中国社会科学院经济研究所。

　　② 按：佃仆生产自主的程度，要取决于地主所采取的是额租制还是分成制。在分成制下，主家对佃仆的生产是干预的。在额租制下，地主对生产的过问则较少。天启年间（一六二一至一六二七年），佃仆许兴付等立的文约就是地主干预佃仆生产之一例。文约中写道："来年佃仆种小麦，插禾迟延，至本田不满原租，田主要行授呈治。兴付等自知理亏，甘立文约，递年只种大麦，小满之前一齐插禾，务要灰粪力勤，如前不行小心，听主照同坦田取租。"（《明正统—清乾隆甘服文书》黟县1519，藏北京师范大学历史资料室）

变换或增加主人。在法律上划归"奴仆类"。在社会等级上，属于贱民阶层。但是，佃仆实际的社会地位高于奴仆。他们有自己的简单生产工具，个别的还有少量的土地和房屋。有自己的家庭组织和独立的家庭经济。他们不是主家之物，会说话的工具，而是主家之人。主家只能部分占有其人身而不是全部。对其支配、奴役是有限制的而不能为所欲为。这种限制往往用契约、宗规家法的形式加以肯定。他们的生命肢体安全已得到一定的保证，不能任意宰杀。婚姻、过继、财产等虽然可受到干预，但被承认是合法的。佃仆也不同于一般的佃户。后者与地主没有主仆名分。在法律上两者分属于贱民与凡人两个不同等级。佃仆对主家的人身隶属关系，所受的超经济强制，远比一般的佃户严酷。服劳执役也远为繁苛。佃仆的身份属于农奴。但较之西方的农奴，又有其特点。其中很重要的一点，是徽州佃仆不像西方的农奴那样，仅是单个封建领主凌驾于其头上，而是隶属于整个宗族，地主对佃仆的奴役也浸透着宗法家长制的精神，所以带有宗族农奴的性质。

（五）佃仆制的衰落

佃仆制和任何事物一样，最终都不能逃脱衰落的命运。入清以来，尤其清代中叶之后，佃仆对主家的隶属关系，出现了松弛的趋向。服役范围从平日"寻常事"的"滥征"，无休止的"分外之征"，逐步趋向相对固定化。例如，光绪十五年，吴葆根录记的《葆和堂需役给工食定例》就是一本较完整的服役条规。这种条规的出现当比记录成册更早。说明服役已不可任意呼唤，而必须按章办事。尽管在实际生活中，并不完全遵循这种条规。纯粹的劳役地租，即应主文书上所写的"递年上工"，或所谓"庸"几天的生产性杂役，清代也不多见了。过去，佃仆服役实行只管吃饭的工食制，现在则需支付酒资、小费，出现了向货币工资过渡的迹象。此外，佃仆头上的种种条规定例也日渐失效。例如，佃仆娶亲原是要步行，不能坐轿的。休宁茗洲吴氏佃仆清末改用人背，后又改用小轿。这尽管与主家用的大轿尚有区别，但说明某些规矩已被打破。清中叶佃仆已可以退佃，有的还可外出打工。这些都说明对佃仆的控制趋向松弛。

其次，佃仆的数量日益减少。据笔者所掌握的契约档案材料，在清代，佃仆随屋地买卖的情况已少见了。这不仅意味着佃仆身份地位已有所提高，而且也说明主家占有的佃仆已不多，所以不再轻易将佃仆及其附着在的屋地转卖了。如前所说，庄田制和佃仆制是互相依存的。佃仆和其附着的屋地合为一体，不能分开。如果只单纯出卖屋地，把附着在此的佃仆留下来，就意味着将他们从附着在的屋地上赶出来，主家就得对他们另作安排。由于控制的松弛，因此出现了庄屋夷毁，佃仆逃跑的情况。康熙年间黄槐为歙县潭渡七里湾大冢火佃文约写的《补注》中说："按七里湾祖墓有祠、有庄屋、有佃仆，于前明中叶犹有领银文契（按指领银造屋文书）、服辨文书，皆历历可据，况相距咫尺，声息相闻，似万无遗失之患矣，今仍（乃）佃仆星散，祠与庄不知毁于何时，竟无一人知其事之始末。"[①]佃仆数量的减少除平日逃跑外，更重要的是明清嬗递之际，在宋乞领导的佃仆、奴隶起义和清末太平天国运动中，佃仆或逃亡，或惨遭屠杀。清中叶以后由于朝廷几度颁布将佃仆有条件开豁为良的诏令，以及佃仆为争取脱籍而进行反抗斗争，佃仆队伍愈加减少。清末佃仆一般只存在于一些强宗大族和缙绅地主的宗族内，民国年间则多为封建宗法势力强固的宗族之祠堂所拥有。私人占有的佃仆已很少了。以上所述只是笔者根据接触到的资料作出的判断，并没有作过量的统计。再是入清以后，佃仆反抗斗争日烈，斗争的方式愈为多样，这也说明这种落后的生产关系已日益趋向衰散，很难维持下去了。

以上种种表现，说明佃仆制日趋衰落。下面谈佃仆制衰落的原因。

明中叶以后，由于商品经济的发展，一些地区，尤其是江南地区已出现资本主义萌芽。清中叶，资本主义萌芽又得到缓慢的滋长。在商品经济的冲击下，徽州内部的社会风气也在发生变化。明末清初人赵吉士说：

---

① 黄玄豹：《潭渡孝里黄氏族谱》卷五《祖墓》。

"吾闻之先大父曰：嘉隆之世人，有终其身未入城郭者，士补博士弟子员非考试不见官长，有稍与外事者，父兄羞之，乡党不齿焉。今则武断者比比矣。而闭户不出者即群笑之，以为其襁褓若此也。然六邑之俗与时推移，而淳朴易，良古风犹未尽泯。"①由于商品经济的刺激，乡村与城市联系日益加强，至明嘉万年间，徽商崛起，"民不染他俗"的徽州人，也慢慢地为外地风俗所潜移默化。淳朴渐易以侈靡。钟鸣鼎食之家，诗礼簪缨之族，以及富商大贾，生活之豪华固不待言，即小康之家，服饰也"颇奢矣"②。徽州境内的歙城、岩寺等市镇日渐繁荣，"商贩聚众"。徽州盐贾富户又多，以至引起乾隆的注意，并于五十一年（一七八六年）五月下谕旨，对"越境买产，图利占踞者，不可不实力查禁"③。终生困囿在山谷、田边、墓旁的佃仆，有的也有机会随主外出经商，因而眼界大开，见识增广。总之，商品经济犹如一服腐蚀剂，对徽州落后的生产关系——佃仆制起着缓慢的瓦解作用。

明清时期，国内其他地方的封建租佃关系正在发生某些变化。封建地主从对农民在人身上进行任意奴役，逐步转为以高额地租的榨取为主。严格隶属关系的租佃制逐步让位于依附关系相对松弛的契约租佃制。定额租的比例逐步增加。在商品经济发达的地区，开始出现了向货币地租转化的过渡形态。这是历史发展的总趋势。在徽州，作为对主家具有严格隶属关系的佃仆制，也难免被注入一些时代的进步因素，诸如"硬租""佃皮权"和"力坌"的出现；佃仆服役时，主家需付给佃仆带有货币工资性质的酒资、小费等等。这一切说明，佃仆制趋向衰落的历史命运同样是不可避免的。

佃仆制的衰落更直接、更主要的原因，是佃仆前赴后继英勇不屈的斗争。一般地说，在明代，佃仆的反抗斗争还处于低潮。他们或则抗交田租，拒绝服役，或则盗砍树木变卖，或则干脆"挈妻并男"，全家"背主

---

① 道光《徽州府志》卷二《舆地志下·风俗》。
② 江依濂：《歙风俗礼教考》，见《橙阳散志》末卷。
③ 《清乾隆实录》"乾隆五十一年五月"条。

逃走"①。明嘉靖、隆庆以后，佃仆的反抗斗争趋向高涨。"冠履之分素明"的徽郡，此时"俗渐漓矣，圭窦雕梁，纨绔敝绵，……于是有主仆之狱矣"，歙县官僚地主方弘静面对这种形势，痛心疾首地惊叹："纪纲弛矣！"②统治阶级，如歙县县令姚某，曾对反抗的佃仆进行血腥镇压③。但是佃仆的反抗终究是封建政府的镇压难以扑灭的。

到了明末清初，佃仆在李自成农民大起义的影响和推动下，趁新旧王朝更替的大动荡时机，掀起了反封建压迫，求人身解放成立的武装起义。

一六四五年（南明弘光二年，清顺治二年）五月，清兵渡江下金陵，极端腐朽的南明王朝不堪一击，朝臣宿将望风而逃，福王被捕，弘光政权灭亡。南京陷落的消息传到徽州，衣冠之族惊惶万状。值此时，黟县万村人万黑九为主仆名分事与其主家韩氏发生冲突。官府袒护田主，激起佃仆奴婢们的义愤，遂连夜围攻韩氏地主家④。焚其屋，杀其一家老小，然后拉队伍结成山寨，揭开了佃仆奴隶起义的序幕。

黟县附郭蔡村佃仆宋乞，趁万黑九起事之机，在佃仆奴婢中进行发动组织工作。他鼓动说："以吾辈祖父为役，子孙隶其籍，终不能自脱，天之授我，此其时矣。"宋乞还指出这些豪绅地主"皆孱弱不胜干戈"⑤，南明的地方官则疲于对付清军，无暇顾及，发动起义正是大好时机。在他的鼓动、号召下，数千名佃仆奴隶于一六四五年七月发难于奇墅屏山⑥。他们列营立寨三十六处，各寨设有首领，负责统帅一寨部众。三十六寨又共推宋乞为首，皆听他亲自指挥的东郊寨号令。各寨之间"呼吸相通，捷于

① 《万历火佃主还文约》，编号20，藏中国社会科学院经济研究所。
② 方弘静《素园存稿》卷十九《谕里文》，卷十七《郡语》下。
③ 嘉靖朝官僚，歙人汪道昆在《副墨》卷十《姚令君生祠碑记》中说："歙俗故以家世相役仆，而逆节渐萌，令君谓闾右，借是以庇其家长民者，借是以保其土（者），分定故也。渐不可长卒诛跋扈，以正名。"
④ 程功：《乙酉纪事》，见嘉庆《黟县志》卷十五《艺文》。
⑤ 江碧：《义烈江伯升雷传》，见嘉庆《黟县志》卷十五《艺文》。
⑥ 黟县庞村《江氏族谱·忠悃公义勇传》，转引自刘序功：《略谈清初徽州的所谓"奴变"》，刊于《史学工作通讯》1957年第1期。

影响"。义军勒令豪绅地主交出佃仆先世及其本身的投主卖身文契，输纳粮饷；然后，量其罪恶轻重，酌情处理。对一般的地主，他们警告说："尔今归顺我，保汝妻子无他也。"对恶贯满盈的豪绅地主，如江完卿之流，则坚决处以极刑；对敢于负隅顽抗的强宗大族，如九都舒氏，则集中兵力拔除之。义军责令名宗大族"改姓合族""共居婚姻"，填平主仆、良贱的鸿沟。要他们"司茶行酒"[①]，并训诫说："皇帝已换，家主亦应作仆事我辈矣。""主仆以兄弟相称。时（地主家族中）有嫁娶者，新人皆步行，竟无一人为僮仆。"[②]地主豪绅慑于义军的威力，一时间"主家惶恐，争致牛酒，诣辕门为谢"[③]。这同往日"唯大声而曰'来'，堂上一呼，堂下百诺"[④]的情形相比，真是另一番气象了。地主威风扫地，"不敢自言衣冠之族，壮者逃散于外，老弱任挫折而莫敢谁何"[⑤]。有的地主豪绅即奔报当地府台镇官，地方官亦无能为力，只得装聋作哑。有些县令甚至"知无如何，亦往贺焉"[⑥]。正如一个文人所描绘的，"斯时张（维光）县令如纸糊，杨兵道如泥塑。"[⑦]在佃仆起义的沉重打击下，统治阶级的确个个活像泥塑、纸老虎。

宋乞在黟县领导的佃仆奴隶起义，声势浩大，很快波及徽属诸县。休宁、歙县、祁门等县佃仆奴隶纷起回应。豪绅地主在无力镇压起义军的情况下，改换策略，企图以暗杀起义军首领来达到瓦解起义队伍的目的。他们先是唆使黟县五都南屏亡命之徒叶万四潜匿厕所，出其不意地刺杀宋乞。这次刺杀未遂后，他们又利用暴徒江雷、汪日俞施计，终于诱杀了宋

① 黟县庞村《江氏族谱·忠悃公义勇传》，转引自刘序功：《略谈清初徽州的所谓"奴变"》，刊于《史学工作通讯》1957年第1期。

② 计六奇：《明季南略》卷九《金声、江天一起兵守绩溪附记》；江同文：《思豫述略》。

③ 江碧：《义烈江伯升雷传》，见嘉庆《黟县志》卷十五《艺文》。

④ 徐珂：《清稗类钞》第三十九册《奴婢类》。

⑤ 程功：《乙酉纪事》，见嘉庆《黟县志》卷十五《艺文》。

⑥ 江碧：《义烈江伯升雷传》，见嘉庆《黟县志》卷十五《艺文》。

⑦ 金师濂：《烈士汪日俞公京都序》，转引自吴景贤：《明清之际徽州奴变考》，刊于《学风》1937年第5期。

乞。宋乞的遇难，固然给起义军带来重大损失，使他们失去了杰出的领导人，但却更大地激起了起义军将士的义愤。他们共推朱太为首领，继续坚持斗争。清军进入徽境后，为了笼络人心，收买起义军，授朱太以都司之职。顺治三年（一六四六年）一月举行乡饮酒礼时，特命举朱太之父朱满及九都之仆金奶为宾。并让各寨子弟得以参加童子试①。但是，起义军并没有受骗上当。同年三月，义军围攻黟县城池，攻势很猛，县官连忙发羽书告急。后因清政府派来援军，义军才被击败。朱太、林老和查万起等起义军首领英勇牺牲。其时，徽属各县豪绅地主也纷纷组织地主武装与起义军对抗。如"休宁诸巨室闻之大悖，遂立七十二社，富者输饷以给军，知县欧阳铉邀邑绅痛饮，倡议严为之备"。歙县的豪绅地主也组织队伍，"设备守卫"②。金声、江天一等也起兵守绩溪。在封建官军与地主武装的联合镇压下，敌众我寡，这次佃仆奴隶起义最终遭到了失败。但是起义军的余部，仍然出没"山林，时出剽掠截杀大户之人，数年不靖"③，甚至经过近三十年后，即康熙十三年（一六七四年），他们还在安徽、江西边界"蟠踞徽饶三百里"的张公山中，高举义旗，坚持斗争。

这次起义沉重地打击了徽州的强宗大族。处于社会最底层的佃仆奴婢们喷射出来的革命怒火，犹如火山爆发，把徽州这个被严格的封建宗法制度包裹着的，外似敞开实则封闭的封建顽固堡垒冲击得七零八落。豪绅地主的体面威风被打得落花流水，扫地以尽。奴隶们瓜分了主家的财产，专了家主的政。起义对佃仆们来说是天翻地覆的革命的盛大节日，但对地主豪绅们来说，却是"冠冕涂地，惨日昏天"的一次浩劫④。这无异于把徽州这块被视为封建社会后期的"夜明珠"捣碎了，难怪许多巨室豪强和官僚缙绅哀号不已。有一首诗这样写道：

> 横流至乙酉（一六四五年），黟民乃罗苦。怡堂多燕雀，揭竿自

----

① 依当地定例，佃仆子弟是不得报捐应试的。

② 江同文：《思豫述略》。

③ 程历：《乙酉纪事》，嘉庆《黟县志》卷十五《艺文》。

④ 金师濂：《烈士汪日俞公京都序》。

牧坚。么么平头奴，相率戕其主。纷纷隶宋乞，怕耳听队伍。拿攫如饥鹰，唏阚类饿虎。坎地埋千人，燃炬灰百堵。石角悬头颅，村丫挂肠肚。守险防逸足，声势若尽取，智者无威谋，勇士莫奋勇……①

诗的作者对起义军恨之入骨，极力诬蔑。但从诗的反面，却可以看出起义军的英雄气概和巨大威力。这次起义沉重地打击了主仆名分、良贱等级的封建宗法制度。他们在斗争中提出的"改姓合族""共居婚姻"的口号，表现了他们要求人身平等，消灭封建宗法等级制度的强烈愿望。他们勒令地主"司茶行酒"，并非想取而代之，自己要当地主的意思，而是因仇恨地主阶级而采取的报复行动。这一革命壮举，打击了封建生产关系和封建宗法制度，既是佃仆奴隶力量的大检阅，也是一次思想的大解放。

宋乞、朱太领导的佃仆奴隶起义，虽被统治阶级用血腥的屠杀镇压下去，但反抗的烈火是扑灭不了的。此后佃仆的反抗斗争此伏彼起，从未间断过。只是在统治力量比较强大的时候，常常改变组织形式和斗争方式罢了。他们从抗租拒役，擅自招亲，出逃他乡，乃至结伙与家主对抗，采取各种办法否定先年的投主卖身契约。为了对付这种局面，有些地主如祁门县黄邦华等三房门地主于雍正六年（一七二八年），订立合墨盟约。约中说什么佃仆"突起风波，强悍忤逆，希图脱籍"，使得"族众人人发指，难容坐视"。因而合众盟神歃血，共同合墨，表示对于佃仆的反抗，"要同心协力，始终相顾，无得推诿退缩，自相嗟怨"，"或呈官惩治，或私行责罚，务必力处，以杜刁风"②。清代中期以后，由于佃仆的反抗已不像明代那样，一家一户单独行动，而常常是联合起来，进行共同斗争。因此，豪绅地主也感到非合族联合起来不可。这表明佃仆反抗的规模越来越大，斗争也越来越尖锐了。佃仆的反抗斗争，经常发展成为小股的武装起义。如康熙五十八年（一七一九年），黄土岭枋头一带"庄逆仆叛，跳梁下尾

---

① 《喜阖邑立江伯升先生雷义烈专祠纪事》，见嘉庆《黟县志》卷十五《艺文》。
② 《合同租簿》（安字第86号），编号文198，藏北京文管处。

山"①。乾隆年间，亦见小股"叛逆跳梁"②。

到了清代后期，佃仆更积极投入太平天国运动的伟大斗争。在这次震撼世界的农民战争风暴中，起义者把地主豪绅打得屁滚尿流，狼狈不堪。据方志记载，"歙人（封建地主）受祸，实为奇酷，烽燹所至，闾里为墟，幽壑深岩，逃匿无所"③。真是锋芒所向，无处躲藏。可见起义对名宗大族打击之沉重。起义消灭了骑在佃仆头上的家主，佃仆当然也就赢得了解放。邻县旌德江村巨室江氏七分祠原有"仆人尤、赵、孙、江、汤、任六姓，各房又均有私仆，共计不下千余了。乱（指太平天国运动）后尚剩十姓，统归祠内当差，男女数十名而已。"至于其他"各都世仆，也零落不堪"④。由此可见佃仆通过斗争得到人身解放的一斑。

总之，从清初起，佃仆制日益衰落，其主要原因，是佃仆连绵不断的英勇斗争对佃仆制度的直接打击。

此外，佃仆制的衰落同清王朝颁布的将佃仆有条件地"开豁为良"的一系列诏令也是有关的。面对佃仆连绵不断的反抗斗争，清王朝意识到，一味采取镇压的强硬手段已经不够，因而有条件地将一部分佃仆开豁为"良民"，借此缓和佃仆的反抗情绪。清雍正五年（一七二七年），世宗胤禛发布"上谕"，"谕旨"说：

> 近闻江南省中徽州有伴当，宁国府则有世仆，本地呼为佃民，其籍业下贱，几与乐户、惰民相同。又其甚者，譬如二姓丁户村庄相等，而此姓乃系彼姓伴当世仆，凡彼姓有婚丧之事，此姓即往服役，有如奴隶，稍有不合，加以棰楚，迨究其仆役起自何时，则茫然无考，非有上下之分，不过相沿恶习耳。此朕得诸传闻，若有此等之人，应予开豁为良，俾等兴奋向上，免至污贱终身，累及后裔。着该

① 《徽州文约》，编号003581，原件藏中国社会科学院历史研究所。
② 乾隆《汪氏宗祠立议合墨》，原件藏中国社会科学院经济研究所。
③ 民国《歙县志》卷十一《人物志·列女》。
④ 见《旌川杂志》，转引自刘序功：《略谈清初徽州的所谓"奴变"》，刊于《史学工作通讯》1957年第1期。

抚查明，定议具奏。钦此。①

经安庆巡抚魏廷珍查明覆奏，礼部于雍正六年（一七二八年）正月二十九日具题奏报世宗胤禛，二月一日奉旨："依议钦此。"因而遵旨议准：

> 至年代久远，文契无存，不受主家豢养者，概不得以世仆名之。②

但是受主家豢养的标志是什么呢？并没有明确规定。魏廷珍经办此事时，钻空子做了这样的规定：

> 如有种田主之田，葬田主之山，居田主之屋，系现受田主豢养，非应开豁之人。③

但是三者皆备才算，还是有一二于此就算"受田主豢养"呢？又没有明确的规定。这种含混的词句遂使执行者可以随意附会。雍正七年（一七二九年），休宁县令朱鹭便做了这样的解释：

> 种主田，葬主山，住主屋三事，……有一于此，俱在应主之例。④

这道上谕，经礼部而巡抚，下逮县令，层层解释，最后竟成一纸空文。

事隔四十年后，到乾隆三十四年（一七六九年）六月十四日，安徽按察使曘善又就佃仆的名分问题向朝廷奏请，他写道：

> 臣以为，主仆之名分全以卖身契为断。其有年代虽远，而其祖父卖身文契现存，其子孙仍在主家服役，或虽不在主家服役，而伊主给田佃种，确有凭据，自应仍存主仆名分，不便悉行开豁。其有并无文

---

① 《清实录》"雍正五年四月癸丑"条。

② 《大清会典事例》卷一百五十八《户部·户口》；又黟县人民政府大门里东墙根下石碑铭文，见刘序功：《略谈清初徽州的所谓"奴变"》，刊于《史学工作通讯》1957年第1期。

③ 乾隆三十四年六月十四日安徽按察使曘善《条奏佃户分别种田确据以定主仆名分》，卷号一至五（2），藏国家第一历史档案馆。

④ 《葆和堂需役给工食定例》。按：朱鹭，直隶保安州人，雍正三年至九年出任休宁县令。见道光《休宁县志》卷七。

契，惟执别项单辞只字，内有佃仆等类语句者，此即当日之佃户受豪强凌压所致，应请悉准开豁为良。其有先世实系殡葬田主之山，子孙现在耕种田主之田，饬令地方官查讯明确，或令其结价退佃，以杜日后葛藤。①

这一奏请于同年同月廿六日为朝廷批准。暧善提出"主仆名分全以卖身文契为断"，同雍正五年"上谕"的精神是一致的。但他提出的开豁为良的条件中，却有两条最值得注意：其一，豪绅地主并无文契，只在别项抓住佃仆等类片言只字而"凌压"为佃仆者，应在开豁之列，其二，先世葬主山，现在又佃主田者，要令其结价退佃。这在现实生活中未必能真正执行。譬如，"结价退佃"一款，佃仆往往无钱，即使倾家荡产，勉为凑数结了价，退了佃，岂不意味着切断了生活之源？佃仆何以为生？

又过了四十年。即嘉庆十四年（一八○九年），安徽巡按董教增再次奏请将远年世仆分别"开豁"。刑部遵旨纂定条例曰：

> 安徽省徽州、宁国、池州三府民间世仆，如现在主家服役者，应俟放出三代后，所生子孙方准报捐考试。若早经放出，并非现在服役豢养及现不与奴仆为婚者，虽曾葬田主之山，佃田主之田，均一体开豁为民。已历三代者，即准其报捐考试。②

按此条例，似乎否定明代以来凡"种主田，葬主山"即被迫勒为佃仆的定例。主仆名分唯以现在主家服役豢养为准。条例下达后，据说徽、宁、池三府一时开豁为良者达"数万人"③。必须指出，这个条例同样是不可能彻底遵照执行的。其一，即使无卖身文契，且早已放出，并非仍在主家服役豢养，但既然葬主山，佃主田，势必为之驱使服役，因而也就可以将为之服役一事解释为仍在豢养服役之列，从而继续凌压为仆。其二，佃仆因主仆名分相沿已久，往往不敢以上引条例为理由，向地主提出开豁

---

① 《条奏佃户分别种田确据以定主仆名分》卷号一至五（2），藏国家第一历史档案馆。

② 光绪十四年《大清律例汇辑便览》卷二十七，道光三年《安徽案内刑部咨议》。

③ 高廷瑶：《宦游纪略》卷上（同治刻本）。

的要求，担心受田主刁难，开豁未成反受其累。祁门县佃仆周容法就是一例。周容法一家自明代起就附居李姓村旁，佃其田、葬其山、住其屋，为李氏地主守坟，并冠婚丧祭杂役，以及服吹打奏乐、抬轿等所谓"贱役"，依俗被视为佃仆。但查周容法并无卖身典身文契，服役始自何时也无从稽考，因此，按理当于嘉庆十四年奉例开豁。然而周容法一家顾及开豁后"别无生计"，"因相沿已久，又恐李姓不依，仍照常服役"。后来周容法因受其主李应芳凌辱，忍无可忍，愤而殴死其主，主死。地方官将此案奏诸朝廷时，刑部在此案咨议内称：

> 若无卖身文契，朝夕服役，受其豢养，只系先年佃主家之田，葬主家之山，其子孙均为之执役，此等细民，或除其贱籍，概予开豁为良；或相沿日久，不便遽事纷更。而于区别流品之中，如何酌量示以限制，应悉由该抚察看情形筹定章程，据实奏明，请旨遵行。

道光五年（一八二五年）安徽巡抚遵旨奏曰：

> 若无卖身文契，又非朝夕服役受其豢养，虽佃大户之田，葬大户之山，住大户之屋，非实有主仆名分者，应请除其贱籍，一体开豁为良。①

事为朝廷所批准，它同嘉庆十四年董教增奏准的精神基本相同。

从上所述可以看到，佃仆主仆名分的法律规定先后是不同的。雍正年间，以受主家豢养为根据。执行中，所谓"受主豢养"，被解释为"佃主田、葬主山、住主屋"。这使明代以来相沿的恶习合法化，并以法律形式加以肯定。到乾隆三十四年（一七六九年）改为主要"以卖身文契为断"。但其附带条款，如上所述，仍然成为豪绅地主继续役使佃仆的借口，因而，在现实生活中并没有收到效果。唯有到嘉庆十四年，规定以在主家服役、豢养为准。这一规定才在实际上收到了一定的成效。道光时期基本沿袭嘉庆十四年的规定。

上述法律条文反映主仆名分的范围在逐步缩小，这是毋庸置疑的。但

---

① 光绪十四年《大清律例汇辑便览》卷二十七，道光三年《安徽案内刑部咨议》；又见祝庆祺：《刑案汇览》（道光刻本）卷三十九《良贱相殴》。

是，地主驱使奴役佃仆并非仅靠法律维持，而且也靠实际存在的土地关系的力量。这正如列宁所说的那样："任何表现或肯定这些残余（按：指农奴制残余）的统一的司法机关都是不存在的"，"被俄国所有的经济研究无数次证明了的明显的徭役经济的残余，并不是靠某种专门保护他们的法律来维持，而是靠实际存在的土地关系的力量来维持"[①]。法律的规定往往与现实中主仆间的实际关系相脱节，有时甚至相反。例如，在法律上，从乾隆年间起已经逐渐明确地放弃了以"佃田、葬山、住屋"三者为形成主仆名分的依据，但在民间，这个依据直至光绪年间仍然在宗规家法中保留下来。这说明，法律上已作修改或取消了的东西，仍可以在家法宗规、惯例和习俗中得到保留，形成习惯法。而习惯法往往与法律具有同等的效力。

综上所述，由于商品经济的发展，封建社会内部出现了资本主义萌芽，封建租佃关系也相应地发生变化。在这种情况下，佃仆制的租佃关系越发显得落后和反动。佃仆连绵不断的反抗斗争又给这一制度以沉重的打击。在这些政治经济因素的推动下，清王朝顺应历史潮流，采取了有条件地将佃仆"开豁为良"的一系列措施。因此，清代以后，佃仆制日渐衰落。

（六）佃仆制的由来及其顽固残存的原因

关于徽州地区佃仆制的由来，在近年来发现的大量明清徽州民间文约中，没有找到具体说明。据正德年间（一五〇五至一五二一年）刊刻的《新安毕氏族谱》记载，洪武七年（一三七四年），毕仁曾用义田周济"生活无依之佃仆"。这是笔者接触到的关于明代佃仆最早的记载。嘉靖二十四年（一五四五年），程昌撰写的《窦山公家议》一书中也已透露出，明初祁门善和程氏地主已采用佃仆制的租佃形式。他说："计议佃仆，昔称

---

① 《列宁全集》卷六，第106页。

繁庶。"这里的"昔",是指其祖程新春(一三七九至一四五二年)在世年间。可见明初佃仆制已经"繁庶"。又据《明成祖永乐实录》,永乐二年(一四〇四年)八月条记载:明开国勋臣李文忠的次子李增枝"于各处多立庄田,每庄蓄佃仆无虑千百户"①。由此可见佃仆制流行于明初,且非仅限徽州一地。

任何一种制度从产生到繁盛都需要一个历史过程。佃仆制明初既已盛行,其产生于明代之前就是毫无疑义的了,这同方志的记载,恰可相互参证。康熙《婺源县志》载:

> 乡落皆聚族而居,多世族世系,数十代尊卑长幼犹秩秩然,罔敢僭忒。主仆之分甚严,役以世,即其家殷厚有资,终不得列于大姓。或有冒与试者,攻之务去。②

同豪绅地主有主仆名分的佃仆既已历数十代,若每代以三十年计,佃仆制的存在距康熙年间至少已有数百年了。对此,道光《徽州府志》的记载更具体:

> 家乡故旧,自唐宋来数百年世系比比皆是,重宗义,讲世好,上下六亲之施,无不秩然有序……其主仆名分尤极严肃而分别。③

该书把佃仆制起源的上限断定在唐宋④。类似论点,在明清时期官僚的文集、奏折中也有反映。嘉靖朝的官僚歙人方弘静在《素园存稿》中说:

> 盖郡之俗重土著,其来远矣。其远者当西汉之末,吾家太常府君之墓世犹守之。其在晋之东以及梁陈之际者比比可纪也。其姓之著者,即一墟落而所聚盖不啻千人矣。……以千人之家,其仆佃之数不啻如之矣!咸臂指相使非一朝一夕也,有事则各为其主,主则饮食

---

① 《明成祖永乐实录》卷三十"永乐二年八月"条。按:《明史·李文忠传》中,"佃仆"作"僮仆"。这也是佃仆与僮仆可以互称之一例。

② 康熙《婺源县志》卷二《风俗》。

③ 道光《徽州府志》卷二《舆地志·风俗》。

④ 〔日〕周藤吉之教授在《中国土地制度史研究》一书第二章第三节中曾指出,唐代似乎已出现了佃仆。

之，以为恃。此皆子弟父兄之兵也。①

方弘静溯源更远，肯定"仆佃"在东晋南朝已有。

雍正年间（一七二三至一七三五年），高凤翰在《申饬世仆开户新例条约稿——代皖抚作》中说：

> 照得徽郡乡俗，旧多世仆，往往有自唐宋以来更历数代（?），祖孙父子累累相承。②

雍正年间，高凤翰曾出任歙县丞、休宁县令等官。关于佃仆制的起源当是留心的，他把它断定在唐宋。乾隆三十四年（一七六九年）安徽按察使暻善在一个奏折中写道：

> 安徽省徽州、宁国、池州府属地方，自宋元明以来，缙绅有才之家，召募贫民佃种田亩，给予工本，遇有婚丧等事，呼之应役。其初尚不能附于豪强奴仆之列，累世相承，称为佃仆，遂不得自齿于齐民。③

暻善所述，佃仆制始自宋代，经历元明，清代仍然存在。

诸人所见，有所不同，或把佃仆制起源的上限断在东晋南朝，或定于唐、宋，但都肯定在明代以前已经存在。他们的说法是否符合历史实际呢？

如前所述，东晋南朝以来，南渡迁徽的北方"衣冠巨族"，有的携带宗族部曲逃来；有的到徽州后，强迫迁入徽州的游民和部分土著为其佃客，继续维持部曲、佃客制的生产关系。如徽州的望族程氏，其始祖程元谭，东晋时出任新安太守，受朝廷赏赐田宅而留居于此，无疑仍然维持着部曲、佃客制的生产关系。其后裔程灵洗，梁、陈两朝"功"显一时，"侯景之乱"时，曾经"聚徒据黟、歙以拒景"④。这种"徒"，当包括门徒、徒附、佃客、部曲等封建依附者。在唐末农民起义中，这个家族的程

---

① 方弘静：《素园存稿》卷十七《郡语》下。

② 高凤翰：《南阜山人敩人存稿》卷十五《杂著》。

③ 乾隆三十四年六月十四日安徽按察使暻善《条奏佃户分别种田确据以定主仆名分》，卷号一至五（2），藏国家第一历史档案馆。

④ 《南史》卷六十七《程灵洗传》；又见《陈书》卷十。

澐、程洵兄弟，也曾聚众在休宁东密岩负固顽抗。这支地主武装"众不过四百余"，"依山阻险以自安，无事则耕织以供伏腊，仓促则修战以相庇卫"[①]。这里所说的"众"，也应包括具有严格隶属关系的部曲，佃客一类的封建依附者[②]。从上可见，徽州名宗大族在东晋南朝，乃至隋唐，都是部曲、佃客制生产关系的代表者。

部曲、佃客制经过隋末农民起义的沉重打击已经衰落。又经唐末农民起义的扫荡，作为这种最落后生产关系的代表的世家大族也退出了历史舞台，部曲、佃客制因而随之消失。

到了宋代，佃户一般称为佃客（或客户）。由于唐末农民起义打垮了世家大族，也由于商品经济的发展，佃客的封建人身依附关系已经有所松弛。在一些地区，如北方的客户已经允许迁徙他方。但其身份地位还是与农奴差不多。另外，在山东、浙江、江西、湖北、安徽等地的佃户中，还有庄奴、田奴、佃仆、田仆等名称[③]。他们都是与田主有主仆名分的同一类型的农民（下面为了行文的方便，统称之为佃仆）。据《宋史·朱寿隆传》说，北宋时，京东地区"岁恶民移，寿隆谕大姓富室，蓄为田仆"[④]。南宋时，徽州人罗愿也曾指出，这些人"或迫饥寒，或遭诱略"[⑤]，可见都是来自破产的生活无着的农民。据吴烨《休宁璜源吴氏族谱》记载。

> 宋祖登仕郎千四公，葬休宁二十三都溪西塌头林原经理堂字四百一十九号，坟山二亩，膳营田二亩，仆地二亩，历至国朝景泰，天

① 程洵：《程氏世谱序》，见《祁门善和程氏谱》卷首。
② 部曲，在唐代已不多见。据《唐律疏议》卷二十二载："自幼无归，投身衣饭，其主以奴畜之。及其长成，因娶妻。此等之人，随主属贯，又别无户籍，若此之类，名为部曲。"部曲的含义本来就很不固定。魏晋南朝时这种既是家兵，又是封建依附农民，二者一体的部曲，在唐代的某些地区是依然存在的。
③ 见袁采：《袁氏世范》卷三《治家》；洪迈：《容斋三笔》卷十六《多赦长恶》；洪迈：《夷坚志》支庚卷一《黄解元佃仆》，支庚卷七《向生驴》，夷坚三志卷一《邓生畏罗卜》。
④ 《宋史》卷三百三十三。
⑤ 罗愿：《罗鄂州小集》卷五《鄂州到任五事札子》。

顺间。①

这里说的是吴烨在宋代的先祖登仕郎吴千四葬时，安置"坟山""膳营田""仆地"的情形。这些山、田、地当然都要有守坟仆来管理耕种。"膳营田"即明清时期的墓田，其收益用以标挂拜扫。这种居住坟边，以护坟、佃种为业的守坟仆，一直残存到中华人民共和国成立前。必须指出，历史文献上所说的僮仆、仆奴、奴婢，并非都是家内奴隶，有的正是佃仆一类的封建依附农民。例如，南宋时，徽属祁门善和里程鸣凤，僮仆成群。他"抚僮仆以'恕'，遇荒必随其所积，计口而赈"②。这里所说的"僮仆"，如果是衣食于主人的家内奴仆，就无须赈济了。很显然，这是有独立小家庭个体经济的佃仆。在我们看来，宋代的佃仆比当时的佃客更接近东晋南朝隋唐的部曲、佃客。诚然，他们彼此之间存在着种种差别。如前所述，就是佃仆本身，在各个历史时期，在不同的地区，也有不同的名目，诸名目之间也存在着某些差异。但是，就部曲、佃客和佃仆所处的政治、经济地位看，都是同一类型的封建依附者，彼此有一脉相承的继承性。明清时期，乃至民国年间，有的佃仆还是一边佃种土地，一边充当地主的家兵，称之为"拳斗庄"（或称郎户）。有的佃仆于春节期间，要为其所属地主及其宗族耍把戏，如舞狮、游龙等供主人观赏取乐；在他们上衣的胸背还要分别写上"勇""兵"二字，这些不就是当年部曲的影子吗？明人方弘静正是看到了部曲、佃客同佃仆有一脉相承关系，才笼统地称之为"仆佃"。清人曝善则把东晋南朝时的部曲、佃客同佃仆区别开来，断言佃仆始于宋代。他俩说法虽有出入，但都从不同的历史角度，说明明清时期的佃仆制是东晋南朝隋唐部曲、佃客制和宋代佃仆制的延续。

明清时期，由于商品经济的发展，特别是明中叶出现资本主义萌芽之后，从全国范围看，严格隶属关系的租佃制逐步让位于依附关系相对松弛的契约租佃制，地主对农民人身的任意奴役逐步转为以高额地租的榨取为主。这是主佃关系历史发展的总趋势。但是，在徽州地区，严格隶属关系

---

① 吴烨：《休宁璜源吴氏族谱》卷六《克复千四公溪西祖墓纪略》（万历刻本）。

② 程昌：《祁门善和程氏谱·梧冈程先生行实》。

的佃仆制却历经宋元明清，乃至民国年间，依然顽固地延续下来，这是什么原因呢？这是下面我们所要回答的一个问题。

乡绅势力的强大，残余的奴隶制的影响，是佃仆制这一落后的生产关系得以延续的重要原因。迁入徽州地区的这些名宗大族的权贵集团，通过科举和捐纳取得官爵，形成一个势力强大的乡绅阶层。他们处于崇高的政治地位，享有种种封建特权，与佃户、佃仆所属的封建等级、等第相距甚远。他们的先祖在魏晋南北朝时期是部曲佃客制生产关系的代表；宋元年间，依然坚持落后的生产关系。他们历来以奴隶制的残余作为封建剥削的补充，都拥有许多奴隶——即文献上记载的所谓"世仆"。"世仆"中除大部分是佃仆外，还有一部分是家内奴隶。他们习惯于按照奴隶制的一些原则来奴役农民，是一群带有奴隶制斑点的封建豪绅。这种封建豪绅，直到明清时代势力仍极强大。显赫的政治地位和封建特权，传统的蓄奴习惯，使他们有可能并乐于采取农奴制的方式来奴役驱使农民。

徽州商业资本的发达对佃仆制的残存也起了恶劣的作用。随着资本主义萌芽的出现，徽商的经营活动不可避免地掺入一些进步的因素。例如，已有微量的资本与产业资本相结合；他们所贩卖的一些与农民生活有直接关系的商品，起到繁荣商品经济，促进社会分工扩大等作用。但是，徽商扮演的主要是一个保守的角色。他们一方面耗费巨额的利润来促使自己缙绅化，另一方面又将大量的利润用以加强封建宗法制，诸如购置族田，建祠、墓，修家谱，以及提倡封建理学等。徽商以商业利润培植起来的封建政治、经济、文化势力，促使徽州成为一个坚持落后生产关系的顽固的封建堡垒，使横加于佃仆颈上的枷锁更难以摆脱。

宗法势力的强大，对维护佃仆制发生了尤为直接的影响。徽州宗法制之强固较之于各地是突出的。如前所述，当地各大族注重风水、祠墓，置有大量的族田、山场。宗法地主土地所有制占有很大的比重。这些田地可供佃仆租种，为佃仆制的残存提供了物质条件。祠堂族长的族权可以直接管束佃仆；宗规家法对佃仆又具有法律的效力。宗法势力的强大使之有可能顽固地维护佃仆制。当地习俗，冠婚丧祭等劳役被视为"贱役"（或称猥役），平民百姓是不屑为之的。因此，服此劳役往往成为佃仆的专役。祭祀、守祠、护坟等是其服役中不可缺少的一项内容。有的地方即明文规定，族田"本宗人并不许耕作"①。因此，族田的耕作与山场的管种，也往往需要佃仆来承担。我们从实地考察中看到，残存至中华人民共和国成立前的佃仆几乎都隶属于祠堂，靠租种祠田过活。祠堂、族田成为佃仆最后的藏身之所，不是没有原因的。这里顺带指出，在宗法制强固的情况下，一宗犹如一族，一族犹如一家。佃仆隶属于某一家，即等于隶属于某一宗族。因此，其所隶属的一家固然可以驱使奴役，就是整个宗族也可对之进行一定限度的奴役。这就使佃仆带有宗族农奴的性质。

徽州的封建文化，如雕刻印刷术、书画篆刻、戏剧艺术等方面，固然为祖国封建文化的宝库作出了贡献，但是，就其主要面说来，也起到了维护落后生产关系的作用。如前所述，徽州作为孔孟道统之理学的发祥地，理学浸透着政教、宗法、风俗各个方面，发生了极其重大的作用。它把纲常名教中的尊卑等级、主仆名分，提高到天理的高度；把主家与佃仆的尊卑、贵贱说成是由于各人禀受气质不同的结果；编造佃仆受苦是"奴才投胎，命中注定"的谎言；千方百计地培养佃仆的奴性，使之安分守己，甘受污贱。主仆名分，贵贱之别，贫富之差，被视为"天理如此，岂可逆哉"。它成为麻醉佃仆反抗思想的毒药，是横加在佃仆身上的精神枷锁。理学家还通过倡导礼学，制定冠婚丧祭等一整套繁文缛节，来维护尊卑长幼等级，突出家长的权威地位，从而维护宗法家长制——维护以祠堂族长为代表的族权对佃仆的统治，极力保持佃仆的被奴役的卑贱地位。礼学与风水迷信是联系在一起的。徽州乡绅地主讲风水、求地脉、重坟墓的风气，无疑刺激了对佃仆的需求，因为佃仆提供了丧葬、守坟等劳役。

徽州地区"辟陋一隅，险阻四塞"，尽管徽商足迹几遍天下，貌似对外敞开，实则山民索然寡居，"不染他俗"，"嘉、万之世人，有终其身未入城郭者"②。这种封闭式的地理环境，对外地较先进的封建生产关系的

---

① 程天保：《新安休宁文昌金氏世谱》附录《下车金氏义庄赡茔》（弘治刻本）。

② 道光《徽州府志》卷二《舆地志·风俗》。

传播，容易起抵制的作用。也正因为这一地理特点，当地的缙绅地主"依山阻险以自安"。早在东晋南朝就已置坞壁以自保。当地至今还有命名为坞的地名留存，魏晋以来成为强宗大族逃避民族战乱和农民起义锋芒的避难所。唐宋元明，直至太平天国运动之前，这些名宗右族不仅没有受到农民起义的重大打击，反而在镇压农民起义中捞到了好处，唐末及元末农民起义中，有的官僚地主，如唐末御史中丞程瀙及其子程仲繁，元末的程弥寿、朱升、唐仲实之流，就因镇压农民起义有"功"；或因善于投机，攀龙附凤而加官晋爵。这些没有受到农民起义冲击的缙绅地主当然不会自动放弃传统的落后的生产关系，放松对具有严格人身隶属关系的佃仆的控制。

总之，带有奴隶制残余的徽州缙绅地主势力的强大及其久而不衰，徽州商业资本的发达，宗法势力的强固，封建理学的猖獗，以及地理环境和人口的特点等种种原因，交相作用，互相影响，从而形成了导致佃仆制顽固残存的特定的历史条件，使佃仆制得以顽固地残存下来。

附录：关于徽州佃仆制的调查报告

关于徽州佃仆制，由于年代久远，文献记载不清，以至往往产生许多疑问。实地调查不仅可解纷释疑，而且有的比文献记载远为明白可靠。为了使文献记载得到调查材料的参证，我曾于一九六五年和一九七九年两度前往安徽省徽州地区，在歙县、祁门、休宁、绩溪等县选定一些调查点，以个别访问和座谈会的方式对当年的佃仆及其主家进行了调查，并探访、考察了有关佃仆的遗址、遗物。

据调查，中华人民共和国成立前徽州地区的佃仆数量已经不多。只存在于某些封建宗法势力比较顽固的村庄，并且只是一些残余形态。佃仆的户数占这些村庄总户数的比例是不大的，一般地说都在百分之十以下。而祁门的查湾和休宁的茗洲却例外，佃仆的数量超过其依附的家主的户数。这两个村的佃仆制有一定的代表性，从此可窥见清代佃仆制的一些侧面。

笔者两次徽州之行的调查材料，在《明清徽州佃仆制试探》《从祁门善和里程氏家乘谱牒所见的徽州佃仆制度》和《试论徽州商人资本的形成与发展》[①]等作中曾引用过。但未曾作过典型的系统的介绍。本附录主要介绍查湾和茗洲两村佃仆制调查所得的材料，同时略谈一些初步认识。如有不当，请读者指正。

---

① 分别刊载于《中山大学学报（社会科学版）》1979 年第 2 期，《学术研究》1978 年第 4 期和《中国史研究》1980 年第 3 期。

一

关于查湾佃仆制的调查。

查湾于清代属祁门县十五都，在县城南部四十公里，今属芦溪公社。南邻江西浮梁，顺阊江水系可下江西景德镇等地。四周山峦环绕，地形起伏，宜于茶和杉、松等树木生长。可耕地比徽州其他地方相对多些，以种水稻、玉米为主。据一九五一年统计，土改前（即一九五〇年前），查湾行政村①各阶层户口、占有土地、出租土地与使用土地的情况如下表1、表2。

表1　查湾行政村土改前占有土地和出租情况

数字　项目　阶层	占有土地 / 亩		出租土地 / 亩			
	亩数	占全村土地百分比	本村	外村	合计	占全村出租土地百分比
公堂祠会	1 762.5	75.2%	1217.1	545.4	1 762.5	78.6%
地主（23户）	433.1	18.5%	396.2	7.8	404	18%
其他(小土地所有者等)	148.7	6.3%	65.7	11.5	77.2	3.4%
总计	2 344.3	100%	1 679	564.7	2 243.7	100%

_____

① 查湾行政村包括隶属查湾的一些邻近的佃仆村落。

表2　查湾行政村土改前各阶层土地情况

户别	户数	人口	自耕土地/亩	租入土地/亩			
				本村	外村	合计	占全村租入土地百分比
地主	23	92	29.1	123.1		123.1	6.7%
富农	1	6	1.1	11		11	0.6%
小土地出租者	3	9	2.5	2.3		2.3	0.1%
富农中农	6	26	4.1	43.7		43.7	2.4%
中农	27	93	18.5	79		79	4.3%
佃中农	22	91	3.9	357.1	27.7	384.8	21%
贫农	173	629	41.1	1 066	120	1 186	64.7%
雇农	13	18	0.3	2.8		2.8	0.2%
总计	268	964	100.6	1 685	147.7	1 832.7	100%

查湾本村只有一百二十五户，其中地主二十三户。村里除洪、倪两户守祠佃仆外，其余皆系汪姓。古来风俗排斥外姓来村居住，即所谓"聚族成村到处同，尊卑有序见淳风"①。直至中华人民共和国成立前依然如此。二十三户地主均兼营商业，在外地多有产业。最大的地主是祠堂，占有全村土地的78.6%，是二十三户地主占有土地的四倍多。此外，在祁门县城还有五栋房子，江西景德镇有十多栋房子，均作为店邸出租取息。祠堂的这些田地、房产，名义上属汪氏族下子孙所有，实为族中的显贵所把持控制。中农、贫农占有土地很少。中农平均每人仅三分地，贫农每人平均还

---

① 吴梅颠：《徽歙竹枝词》，歙县图书馆藏手抄本。

不到一分地。贫农中绝大部分和部分佃中农是佃仆。这些人是没有土地的，靠租种祠堂和地主的土地维持生活。从土地的占有情况，可见阶级对立的深厚的经济根源。

查湾汪氏祠堂占有土地之多，是同族权的发展联结在一起的。族权是在士族门阀退出历史舞台之后，地主继续严格控制农民的一种形式。祠产是族权的经济基础。明中期以前，置祠产是不多的。歙人汪道昆在《吴田义庄吴次公墓志铭》一文中曾说，嘉靖时徽州海宁（休宁）地主吴义庄"尝倡议茸宗祠，置祠田，定宗约，以兴孝让"（汪道昆《太函集》卷五十六）。明中期以后，随着徽州商人资本势力的发展，富商巨贾纷纷捐资购置祠产，祠田迅速增多。作为家长权力的扩大——族长族权也伴随祠产的增殖而膨胀。祠堂族长凭借族权和土地关系的力量，继续保持对佃仆的驱使和奴役。

汪氏在徽州是一大姓。"新安十姓九汪"（程尚宽:《新安名族志》汪姓条）之说，虽是夸词，但反映了汪姓在徽州所占的重要地位。自唐初汪华被封为越国公起，汪姓在徽州成为头等的名族。宋代仁宗（一〇二三至一〇六三年）时，汪华的后裔有一叫汪廷茂的迁到查湾，是为始祖。宋代以来，查湾汪氏一直保持聚族而居。太阳庙为阖村的总庙堂，其下有报本祠和崇本祠两大祠堂，作为两大支派拜祖的场所。各分房还有各自的分祠堂。全村汪姓是靠祠庙这个以拜祖为中心的祭祀系统来维系的。家族组织与祠庙祭祀系统合为一体。借血缘关系这一面纱掩盖族内的阶级对立，使家族系统历宋元明清，乃至民国，近一千年而不散。

查湾汪氏到了明代中后期，中进士的有汪标、汪溱和汪惟效三人，他们曾先后出任中央和地方的中级官僚。当地为之建牌坊、书院，以表彰其"功业"[①]。这是查湾汪氏宗族在地方上势力最为强大的时候。除他们父子祖孙三人外，从弘治年间到明末一百四十多年中，出任州县地方官的还有汪于祚、于祜、必晖、必暐等人。到了清代，见诸《祁门县志》（同治年

———————

① 见康熙《祁门县志》卷四《宦业·汪标、汪溱、汪惟效传》；同治《祁门县志》卷十一《舆地志》。

间修）的有县官八人，贡生四人，捐资授庠生二人。这一宗族从明正德起至清初，累世仕宦。清中期以降，其势力渐趋式微。

族内显贵者是家法宗规的制定者和解释者，也是祖宗遗训的代言人和执行者，实际上处于"宗子"的地位。他们凭借特权，庇护宗族；为扩张其势力，往往策动族人与邻近宗族进行械斗。他们控制祠产，操有发放"周济"贫穷族人的赈金和资助族内子弟入学膏火的权力。由于享有种种政治、经济特权，族人不得不听命于他们。这种带有氏族家长制残余，以血缘相连系的大小家庭组合而成的宗族，成为农村中最顽固的组织。

必须指出，这些汪姓官绅，他们本人正是这一地区大量佃仆的奴役者。下面先说明佃仆的情况。

当地流传一句古谣说："查湾三千郎户，八百庄。"郎户即充当家兵的佃仆，这一称呼一直保留至中华人民共和国成立前，亦称"拳斗庄"。庄，即庄仆的简称，就是说查湾拥有三千户郎户，八百户庄仆。中华人民共和国成立前，汪氏祖传遗下的还有郎户一百二十一户，小户八十七户，共二百零八户。这些都是查湾汪氏宗族族有的佃仆。小户亦称小姓。徐珂《清稗类钞·种族类》载："徽州有小姓，小姓者别于大姓之称。大姓为齐民，小姓为世族所蓄家僮之裔。"查湾的小户，是拳斗庄（郎户）以外的佃仆之泛称。汪氏地主根据劳役的需要，给小户以不同的名称。由于一家小户往往兼服几种劳役，因而也就一身兼有数种名称，具体如表3。

表3 中华人民共和国成立前查湾佃仆分布、名称和服役情况

居住点名称	户数	佃仆名称	服役情况
高碣上	1	郎户(亦称拳斗庄)	以服家兵劳役为主要内容。负责守卫汪氏山场、财产,防止外人越界开山种粮或其他不测事件。因负有守卫山场的任务,有时称之为"守木庄"。发生械斗时,驱之充当打手。汪氏地主、商人外出时,也可呼之去当保镖。拳斗庄是绅衿地主用以炫耀武力于乡里的工具。凡年龄十六至四十五岁的男子,均在应服拳斗劳役之列。每年冬天,由武艺高强的师傅负责教习武艺,每期四十天。此外,还要承担修路、祠堂、房子所需的劳役以及提供秋报神会演戏用的照明火把
捉蝉坑	1	郎户(亦称拳斗庄)	
大西元	1	郎户(亦称拳斗庄)	
小西元	1	郎户(亦称拳斗庄)	
栏牛坑	1	郎户(亦称拳斗庄)	
上东元	1	郎户(亦称拳斗庄)	
招 州	2	郎户(亦称拳斗庄)	
桥 头	3	郎户(亦称拳斗庄)	
四十里	2	郎户(亦称拳斗庄)	
蕨基坦	8	郎户(亦称拳斗庄)	
舍会山	16	郎户(亦称拳斗庄)	
大下湾	1	郎户(亦称拳斗庄)	
安平山	1	郎户(亦称拳斗庄)	
南 岔	8	郎户(亦称拳斗庄)	
石坑元	1	郎户(亦称拳斗庄)	
枫术坦	14	郎户兼当戏台庄	除承担拳斗庄的劳役外,还要承担搭戏台的劳役。戏台是固定在五凤楼门口八级台阶上。按照传统的规格,用柱子架搭,有舞台、乐池、化妆间等,需要有专门的技术。演戏时间为每年七月,历时二十天。地主利用演戏机会惩罚佃仆。凡管山失职,如山场被烧,树木被盗,或冒犯宗规家法者,罚跪台前,按情节轻重罚款,充当演戏费用
田坦坞	18	郎户兼当戏台庄	
屋基坦	15	郎户兼当戏台庄	
冲 坑	6	郎户兼当戏台庄	
梅术坞	3	郎户兼当守坟庄	除承担拳斗庄的劳役外,还负责守坟、标挂挑祭
宋家山	8	郎户兼当守坟庄	
湖 口	1	郎户兼当守坟庄	
方家坞	8	郎户兼当道士庄	除承担拳斗庄的劳役外,当行丧祭礼仪时,在汪氏祖宗神灵前画符念咒,以此迷信差事为其劳役

居住点名称	户数	佃仆名称	服役情况
林家	4	吹打庄兼龙灯庄	应付冠婚丧祭的吹打奏乐。要经常教习,世代传授。正月十五日晚到查湾舞龙灯,供主人观赏取乐。舞龙灯之前,先按花名册点卯,旁边放着马鞭、竹鞭等刑具。依时到者,用香在其名下烧一个洞,点三次不到者,鞭打屁股
青山里	4	吹打庄兼龙灯庄、仓库庄	服役同上。另外,还负责守卫粮仓
倪家 潘充坞	1 1	吹打庄兼守坟庄 吹打庄兼守坟庄	应付冠婚丧祭的吹打奏乐。还承担守坟、标挂挑祭等劳役
中洲山	11	吹打庄兼治丧庄	应付冠婚丧祭的吹打奏乐。治丧庄又叫抬棺木庄,承担治丧的劳役,如主家死了人,负责守灵、报讣、移棺、殓葬等杂役
尚田汪家 尚田江家 城门坦 垦头 茅屋里 右庇	7 8 1 1 1 2	抬轿庄 抬轿庄 抬轿庄 抬轿庄 抬轿庄 抬轿庄	承担抬轿的劳役
嫦术坳	2	抬轿庄兼守坟庄	除承担抬轿的劳役外,还负责守坟、标挂挑祭
合村	2	抬轿庄兼守坟庄、粮仓庄	服役同上。另外,还负责守卫粮仓
虎陷坳	8	抬轿庄兼治丧庄	承担抬轿和丧葬劳役
江家坞	4	抬轿庄兼治丧庄、挑担庄	承担抬轿和丧葬劳役。还负责挑送婚娶礼物及其他挑担劳役
柘术坛 鲍村	7 3	守坟庄 守坟庄	负责守坟,标挂挑祭

居住点名称	户数	佃仆名称	服役情况
白术坞 松术碣 中门坑	1 1 1	守坟庄兼治丧庄 守坟庄兼治丧庄 守坟庄兼治丧庄	负责守坟,标挂挑祭和丧葬劳役
奇溪坞 坑口	8 1	守坟庄兼粮仓庄 守坟庄兼粮仓庄	负责守坟、标挂挑祭和守卫粮仓
板溪	2	粮仓庄	负责守卫粮仓
胡家山 沙鱼坑	3 1	火把庄 火把庄	负责提供主家婚娶所需的火把(当地习俗,迎亲定在晚间,当是古代抢亲陋俗的遗风)和每年秋报神会演戏所需的一部分火把。居住通道边上,汪氏地主晚间外出时,要持火把护送
崇本祠 报本祠	1 1	守祠庄兼守夜庄、包袱庄 守祠庄兼守夜庄、包袱庄	负责祠堂守卫、洒扫、供奉香火等,并要巡夜打更。崇本祠和报本祠及其支下子孙需要佃仆来服役时,分别由这两户负责传呼。另外,凡汪氏族众死了人,要将纸元宝打成一个包袱,写下死人的名字,先背到坟上,再背回祠堂死人牌主前烧化
合计	208	——	附注:郎户以外的统称"小户"

表中所列的名目或增或减，不是固定的。往往根据祠堂、地主的需要以及佃仆数量的多寡而定。佃仆的这种分工也是相对的，随时都有可能打破分工界限去服役。

查湾的佃仆始自何时，已不可考。但可以肯定在明中叶已经存在了。据调查，残存至中华人民共和国成立前的佃仆有如下几个来源。

一、从家内奴仆转变来的。据七十六岁的汪焕庭先生等人说，在外当官的族人致仕还乡时，将随从奴仆带回，给予婚配，提供田宅居住耕种。这些人要给家主纳租服役，保持主仆名分。他们世代相承，一直保留至中华人民共和国成立前。据口碑相传，田坦坞、屋基坦、枫术坦、白石坞、江家坞、中洲山、青山里、奇溪坞等村的佃仆，是八十世祖汪标从外地带回的仆人的后代。合村、胡家山、舍会山、宋家山、柘术坛、城门坦、虎陷坳等村的佃仆,是八十一世祖汪溱带回的仆人的后代。板溪、坑口等村的佃仆,是八十二世祖汪于祚带回的仆人的后代。尚田汪家村的佃仆是八十三世祖汪必晖带回的仆人的后代。蕨基坦的佃仆是八十四世祖汪惟效带回的仆人的后代。这种传说虽然没有见诸文献记载,但是当非空穴来风。例如,柘术坛的佃仆因原是明代嘉靖年间汪溱带回的仆人的后代,故中华人民共和国成立前旧历年初二清早就要赶到距六公里远的查湾,向汪溱派系的子孙拜年,口喊:"我们柘术坛来向东家相公拜年。"可见家内奴仆放出别居,靠租种田地、山场过活,是佃仆的一个来源。这同文献的记载是吻合的。

二、投献。因荒年暴岁,农民流落到此,被地主勒迫为佃仆。当年的老佃仆郑光佑、郑万荼等人说,他们的先祖原在江西,逃荒到查湾后,汪氏地主便安插他们到枫术坦、田坦坞、屋基、冲坑坞等几个村子去住屋种田,自此起便沦为佃仆。当地的老规矩:凡是种了汪氏的田,住了汪氏的屋,葬了汪氏的山,都得充当佃仆。笔者在祁门的善和里、莲花塘等地做调查时,也有同样的说法。此说同文献的记载是一致的。据主家汪焕庭先生提供的书面材料及参加座谈会的老佃仆说,投靠的佃仆占大多数。

三、因触犯家法宗规被开除出族而沦为佃仆。中华人民共和国成立前查湾汪氏占有的佃仆中有十五户是汪姓。据老佃仆汪德锋说,其父告诉他,祖先因忤逆宗规被除族,并驱逐到虎陷坳村居住,从而沦为佃仆。当地的习俗,同宗子弟是不能因佃田而以仆视之的。主仆同姓的原因,除将被除族的子弟勒迫为佃仆外,还有由改从主姓的家内奴仆演变而来。徐珂《清稗类钞·奴婢类》记载:"既已卖身,例从主姓。"如上所述,这种改从主姓的家内奴仆放出别居,以租佃为生,变成了佃仆。再是有的佃仆是同其附着的屋地一起买来的。乾隆祁门善和里《程氏置产簿》中誊录的康熙三十年八月十八日郑双玉给程氏地主的卖契中明载:郑双玉将附着在胡家坦屋地上的庄仆(亦即佃仆)洪、王、程三姓连同屋地一起卖给程氏地主为业①。这是买来同姓佃仆之一例。查湾与家主同姓的十五户佃仆是否全属被除族的查湾汪氏族下子孙，已不可考。

查湾汪氏地主佃仆队伍的扩充是和兼并土地是联系在一起的。汪氏地主不断地将周围的土地山场据为己有。嘉靖年间，汪溱大规模兼并周围土地。传说，他从任所退休回到查湾后，登上金谷峰，凡纵目所及的田地、山场都用胁迫投献，或压价强买的方法霸占了。他在这块土地的关隘、路旁、坟边，建屋辟田，由佃仆居住租种。佃仆的数量也随之增多。几经兴废盛衰，到中华人民共和国成立前还有二百零八户佃仆分别居住在四十八处佃仆的居住点。在这片以查湾为中心，南北约二十七公里，东西约九公里的长方块土地上，除两户庙户②外，居民全系查湾汪氏及其佃仆（见图1地形图）。

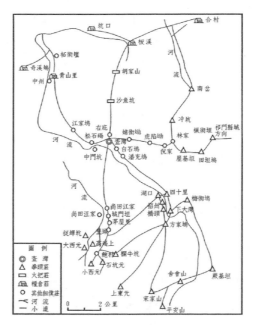

图1　地形图

---

① 原件藏中国社会科学院经济研究所。

② 设有关帝庙、周王庙，每庙有一户看守，称之庙户。靠汪氏祠堂及朝拜者施舍米粮、金钱过活，其身份地位高于佃仆。

　　从图1看出，汪氏地主是以查湾为中心，根据地形、耕种土地、管理山场和服劳役的需要，建置佃仆居住点的。从查湾出发，有东西南北四条通向四周各个村落的道路，这既便于对各村控制，也有利于各村对查湾汪氏家主的拱卫。作为家兵的拳斗庄（郎户），是主要根据地形和守卫的需要设置的。在北部的产粮区青山里、奇溪坞、坑口、合村、板溪等村设有粮仓，收下的租谷可就地贮藏。把处于通道上的胡家山、沙鱼坑，规定为火把庄，在此居住的佃仆专门提供照明火把，负责汪氏地主晚间出入的护送。佃仆居民点的建置，是经过精心筹划的。

　　佃仆是靠租种汪氏报本祠和崇本祠及汪氏地主的土地过活的。佃仆对汪氏祠堂、地主，除交纳实物地租外，还要提供劳役。实物租均系定额租制。笔者曾作过几户典型调查，经济上所受的剥削是很重的，现列表说明如下表4。

表4　祁门县查湾佃仆一九四九年租种土地情况调查（谷以斤计）

佃仆姓名	佃仆名称	现在年龄	全家人口	全家劳动力	租种田地山场		生产成本			租入山地山场的纯收入	地租（包括土特产折谷）			每年给祠堂、家主服役天数
					亩数	产量（折谷）	种子	农具肥料损耗（折谷）	合计		额数	占总产量	占纯收入	
刘光佑	拳斗庄	53	4	2	14.5	2925	210	200	410	2515	1410	48.2%	55.6%	40
程冲仁	拳斗庄	51	3	2	16	5821	240	400	680	5141	2520	43.3%	49%	40
汪德锋	抬轿庄	54	4	2	14	5810	220	400	660	5150	2880	49.6%	55.9%	40
倪金财	守祠庄	64	5	3	6	1800	120	200	320	1480	170	9.4%	11.5%	180

佃仆姓名	佃仆名称	现在年龄	全家人口	全家劳动力	租种田地山场		生产成本			租入山地山场的纯收入	地租（包括土特产折谷）			每年给祠堂、家主服役天数
					亩数	产量（折谷）	种子	农具肥料损耗（折谷）	合计		额数	占总产量	占纯收入	
汪谷水	抬轿庄	75	3	3	7	2100	140	220	360	1740	1050	50%	60.3%	60
洪仕开	守祠庄	55	5	2	8	2813	160	240	400	2413	1355	48.2%	56.2%	180
郑富镜	拳斗庄	61	4	2	7	2100	140	220	360	1740	1050	50%	60.3%	40
方元国	拳斗庄	68	3	2	16	4800	320	430	750	4050	1800	37.5%	44.4%	40

从上表看，佃仆固定租额多在总产量的四成，多到五成，占生产纯收入的50%~60%。但遇荒年暴岁，可酌情减免；生活的确无着的，也可由祠产给以一定的赈济。佃仆的生活比一般的佃户有保证，这是为了防止他们外逃，稳定佃仆队伍。对于守祠和守坟佃仆，为了鼓励他们勤于守卫、管理，额租有时从优。有的每亩只收租二三十斤。上表所列倪金财租种的田地的租额正是一例。守坟佃仆有时由于坟墓护理得好，甚至"开恩"免交租谷。

服劳役是佃仆的一个沉重负担。在清代除修粮仓、守卫山林等生产性劳役外，主要用以满足地主生活上的需要，尤以服喜庆婚冠丧祭的劳役为主。守祠佃仆所承担的劳役最重。中华人民共和国成立前守崇本祠的洪仕开和守报本祠的倪金财两户佃仆每年服役约占半年，除承担祠堂的守卫、洒扫、供奉香火、巡夜打更外，凡祠堂、汪氏地主经常所需的劳役，以及查湾汪氏族人的婚丧祭祀所需的劳役,均由他俩负责传呼。佃仆住地距查湾远近不等,远者达十多公里。浩繁的、不时的传呼劳役,是一项十分沉重的负担,而且往往耽误自身的生产。因此,崇本祠每年给祠仆洪仕开四百斤谷子,报本祠每年给祠仆倪金财八百斤谷子。佃仆应呼服役,主家要给以一定的米肉等食物,既是酬其劳,又含有家主豢养奴仆之意。拳斗庄的劳役相对少些,如不兼充别的名目,一年服役约一个半月,主要用来教习武艺(约占四十天),多在冬天农闲季节。除各服专役(详见表3)外,不时的呼唤,如办理酒席、散发请帖、接进宾客等等,是无边无际的。总之,佃仆所受的人身奴役十分残酷,是介乎奴隶和一般佃户之间的贱民阶层。

在各类佃仆中,其身份地位也稍有不同。拳斗庄(郎户)略高。例如,祠堂集会时,允许站在台阶上(也许出自保卫的需要);春节可免束标志低贱的青带,但遇汪氏女婿要远远避开,以免误受拜贺。抬棺木庄等承担丧葬劳役的佃仆最为低微。佃仆间身份地位的稍微差别,是与其所服劳役相关的。除拳斗庄服役是固定的外,其余佃仆所服劳役的内容时有变换。其服役分类和身份稍微差别见图2。

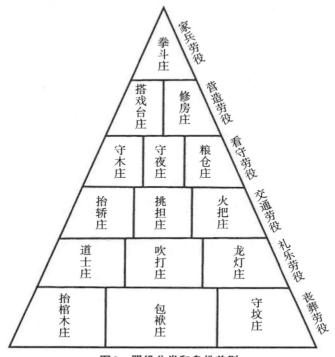

图2　服役分类和身份差别

佃仆作为农村中的最底层，遭到如此深重的政治压迫和经济剥削，势必起来反抗。可惜查湾汪氏佃仆于清代及清以前的大多数反抗斗争情况，无征于文献，又没有见诸传闻。但民国四年（一九一五年）发生过的一次佃仆暴动，现在尚可查询。那次斗争中，拳斗庄郑炳阳等召集枫术坦、田坦坞、屋基坦、冲坑、尚田、中洲山等村佃仆于查村亭开会，歃血誓盟，准备暴动。不料走漏了消息，当二百多个佃仆按计划赶到查湾时，汪氏地主已作了武装戒备。在戒备森严的情况下，汪氏地主采用欺骗软化的手法瓦解佃仆的斗志。战斗尚未打响，准备暴动的队伍便被哄散了。策动这次暴动的郑炳阳等逃亡江西。其余参与者，或罚款、或受刑、或坐班房，遭到了残酷的镇压。

二

关于休宁茗洲佃仆制的调查。

茗洲位于休宁的西陲，西连祁门，南邻江西浮梁。今属流口公社。关于该村的记载，有万历年间成书的《茗洲吴氏家记》（以下简称《家记》），康熙年间吴翟撰的《茗洲吴氏家典》（以下简称《家典》）和光绪十五年（一八八九年）吴葆根录记的《葆和堂需役给工食定例》（以下简称《定例》）传世。这些文献为了解该村的历史提供了一些宝贵的资料。《家典》卷一《家规》，载有"吾祖自迁祖以来四百年"的字句，从此可推知于元代迁此。洪武年间，四世祖吴永昌因举贤良而出任过句容县令。他曾持"家谱谒赵东山（按即赵汸）先生，思立宗人法"，不久卒于官未遂。八世祖吴竹溪"作《家记》，垂成而没。嗣子瑞毂公继之"（见《茗洲吴氏家典》，吴翟《自叙》）。清代又编纂有《家典》《定例》，可见吴氏家族是很重视宗规家法的撰修的。

茗洲是沿着流经山谷的新安江上游的支流——率水湾曲的河岸建置的，形成半月形。四周群山耸峙，层峦迭嶂，可耕的土地甚少。经陆续开垦，现在全村土地才共有五十六亩。以现有人口三百二十六人计，每人平均不到二分地。清代前期的土地当属更少。茗洲四周的山场是著名的产茶区，所产"茗洲茶"是安徽茶叶的珍品之一。当地居民靠出产茶叶、木材和经营商业维持生计。

到了晚清，特别是民国年间，茗洲吴姓宗族已经衰落。中华人民共和国成立前，全村吴姓四十户，其中地主三户，小土地出租者六户，中农三户，贫农二十八户。吴氏族人多兼营商业。贫穷族人子弟往往跟随外出当店员伙计。有一民谣说："前世不修，生在徽州，十三四岁，往外一丢。"当地把商业视为"恒业"，清代前期尤其如此。《家典》卷之一《家规》中说："族中子弟不能读书，又无田可耕，势不得不从事商贾，族众或提携之，或从它亲友处推荐之。令有恒业可以糊口，勿使游手好闲，致生祸患。"田少而盛产茶叶、木材等商品的茗洲，以商业作为谋生手段是有其理由的。有的商人长期携家在外。一九五六年工商业公私合营后，一些商人及其家属陆续回到茗洲，有的至今仍未归。

吴氏自迁茗洲以来，一直聚族而居。中华人民共和国成立前，住房一列列并排，井然不紊。列与列之间的里弄装有门。按房系，嫡庶居住，别姓人是不准混居其间的。依附于吴姓的佃仆则散居在茗洲的四周，以便于呼唤服役，并作警卫。吴氏有一总祠堂曰："葆和堂"，乃祭始祖之祠。其下有五大支派，每支派立有分祠堂。支派下各分房又有祠。例如启贤堂、全璧堂、世宁堂、礼仪堂、顺正堂、兴仁堂、日永堂等等。葆和堂是行使最高权力的场所，族内纠纷，或对佃仆的惩处，均在此裁决。执行官是族长。中华人民共和国成立前夕任族长的是一位小土地出租者，因他辈行尊而年齿高的缘故。他虽为一族之长，但往往听命于族内有势力的地主、商人。

"佃仆"是明代修撰的《家记》上的称呼[1]，《定例》称之为"仆婢"，中华人民共和国成立前则称之为小户。据统计，中华人民共和国成立前茗洲吴氏共同占有的佃仆有黄姓十一户，李姓一户；葆和堂占有汪姓十一户，陈姓（称大陈）二户，王姓二户；启贤堂占有胡姓十户，韩姓三户，陈姓（称小陈）十二户；商人吴厚富占有谢姓一户，总共五十三户。

其佃仆隶属关系如下表5：

表5　佃仆隶属关系

佃仆占有者名称	佃仆户数	佃仆户主名单		
吴氏族众	12户（其中黄姓11户，李姓1户）	黄宽川	黄茂坤	黄太茂
		黄梨民	黄匹生	黄太书
		黄美娇	黄齐茂	黄茂才
		黄东生	黄文梯	李均富

---

① 见《茗洲吴氏家记》卷七。

佃仆占有者名称	佃仆户数	佃仆户主名单		
葆和堂	15户[其中汪姓11户,(大)陈2户,王姓2户]	汪庭左 汪能律 汪年祥 汪明根 陈自祥	汪进书 汪细祥 汪成贵 汪并言 王坤文	汪小良 汪本祥 汪宽贵 陈光和 王兴发
启贤堂	25户[其中胡姓10户,韩姓3户,(小)陈姓12户]	胡积茂 胡亮达 胡炳文 胡福口 韩长汉 陈灶录 陈光春 陈快录 陈炳忠	胡必达 胡茂修 胡神申 韩启汉 陈兴丁 陈小赵 陈爱求 陈志业	胡松律 胡堂文 胡武律 韩神汉 陈宽有 陈家锡 陈明和 陈炳泉
吴厚富	1户	谢三财		
合计	53户	—		

从上表看,佃仆的占有形式分为吴氏族众占有、祠堂占有和私家占有三种。这同《定例》的记载是一致的。《定例》中载有"众仆、己仆""众、堂,私家仆婢"等字句。从此可见这三种占有形式,前清已然。

茗洲残存下来的佃仆数目已经不少。但据当年的主家吴姓及老佃仆的回忆,清代前期的数量更多。民国年间,吴氏家族日益衰落,主家对呼来服役的佃仆应酬报的"工食"物,如米,肉、钱等,已不能按规定发给。私家占有的佃仆只留下一户,族众共同占有和祠堂占有的佃仆也减少了。见诸《定例》的佃仆如徐、倪、周、李、盛五姓,中华人民共和国成立前已不存在。

笔者曾访问当年的佃仆,问其由来,绝大部分已全然不知,只知道世代相承。唯有六十五岁的陈近贤说,据其父告诉他,陈姓是从祁门塔坊来的。因犯了族规而被赶出来,流落到茗洲,当了吴氏商人的家内奴仆,后配以婢女,离主别居,靠租种其家主田地、山场过活。繁衍的子孙便世代为其佃仆。因同为佃仆的有人数更多的陈姓，为了区别，称之为"大陈"，自称为"小陈"。始自何时，已茫然无考。但从《定例》中称"古例""旧例""例已数百年"看，为时已久。

这些佃仆对茗洲吴氏有主仆名分，身份是不平等的。不管"众仆""祠仆""己仆"，对吴氏男性都要称呼为朝奉、老爷，相公、官人，对吴氏女性称为孺人。如途中相遇，不作这样的称呼，便被诉诸祠堂，治以藐视家主之罪，打屁股四十大板。《定例》中规定，佃仆不能与主家吴姓通婚姻，做坟立碑要按规定的格式，生儿取名不得"犯家主及祖讳"，"衣衫酒席""娶亲饮酒"都有一套污蔑人格的规定。这些条规在民国年间依然有效。佃仆结婚，原规定新娘不准坐轿，只能用人背。民国时期，有一年农历初七舞龙灯时，佃仆们为此集体向吴氏地主请愿。经过斗争，才允许坐轿，但用的是小轿，以示与主家用的大轿相区别。

佃仆的田宅是吴氏祠堂、地主提供的，正如《定例》所说的：

> 竹木与尔等看守，尽可得利；山业与尔等看守，尽可受惠；田园交尔等耕耘，杂山任尔等拔种，税山任尔等安葬，税地任尔等宅居。

为了改善一下居住条件，佃仆自做一间屋是允许的，即所谓"税地任尔等宅居"，但须向祠堂禀明起屋地点，经同意后才能按规定格式做。民国年间，有的佃仆在山边开垦一二分山地种些茶树，吴氏祠堂有时也免予收租。但这些垦出的零星山地还不算佃仆所有，祠堂随时都可以把它收回来。

吴氏地主对佃仆实行地租剥削和人身奴役。《定例》明确规定，"禁交青湿冇谷"，"交租者必须干净色老，一切青湿冇屑，有名无实者，退还不收"。这些于中华人民共和国成立前依然有效。地租取定额租。我曾以老佃仆陈近贤为典型做过调查。中华人民共和国成立前，他租种葆和堂田地3.5亩，其中田1.8亩，年产谷400斤，租谷200斤，地0.7亩，种苞谷年产70斤，租35斤。租额均占产量的一半，除去生产成本、剥削率已超过50%。一亩山场种茶，年产约35斤，租茶10斤。降交地租外，还要交柴薪银。《定例》上明载："二十岁起，六十岁免，每丁一钱，折九五银八分。

定于冬至日交齐,例已数百年矣。……至于经收之家需用柴炭,即以柴炭抵算柴薪银。"民国后期,由于佃仆的抵制反对,交柴薪银的规定已无法执行。

服役方面主要是冠婚丧祭及喜庆杂役。在《定例》中各种服役项目都有具体规定。例如,丧礼一项有闻讣、移棺、小殓、大殓、举殡、宿枢等劳役。这些劳役由何姓佃仆承担,人数多少,以及酬报的饭食定例,都在每项劳役下面写明。除喜庆冠婚丧祭等所谓"贱役"外,还要承担"拔路扯草""搭戏台""起屋""搭桥撑船"等劳役。中华人民共和国成立前,基本上仍按《定例》规定执行。但由于吴姓宗族的衰落,冠婚丧祭的繁文缛节,已有所减省。此外,吴氏地主的家内劳役,也依旧不时呼唤佃仆去承担。有时还随同主家出外经商。中华人民共和国成立前夕,有两户女儿被主家娶作小妾的佃仆各出一人随同出外经商。从此可推知,似乎只有取得主家信任的佃仆方可委以营商的业务。有的佃仆虽隶属于各分祠堂或属吴氏私家地主,但因吴氏族人都属葆和堂支下子孙,对他们都有部分的支配权力。《定例》明确规定,不管"众仆、己仆一体互为应主,例已数百年"。就是说,一旦祠堂或吴氏族众有劳役的需要,随时都可打破主仆相属的界限去服役,这个规定已数百年了。例如起屋,《定例》就规定"公仆、私仆,悉听本家唤用",即不管你是属于吴氏共有,或私家之仆,只要起屋的吴氏族人呼唤,都得前去"应主助力"。可见名为私仆,实际上又有充当整个吴氏宗族之仆的一面。这种情况,中华人民共和国成立前依然如此。这同广东新会的世仆制相类似。梁启超在《中国文化史》中指出:

> 吾乡及附近各乡皆有所谓世仆者,其在吾乡者为龚姓。其人为吾梁姓之公仆。问其来由,正如雍正谕所谓"仆役起自何时茫然无考"者。

> 其身份特异之点则:(一)不得与梁姓通婚姻(邻乡良家亦无与通婚者,其婚姻皆限于各乡之世仆)。(二)不得应试出仕。(三)不得穿白袜。其职务则:(一)梁家祠堂祭祀必须执役。(二)凡梁家各

户有喜事凶事必须执役。[①]

但徽州佃仆人身所受的约束及服役的范围，远较新会世仆为甚。

三

查湾和茗洲佃仆制的实地调查，使我们对明清时期佃仆制的一些疑团得以解释。沦为佃仆亦即主仆名分和应役义务形成的原因，史学界看法很不一致。有的认为大都不是以租佃关系为前提，而是由于住屋、葬山、入赘、家仆分爨分居等等其他原因[②]，因此概称之为庄仆或世仆[③]。但是，从调查所得的材料看，尽管沦为佃仆的原因不一，但最终都归结为与"种主田、住主屋、葬主山"有关，尤以"种主田"为主要。我们用"佃仆"概称之，源自于此。不仅查湾、茗洲的佃仆，徽州其他地方的佃仆也均无土地。在封建宗法制强固，各大族聚族而居的徽州，凡土地山场无论开垦与否，都一概划界确定占有权。一旦界限不清或占有权有争议，就会发生诉讼，甚至发生宗族间的械斗。当地习俗，除被除族者外，不能抑勒同宗为奴；非属其族类者，又不允许混居在其所属的地域上[④]。因此，凡沦为佃仆者，一般均来自外地。他们不仅无田地，连房屋、葬地也没有。地主除租给其土地外，还得提供房舍、葬地。明白这一点，我们对明清文献中屡将"佃田、住屋、葬山"三者联在一起，视为判定佃仆的依据，就不会感到迷惑不解了。

调查材料说明，封建地主一般采取庄田制的方式来役使佃仆，即在村寨的四周险要、僻静之处置庄屋，设居民点，以及仓库、坟场，安排佃仆

---

① 梁启超：《饮冰室合集》专集第十八册。

② 章有义：《从吴葆和堂庄仆条规看清代徽州庄仆制度》，刊于《文物》1977年第11期。

③ 日人仁井田陞在《中国法制史研究》第三卷第九章中称之为庄仆制，文中有时又称为世仆。

④ 赵吉士：《寄园寄所寄》卷十一《故老杂纪》："新安各姓，聚族而居，绝无一杂姓搀入者，其风最为近古"。

去居住、守护。其目的是便于呼唤应役。佃仆除纳实物租外，还要服劳役。占有一定分量的劳役地租成为佃仆制的一个重要特点。佃仆制、庄田制和劳役租制，是互相依存、互相影响的。

佃仆的人身隶属于主家，与主家有主仆名分，子孙世代相承，没有迁移的自由，不准离主他去。佃仆家内事务如婚姻、过继等也受到地主的干预。主仆等级森严，从日常衣着到死后墓葬规格，都有一系列区别等级和侮辱人格的规定，甚至生儿取名也不得冒犯主家及其祖讳。这些写在家法宗规上的条规、定例，佃仆必须严格遵守，稍有僭分越格，就要受处罚。凌驾于佃仆头上的不仅是所隶属的单个主家，而且是一村的整个宗族。佃仆子孙不得读书、应试出仕。在法律上，佃仆归入"奴仆类"。凡此种种，说明佃仆的被奴役地位是施行奴隶制的一些原则的结果。这意味着奴隶制这个古老的毒果，直至中华人民共和国成立前还没有完全消失其恶劣的作用。

但是必须指出，佃仆终究不同于奴隶。佃仆有一定的独立性，不是主人之物，而是隶属于主家之人；不是会说话的工具，而是有劳动兴趣的自主的独立生产者。佃仆有个体的家庭经济，财产权取得某种程度的承认。生存权已得到一定的保证。婚姻虽然要受干预，但被承认是合法的。这种人实际上就是典型的农奴。这里还应当顺便指出的是，人们往往把明清的佃仆和家内奴仆混同起来。据文献记载，明清时期，尤其明末，地主拥有的奴仆动辄以百、千计。请看：

（麻城）梅、刘、田、李强宗右姓，家僮不下三四千人。（王葆心：《蕲黄四十八砦纪事》）

（常熟钱海山）僮奴数千指。（徐复祚：《花当阁丛话》卷三）

吴中仕宦之家，奴有至一二千人者。（顾炎武：《日知录》卷十三"奴仆"条）

明末乡官家僮至以千计，谓之靠势。（吴骞：《愚谷文存》卷十三）

地主拥有的奴仆数量如此之巨，且用之于生产，又竟然出现在封建社会的没落期，显然是难以思议的。史学界不少同志据此得出明末蓄奴之风盛行的结论。有的认为这是生产关系逆转的表现；有的甚至认为"明末使用奴婢生产比汉代广泛得多"[①]。实地调查使笔者恍然大悟。同一名称，在各个历史时期往往含义不同；同一内容的东西，文献记载又往往迥异。明清文献上所载的奴仆大部分就是这一类佃仆。佃客、佃仆和奴仆在记载上的混同，非仅限于明清时期的历史文献。南朝"耕当问奴，织当访婢"（《宋书》卷七十七《沈庆之传》）的记载，曾为某些史学家引作社会上广泛使用奴隶生产的根据[②]。对此，郭沫若早就在《略论汉代政权的本质》中指出："此处奴婢已成为下人的泛称，不能引为奴隶制的证明，例如清朝大臣犹有自称'奴才'，命妇犹自称'婢人'，不能谓清朝就是奴隶制。"唐长孺在《西晋户调式的意义》一文中，在引证了许多有说服力的史料后也指出："东汉末年至三国时奴和客简直难区别。""客的身份非常低微，他们像奴婢一样以数目的多寡表示主人财富之大小，而且在计算时奴客混在一起，不知何者为奴，何者为客。"这种客，其中就有佃客。唐先生在《魏晋南北朝史论续编》中还指出："当时习惯上奴僮和客常常通称。但严格讲来客毕竟不是奴僮。"五代、宋朝时期，依然有把佃仆和奴僮混同的情况。例如《新五代史》卷六十六《楚世家·周行逢传》记载，五代末年，楚大臣周行逢妻，"押佃户送租入城"一事，路振《九国志》卷一十一《周行逢传》称佃户为"奴仆"；《资治通鉴》卷二百九十三记同一事，则称之为"僮仆"。元代更是如此。据《元史》卷一百六十三记载："荆湖行省阿里海牙以降民三千八百户没为入家奴，自置吏治之，岁责其租赋。"这种"岁责其租赋"的家奴（或称驱口），就是佃仆一类的佃户。我们明了奴、佃混称之后，对于明后期大量使用"奴仆"生产的记载，就不会惊奇了。正如明代人王士性《广志绎》卷三中所指出的："光山一荐乡书，则奴仆十百倍皆带田产而来，止听差遣，不费衣食。"很明显，这里的所

---

① 陈恒力：《补农书研究》，中华书局1958年版，第75页。

② 日知：《从重农抑商的传统谈到汉代政权的本质》，转引自郭沫若：《略论汉代政权的本质》。

谓"奴仆"就是农民以奴仆名义隐庇于豪绅门下,以避政府赋役的佃仆。

查湾和茗洲的调查材料还告诉我们,尽管清王朝于雍正五年、六年,乾隆三十四年,嘉庆十四年,道光五年,先后五次下诏将这些人豁免为良,逐渐明确地放弃以"佃田、葬山、住屋"三者为勒迫农民作佃仆的依据[①],但事实上某些封建宗法势力强大的宗族依然坚持旧例,顽固维持佃仆制。这说明封建地主驱使奴役佃仆,并非仅靠法令维持,也靠"实际存在的土地关系的力量"[②],以及封建宗法的势力。例如,嘉庆十四年(一八〇九年)刑部遵旨纂定的条例中,已否定了明代以来"种主田、葬主山",即被勒迫为佃仆的定例,在光绪十五年(一八八九年)录记的茗洲吴氏《葆和堂需役给工食定例》中却被保留下来了。在《定例》中重申:"种主田、葬主山、住主屋三事","有一于此",仍为佃仆。可见在封建法令的实施过程中,往往遭到宗法势力的抵制。但是佃仆这一落后的生产关系日趋没落的历史潮流是任何力量也阻挡不住的。到了晚清和民国时期,徽州的佃仆制发生了许多变化,佃仆的身份地位也有所提高,已没有看到主家将佃仆随田变卖等情况,对主家的人身依附已有所松弛,当年加诸佃仆头上的条规、定例,有的已经失效。主家也发生了变化。缙绅地主已经衰落,祠堂的田产不断扩大,祠堂族权日益强化。值得注意的是这些佃仆除一户隶属一家商人外,其余的主要是隶属于祠堂。可见祠堂是佃仆制最后的藏身之所。因为勒迫农民为佃仆的法律条文虽然被取消,但这些法律条文的内容,如上所述,却在家法宗规中被保留下来了。祠堂正是宣扬和执行家规宗法的场所,族长是其执行者。祠堂族长地位之高,权力之大,都是直接从古老的宗法制因袭而来,经程朱理学浸透和装饰后表现出来的一个特点。明清时期,乃至民国年间,祠堂族长、家法宗规所体现的宗法

① 详见叶显恩:《明清徽州佃仆制试探》第五节,《中山大学学报(社会科学版)》1979年第2期。

② 列宁指出:"请记住,任何表现或肯定这些残余(按:指农奴制残余)的统一的司法机关都是不存在的","被俄国所有的经济研究无数次证明了的明显的徭役经济残余,并不是靠某种专门保护他们的法律来维持,而是靠实际存在的土地关系的力量来维持"。见《列宁全集》第六卷,第106页。

制，是束缚佃仆的一条绳索。

徽州封建宗法势力之强大，除有其自身的历史渊源外，同当地对程朱理学的力倡，商业资本的发展，是密切相关的。商人、官僚、地主往往三位一体。徽商赚得的高额利润中有一部分用来开办书院、学堂，培养封建人才，扩大其在地方和中央的政治势力。徽州作为封建理学的故乡，程颐、朱熹[①]所鼓吹的三纲五常，特别是恢复宗子法的主张所产生的影响尤其恶劣。徽商的一部分商业利润还投入建宗祠、置祠田、修坟茔、买祭田、修族谱（或称统宗谱、世谱、世牒、支谱、房谱、家乘等等）、订家规宗法。这些正是佃仆人身被束缚之所在。徽商投入这方面的资金愈多，封建"四权"愈加强化，佃仆队伍愈有可能增多并被顽固地保留下来。

由于徽州地区的种种历史特点，诸如当地豪绅地主多系魏晋南北朝隋唐时期从北方迁来的名宗大族，其身上带着浓厚的奴隶制的斑点；此地又处于万山丛中，"险阻四塞"，太平天国运动前很少受到农民起义的打击；以古老的聚族而居的宗法制和程朱理学糅合起来形成严格的封建宗法制度；商业资本的发展；等等，佃仆制作为农奴制的残余形态被保留至中华人民共和国成立前，表现出历史发展的不平衡性。这对我们理解中国封建社会的某些特点，特别是长期缓慢发展的特点，是有补益的。

---

① 据《祁门善和程氏谱》载：程颐"胄出中山，中山之胄出自新安之黄墩，实忠壮公（即程灵洗）之裔。"程颐、程颢被视为歙县黄墩人。朱熹，婺源人。所以徽州有"东南邹鲁"之称，视为封建理学的故乡。

徽州文化与徽商研究

儒家传统文化与徽州商人①

徽商是明清时期在商界占据鳌头的商帮，徽商的故乡——徽州则是中国正统文化传承的典型地区。因此，以"贾而好儒"的徽商作个案分析，探讨儒家文化传统与商业发展的关系，理出徽商如何利用儒家的经济伦理发展贾道，应该说是具有典型意义的。

一、明代的新儒学与徽商的"新四民观"

中国传统的商业于明中叶（十六世纪）发生了转型②，即从以贩运奢侈品、土特产和为社会上层集团服务为主的商业，向贩卖日用百货、面向庶民百姓的商业转化。商业趋向空前的繁荣。国内各地间长距离的贸易往

① 由于儒家文化圈东南亚地区经济的崛起，尤其中国自改革开放以来取得的令人瞩目的经济成就，人们对华人文化群体的特性顿然产生了特殊的兴趣，并由此而引发了儒家伦理与经济发展关系的探讨。中国也掀起了儒家文化热，一扫过去传统文化与经济发展互不相容的观点，导致以儒家为主的中国传统文化价值的再发现。笔者仅就明代新儒学与徽州商人的关系发表一些浅见，以就正于学术界的同仁。此文曾提交中国经济史学会1998年上海年会讨论。曾出席此会的王业键先生阅后提出一些宝贵意见。编入本书时，已根据王先生的意见作了一些修订。在此顺向王先生致谢。唯王先生指出"本文最后一点与何炳棣讨论扬州商人一文观点大致相同"。但本文完稿之前未曾读到王先生所示的何先生这一大文。特此说明。

② 关于明中叶中国商业的转型，请参见叶显恩：《明后期广州市场的转型与珠江三角洲社会变迁》，台北《明史研究专刊》1998年第12期。

来日益加强。广州海外贸易，通过以葡人租借的澳门为据点，以及通过西班牙侵踞的菲律宾马尼拉，恢复了经印度洋、阿拉伯海而抵达西亚、东南非洲的传统商道，并拓展了越过太平洋到达南美洲墨西哥、秘鲁等地的商路。尤其值得注意的是庶民海商冲破由地方帅臣和土酋垄断海上贸易的格局，敢于犯禁走私东南亚各地并建立了商业网络。正当此时，徽商应运而崛起，并和山西商人成为控制商界的两大商帮。徽商不仅以盐、典、茶、木等行业著称，而且也插手海上贸易，歙县汪直武装走私贸易集团横行海上的事例是学术界所熟悉的[①]。

随着商品经济对日常生活的渗透，商人势力的增强，自战国以来出现的以商居末的"士农工商"的职业观发生了动摇。在这一具有划时代意义的商业发生转型的十六世纪，出现了王守仁的致良知说，及与之有师承关系的泰州学派。这一派系（下面简称之为王学）是受中唐以降佛教的入世

---

① 关于汪直海上武装走私集团，可参阅叶显恩：《明中叶中国海上贸易与徽州海商》，见《徽州与粤海论稿》，安徽大学出版社2004年版。嘉靖年间的走私海商，有学者辨之为"倭寇"而非商。以当时官方的理念视之固然可判之为"倭寇"，但若用历史的标准衡量它，却是商人无疑。亦盗亦商本是世界历史上海商的惯习。以十七、十八世纪的欧洲海商为例，其商船武装完备，既可自卫，也可进行掳掠。一六三七年，英商威得尔率领由四艘船组成的船队潜入虎门私测水道，为当时清朝汛防船队所阻，于是恃其船坚炮利，攻陷汛防阵地，掳掠渔船等财物。又如英商汉密尔顿于一七〇四年，于柔佛掳掠中国帆船，得款六千元。一七一六年，英国的"安妮号"在厦门也干过海盗的勾当。可见十七、十八世纪西方殖民海商在从事贸易的同时，也是烧杀掳掠，无恶不作的。（参见马士：《东印度公司对华贸易编年史（1635—1834）》第二章、第十三章、第十四章，中山大学出版社1991年版）

转向影响下①而出现发轫于陆九渊的儒学世俗化，与十六世纪商业转型之间互相激荡的产物。其在经济伦理上对儒学作了令人注目的创新与发展。

王守仁（一四七二至一五二八），字伯安，浙江余姚人。因创办阳明书院，世称阳明先生。自小秉性异于常人，为一些高僧术士所注目，并期许以成佛、成圣②。及长，先是学词章，继而致力于宋儒格物之学，曾"遍求考亭（朱熹）遗书读之"，又以其父于京师官邸之竹，循序格物，不得其理，反而遇疾③。正德十三年（一五〇八年），被贬谪贵州龙场驿时，才顿悟格物致知之旨，"吾性自足，不假外求"，"自此之后，尽去枝叶，一意本原，以默坐静心为学的"。入江西之后，"专提致良知三字"④。他于正德十一年九月升为都察院左金都御史巡抚南赣汀漳等处，次年（一五一七年）入赣就任，至正德十六年九月方离开江西。他的"致良知"说，创立于此时。嘉靖元年至六年（一五二二至一五二七年），他在浙江。据他的弟子王畿说，这期间他的致良知说，"所操益熟，所得益化"，"如赤日当空而万象毕照"⑤，亦即达到了极致而圆熟的境界。

---

① 唐代，佛教处于主流地位。慧能的"若欲修行，在家亦得，不由在寺"的主张，标志着其教义从出世转向入世。在当时，这不失为惊天动地之说。过了约一个世纪，禅宗南派百丈怀海（七四九至八一四）的《百丈清规》及其建立的丛林制度，主张"一日不作，一日不食"，更使佛教经济伦理有了突破性发展。由慧能发端的入世苦行，到宋代已扩及教外的世俗社会。儒学起而效之，也力图使儒学深入民间，扩大儒学的影响。早在唐代，韩愈便想挽回儒学的颓势，他在《原道》中提倡的正是后来宋明理学所谓的"人伦日用"，旨意都在于恢复儒学对人们生活的指导作用。宋儒吸取佛教的修心，创立心性之学；又受佛教的"彼岸"观的影响而创立"天理"。这个"理"就是超越世俗的彼岸世界。程伊川说的"天有是理，圣人特循而行之，所谓道也。圣人本天，释氏本心"，是儒、释分界的重要标志。新儒的彼岸世界与佛教的不同。佛教的彼世背离此世，陷于虚幻；而儒家的彼世却面对此世，与此世相联，是本于天的实理，所以引发出积极的入世拯救的精神，以天下为己任。

② 参见《阳明全书》卷三十二，附录一《年谱》"五岁条"与"十一岁寓京师"条。

③ 参见《阳明全书》卷三十二，附录一《年谱》"二十一岁"条。

④ 黄宗羲：《明儒学案》卷十《姚江学案》。

⑤ 黄宗羲：《明儒学案》卷十《姚江学案》。

　　王阳明的致良知说，与陆九渊的"心即理"是有一脉相承的。他俩都主张以直截简便的途径，亦即顿悟的方法作道德修养，不同于朱熹主张循序渐进、拘泥儒家章句之学。很显然，新儒中的程、朱一派，是放眼于士大夫阶层，以其为施教对象的，同庶民大众相隔离。而陆子的心学，因当时商人势力虽已抬头（这是陆子心学出现的一个原因），但尚缺乏广泛的社会基础，得不到推广。唯到王守仁创立致良知说之后，新儒学才真正深入民间。他提出的格物致良知说，是个个都可以做到的，并非只是读书人的专利。在他看来，商人、田夫、市民、村夫都具有"良知"。致良知，是使心本有之良知得以"不为私欲遮隔，充拓得尽"[①]。这样，人就可以为贤为圣。圣贤功夫从庙堂、书斋走向市井、村落。这就是他所谓的"满街是圣人"[②]的含义。他提出："虽终日作买卖，不害其为圣为贤。"[③]又说："四民异业而同道。"[④]由他提出的这些儒学的经济伦理是前所未有的。显然是对当时"士农工商"四民职业观松动的一个注解，也是他企图打破传统的"荣宦游而耻工贾"的价值观之举。正因为如此，他的致良知说，为商人、窑工、樵夫、灶丁、田夫等民众所乐于接受。不少人投其门下，并为弘扬与发展其学说做出了贡献。他的高足王艮继承与发展了他的学说，创立泰州学派。王艮承于师又不同于师。他说："圣人之道，无异于百姓日用。"[⑤]他较之于其师，走得更远，而距野老村夫更近了。其徒陶匠韩贞"以化俗为任，随机指点农工商贾，从之游者千余。秋成农隙，则聚徒谈学，一村毕，又之一村"[⑥]。泰州学派后学李贽又把王艮的"百姓日用即道"加以发挥。他引入"迩言"的概念，以此来概括反映百姓日常生活情趣、心态的流行通俗话语，认为"迩言"才是"真圣人之言"，亦即王艮所说的"百姓日用"。他肯定先儒所讳言、反对的对"利""欲"的追

---

① 《阳明全集》卷一。

② 《阳明全集》卷三。

③ 《传习录拾遗》第14条。

④ 《王文成公全书》卷二十五。

⑤ 《心斋王先生全集》卷三《语录》。

⑥ 黄宗羲：《明儒学案》卷三十二《泰州学案》。

求①，提出"穿衣吃饭，即是人伦物理"②。又提出"夫私者，人心也。人必有私，而后其心乃见"③。"私"既是"心"，自然亦即"理"。在这里，李贽把穿衣吃饭等人生的基本要求、人对物质和精神的欲望（包括情欲）、对私利的追求等，都视之为道，合乎天理。剥下了程朱一派新儒加于"道""天理"之上的圣光，还其赤裸裸的日常生活的情态。在当时，实是一种惊天动地之举。尽管他被当道者所迫害致死，但他极大限度地把儒学俗世化和社会化了。

王阳明而后，其学益大，是由于王艮、王畿、李贽等后继者弘扬、发展所致。也正是由于后学们不懈的努力，王学才广泛深入民间，成为普通百姓的精神要求。我们可以说，王阳明的新儒学，是宋代以来新儒的社会化和商业日益发展彼此间相互激荡的终结与成果。徽商"新四民观"的出现，"贾而好儒"之风的形成，正是宋明新儒学深入民间的表现，使新儒学社会化达到了极致的阶段。

徽州处于万山丛中，四面险阻，是避难的安全地。北方士族自东汉起不断迁入，西晋末年永嘉之乱和唐末黄巢起义期间迁入者尤多。经过长期与当地越人融合而成为徽州人。入住的北方士族，带来了治儒学的家风，"十家之村，不废诵读"，人文之盛，无以出其右者④。同时传入经商之习俗和货殖之术，经商的风气至迟可上溯至东晋⑤，可谓源远流长。山区的自然环境，虽有利于木植和因地制宜地发展手工业生产，但也受到交通条件的局限。山多田少的格局，几乎无发展农业的潜力。当地经济资源的局限，促使徽州人利用其业儒业商的传统寻找生活出路。随着徽商在明中叶的崛起与强盛，更有足够的经济实力从事儒业。因此贾而好儒，弃儒从贾，成为徽商的一个特色。

---

① 《焚书》卷一《答邓明府》；《李氏文集》卷十九《明灯道古录》。

② 《李氏文集》卷十九《明灯道古录》。

③ 《藏书》卷二十四《德业儒臣后论》。

④ 参见叶显恩：《明清徽州农村社会与佃仆制》第五章"徽州的封建文化"，安徽人民出版社1983年版，第187—231页。

⑤ 《晋书》卷二十八《五行志》中。

　　徽州是以程朱故乡自居的①。宋明新儒中程朱一派对当地的影响自属深远。但是，陆王一派的心学，由于对儒学的修养简易直接，尤其重要的是其抬高商人地位的经济伦理，亦为徽商所乐于接受。据歙县《竦塘黄氏宗谱》记载，黄崇德（一四六九至一五三七）初有意于举业，其父对他说："象山之学以治生为先。"②于是遵父命经商于山东，终于成巨富。他与王守仁是同时代人。受教于父时，王学尚未出现，王阳明尊商之说是后话。出身徽州商人世家、历任朝廷和地方官僚的汪道昆（一五二五至一五九三），其宗奉之学则把陆王连在一起了。据《歙县志》中的汪道昆传记载，他"于学则远推象山，近推东越"③。自"嘉靖以迄于明末"，对于王学，徽州人趋之若鹜。休宁程默"负笈千里，从学阳明"，歙县程大宾"受学绪山（王守仁弟子钱德洪）"，"及东廓（王守仁弟子邹守益）之门"④。王守仁的高足王艮、钱德洪、王畿、邹守益、刘邦采、罗汝芳等更是齐集徽州，主讲盟会⑤。王学在徽州掀起大波，令人耳目一新，纷纷"崇尚《传习录》，群目朱子为支离"⑥。从此可见陆王一派同徽人的关系。可以说，徽商在政治伦理上，是以程朱理学为依归的，而在经济伦理上却以王学的说教为本。王学提出"四民异业而同道""百姓日用即道"，徽州

---

　　① 据程昌《祁门善和程氏谱》记载，程颢、程颐"胄出中山，中山之胄出自新安之黄墩，实忠壮公之裔也"。此说明人似信非信。吴琦《新安程朱阙里记》云：明代方弘静"尝睹程伯子书于豫章唐氏，有忠壮公裔之章"。得此证据后说，"千载疑之而一朝决之也"。赖一章而决疑，近人许承尧也觉得牵强。朱熹先人亦婺源人。

　　② 歙县《竦塘黄氏宗谱》卷五《明故金竺黄公崇德公行状》。

　　③ 转见自许承尧：《歙事闲谭》卷六。

　　④ 黄宗羲：《明儒学案》卷二十五《南中王门学案》。按：笔者在绩溪1998国际徽学研讨会上有幸读到李琳琦先生《徽州书院略论》一文，从中转引了三条为他所引用的资料。特此附笔致谢。

　　⑤ 《紫阳书院志》卷十八，见赵所生、薛正兴：《中国历代书院志》，江苏教育出版社1995年影印版。

　　⑥ 《紫阳书院志》卷十八，见赵所生、薛正兴：《中国历代书院志》，江苏教育出版社1995年影印版。

就有"士商异术而同志"①"以商贾为第一等生业"②"良贾何负闳儒"③的风俗和说法。王学崇商的观念被渗透到家法、族规④、乡约中去。其经济伦理因而被广泛地推向社会，并使其经济伦理变成规范人们的自觉行动。

战国中期以后出现的"士农工商"本已形成传统的职业构成的顺序，此时也相应地发生了变化。"贾为厚利，儒为名高"，贾、儒迭相为用⑤，意味着"商"已置于"农工"之上而与"士"并列。这一"新四民观"和"以营商为第一生业"的习俗，是该地区的特定环境，以及明代新儒影响下的文化因素等合力作用下出现的。

二、儒家的传统文化与徽人贾道

黄巢起义期间及其之前移住徽州的中原大族，多宗奉儒学。宋代确立科举制度之后，凭其家学渊源而取得科举仕宦成功者甚多。正如宋人罗愿所指出："宋兴则名臣辈出。"⑥明清时期，"自井邑田野，以至于远山深谷，居民之处，莫不有学、有师、有书史之藏"⑦。"先贤名儒比肩接踵"，"虽僻村陋室，肩圣贤而躬实践者，指盖不胜屈也"⑧，有"东南邹鲁"⑨

---

① 徽州《汪氏统宗谱》卷一百一十六《弘号南山行状》引李东阳语。

② 凌濛初：《二刻拍案惊奇》卷三十七。

③ 汪道昆：《太函集》卷五十五《诰赠奉直大夫户部员外郎程公暨赠宜人闵氏合葬墓志铭》。

④ 撰修含有家法、族规的谱牒在宗法制强固的徽州是最为普遍的。据学人统计，今国内明清族谱遗传至今最多者首推徽州。详见居蜜、叶显恩：《明清时期徽州的刻书和版画》，见赵华富编：《首届国际徽学学术研讨会论文集》，黄山书社1996年版，第288—304页。

⑤ 汪道昆：《太函集》卷五十二《海阳处士金仲翁配戴氏合葬墓志铭》。

⑥ 淳熙《新安志》卷一《州郡·风俗》。

⑦ 道光《休宁县志》卷一《风俗》。

⑧ 赵吉士：《寄园寄所寄》卷十一《新安理学》。

⑨ 赵汸：《商山书院学田记》，载道光《休宁县志》卷一《风俗》。

之称。在氤氲儒学的氛围中出现的徽商，自当与儒学有难解之缘。了解这一点，就不难理解徽州文献上"贾而好儒""贾服儒行""儒术饰贾"等贾儒结合的记载了。徽商或从儒而趋商，或商而兼儒，或弃儒从商而后又归儒。一般而言，徽商集团的文化水准是比较高的。他们有可能把儒学的优秀文化传统运用到商业活动中来。

王守仁说："四民异业而同道。"道，即天理。徽商是以建立功名，显宗耀祖为目标的。立功、积德，就能通天理。他们不同于西方清教商人，以在俗世间永无止境地赚钱，不断地创造业绩视为上帝的恩宠，视为一种天职，即所谓"天职观"；但徽商的确有不少人表现出一种超越精神，就是说按照新儒的立教去修养，就可建立名德与功业，就可通天理，是一种内在超越的文化形态。

天理是明儒的最高理念，徽商"蹈道守礼"，旨在求得符合天理。歙商鲍士臣兴贩四方，以义制利，对人乐善好施，对己以勤俭自处，尝曰："傥来之物，侈用之是谓暴天，吝用之亦为违天，惟其当而已矣。"[1] "歙县商人胡山，经常"耳提面命其子孙曰：'吾有生以来惟膺天理二字，五常万善莫不由之。'……因名其堂曰：'居理'。"[2] 歙人黄玄赐行商于齐鲁间，"伏膺儒术，克慎言动"，也是按儒家圣人的立教去修养。他对朝廷慨然捐输，对族党邻里不啬施舍[3]，都是为了立功、积德，亦即为了通向天理。

既服膺天理，就得不断作"诛心贼"的修养，培养敬业、自重的精神。其中最重要的是宗奉勤、俭，以及诚、信、义的传统信条。这些信条可以克制人的自然性的欲望，使人回到理性的状态中来。因此，其成为发展其商业的要诀。

徽商在把勤与俭，以及诚、信、义等儒家优秀文化传统落到实处过程中，建立起有自己特点的贾道和营运的型式。

---

① 《棠樾鲍氏宣宗堂支谱》卷二十一《鲍先生传》。
② 李维桢：《大泌山房集》卷七十三。
③ 见《竦塘黄氏宗谱》卷五。

勤与俭，是儒家传统文化中最古老的训戒。安贫乐道、内圣外王、入世拯救，是儒家传统的精神。韦伯的新教伦理概括为勤、俭两大要目，也正是以此为特征的新教伦理成为启动西方资本主义的文化因素。作为移民社会的徽州，经历着中原正统文化与越人文化相互激荡与相互融合的过程，因而社会充满活力。他们以勤俭著称，勤与俭成为他们日常宗奉的信条并竭诚实践。勤，促使他们极尽人事之运用，富有进取冒险的精神；俭，使他们善于积财。他们把勤、俭载于家法、族规，用以规范族众。例如：

《武口王氏统宗世谱》的《宗规》中写道：

> 天下之事，莫不以勤而兴，以怠而废。

《休宁宣仁王氏族谱》的《宗规》中记载：

> 士农工商，所业虽别，是皆本职。惰则职惰，勤则职修。

《华阳邵氏宗谱》的《家规》中有载：

> 财者难聚而易散……吾宗子弟当崇俭。

勤、俭还被写入明代出现的商业专书之中，以供商人时时自省。例如：《又附警世歌》中写道：

> 不勤不得，不俭不丰；俭约可培，浪侈难植。

前句意为勤俭乃积财之本，后句是说俭、侈可作为其人是否堪加造就、培植的依据。

勤、俭在当地蔚然成风，据康熙《徽州府志》记载：

> 其家居也，为俭啬而务蓄积。贫者日再食，富者三食，食唯馔粥。客至不为黍，家不畜乘马，不畜鹅鹜……女人犹称能俭，居乡者数月不沾鱼肉，日挫针治缝纫绽。[①]

在《悲商歌》中对商人勤劳困苦的情状描述道：

> 四海为家任去留，也无春夏也无秋。……四业唯商最苦辛，半生饥饱几曾经；荒郊石枕常为寝，背负风霜拨雪行。万斛舟乘势撼山，

[①] 康熙《徽州府志》卷二《风俗》。

江愁风浪浅愁滩①。

有的将"筋力纤啬"的勤俭行状，"勒石堂右"②，以警醒后人。有的以勤俭为座右铭，提出"唯勤唯俭，是勉是师"③。他们坚信：勤与俭是致富之道。顾炎武在《肇域志》中也说："新都勤俭甲天下，故富甲天下。"④所以，有的徽商致富之后，依然以勤俭自律，即"居安逸而志在辛勤，处盈余而身甘淡泊"⑤。

诚然，在《扬州画舫录》等文献中，的确有关于徽州富商大贾花天酒地，极端奢侈的描写，但这种奢侈之举，往往是为实现其某一特定目标的一种手段。例如，有的大盐商，"入则击钟，出则连骑，暇则召客高会，侍越女，拥吴姬，四座尽欢"⑥。"尽欢"者，当是盐商为某种原因而巴结的对象。康熙《徽州府志》讲得更清楚："当其（指徽州富商）出也，治装一月，三十里之外即设形容，炫新服，饰冠剑，连车骑。若是者，将以媒贷高资，甚至契领官货。"⑦由此可见，其奢侈之举，是出自为攀附权贵，或抬高身份以取信于人的公关目的。应当指出，采取这种攻关手段者，已经陷入"以利为利"，与其宗奉的"以义制利"信条相背离。徽商作为一个群体，其理念不可能纯正，其行为也不可能一致。我们对之评判，只能以其主要面为依据。

大凡取得事业成功的徽商几乎都以"诚"为本。歙商许宪说："惟诚待人，人自怀服；任术御物，物终不亲。"他因诚而享誉商界，"出入江淮间，而资益积"⑧。黟商胡荣命经商于江西吴城五十年，以信誉自重，童叟不欺。晚年告老还乡，有人"以重金赁其肆名"，被他拒绝。他说："彼

---

① 见杨正泰：《客商一览醒迷》，山西人民出版社1992年版，第298—300页。
② 歙县《许氏世谱·朴翁传》。
③ 祁门《张氏统宗世谱》卷三《张元涣传》。
④ 顾炎武：《肇域志》卷十一《江南十一·徽州府》。
⑤ 《汪氏统宗谱》卷三十一《汪材传》。
⑥ 汪道昆：《太函集》卷二《汪长公论最序》。
⑦ 康熙《徽州府志》卷二《风俗》。
⑧ 《新安歙北许氏东支世谱》卷三。

果诚实，何借吾名？欲借吾名，彼先不实，终必累吾名也"。①罢商之后依然以其招牌声誉自重。歙县商人江长遂，"业醝宛陵，待人接物，诚实不欺，以此致资累万"②。

守信用，重然诺，是徽人商德的核心。社会经济活动是由群体组织，而非个人所完成。信用直接影响群体组织的凝聚力，以及影响社会交往能力的发挥，并由此而影响经济活动的效果。经济的繁荣总是与信用度高的群体相联系，总是在信用度高的地区出现。所以，信用成为社会品德的主要成分。徽商因具有强劲的凝聚力而结成商帮并形成庞大的商业网络，而且在商业上取得辉煌成就，显然与其恪守信用有关。他们往往宁可损失货财，也要保住信誉。婺源洪胜，平生"重然诺，有季布风，商旅中往往借一言以当质券"。洪辑五"轻货财，重然诺，义所当为，毅然为之"。因此受人敬重，推为群商领袖③。歙商江氏，以信用为商人立命之基，世代守之不怠。传至承封公，"惧祖德湮没不传，倩名流作《信录》，令以传世"④。

徽商不是不言利，而是遵儒家传统，"利以义制"。这是对商人一种软的制约。西方制度学派认为因之而压抑了商人法制的出现，并致使缺乏对商人以法律的硬的约束。从西方人的眼光看来，不无道理。但是，利以义制，是不能从儒家的道德中割裂出来的，它是同诚、信、仁等一起构成一个完整的道德体系，起合力作用。事实说明，大凡利以义制，非义之财不取为标榜者，往往都取得了商业的成功。清代歙人凌晋从商以仁义为本，交易中有黠贩蒙混以多取之，不作屑屑计较；有误于少与他人的，一经发觉则如数以偿。结果他的生计却蒸蒸"益殖"⑤。其中缘由，道光间，黟商舒遵刚作这样的解释：钱，泉也，泉有源方有流。"狡诈求生财者，自

① 同治《黟县三志》卷七《人物》。
② 《济阳江氏族谱》卷九《清布政理部长遂公、按察司经历长遇公合传》。
③ 《敦煌洪氏统宗谱》卷五十九《福溪雅轩先生传》《辑五先生传》。
④ 歙县《济阳江氏族谱》卷九《清诰封奉直大夫公传》。
⑤ 凌应秋：《沙溪集略》卷四。

塞其源也"，"以义为利，不以利为利"①，自当广开财源。在他看来，以义为利即生财之大道。

徽商以诚实取信于人，且多行义举，在其家乡以及其聚集的侨居地，实行余缺互济的道义经济，以种德为根本，形成其贾道。在此氛围下成长的徽商子孙，受其熏陶，其贾道得以传承不息。

徽商还建立起一套与其贾道相适应的经营型式，即所谓"商业网络""股份制""伙计制"和"行商与坐贾相结合"等。

徽商建立以血缘为核心的商业组织和以血缘与地缘相结合的商业网络。家族本位的传统意识，在营商中也有鲜明的体现。一人取得商业的成功，往往可以把一个家族，乃至一个宗族带动起来。休宁汪福光"贾盐于江淮间，艘至千只，率子弟贸易往来"②。其组织如此庞大，非举族经商不可。有的宗族出现"业贾者什七八"。徽人的商业，在汉口，为绩溪胡氏所开辟；在通州，则由仁里程氏所创。还出现某一宗族垄断某一行业的情况，如绩溪上川明经胡氏，以胡开文墨业名天下，上海的墨业几为之所垄断。徽人利用血缘和地缘的关系在各地建立商业网络，互通消息，彼此照应，相互扶持。必要时，可采取联合行动与同行竞争。南京五百家徽商当铺联合起来，凭其雄资，用低息借出，终于击败与之抗衡的闽商典当业。在扬州的盐业，始为黄氏所垄断，尔后汪、吴继起，清代则受制于江氏。徽商对扬州盐业的垄断，在山东临清"十九皆徽商占籍"③，以及长江沿岸"无徽不成镇"的谚语，都说明扬州和临清等以及长江两岸的一些城镇是徽商带领族人开辟的商业殖民地。

合股（或称合伙）制是徽商筹措、扩大商业资本的重要方法，也是徽商增殖社会资本的方法。所谓社会资本，即人们合作发展经济的能力。据《太函集》记载，程锁"结举宗贤豪者得十人，俱人持三百缗为合从，贾

---

① 同治《黟县三志》卷十五《舒君遵刚传》。
② 《休宁西门汪氏宗谱》卷六。
③ 谢肇淛：《五杂俎》卷十四。

吴兴新市"①。也有的是中间参股，例如，金朝奉在浙江天台县开当铺，其内弟程朝奉，带着儿子阿寿前往找他，要参资入股，合伙开当②。这种合股经商而立下的契约，为了规范化，已有合约的格式被载于当时流行的商业书中。其格式写道：

> 立合约人　　　窃见财从伴生，事在人为。是以两同商议，合本求利。凭中见，各出本银若干，同心揭胆，营谋生意。所得利钱，每年面算明白，量分家用，仍留资本，以为渊源不竭之计。至于私己用度，各人自备，不得支动店银，混乱账目。故特歃血定盟，务宜苦乐均受，不得匿私肥己。如有犯此议者，神人共殛。今欲有凭，立此合约一样两纸，存后照用。③

由此可见，投资合股，按股分红，在当地是流行的做法。

伙计制，是徽商所习用，并凭此而扩大其经营规模。大致说来，在商人本人、或在协助主人管理商务的"经理"④"副手"⑤"掌计"⑥等的主持下，管理某一具体业务者，均称伙计。伙计各司其职，诸如，管账的（有"能写能算"⑦本事者可充任）、"司出纳"⑧的等等。伙计是分大小等级的⑨，其数量之多寡，由经营的规模而定。伙计出身的绩溪汪彦，经过

---

① 汪道昆：《太函集》卷六十一《明处士休宁程长公墓表》；又《休宁率东程氏家谱》卷四《明故礼官松溪程长公墓表》记载：程锁"结举宗贤豪者得十人，俱各持三百缗为合从，号曰'正义'"。

② 《初刻拍案惊奇》卷十《韩秀才乘乱聘娇妻，吴太守怜才主姻簿》。

③ 《新刻徽郡补释士民便读通考》，转引自谢国桢：《明代社会经济史料选编》（下），福建人民出版社1981年版，第275页。

④ 黟县《环山余氏宗谱》卷二十一《余蔼三公传赞》。

⑤ 顾炎武：《肇域志》卷十一《江南十一·徽州府》。

⑥ 《丰南志》第8册《溪南吴氏祠堂记》。

⑦ 天然痴叟：《石点头》卷十一《江都市孝妇屠身》。按：作者为明末时人。说的虽是唐末事，实系明末情态。

⑧ 《歙县新馆鲍氏著存堂宗谱》卷二《例授奉直大夫州同衔加二级鸣岐再从叔行状》。

⑨ 艾纳居士：《豆棚闲话》第三则《朝奉郎挥金倡霸》；汪道昆：《太函集》卷五十二《南石孙处士墓志铭》。

十余年的积攒，拥资"二十余万，大小伙计，就有百十余人"①。近人歙县许承尧的族祖许某，"十数世之积，数百万之资"，在江浙间开的典当铺店，"四十余肆"，"管事者以下"即包括掌计、伙计在内，"几及二千"②。技术性较强的行业如盐业，伙计是须经培训的。或与父兄当学徒，或先见习于师傅，方能当正式的伙计，进而有擢升的希望。据《歙县新馆鲍氏著存堂宗谱》记载：

> （鲍直润）尚志公次子，……十四赴杭习贾。贾肆初入者惟供洒扫。居半年，虑无所益，私语同辈曰："我辈居此，谁无门闾之望，今师不我教，奈何？请相约，如有所闻，必互告勿秘，则一日不啻两日矣。"师闻而嘉之，遂尽教。思既卒业，佐尚志公理鹾业，课赢问贱，出入无不留意。遇事必询，询必和其辞色。虽厕仆亦引坐与语，以故人多亲之。市价低昂，闻者莫之或先。贸易不占小利，或以为言大父曰："利者人所同欲，必使彼无所图，虽招之将不来矣。缓急无所恃，所失滋多非善贾之道也。"人服其远见，尚志公晚年事皆委任焉。③

鲍直润虽系鲍尚志之子，依然先当学徒，帮助其父管理盐业后，也处处向他人求教，以提高业务水平。可见徽人注重训练商业技能和积累商业知识，亦即人力资本的积累。

有本事，又忠心的伙计，可望提升为掌计，协助主人管事、掌握钱财。待遇较伙计优厚，积攒一笔钱后，可自立门户，独自经营。从伙计而起家致富者，屡见不鲜。歙西岩镇人闵世章，"读《史记·蔡泽传》，喟然思欲有见于世，遂走扬州，赤手为乡人掌计簿，以忠信见倚任。久之，自致千金，行盐策，累资巨万"④。伙计出身的鲍志道更曾一度成为盐业的头号大贾。鲍志道"年十一即弃家习会计于鄱阳。顷之，转客金华，又客

① 艾衲居士：《豆棚闲话》第三则《朝奉郎挥金倡霸》。
② 俞园樾：《右台仙馆笔记》，转引自许承尧：《歙事闲谭》卷十七。
③ 《歙县新馆鲍氏著存堂宗谱》卷二《中议大夫大父凤占公行状》。
④ 《歙事闲谭》卷二十八，转引自《初月楼闻见录》。

扬州之拼茶场，南游及楚，无所遇。年二十乃至扬州佐人业盐，所佐者得公起其家。而公亦退自居积操奇赢，所进常过于所期。久之大饶，遂自占商籍于淮南"。他曾被推为总商，先后受朝廷敕封的官衔达六个之多①。

正如徽州《桃园俗语劝世歌》中对伙计所劝诫的，只要对主人忠心，拿出真本事来，自当为主人尝识而擢升，从而可以发家致富。《劝世歌》中写道：

> 生意人，听我劝，第一学生不要变。最怕做得店官时，贪东恋西听人骗。争工食，要出店，痴心妄想无主儿，这山望见那山高，翻身硬把生意歇。不妥贴，归家难见爹娘面，衣裳铺盖都搅完，一身弄得穿破片。穿破片，可怜见，四处亲朋去移借。到不如，听我劝，从此收心不要变，托个相好来提携，或是转变或另荐。又不痴，又不呆，放出功夫擂柜台，店官果然武艺好，老板自然看出来。看出来，将你招，超升管事掌钱财。吾纵无心求富贵，富贵自然逼人来。②

徽商不仅注重对伙计的训练与培养，而且对有才干而忠心者，给予擢升，并允准其离主自立经营。这种做法有利于激发伙计的敬业和专注精神，无疑对商业的发展是起了促进作用的。

伙计的来源，一是来自奴仆。世家大族经商者多用奴仆充之，休宁程事心"课僮奴数十人，行贾四方，指画意授，各尽其材"③。歙县吴敬仲"课诸臧获，贾于楚、于泗、于广陵之间"④。有的家仆甚至委以重任。歙县黄武毅就"遣仆鲍秋，掌计金陵"⑤。二是来自族人，这是最重要的来源。汪道昆的曾祖父玄仪，便将"诸昆弟子姓十余曹"带去当伙计或掌计

---

① 歙县《棠樾鲍氏宣宗堂支谱》卷二十一《中宪大夫肯园鲍公行状》。

② 转引自张海鹏、王廷元：《明清徽商资料选编》，黄山书社1985年版，第264—265页。

③ 《从野堂存稿》卷三《故光禄丞敬一程翁墓表》，又据《清稗类钞》第39册《奴婢类》记载：徽州大姓"恒买仆，或使营运，或使耕凿"。

④ 《丰南志》第5册《从父敬仲公状》。

⑤ 歙县《潭渡黄氏族谱》卷九《故国子生黄彦修墓志铭》。

等，后来这些昆弟子姓都发了财，有的甚至积资超过他①。歙人富商吴德明"平生其于亲族之贫者，因事推任，使各得业"②。这种吸引族人经商之举，导致"业贾者什七八"③，甚至有举族经商的盛况，孙文郁便"举宗贾吴兴"④。三是从社会招聘。这些人或为亲戚朋友所推荐，或由自己所物色。他们多有某方面的才能。除僮仆出身外，伙计与商人之间是自由的雇佣关系。一般要立下受雇契约。在当地流行的商业专书中，收有伙计给主人立还的契约。原文如下：

> 立雇约人某，今雇到某人男某，挈身在外，做取某艺。议定每月工银若干，不致欠少。如抽拔工夫，照数扣算。凭此为照。⑤

从此契约看，以当伙计为业已很流行，并且伙计与业主的关系已经规范化。

徽商把行商与坐贾结合，既作长途贩运，又建立销售基地。长江中下游，尤其江南地区和运河沿岸是明清时期富人聚集之地，也是商品消费量最大的地区。徽商经过不断开辟"商业殖民地"，这一带市镇的商业终于为徽商所控制，"无徽不成镇"之谚语即说明这一问题；扬州、南京、杭州、汉口、临清等要镇更是徽商的大本营。家庭是以宗族为依托的，侨居异地的单个家庭并不能形成社会力量。所以徽商总是按血缘、地缘聚居。组织网络和地域网络结为一体。他们"观时变察低昂""急趋利而善逐时"。他们转毂四方，尤其是沿长江和运河做东西、南北的双向商品交流。他们从书本中攫取知识，从实践中吸取经验。他们从历史上的名商，如三致千金的范蠡、精通经商之道的计然和白圭、富比王侯的猗顿、与国君分庭抗礼的子贡等等，取得榜样的力量和经商的知识；从经商的实践中总结经验，有的还写成商业专书，前引的《商贾一览醒迷》一书即一例。诚如

① 汪道昆：《太函副墨》卷一《先大父状》。
② 《丰南志》第5册《德明公状》。
③ 汪道昆：《太函集》卷十六《阜成篇》。
④ 汪道昆：《太函集》卷五十《明故礼部儒士孙长公墓志铭》。
⑤ 《新刻徽郡补释士民便读通考》，见谢国桢：《明代社会经济史料选编》（中），福建人民出版社1980年版，第220页。

清代歙商鲍建旌所说："自少至壮，以子身综练百务，意度深谨，得之书史者半，得之游历者半。"[1]由于徽商具有广博的历史知识，又有丰富的实践经验，所以当天下万物之情了然于胸之后，能够做出比较正确的判断。歙商阮弼一到芜湖，观其形势，便以芜湖为拓展其商业的根基，并决定经营当时尚无人经营的赫蹄（缣帛）业，继而立染局，兼业印染缣帛，后扩设分局并在吴、越、蓟、梁、燕、豫、齐、鲁等地要津贩卖，终成大贾[2]。他的成功也是来自了解商情，善于作灵活经营。

三、家族伦理驱策下的"官商互济"

徽州作为程朱理学故乡，与程朱一派新儒的渊源久远。宗法制强固，以家族为本的宗族观念特深。徽州以营商为第一生业的习俗，则与王学破旧"四民观"的经济伦理相融通。因此，在宋明新儒朱、王两派对徽州的浸渍下，出现了儒商结合，互相为用的局面。"官商互济"，则是儒商结合的演化与结果。

以程朱理学为依归家族本位的宗族理念中，个人的升迁荣辱，是同宗族联系在一起的，即个人的身份地位取决于所在的等差次序的伦理构架中的位置，取决于所属社会集团的势力。唯有提高本宗族的社会地位，方能实现自己的价值。非科举仕宦，"不足振家声"。由于恪守"官本位"的价值取向，科举仕宦被认为是荣宗耀祖、提高本宗族地位的途径。但是读书科举一途，是需要经济作基础的。正如汪道昆为程长公之母汪孺人写的《行状》中所指出的：

> 夫养者，非贾不饶；学者，非饶不给。君（程长公）其力贾以为养，而资叔力学以显亲，俱济矣。[3]

清人沈尧（一七九八至一八四〇）认为："古者士之子恒为士，后世

---

① 《竦塘黄氏宗谱》卷五《黄公莹传》。
② 汪道昆：《太函集》卷三十五《明赐级阮长传》。
③ 汪道昆：《太函集》卷四十二《明故程母汪孺人行状》。

商之子方能为士。此宋元明以来之大较也。天下之士多出于商。"后一句话，显然缺乏数据支持。如果改为天下之士多出于官、商和官商结合之家，应更确当。沈尧又指出，非营商者，"子弟即无由读书以致身通显"[①]。这一看法也同样过于绝对，如理解为缺乏经济基础，想读书仕宦是不可能的，就符合明清社会实际了。求富最便捷之途莫过于营商，而商业的成功则关系着家族的荣耀及其延绵不衰。

从这一意义上看，以追求家族荣耀为终极目标的价值理念，却转化为驱策徽州人经商的精神力量。正源于此，宗族制与商业发达两者之间，在中国大陆一度流行的分析模式中被视为互相冲突、互相矛盾，事实上却相辅相成、相得益彰。从东南沿海地区看，宗族组织是随着商业的发达而趋向庶民化与普及化的[②]。

歙人汪道昆多次强调徽州以业商为最主要。他说，"新都（徽州的古称）业贾者什七八""大半以贾代耕"[③]；艾衲居士著的《豆棚闲话》中也说："人到十六就要出门做生意。"[④]乾隆《歙县志》中更说："商贾居十之九。"[⑤]几乎是全民经商了。这在明清时期，是个十分特殊的地方。徽商经商的地域非常广阔，大江南北，运河两岸，边陲海隅，乃至日本，东南亚地区，无不涉足。而且经营的盐、典、茶、木等行业，资本雄厚，非列肆叫卖之小商贩可比，所以对从商者文化水平要求较高。而徽州又正是文化发达的地方。唐末以前，每当战乱，"中原衣冠，避地保于此，后或去或留，俗益向文雅，宋兴则名臣辈出"[⑥]。明清时期，文化愈加发达。"十家之村，不废诵读"，社学、书院林立。据康熙《徽州府志》记载统计，弹

---

① 沈尧：《落帆楼文集》卷二十四。

② 关于这一问题，请参阅叶显恩：《徽州和珠江三角洲宗法制比较研究》，载《中国经济史研究》1996年第4期，载周绍泉、赵华富：《'95国际徽学学术讨论会论文集》，安徽大学出版社1997年版，第1—19页。

③ 汪道昆：《太函集》卷十六《阜成篇》《兖山汪长公六十寿序》。

④ 艾衲居士：《豆棚闲话》第3则《朝奉郎挥金倡霸》。

⑤ 乾隆《歙县志·风土》。

⑥ 淳熙《新安志》卷一《州郡·风俗》。

丸之地的徽州府社学达五百六十二所，书院有五十四所①。少时先业儒，及长转而从商；从商之后又往往没有忘情于儒业，贾而兼儒。这就是所谓儒贾结合。儒商结合，既意味着一个人儒贾兼治，也体现在诸子中业商、业儒的分工。程长原"三子异业，命贾则贾，儒则儒。贾则示以躬行，儒则成以专业"②。正如汪道昆所指出："大江以南，新都以文物著，其俗不儒则贾，相代若践更"③。根据张海鹏等主编的《明清徽商资料选编》一书所作的粗略统计，弃儒从商者便有一百四十三例，商而兼儒（包含贾而好儒、弃商归儒、贾服儒行、以儒服事贾、迹贾而心儒等）有三十六例。商而兼儒，如歙县吴希元（明万历时人）"下帷之暇，兼督贾事；时而挟书试南都，时而持算客广陵"。后以捐输得授文华殿中书舍人④。有的竟经科举而官宦。例如，歙县程晋芳，业盐于淮，兼治儒术，"招致多闻博学之士，与共讨论"，终于举乾隆朝"辛卯进士"，授翰林院编修⑤。这是个例。贾而兼儒更普遍的意义是为了附庸风雅，以清高自诩，便于结交权贵。他们奋迹江湖的同时，没有忽视文化的修养。歙县盐商吴炳寄寓扬州时，"往往昼筹盐策，夜究简编"⑥。休宁汪志德"虽寄居于商，尤潜心于学部无虚日"⑦。除研读儒家经典外，尤其究心于与治生、货殖有关的典籍。甚至诗赋琴棋书画，篆刻金石，堪舆星相，剑槊歌吹，皆有涉猎。据李斗《扬州画舫录》记载，徽商多工诗书画，有的还著书立说，有的在自己的庭院、山馆中举行文会以广交士大夫，视读书、藏书、刻书和诗赋琴棋书画为雅事，以雅致自娱。他们注重谈吐、风仪、识鉴，以儒术饰贾，或贾服儒行，显得情致高雅，旨在抬高身份，便于公关以攀援权贵。部

---

① 康熙《徽州府志》卷七《学校》。

② 汪道昆：《太函集》卷六十《明故长原程母孙氏墓志铭》。

③ 汪道昆：《太函集》卷五十五《诰赠奉直大夫户部员外郎程公暨赠宜人闵氏合葬墓志铭》。

④ 《丰南志》第5册《从嫂汪行状》。

⑤ 昭梿：《啸亭杂录》卷九。

⑥ 《丰南志》第5册《嵩堂府君行状》。

⑦ 《汪氏统宗谱》卷十二《行状》。

曹、守令，乃至太监、天子都在结托之列。歙商江兆炜在姑苏"尤乐与名流往来"，其弟江兆炯亦然。"吴中贤大夫与四方名士争以交君为叹"①。徽商控制享有专利的两淮盐业，就说明其与官府深相结托。盐商鲍志道、邓鉴元、江春等都曾得到乾隆的恩宠。有了各级官僚，乃至天子做靠山，商业上自然可以化险为夷了。

除结托权贵，以求庇护外，徽商还可通过自身的缙绅化，成为亦官亦商，一身兼二任焉。但是，更重要的还在于徽商通过培育子弟，经科举仕途而成为朝廷内外的官僚，以充当他们的代言人。据笔者统计，徽州明代举人二百九十八名，进士三百九十二名；清代举人六百九十八名，进士二百二十六名②。这些中举者，都成为中央和地方的官僚，有的还成为朝廷的肱股大臣。以歙县为例，立相国之隆者有许国、程国祥等；阐理学之微者有朱升、唐仲实等；大经济之业者有唐文风、杨宁等；宏经济之才者有唐相、吴是等；擅文章之誉者有汪道昆、郑桓等；副师武之用者有汪宏宗、王应桢等③。通过"急公叙议"（明代）和"捐纳"而得官衔者（一般不求实职，与士子捐纳，候补上任者不同）也不少。明代万历年间，歙县富商吴养春为国捐输三十万两银子，明朝廷同一日诏赐其家中书舍人凡六人，即时俸、养京、养都、继志、养春和希元④。清代捐纳制盛行，以捐纳得荣衔者，当属更多。嘉庆《两淮盐法志》记载，在捐输的代表者名单中，有不少的便属徽州两淮盐商陈、程、黄、吴、汪、洪诸氏。这些人自当获得高低不同的荣衔。至于鲍志道、郑鉴元、江春等，更是上交天子，得到皇上的隆恩⑤。正如《歙风俗礼教考》中所指出的：

① 《济阳江氏族谱》卷九。

② 根据朱保炯、谢沛霖《明清进士题名碑录索引》和《徽州府科第录》（手抄本）作的统计。

③ 参阅洪懋庵：《歙问》，见张潮：《昭代丛书》甲集卷二十四。

④ 见吴士奇：《征信录》《货殖传》；又许承尧：《歙事闲谭》卷十。按：明制中书贵于清制中书有由御史翰林迁者。

⑤ 详见叶显恩：《明清徽州农村社会与佃仆制》第三章第四节"徽州商人的缙绅化"，安徽人民出版社1983年版，第122—130页。

歙之业醛于淮南北者，多缙绅巨族。其以急公议叙入仕者固多，而读书登第，入词垣、跻膴仕者，更未易仆数。且名贤才士，往往出于其间，则固商而兼仕矣。①

这些出任中央和地方官僚，乃至朝廷显宦的徽商子弟，乡土、宗族观念极强。"凡有关乡闾桑梓者，无不图谋筹划，务获万全"②。对徽商在外地的利益，更是着力维护③。总之，所谓"官商互济"，即徽商培植了官僚，而官僚又维护了徽商的利益。官商互济，两者相得益彰。正如汪道昆（一五二五至一五九三）所指出：

新都（徽州）三贾一儒，要之文献国也。夫贾为厚利，儒为名高。夫人毕事儒不效，则弛儒而张贾。既则身飨其利矣。及为子孙计，宁弛贾而张儒。一弛一张，迭相为用，不万钟则千驷，犹之转毂相巡，岂其单厚然乎哉！④

这一段话，比较精到、全面而且准确地指出了贾为厚利，儒为名高，官与商相互为用的关系。

这里应当指出，徽商并没有一味追求其商业上的成就，不同于西方的商人以商业作为终生终世的事业来追求，也没有以"创业垂统"为目标建立商业帝国的企图。徽商也不同于近代珠江三角洲的粤商有的因商致富之后，通过发挥货币经济的力量直接谋求与士绅并列的社会名流地位⑤，而是千方百计地谋求向缙绅转化。其途径有二：一是明代"以急公议叙"而得荣衔，清代通过"捐纳"而获官位，即用财富来实现其缙绅化；二是精心培养子弟，通过读书科举而仕宦。由于受家族伦理的支配，通过仕宦官爵来荣宗耀祖，提高家族的社会地位，才是徽商追求的终极目标。从此可

---

① 江依濂：《橙阳散志》末卷。

② 《许氏阖族公撰观察蓬园公事实》，见《重修古歙东门许氏宗谱》。

③ 详见叶显恩：《明清徽州农村社会与佃仆制》第三章第四节"徽州商人的缙绅化"，安徽人民出版社1983年版，第122—130页。

④ 汪道昆：《太函集》卷五十二《海阳处士仲翁配戴氏合葬墓志铭》。

⑤ 在宗族伦理问题上，徽州与珠江三角洲的同异，请阅叶显恩：《徽州和珠江三角洲宗法制比较研究》，《中国经济史研究》1996年第4期。

见，徽商提倡"新四民观"与企求科举仕宦是互为表里，也可说是儒为体，贾为用。

四、走到传统商业的极限而止步

徽商源远流长，在四世纪初的东晋已见载于文献。明嘉、隆（十六世纪）以后，至清嘉庆（十八世纪）之前，是她的黄金时代[①]。他们转毂天下，边陲海疆，乃至海上，无不留下其踪迹；称雄于中国的经济发达区——长江中下游及运河两岸，控制着横贯东西的长江商道和纵穿南北的大运河商道。其财雄势大，手可通天，与山西商人共为伯仲，同执中国商界之牛耳。作为一个商帮，从十六至十八世纪称雄商界，竟长达三个世纪。

徽商在商业的规模和资本的积累方面，在明代，最大的商人已拥有百万巨资，当已超过一六○二年荷兰东印度公司最大股东勒迈尔拥资八千一百英镑的额数了[②]。清代，徽商的商业资本激增至千万两之巨。就其经营的规模和资本额，也已达到了传统商业的巅峰。之所以能积聚如此巨大的资本，是由于他们善于把经济资本与人力资本、社会资本结合起来；并在以贸易为主体的长途交换过程中被创造出来[③]。与海洋贸易的关系尤其值得注意。徽商善于抓住明中叶海洋贸易带来的机遇，全面参与，并用海陆相结合地建立起商业网络，以此创造与增殖其资本[④]。

---

① 关于徽商的起源与发展过程，请参见叶显恩：《试论徽州商人资本的形成与发展》，《中国史研究》1980年第3期。

② 见《孔恩文件》第一卷，第167页，转引自田汝康：《十五至十八世纪中国海外贸易发展缓慢的原因》，《新建设》1964年第8—9期。按：当时的英镑与中国银两的比价不清楚，难以换算而作比较。但当时拥资五千五百英镑至七千五百英镑而几与勒迈尔比肩的中国海商，较之于徽商要逊色多了，故作此断语。

③ 参见科大卫、陈春声：《中国的资本主义萌芽》，《中国经济史研究》2002年第1期。

④ 参见叶显恩：《明中叶中国海上贸易与徽州海商》一文。

徽商侧身于商场而不忘情于儒业的举动，有力地推动其故乡徽州及其聚居地南京、杭州、扬州等市镇人文的发展。以其故乡歙县江村为例，据村志《橙阳散志》，由笔者作的统计，该村便有七十八位作者，编著一百五十五种书。这一数字仅限于一七七五年之前。又据近人统计，徽州（缺休宁）历代著述者达一千八百五十二人，成书四千一百七十五种。为了迎合商业社会的需要，徽商斥巨资板刻一批批天文、地理、物产、科技、医药，乃至行旅路程、书契格式等士农工商出外居家、日常生活必备的常识通俗读物。士商要览、行旅程途一类的商务书籍，尤其反映徽商实用的需要。

尤其值得称道的是，徽商根据明儒的立教，倡导"新四民观"，大破战国以来商居末位的传统职业次序。吸取儒学的优良传统，创立其贾道和营运型式。合股制、伙计制、经营网络等，已经推进了商业的功能。需要特别指出的是，商业组织形式已经相当完善。商业资本家与经理（或称掌计、副手）有的是分开的，如前面提及的歙商许某，在江浙开典当四十余肆，伙计几及二千，每处当铺都分别由各掌计掌管。按规矩，家庭开支与店铺的财务是分开的，已具有商业近代化的色彩了。徽商在把儒学的优良传统从书斋带入商业活动即所谓"习儒而旁通于贾"[1]，在商业发展过程中发挥了促进作用。歙商吴彦先"暇充览史书，纵谈古今得失，即宿儒自以为不及"。他将儒术用诸商业，"能权货之轻重，揣四方之缓急，察天时之消长，而又知人善任，故受指出贾者利必倍"[2]。徽商又受以家族为本位的宗族伦理的驱策，以异乎寻常的热情投入商业，也势必推进商业的发展。他们败而不馁。正如《祁门倪氏族谱》所载："徽之俗，一贾不利再贾，再贾不利三贾，三贾不利犹未厌焉。"[3]很显然，徽商的成就与此有密切关系。徽商以商业的成功与推进文化、培育人才并举，既提高商人的素质和层次，又制造了一个官僚集团。从"贾而好儒"而进入"官商互济"。

---

① 《丰南志》第4册《从父黄谷公六十序》。

② 《丰南志》第5册《明处士彦先吴公行状》。

③ 《祁门倪氏族谱》卷下《诰封淑人胡太淑人行状》。

在利用传统文化促进商业发展方面，已经达到极致的境界。

徽商无论在贾道和商业营运方面的建树上，还是经营规模和资本的积累方面，都走到了传统的极限，但是却至此而止步不前。他们将积累资本仅视为手段，而不是目的。既没有以商业为终生终世的事业来追求、没有如同珠江三角洲的商人般进一步提出"以商立国"的思想，也没有建立商业帝国的宏图；徽商更没有将其商业资本转为产业资本，如同珠江三角洲商人投入机器缫丝业，实行近代工业化，反而用来结托官府，或用于科举仕途，以实现其"缙绅化"。徽商在走到传统商业的极限而止步，其原因是多方面的，与政治体制、经济制度、生产力发展的水平等等均有密切的关系，应当放眼于总体历史作考察。如果从文化的角度，就徽商本身作探讨的话，我认为最根本的是浸透尊卑主仆等级的家族伦理及其制约下的"官本位"价值观。

徽州的家族组织严密，有系统的谱牒，门第森严。清初的官僚赵吉士曾指出：

> 新安各姓，聚族而居，绝无一杂姓搀入者。其风最为近古。出入齿让，姓各有宗祠统之。岁时伏腊，一姓村中千丁皆集。祭用文公家礼，彬彬合度。父老尝谓新安有数种风俗胜于他邑：千年之冢，不动一抔；千丁之族，未尝散处；千载之谱系，丝毫不紊。主仆之严，数十世不改，而宵小不敢肆焉。[1]

其中尊卑等级、主仆名分，最为讲究和注重。钱财是不能洗刷主仆名分烙印的。例如，万雪斋自小是徽州程家的书童，与程家有主仆名分。自十八九岁起，便在扬州当盐商程明卿的小司客（伙计）。平日积聚银两，"先带小货，后来就弄窝子。不想他时运好，那几年窝价徒长，他就寻了四五万银子，更赎了身出来。买了这所房子，自己行盐，生意又好，就发起十几万来"。而原主子程明卿生意折本，回徽州去了。但是，万雪斋并不能因发了财而改变与程家的主仆名分。当万家与翰林的女儿结亲时，程

---

[1] 赵吉士：《寄园寄所寄》卷十一《故老杂纪》。

明卿忽然来到，坐在正厅，万家惊恐万状，连忙跪拜，行主仆之礼，并兑了一万两银子出来，才将程明卿打发走。因未曾将昔日仆人身份说破，才保住了面子①。可见发财只能致"富"，而不能使其"贵"，即不能改变其社会身份地位。

业儒仕宦，从而荣宗耀祖，才是徽商的终极关怀。江终慕，从贾而致富饶，仍感有憾。他发感慨说："非儒术无以亢吾宗。"②歙人吴雪中承父业为盐商。贾而兼儒，以先儒的嘉言懿行自励。慷慨负气，"内收宗党，外恤闾巷。亲交遇，其赴人之急，即质剂取母钱应之，亦不自德色。恒叹曰：'士不得已而贾，寄耳。若龌龊务封殖，即一钱斩不肯出，真市竖矣。'"③他以"士"自居，务贾是出于"不得已"。后弃贾，日督诸子读书。尽管身为官宦的汪道昆等嘴里也说："商贾何负闳儒？"但心里却始终盯着"官宦"。他们依然坚持"官本位"的价值观，即以科举仕宦，显宗耀祖为终极目标。可以说，他们是"以儒为体，以贾为用"。儒是根本，商是权宜之计。徽商不同于珠江三角洲商人般因商致富之后，通过组织商会，捐资公益事业，发挥货币经济的力量取得社会名流的地位而与士绅分庭抗礼。诚然，徽商也建立行会、公所等组织，但旨在加强本地区的凝聚力，共谋乡梓的福利。他们对建桥、茸路，扶孤恤寡，乐善振贫等慈善公益事业，始终未曾吝惜。有的"行数十年不倦"④。族内实行余缺相济的道义经济，而与珠江三角洲的宗族内部趋向于经济上的公平分益迥异⑤。其目的在于积德，以图子孙得善报，亦即使家族荣华富贵和绵延不衰。积德可通天理，已形成心中的道德律。如果没有受到这一心中道德律的支配，公益慈善之举，是不可能如此自觉地行之久远，且坚持不懈的。徽商

---

① 吴敬梓：《儒林外史》第二十三回《发阴私诗人被打，叹老景寡妇寻夫》。

② 歙县《溪南江氏族谱·明赠承德郎南京兵部车驾司署员外郎事主事江公暨安人郑氏合葬墓碑》。

③ 《歙事闲谭》卷二十八，引自《初月楼闻见录》。

④ 民国《歙县志》卷九《人物·义行》。

⑤ 参见叶显恩：《徽州和珠江三角洲宗法制比较研究》，《中国经济史研究》1996年第4期。

大量的商业资本就是在以家族为本的宗族伦理及其制约下的"官本位"价值观支配下被耗费了。可见为光宗耀祖而引发的经商致富的动机中，已包含了否定或摧残商业企业发展的因素。加之儒家的宗旨是"致中和"，主张"和为贵"，与外界相和谐，徽商的贾道自当力求和谐而缺乏转化世俗的力量。商业经济既作为传统社会经济的附丽，而不是其异化的因素，徽州商人资本也自不可能超越传统社会所规范的商业运作的轨道。

原载《安徽师大学报（哲学社会科学版）》1998年第4期，有改动

徽州文化的定位及其发展大势

——《徽州文化全书》总序①

　　二十世纪八十年代中期，徽学勃然兴起。诚如学术界先贤王国维所说："古来新学问起，大都由于新发现。"徽学的勃兴，显然是以新资料的大量发现为直接导因的。二十多万件反映徽州民间实态的文书契约的陆续发现，乃学术界空前的盛事。其内容广泛，包含契约字据、公文案牍、书信手札、乡规民约、鱼鳞图册、宗教礼仪、财务账本、遗书手稿等等。有的可"归户"②，跨年代长。这些文字资料，由于具有原始性、唯一性和文物性的品格而弥足珍贵，堪称二十世纪继甲骨文、汉晋简牍、敦煌文书、明清大内档案之后的第五大发现。加之有三千种徽州典籍文献和一千余种族谱（中国国家图书馆所藏善本族谱四百余部，其中徽州族谱占一半以上）传世，可供与文书契约互相参证。又加之遗存的地面文物极其丰富，据调查统计有五千余处，文物有二十多万件，内有明清的住宅、庙宇、祠堂、碑坊，以及惊动世人的花山谜窟等，黄山和古村落宏村、西递，被联合国列入世界文化遗产。徽州可谓是明清文物之乡、文物之海，堪称文物"聚宝盆"、文物"博物馆"。丰富的文物，可以帮助解读，或印证文献典籍和文书契约的记载。对如此丰富的文书契约、文献典籍和地面

---

　　① 拙稿先后承唐力行、范金民、周晓光、韦庆远、郑培凯、王世华、王廷元、李琳琦、李庆新、栾成显、王振忠、卞利、汪炜等先生审阅，并提出宝贵意见，谨致谢忱。

　　② 所谓"归户"，是指分散的、零碎的契约文书，经考证可复归原属的同一户。

文物的开发和利用，才刚刚开始。它为田野考察，为专题、专科的研究，乃至跨学科的综合研究，提供了广阔的天地和优越的条件。徽州吸引着国内外莘莘学人络绎不绝地前来考察，并加入徽学研究的行列。徽学在短暂的近二十年间，从默默寡闻而勃然兴起，今已蔚然成大国，耸立于学界之林，成为一门令人注目的显学。

为了推进徽学的研究，《徽州文化全书》课题被确定为全国社会科学一九九九年度重点项目。这是一项巨大的系统基础建设研究工程。《徽州文化全书》编纂委员会，由卢家丰（安徽省原副省长）担任编辑委员会主任，刘萍（安徽省原出版局局长）、马康盛（安徽省社联常务原副主席）担任副主任；聘请张海鹏、王世华、栾成显和叶显恩为顾问。《徽州文化全书》（以下简称《全书》）从历史文化学的角度，宽视野、多层次地研究徽州的文化现象，并探索各种文化现象的形成、演进情况，以及彼此间的互动关系。《全书》分成徽州土地所有制、徽州宗族制、徽州商人、新安理学、徽州科技、徽州朴学、徽州工艺、徽州建筑、徽州民俗、徽州戏剧、徽州版画、徽州篆刻、徽州刻书、徽州文献、徽州历史档案、徽州教育、徽州村落、徽州方言、徽州历史人物、新安画派、新安医学和徽菜等二十二卷，由国内四十多位徽学学者分别撰写。不设总主编，文责由各卷作者自负。各卷都具有相对的独立性，并允许不同的观点并存。参加撰写的各位同仁，都是对相应的专题素有研究的徽学专家，大都曾有著作问世，饮誉学界。各个分卷凝聚了作者的智慧和研究所得，都有自己的特色和创新的见解。《全书》作为内容如此广泛，几乎囊括徽学方方面面的基础建设工程，应该说，在一定程度上反映了时代的学术特点、代表了时代的学术成果。

经过六年的努力，现在《全书》二十卷均已全部完稿，由安徽人民出版社一次付梓。这是中国学术界值得庆贺的一件大事。我受嘱为《全书》写总序，荣幸之余，在此向各卷的作者祝贺，并趁此略抒管见。

一

徽州文化既是地域文化，又是中华正统文化传承的典型。它集中地、典型地体现了中华传统文化的精华。

"徽州文化"，指的是原徽州属下歙县、黟县、休宁、祁门、绩溪和婺源等六县所出现的既有独特性，又有典型性，并具有学术价值的各种文化现象的总和。它根植于本土"小徽州"，伸展于中华大地，尤其伸展于以江南（苏州、松江、常州、镇江、江宁、杭州、嘉兴、湖州、太仓）和淮扬地区，以及芜湖、安庆、武汉、临清等城市为基地形成的所谓"大徽州"，由大小"徽州"互动融合形成的博大精深的文化。它包含着物质文化、制度文化和精神文化，为人文科学、社会科学、自然科学等多门学科的研究提供丰富的内容和广阔的天地。

我们之所以说它是地域文化，是因为它具有宗族文化和儒商文化的地域特色。徽州的宗族制度最为严密，其势力也最为强大。明中叶勃兴的徽商，其势力伸展于中华各地，尤以江南地区与运河沿岸的淮扬、临清等地为其商业基地，作为海洋商人的代表而与代表内陆商人的西商共占商界之鳌头，两者代表着中国地缘经济的两面性、二元化。徽州文化因受宗族与商业氛围的浸染而留下深刻的烙印。时至今日，凡到徽州观光的人，尚可领略这种遗风余韵。诸如那与大自然相协调的古建筑、讲究风水的村落格局、被誉为"古建三绝"的明代祠堂、石坊、宅第等等，既传承了中华正统的文化，也隐含着徽商雄厚的经济背景，同时显示集建筑、书画、雕刻于一体的高超的综合艺术；从院落、古井、古街、小桥古道，到室内陈列的古字画、古家具、古器皿，乃至徽刻的书籍、大量的契约文书，都浸透着独特的地域性的儒商文化和宗族文化。

中华传统文化，本源于中原地区。但明清时期，文化中心已经移往东南一带。在一般人的心目中多以苏、杭为其中心地。但考究起来，中华正统文化的传承与创新，最具代表性的当属徽州。徽州文化虽然糅合了一些地方性的因素，但其保留正统文化的原典最多，发扬光大的成分亦众，成为中华优秀文化传承的典型。

以宗族文化而言，徽州宗族制是从中原移植，系属正宗传承。它不同于东南沿海各省得益于商业化的素封之家，仿照宗族组织原则重建起来的系属变异了的亚种形态。古老的宗法制，虽然几经改变其形式和内容，以适应社会变迁的需要，但前后依然有一脉相承的关系。徽州衣冠巨族，在迁移之前，宗法组织严密，皆有系统的谱牒，门第森严。移住徽州后，依然保持原来的宗族组织。他们聚族而居，尊祖敬宗，崇尚孝道，讲究门第，以家世的不凡自诩。他们撰写家法以垂训后代，力图保存和发扬其传统的家风。凡此种种，旨在维护和强固原有的宗法制。从中原移植于徽州的宗族制，成为在这块待开发的荒服地进行竞争的工具。他们在靠武力扩张其势力的同时，又以浸透着宗法思想的中原正统文化进行教化。他们终于在越人酋长控制下的徽州地区，取而代之，反客为主。随着时间的流逝，汉人的源源移住，唐代以后，不仅越人的习俗日渐泯灭，山越之称也不见了。尽管历代战乱，兵燹所及，各大族都难逃厄运。尤其在唐末黄巢起义中，世家大族遭到毁灭性的打击，士族官僚"丧亡且尽"。谱牒也在战火中烧毁或散佚。唯幸逃战乱而移住徽州地区的世家大族却安然无恙，他们原有的谱牒、祖坟，也自然被保存下来了，并且一直坚持聚族而居。在这块"辟陋一隅，险阻四塞"的土地上，经过长期的土、客争斗、融合，遗留下来的是"聚族成村到处同，尊卑有序见淳风"。宗族组织成为当地社会结构的基础。

宋代以降，程朱理学对其故乡徽州的影响尤其深远。通过程朱理学的熏陶，把宗族伦理提到"天理"的高度。张载提出以宗法制来"管摄天下人心"。程颐则认为加强对家族的管制，要有"法度"，治家者"礼法不足而渎慢生"。对族众，要绳之以宗规家法。朱熹也亲订《家礼》等书，制定了一整套宗法伦理的繁文缛节，用以维系与巩固宗族制度。经与理学糅合起来的宗族组织，越发制度化了。"尊祖"必叙谱牒，"敬宗"当建祠堂、修坟墓，"睦族"需有族产以赈济。族谱、祠墓和族产，成为实现尊祖、敬宗和睦族的必不可少的举措。根据理学的伦理纲常制定的宗规家法，则作为约束族众，以及佃仆举止的规范。当地各大族都按一家一族来建立村落，形成一村一族的制度。村内严禁他姓人居住，哪怕是女儿、女婿也不得在母家同房居住。具有主仆名分的佃仆一类单寒小户，则于村落的四周栖息，以起拱卫的作用。随着宗族的繁衍，有的支房外迁另建村寨，也仍然保持派系不散。究心于桑梓历史的清初官僚赵吉士（歙县人）曾指出：

> 新安各姓，聚族而居，绝无一杂姓搀入者。其风最为近古。出入齿让，姓各有宗祠统之。岁时伏腊，一姓村中千丁皆集。祭用文公家礼，彬彬合度。父老尝谓新安有数种风俗胜于他邑：千年之冢，不动一抔；千丁之族，未尝散处；千载之谱系，丝毫不紊。主仆之严，数十世不改，而宵小不敢肆焉。[①]

由此可见，徽州宗族制坚持以父系为中心的严格的血缘关系，并与地缘相结合，坚持严格的尊卑长幼的等级制度和主仆名分；重坟墓祠堂，坚守尊祖敬宗和恤族，崇尚孝道。坚持"官本位"的价值观，其主要功能在于谋求并维护本宗族的社会地位和特权。因此，注重教育子弟被列入族规家法而必须遵行。族谱中的"凡例""家礼""宗规""家训""族约"等，往往规定"父兄须知子弟之当教，又须知教法之当正"。闺门内要进行"胎教""能言之教"，稍长，"又有小学之教，大学之教"。并规定以儒家伦理道德日加训迪，以期"养正于蒙""淑俊秀"。族产丰厚的宗族设立学校，供子弟读书。对那些"器宇不凡，资禀聪慧者"，尤应精心栽培。凡"聪明俊伟而迫于贫者"，由祠堂助以膏火笔札之资，或由徽商资助，务必使其业之能精，学有所成。就族中子弟而言，个人的升迁荣辱，是同皇朝的钦赐（即科举仕宦）、是同家族的盛衰隆替联系在一起的，亦即个人的身份地位，取决于封建王朝的罩恩钦赐（即经科举或叙议、捐纳而得官职、荣衔），取决于他本人所在的差序等次的伦理架构中的位置，取决于

---

① 赵吉士：《寄园寄所寄》卷十一《故老杂纪》。

所属社会集团的势力。光宗耀祖是家族伦理观念的核心。在这种不同于个人主义的以家族为核心的社会中，只有求得家族的发展和荣耀，才有可能求得自身的前途和地位。因此，发奋读书，进取功名，便成为光宗耀祖，显亲扬名的最重要的途径。由此可见，一方面家族为子弟读书仕宦设置保障和激励机制，另一方面，子弟又以显亲扬名作为博取功名仕途的道德动力。而东南沿海如珠江三角洲的宗族制，虽然也参照宗族制的原则，但已经发生变异。例如，大姓名宗虽也聚族而居，但并非坚持聚族而居，一味追求单姓村。其宗族是允许"通谱联宗"，甚至出现合数姓而成的虚拟宗族。它着力扩大宗族的经济功能，有的宗族直接经营产业，并出现向经济实体转变的趋向。宗族内部也相应出现利益分沾，而不是徽州的余缺互济的道义经济。他们因商致富之后，通过发挥货币经济的力量直接谋求与士绅并列的社会名流地位，并在本地区农业商业化、商业企业化、乡村工业近代化中，充当支持者、组织者的作用。"官本位"的价值观，已经有所松动。徽州宗族制尽管也因时代的变迁而有所创新，但总的来说它是保持与正统文化相一致的，堪称正统宗法制传承的典型。

徽州乃"程朱阙里"，被视为"道学渊源"之所在。程朱理学在其家乡的影响尤其深远。朱熹承担改造儒学的重任，重整伦理纲常、道德规范，建构了一个富有思辨色彩、哲理化的理论架构。他所创新的理学，是宋儒对前代儒学的修正和发展，它有别于汉代的天人学、魏晋的玄学和隋唐的佛学。朱熹生前虽受贬谪，但死后其思想却被元明清皇朝钦定为正统。程朱理学成为中华文化发展的主流。朱熹通过在其家乡授徒讲学，及通过其门生、弟子的代代相传，由他开创的"新安理学"影响愈加深远。继他之后，当地"先儒名贤比肩接踵"，"肩圣贤而躬实践者，指盖不胜屈"（赵吉士《新安理学》），理学渗透徽州社会、政教、风俗各个方面。纂修宗谱以朱熹撰写的《茶院谱序》为楷模，冠婚丧祭等民风习俗，也无不以朱熹编订的《家礼》为依据。诚如赵汸所指出：

> 自井邑田野，以至远山深谷，民居之处，莫不有学、有师、有书史之藏。其学所本，则一以郡先师子朱子为归。凡六经传注、诸子百

氏之书，非经朱子论定者，父兄不以为教，子弟不以为学也。是以朱子之学虽行天下，而讲之熟，说之详，守之固，则惟新安之士为然。①

异端邪教很少渗入徽州，释道等宗教虽也渗入徽州，但其影响有限。徽州的知识分子，在理学的熏陶下，以"读书穷理""格物致知"为职责，以"明道正谊"为一生追求的理想。徽州被视为"儒风独茂"之区，堪称"东南邹鲁"。明清时期，"以才入仕，以文垂世者"愈来愈多，所谓"一科同郡两元者""兄弟九进士，四尚书者，一榜十九进士者""连科三殿撰，十里四翰林"等佳话频传。单以歙县为例，居科名之先者，如中状元的有唐皋、金榜、洪莹、洪钧等；立相国之隆者有许国、程国祥等；阐理学之微者有朱升、唐仲实等；兴经济之业者有唐文风、杨宁等；宏政治之才者有唐相、吴湜等；擅文章之誉者有汪道昆、郑桓等；副师武之用者有汪宏宗、王应桢等，因商致富而上交天子者有得乾隆帝欢心的盐商江春、鲍廷博等。这里只略举一二，但已足见人才之盛。徽州共出二十八位状元（包含寄籍者在内），占全国状元总数的二十四分之一；当过宰相的达十七位，也占全国宰相总数的二十四分之一。徽州的精英才俊，有的在其所在的领域享有崇高的地位。例如，朱熹、戴震和胡适就是历史上学术界的巨擘，也是思想史上的三座丰碑。徽州人才之杰出超群于此可见。徽州"如此光辉灿烂""如此博大精深"的文化成就，既有其地方性的特点，又具超越徽州本身的典型性与普遍性的一面。它集中地、典型地体现了中华传统文化的精华。

二

宋代以尚文重教来回应首次出现的机遇，通过科举仕宦而进入统治集团，赢得"名臣辈出"的徽州历史性第一回合的成功。

---

① 赵汸：《东山存稿》卷四《商山书院学田记》。

宋代人罗愿在《新安志》卷一《州郡·风俗》中曾指出：

> 黄巢之乱，中原衣冠避地保于此，后或去或留，俗益向文雅。宋兴则名臣辈出。

罗愿在此将徽州历史性的转变和历史性的成果都说出来了。宋代是徽州儒风广被，当地风俗向"文雅"转变的关键时期，也是通过尚文重教，参加科举，赢得"名臣辈出"，在统治集团中取得政治地位的关键时期。

自五代以后，"取士不问家世"。这是中国官僚选拔制度的一次大转变。移住徽州的衣冠大族，此时已经不能恃其门第之高崇而取得官职和社会特权。在科举文官制度确立之际，他们以尚文重教来回应与新时代俱来的挑战。徽州僻处万山丛中，四面险阻。本是越人故地，山民"愿而朴"。由于世家大族治儒学风气的感染和影响，自宋代起，养成了崇文重教的风习。徽州风俗也从"愿而朴"向"文雅"转化。原先越人的风俗日渐泯灭，也无人称土著居民为山越了。移住徽州的衣冠大族，本有治儒学的家风，有深厚的家学渊源。他们注重教育，"以诗书训子弟"。在他们的带动影响下，文化教育不断发达起来。"十户之村，不废诵读"，读书科举，蔚成风气。通过科举进入统治集团，即所谓"名臣辈出"，夺回原已失去的社会政治地位。这是徽州尔后政治上发展的奠基石。

徽州的士子在宋代科举的成功，标志着徽州世家大族在政治舞台上的崛起。他们本是中原的精英，是门阀制度下既得利益的分享者，享有特权和地位。离开了本地，移住徽州，意味着失去原先的优势。他们新到的这块山区，虽然山明水秀，风景优美，也有利于木植和因地制宜地发展手工业生产，但山多田少的格局，几乎无发展农耕的潜力。当地经济资源的局限，迫使他们在徽州这片"依山阻险，不纳王租""勇悍尚武""断发文身""火耕水耨"的新环境接受新的挑战，铸就了刻苦耐劳的坚毅性格和奋发进取的精神（胡适先生所说的"徽骆驼"精神源于此），也由于脱离了原来的文化中心，对自己的文化传承有了危机的反省而形成创造性的转化。正因为如此，他们对土著居民山越，着力于以儒学的教化为主，即使施加暴力，也是在儒家的道德和正义旗号下进行的，自然显出优越于原先的豪强统治。因此，经过他们慑服人心，移风易俗，终于开启一个更为广阔的多变化的有生机活力的新生活，创造一个读书成风，"名臣辈出"的胜境，取得了政治上的成功。这是逃过战乱，幸存下来的徽州士族奋发进取的第一个成果。它的功绩尤其在于为尔后徽州历史文化发展的走向——其核心为"官本位"的价值观，产生十分重大而深远的影响。

应当指出，宋代徽州政治上的成功，首先源自尚文重教。崇文重教意味着徽州人重视文化知识的含量，"奋发进取"（亦即"徽骆驼"精神）指的是徽州人昂扬的精神状态。尚文重教与"徽骆驼"精神是徽州的两个文化基因，它构成了徽州人的文化素质。难能可贵的是，从徽州的历史可以看到，尚文重教与"徽骆驼"精神这两个文化基因，不断传递，不断延续。它造成智慧的不断积累，文化成果的不断扩大。它没有裂变，但又不是一成不变。在传递延续中，不断地创新，不断地强大。终于在明清时期酝酿出光辉灿烂、博大精深的徽州文化。

三

明中叶，以发展商业为主，以超越常规地增殖财富的战略抉择来回应与中国社会经济开始转型带来的机遇，赢得占据商界鳌头的历史性第二回合的成功。

徽商于明中叶崛起、繁盛，并占据商业鳌头长达约四百年，是徽州人再一次回应与新时代俱来的挑战的结果。这是继宋代取得政治上的优势之后，又取得经济上的突破的辉煌成果。

十六世纪（明中叶）是发现新大陆，开通东方航线，肇始世界一体化的海洋商业殖民的时代；是建立殖民地和商业系统最活跃的时代；是西方重商主义盛行，海洋贸易发生历史性变化的时代。西方冒险海商东来中国沿海寻找商机，并建立殖民地，由此出现了中西两半球海商直接交遇的新局面。东亚海域的贸易网络，既连接太平洋彼岸的南美洲，又重新伸展到永乐之后中断往来的印度洋，并扩及大西洋，初步形成横跨亚、非、欧、美四大洲的世界性海洋贸易圈。与此同时，中国境内商品经济趋向繁荣，商机愈益增多；以商业增殖财富的途径，日益广阔。中国传统社会经济开始发生转型。

社会经济转型，意味着新旧交替，机遇与挑战并存。作为山多田少的徽州，是坚守以耕读为主的传统道路，还是改弦易辙，抓住新的机遇，奋起接受新的挑战？对机遇富有敏感性的徽州人，做出走出山区，寻找商机，以发展商业为主，非常规地增殖财富的战略抉择。如果说，他们在政治上早已在宋代取得地位，那么，此时他们又力争以商业上的成功，来取得经济上的突破，求得超越常规的发展。

徽人从商的历史，见诸文献记载可追溯至东晋。但作为一个以乡族关系为纽带的商帮，其崛起在明中叶，繁盛在嘉、万之际。徽州人沿着故乡四出的河流走向四方。从婺江、阊江入鄱阳湖，可通江西、湖广、闽粤；从徽溪、乳溪顺流而下可到江南，经长江转运河可通往北方各地，尤其顺新安江东下可直奔杭州湾，走向东部沿海，走向海洋。以汪直为首的徽州海商集团，之所以冒险犯禁，从事海上走私贸易活动，加入了由伊比利亚半岛人发起的世界性向海洋挑战的行列，其中重要原因就是因为有新安江通海之便。当时在杭州湾外舟山群岛双屿、大茅港出现的带有国际性的海贸市场，是由徽州的许栋兄弟、汪直和福建的邓獠（当系僚字的误写）等纠集葡萄牙、马六甲、日本等国家和地区的海商创建的。汪直仿效西方海商，制造大舰，并武装起来，称雄于东亚海域，尤其是他在日本五岛建立商业殖民地，进行海上贸易扩张，显示了徽州海商的气度和魄力，掀起了空前的声势浩大的中国海洋贸易的第一波。

应当指出，汪直等海商集团有掳掠的一面，授人以"寇""盗"的口实。但是，我们应该注意，在古代历史上，特别是近代化发展初期，商业是与海盗、走私、掠夺和奴隶贩卖联系在一起的。十六世纪，欧洲人对海盗掳掠和合法贸易是不加区分的。到十八世纪，欧洲理论界才开始谈论国际法上海盗和合法贸易的区别。汪直海商集团与西方各国东印度公司在亚洲海域的行径，就其实质而言，是大体雷同的。他们都是力求快速增殖资本，都打下了时代的烙印。但他们之间不同的是：西方的公司有本国政府作后盾，得到政府政治、经济、技术的支持；享有特许状、军事、殖民地等特权；在重商主义支配下，有寻找商机，建立商业殖民地的明确目标。汪直等中国海商的海上贸易，却被官府视为违禁作乱而加以武力镇压，终于被剿灭。汪直集团的失败，从某种意义上说，它是传统农耕经济战胜新型的商业经济的表现。

海洋贸易是一种长途的商业贩运。从古典经济学的观点来说，资本是在以贸易为主体的交换过程中被创造出来的。马克思和恩格斯指出，欧洲的变革发源于"特殊的商人阶级"的出现①。事实也是如此。西欧资本主义的出现是同从事长途贩运的海洋贸易的属于"特殊的商人阶级"的海商联系一起的。从事海洋贸易的海商，是导致传统经济（包括习俗经济、命令经济、道义经济等）向市场经济转换的一种"专业商人"②。徽商善于抓住明中叶海洋贸易带来的机遇，全面参与，并作海陆相结合地建立起商业网络。尤其是在长江中下游和运河沿岸极力推进商业化和城市化，沿着水陆交通线建立商业网络，并在南京、芜湖、安庆、武汉、扬州、苏州、杭州、临清等城市建立商业殖民地。"无徽不成镇"的谚语，反映了徽商在推动江南等地区的商业化和城市化中所作的贡献。没有大规模的商业，没有海洋贸易，是制造不出商业性的大中城市来的。李伯重、范金民先生是多年致力于江南社会经济研究的学者。伯重先生认为江南早期工业化的开始，"按照大多数学者的意见，明代中期江南经济开始加速成长。其具体时间，大致而言是始于嘉靖、万历时期"。而他个人认为，"大体而言，可说始自嘉靖中后期的一五五○年（嘉靖二十九年）"③。范金民、夏维中在《苏州地区社会经济史》④中也主张江南经济发展明显加快始于嘉、

① 《马克思恩格斯选集》（第1卷），人民出版社1975年版，第59—61页。

② 希克斯：《经济史理论》，中译本，商务印书馆1987年版。

③ 李伯重：《江南的早期工业化1550—1850》，社会科学文献出版社2000年版，第24页

④ 范金民、夏维中：《苏州地区社会经济史（明清卷）》，南京大学出版社1993年版，第117页。

万时期。可见历史上所谓"嘉靖倭难"时期（嘉靖三十一年至四十四年，即一五五二至一五六五年），正是江南社会经济发展加快的时期。因为这一时期，也正是苏州、松江、杭州、嘉兴、湖州、绍兴、宁波等沿海地区，首次突破国界，较大规模地参与了东南亚、日本，乃至葡萄牙、西班牙等西方殖民国家的海上贸易，带有世界性经济的交流，从而促进了江南经济的起飞。当然，海上贸易与江南地区的商业化，是相互起作用的。看来关于徽州海商对明中叶江南社会经济所作的贡献，有待深入研究和做出评估。关于明清江南社会经济的研究，历来是学术界的热门。对之要有突破性的进展，似对徽州海商做进一步的研究是一关键。不仅如此，对徽商本身的研究，要取得进一步的突破，似也仰赖于对这一问题研究的进展。

其实，对海洋问题研究的滞后，同学术传统亦有关系。中国本是一个半大陆、半海洋的国家，从东北部逶迤至西南部的陆地都濒临海洋，有漫长而且曲折的海岸线和众多的岛屿。从历史看，中国既有大陆性重视农耕，实施官僚政治的传统的历史特点，又有海洋性重视商业，富有冒险进取精神的历史传统的一面。中国历史发展的大势，是自西北向东南，从大陆向海洋发展。中唐之前，中西交通主要以陆上的"丝绸之路"为主。自天宝十年（七五一年），高仙芝率领的唐朝军队在怛罗斯河畔被阿拉伯联军击败后，中国丧失了对陆上"丝绸之路"的控制，只好向南方沿海发展。早在开元四年（七一六年）大庾岭道的开凿，又使由大运河经长江进鄱阳湖，溯赣水越大庾岭，取道北江抵广州的南北水路大通道更为便捷。于是海上丝绸之路取代了陆上丝绸之路。十六世纪由于出现了世界性海洋时代，徽州海商应运而起，他们带头掀起了空前的波澜壮阔的海上贸易的高潮。他们成为海洋经济的代表，而与做西北边境生意起家的内陆性商人晋商相对垒，共占商界鳌头。这里所说的"海洋商""内陆商"的代表，是就其相对的质性特征而言。晋商与徽商从事的是跨行业，而且是彼此交错的。由于海洋经济重要性的显现较农耕经济为晚，所以，致力于反映大陆性特点的农耕经济和官僚政治一面的研究，便成为学术正宗传统。至于对海上贸易，对海洋经济的研究，却往往被忽略了。尤其十六世纪，由哥伦布发现新大陆而揭开的海洋时代，西方商业殖民者的东来，对中国的影响，以及汪直海商集团的被镇压所产生的后果，等等问题，本与徽商的演进、繁盛以及江南社会经济的进步、变迁是紧密相联的，目下对此却没有给予应有的重视。

如前所述，从西欧的历史看，从事海洋贸易的海商，是导致传统经济（包括习俗经济、命令经济、道义经济等）向市场经济转换的一种"专业商人"，亦即资本主义经济的发源者。徽商趁世界海洋殖民贸易高涨时机，以海上贸易与布、盐、典、木、茶等行业相结合，开辟了长江中下游和运河沿岸"无徽不成镇"的局面。如果汪直、徐海的海商事业取得成功，又相应有破"官本位"价值观的思想文化出现，徽州与江南地区的历史似就得改写了。历史是不能假设的，也不是单一因素铸就的。这里只不过笔者兴之所及，做历史的遐想罢了。顺带指出的是，目下学术界对汪直有不同的看法，其源盖出于史实评判（亦即作实证分析）和价值判断（或称规范分析）的不同。对于前者，大家都共抱史实求是的共识。问题在于记载汪直集团的历史文献，都出自持官方观点的汪直敌对派的手笔。汪直集团对之不仅没有作申辩的机会，甚至连汪直上朝廷的奏疏，也由胡宗宪麾下的刀笔吏代为炮制。对于这些历史记载的真实性，尤其需要作实证主义的分析。

随着存藏在国外的有关档案的整理与发表，例如荷兰东印度公司的报告中有关巴达维亚城日记和热兰遮城日记等资料的出版，以及瑞典、印度和美国等国家档案馆所藏有关与中国贸易往来档案的被利用，明清时期海上贸易与中国内部经济发展间的关系之史实，正日益显现出来。但是，即使这方面的资料，我们也不能当信史视之，依然存在分辨真伪的问题。在分析这些中外历史文献记载的真实性时，就难免受个人的主观意识、时代精神、价值取向的影响，分歧也因此而产生。例如，作"倭寇"专题研究者，认为"嘉靖倭难"时期，汪直等"倭寇"使江浙沿海地区惨遭破坏、摧残。但是，如前所述，从事江南社会经济史研究的当代学者，却认为江南经济开始加速成长，却正是这个时期。看来如何坚持历史唯物史观，采取实证的分析，揭示历史的真实，并非易事。至于规范分析，价值评判的问题，中国经济史学会原会长吴承明先生在为《中国经济通史》写的《总序》中说：

> 在作规范分析时，则应当用我们今天的历史知识，现在的价值观，作为分析的规范，或评论的根据。这种分析不仅分析历史事物或行为对当时经济发展的作用，还包括它对后代以至今人的影响或潜在效应。这也就是克罗齐所说"一切历史都是当代史"的分析方法。这种分析应该放在实证分析之后，说明当时人的历史局限性。其实今天我们的认识也是有限的，当我们后代人有了新的历史知识、新的价值观，我们的认识也就陷入历史局限性了。[①]

我们对以汪直为首的徽州海商的评判正是基于这种看法，力图坚持以历史长期的合理性作标准，而不是以当时的道德作准绳。

徽商善于抓住机遇，善于应变，败而不馁。从汪直海商集团被镇压后的举措，也可看出来。盐是传统社会由国家控制的专卖商品。因它系日食所需，销量巨大，最能从中获利而积成巨资。晋商是趁明初实行开中制之机从事盐业而发迹的。徽商自然对之垂涎而力求分得其利。早在弘治五年（一四九二年），趁户部尚书叶淇以纳银运司代替中盐纳粟供边，改订盐法的机会，纷纷进入扬州、杭州，夺取自明初起在此霸占盐利的晋商阵地。汪直被镇压之后，徽商更是大举移资盐业，从事盐的贩销。这可谓是徽商战略性的大转移。万历之后，徽商已执鹾业之牛耳，益加财雄势大。据宋应星的估计，万历年间扬州盐商资本已达三千万两，年利润达九百万两。徽商在其中占绝对的优势。盐业虽然同属于海洋经济[②]范围，但徽商已从海洋贸易转向海盐贩销。此后的海上贸易虽然仍有徽商的身影，但已经看不到徽商当年的雄姿。徽商有的充当海贸中介商人，甚至在明后期与广州

---

① 王毓铨：《中国经济通史·明代经济卷》，经济日报出版社2000年版，第5页。

② 这里所谓"海洋经济"，是指与依赖、利用、开发海洋有关的经济活动。它包含对海岸带的利用、开发（近海捕捞、养殖，对涂滩的垦殖，制盐等）和海上贸易活动，以及以海贸为导向的商品生产和商业贸易，乃至海外殖民等经济活动。在近代以前，它是一种耕田和耕海相结合，耕田服务于耕海的一种经济形式。

府、泉州商人一道垄断广州的海外贸易，有的也在其他沿海口岸经营与海贸有关的茶叶等出口商品的贸易。有的依然从事海上贸易，见诸记载的清代经营中日贸易的海商，据王振忠先生统计便达六十二人①。清末同治、光绪年间，还曾出现显赫一时的红顶商人胡光墉。他经营丝茶出口贸易，并敢于与西方海商一争雌雄，俨然口岸出口巨商。但是从商业的角度看，广州海贸的中介商、中日贸易的海商，乃至胡雪岩，都不能与冒险犯难，梯航贸迁于海上，并在异域建立商业据点，叱咤风云的汪直相提并论。胡雪岩的海贸活动，只说是明清徽州海商历史的最后一波。

徽商单就海上贸易方面而言，是夭折了。但以其总体来说，插足于海洋经济的努力却是成功的。万历以后，他们取得了盐业的优势，获利丰厚，积资达百万。清代，其资本更激增至千万两之巨。徽州盐商成为十三行商人崛起前的首富。其经营的规模和资本额，也已达到了传统商业的巅峰。之所以能积聚如此巨大的资本，是由于他们善于把经济资本与人力资本（指贾而好儒的文化素质，丰富的营商经验）、社会资本（指广阔的商业网络与官府的深相结托）结合起来，尤其善于抓住明中叶海洋贸易带来的机遇，全面参与，并海陆相结合地建立起商业网络，快速地非常规地创造与增殖其资本。

徽商的成功有其深远的思想文化渊源：徽商是在儒学氛围氤氲中出现的，自当与儒学有难解之缘。了解这一点，就不难理解徽州文献上"贾而好儒""贾服儒行""儒术饰贾"等贾儒结合的文献记载了。徽商或从儒而趋商，或商而兼儒，或弃儒从商而后又归儒。贾而好儒，成为徽商的一个特色。一般而言，徽商集团的文化水准是比较高的。他们在政治伦理上，是以程朱理学为依归的，坚持"官本位"的价值观。通过科举仕宦，不断增强宋代奠基的在政治舞台上的地位，从而为徽商提供了强有力的政治靠山。而在经济伦理上，则以王学的说教为本。王学提出"四民异业而同道""百姓日用即道"。王学所提出的儒学经济伦理是前所未有的。显然是

---

① 王振忠：《徽州社会文化史探微：新发现的16—20世纪民间档案文书研究》，上海社会科学院出版社2002年版，第560页。

当时"士农工商"四民职业观松动的一个注解，也是他企图打破传统的"荣宦游而耻工贾"的价值观之举。在徽州，根据王学的立教，倡导"新四民观"，大破战国以来商居末位的传统职业次序，出现"士商异术而同志""以营商为第一生业""良贾何负闳儒"的风俗和说法。王学重商的观念被渗透到家法、族规、乡约中去。其经济伦理因而被广泛地推向社会，并使其变成规范人们的自觉行动。这是儒学社会化世俗化的成功之举。

徽商在把勤与俭，以及诚、信、义等儒家优秀文化传统落到实处的过程中，建立起有自己特点的贾道和营运型式。勤与俭，是儒家传统文化中最古老的训诫。安贫乐道、内圣外王、入世拯救，是儒家传统的精神。韦伯的新教伦理概括为勤、俭两大要目，也正是以此为特征的新教伦理成为启动西方资本主义的文化因素。徽商以勤俭著称。勤与俭成为他们日常宗奉的信条并竭诚实践。勤，即他们原具有的奋发进取的精神，促使他们极尽人事之运用；俭，使他们善于积财。他们把勤、俭载于家法、族规，用以规范族众；徽商又以诚实取信于人，且多行义举，在其家乡以及聚集的侨居地，实行余缺互济的道义经济，以种德为本，形成其贾道。徽商还建立以血缘为核心的商业组织和以血缘与地缘相结合的商业网络。一人取得商业的成功，往往可以把一个家族，乃至一个宗族带动起来。"其大者能活千家百家，下亦至数十家数家。"①徽商在寄籍地和侨居地总是按血缘、地缘聚居。徽商内部互相扶持，互相接济，例如，建立按月补助财力消乏的盐商及其子弟的所谓的"月折"制度，帮助其渡过难关。徽商的组织网络和地域网络结为一体，徽商网络既有集聚资金、组织货源、推销商品和公关等经济功能，又有引进、吸收外地文化效用，从而使其文化充满活力。人们把这一网络称为"大徽州"。"大徽州"和本土的"小徽州"之间的互动，使其经济、文化处于吐纳、流动之中，因而充满活力，蓬勃发展。

明中叶以后，徽商的商业组织与经营形式已有明显的进步。会票制、

---

① 金声：《金太史集》卷四《与歙令君书》。

合股制、伙计制、经营网络等，已经推进了商业的功能。商号出资者与经理（或称掌计、副手）有的是分开的。歙商许某，在江浙开典当四十余肆，伙计几及两千。每处当铺都分别由各掌计掌管。按规矩，家庭开支与店铺财务是分开的[①]。这里已开始出现所有者与经营者分离的近代化商业的特征。又如，明末出现了汇兑业务的会票制度，虽然仅限于徽商内部，但它使货币便于携带流通，减少运输现金的成本和风险，有利于商业资金的运作。其异地支付的汇兑方式已带有近代金融的意义。在实施伙计制中，有的伙计虽不出资，但经考绩，表现经营得力，绩效突出者，可分享利息。这也已带有人力资本入股的色彩。有一布商，凡织工将他的益美名号织入布匹作为商标者给银二分[②]。此举已经在为自己的产品作广告了。

徽商"习儒而旁通于贾"。他们除研读儒家经典外，还究心于与治生、货殖有关的典籍。他们"观时变察低昂""急趋利而善逐时"。他们转毂四方，尤其是沿长江和运河做东西、南北的双向商品交流中吸取经验。他们从书本中攫取知识。他们从历史上的名商，如三致千金的范蠡、精通经商之道的计然和白圭、富比王侯的猗顿、与国君分庭抗礼的子贡等等，取得榜样的力量和经商的知识；从经商的实践中总结经验，有的还写成商业专书。

徽商对诗赋琴棋书画、篆刻金石、堪舆星相、剑槊歌吹，也皆有涉猎。据李斗《扬州画舫录》记载，徽商多工诗书画，有的还著书立说。有的在自己的庭院、山馆中举行文会以广交士大夫。他们视读书、藏书、刻书和诗赋琴棋书画为雅事，以雅致自娱。他们注重谈吐、风仪、识鉴，以儒术饰贾，或贾服儒行，业余写点遣兴抒怀之作，一派轻松洒脱的姿态，显得情致高雅，旨在抬高身份，便于公关以攀援权贵。部曹、守令，乃至太监、天子都在攀缘结托之列。歙商江兆炜在姑苏"尤乐与名流往来"，其弟江兆炯亦然。"吴中贤大夫与四方名士争以交君为欢"。徽商控制享有专利的两淮盐业，就说明其与官府深相结托。盐商鲍志道、邓鉴元、江春

---

① 俞樾：《右仙台笔记》，转引自许承尧：《歙事闲谭》卷十七。

② 许仲元：《三异笔谈》卷三"布利"条。

等都曾得到乾隆的恩宠。有了各级官僚，乃至天子做靠山，商业上自然可以化险为夷了。不难看出，徽商在取得经济上突破的同时，又做了文化上的创新——商业文化。其商业文化成为商场上克敌制胜的有力武器。

徽商以追求商业的成功与推进文化、培育人才并举，既提高商人的素质和层次，又制造了一个官僚集团。从"贾而好儒"而进入"官商互济"。除结托权贵，以求庇护外，徽商还千方百计地谋求向缙绅转化。其途径有二：一是明代"以急公议叙"而得荣衔，清代通过"捐纳"而获官位，即用财富来实现其缙绅化，成为亦官亦商，一身兼二任焉；二是精心培养子弟，通过科举仕途而成为朝廷内外的官僚，以充当他们的代言人和保护伞。徽商业绩的辉煌能保持四百年而不衰，实在得益于"官商互济"的法宝。

四

徽州宋代科举仕宦的成功和明代徽商崛起取得经济突破，促使徽州政治、经济、社会、文化的全面发展。徽州居于明清时期区域总体全面协调发展先进地区行列的前沿。

政治上，徽州自从宋代取得科举仕宦成功以来，一般地说，从中央到地方的各级官僚机构，徽人都有一定的势力。随着徽商的兴起，其政治势力愈加强大。例如，徽州人在明清两朝出任宰相者便达十七人，单此已可见其在朝廷中势力强大之一斑，加之利用经济力量与各级官僚深相结托，其政治势力便更雄厚了。经济上，徽商执商界之牛耳，藏镪百万（明代），乃至千万（清代），成为广州十三行崛起前的首富。万历时盐课约占全国财政收入总额的一半。而徽商所把持的两淮鹾业的课税便达一百二十万两，在全国盐课总额中也占了约一半。仅从此可看出其对国家财政收入的重要性。徽商对故乡作了经济上的全面支持，以促进徽州的总体发展。徽州社会以宗族制为基层结构。"聚族成村到处同，尊卑有序见淳风"。地方社会在乡族士绅控制下，乡有乡约，族有族规，一遵儒家的伦理纲常，恪守尊卑长幼的等级制度和主仆名分。富商、大族聚居的村落，都掩映在山明水秀，风景如画的园林之中。生态环境优越。由徽商和大族提供资金的社会保障、慈善公益事业的措施，相当完善。对建桥修路，扶孤恤寡，乐善振贫等，始终未曾吝惜。文化上，尚文重教的传统和徽商重视对文化的全面投入，使文化教育得到全面发展；不仅书院、社学林立，甚至"远山深谷，民居之处，莫不有学、有师"。人文氛围浓厚。人才济济，学有所成。人文社会、科技、艺术等学科，都取得杰出成就。不仅在《全书》各分卷所标示的科目取得突出成果，就是琴棋书画、篆刻金石、堪舆星相、剑槊歌吹者流，也以其技艺名冠一时。徽州人尤其以英才辈出，灿若繁星而引以自豪和令人钦羡。徽州精英人才之盛，就其总体结构而言，似尚无别的地方可以出其右者。徽州在政治、经济、社会、文化等方面，取得如此高度的整体性全面协调发展，并处于良性循环状态，当属全国先进地区行列的前沿，实在堪称明清时代的"夜明珠"。

徽州能取得如此辉煌成就，究其原因，显然不能仅仅归功于某一因素。它是由当地的历史传统、社会结构、道德动力，尤其徽州人的文化素质及其对机遇的应变能力等众多因素，互动合力铸就的。

徽州是一个移民的社会，是由中原精英才俊移住并与土著越人融合的社会，是由大小徽州交流互动的社会。自魏晋南北朝至隋唐，中原士族的纷纷移入；明代，尤其嘉、万以后，则因"徽民寄命于商"而从移入转为向外移出，"十三在邑，十七在天下"。当地流行的"十二三岁，往外一丢"的民谚，反映徽人自少流徙他乡，置之于逆境中陶冶锻炼。大凡移住或乔居他乡的徽人，都根据距家乡水程的长短定期回乡探望。这种经常变易不居，内外流动的社会，有利于精英激发其活力和创造性；有利于人才保持蓬勃的生机和活力，避免因循守旧和蜕化变质；有利于大、小徽州间互相吸纳而推进文化的繁荣。

尚文重教和"徽骆驼"精神，又源源不断地造就徽州人优异的文化素质。他们既能抓住机遇，又善于应变。机遇是一种突然事变，抓住才能使机遇得以非常规的发现，才能取得非常规的效果。如前所述，宋代和明中叶出现的两次大的机遇，他们都善于把握而取得超越常规的成功。徽州人遭到挫折而善于变通补救的应变能力也很强。当徽州海商被镇压后，遇变不惊，审时度势，大量移资盐业，终于在与晋商的较量中取得镟业的优势。

我们知道，人力资本的优势，可实现生产要素的交换。在传统社会，自然资源禀赋的不同，往往构成地区间优势差异。由于徽州本身是一开放的社会，当时统一的中华大帝国又为经营商业提供广阔的天地，可以通过流通交换达到资源共享。所以，徽州人采取生产要素间（如资本、人力资源和自然资源之间）互相替代交换的办法，即运用自己占优势的人力资本去换取外地，乃至海外的自然资源（汪直海商活跃时期尤其如此）。他们发挥其资源利用的能力，不仅使自己富裕起来，而且促进了江南社会经济的进步，出现"无徽不成镇"的商业化、城市化局面。徽州以自己人力资本的优势，弥补本身自然资源匮乏的做法，在当今社会是屡见不鲜的，犹太人、日本人就是这方面的能手。难能可贵的是数百年前的徽州人已经懂得这么做了。

徽州的社会结构和社会功能，也有利于徽州全面协调地发展。徽州是由乡族士绅控制下的宗族社会。一般地说，其士绅相对开明，又由于徽商具有雄厚的经济势力，对公益事业和慈善事业的投入，从不吝啬。社会保障和社会控制的措施是完善的。因而出现被誉为"世外桃源"的稳定社会局面。更难得的是，徽州社会既呈现稳定，又不乏竞争的机制和功能。这就是徽州人的心灵深处，受强劲的伦理道德动力所激励：在程朱理学的熏陶下，坚持"官本位"的价值观以显亲扬名，必然策励对科举功名的不懈追求；在提倡"新四民观"的重商思想支配下，坚持以家族为本，以追求光宗耀祖为终极目标的理念，势必转化为驱策徽州人经商的精神力量。正源于此，宗族制与商业发达两者之间，在过去一度流行的分析模式中被视为互相冲突、互相矛盾，事实上却相辅相成，相得益彰。科举仕宦与商业致富，对于徽州就犹如车之两轮，鸟之双翼，"相若践更"，相互为用。这是徽州历史总体全面发展，取得辉煌成就的两个支点。

　　光辉的历史文化遗产，对后人是一笔宝贵的精神财富。自1978年改革开放以来，徽州这一颗在明清时期人们心目中耀眼的夜明珠，越来越为人们所关注。这不仅因为国家对历史文化遗产的重视，更重要的是形势的发展，正在给徽州与日俱增的机遇。国家领导人邓小平同志、江泽民同志先后登黄山，参观徽州的历史文化遗产。继邓小平发出开发黄山的号召之后，江泽民在参观徽州的地面遗留的历史文物时，不禁发出"如此灿烂的文化，如此博大精深的文化"的感叹！今日徽州正以其光辉灿烂的历史文化展示于国人，展示于世界各国，因而引起人们的注目和关怀。"机不可失，时不再来"。今日能否如同其先人般抓住机遇，继宋代取得政治上的优势和明代取得经济上的突破两次徽州历史性的成功之后，在实现近代化的雄伟事业中，继往开来，掀起再创辉煌的第三波，即赢得徽州历史性第三回合的成功呢？我们对徽州寄以热切的厚望。

　　徽州对中华民族的灿烂文化所作的贡献是不可磨灭的，有文献可征，有实物可鉴。所以，当人们回眸审视中华民族往昔光辉的传统时，便情不自禁地把目光投向徽州。这也是徽学近年来勃然兴起的动因。今天，探索、揭示徽州历史文化的底蕴，发扬优良传统，以便于我们中华儿女再创辉煌，便成为一项严肃而有魅力的历史使命。

　　　　　　　　原载《黄山学院学报》2005年第2期，有改动

徽商称雄三百年探秘

徽商称雄明清商界三百年，其缘由是多方面的，是多元合力作用的结果。笔者曾从文化的层面，以徽商的辉煌业绩源自高文化素质与创新精神为题，在"2006年中国国际徽商大会（香港）·徽商论坛"上做主题讲演。也曾从哲学思想的层面，提出徽商在政治伦理上崇奉程朱理学，坚守"官本位"；而在经济伦理上却以王学的尊商说教为本，采纳其提出"四民异业而同道"的"新四民观"①。在社会政治的层面，提出"官商互济"是徽商成功的法门②。又曾从地理经济学的层面思考，指出长三角地利与长途贸易是徽商之所以超越常规地增殖资本的两大要素。本文是根据以前的思考所得，综合提出以下看法，就教于史学界的同仁。请批评指正。

一、深厚的文化底蕴，创造出商业文化的新境界

叙徽商的谱系，不难看出他们本是中原贵族的后裔。正如宋人罗愿所指出，"中原衣冠，避地保于此，后或去或留，俗益向文雅"③。他们宗奉儒学。宋代确立科举制度之后，凭其家学渊源而取得科举仕宦成功。因而

---

① 叶显恩：《儒学传统文化与徽州商人》，《安徽师范大学学报（人文社会科学版）》1998年第4期。

② 叶显恩：《试论徽州商人资本的形成与发展》，《中国史研究》1980年第3期。

③ 淳熙《新安志》卷一《州郡·风俗》。

"宋兴则名臣辈出"。明清时期，"自井邑田野，以至于远山深谷，民居之处，莫不有学、有师、有书史之藏"①。"先儒名贤比肩接踵"，"虽僻村陋室，肩圣贤而躬实践者，指盖不胜屈也"②，有"东南邹鲁"③之称。在儒学氤氲的氛围中出现的徽商，自当与儒学有难解之缘。了解这一点，就不难理解徽州文献上"贾而好儒""贾服儒行""儒术饰贾"等贾儒结合的记载了。徽商或由儒而趋商，或商而兼儒，或弃儒从商而后又归儒。贾儒之间，彼此关联，难舍难分。

徽商的身份谱系，从总体看，本来就是先治儒，取得政治上的成功，尔后再经商，以求得经济上突破。所以即使已是"藏镪百万"的大贾，依然未忘情于儒学。他们过着精神贵族的生活：他们建置充满人文景观和生态环境优美的花园山庄，并营造精巧的庭园斋馆，假山盆景，以供游憩观赏。室内摆设雅致，赏心悦目，喜欢收藏典籍和古玩文物，古色古香，充满书卷气的文化品位。他们"昼筹盐策，夜究简编"，研读儒家经典，究心于与治生、货殖有关的典籍。诗赋琴棋书画、篆刻金石、堪舆星相、剑槊歌吹，不仅涉猎，且技艺精湛。他们过着不是贵族的贵族精神生活。

"贾而好儒"已经牢固地成为徽商内在的情结，其外化成对传统文化的酷爱和执着追求，坚守传统文化的精神高地，从而促使徽商成为具有高文化素质、高文化品位的商人集团。高文化水准的徽商把儒学的优秀文化传统，运用到商业活动中来，即建立起有自己特点的以诚信为本、义利均衡的贾道和营运形式。

他们善于从历史上、从自己的实践中总结、吸取经商的经验教训，他们从历史上的名商，如三致千金的范蠡、精通经商之道的计然和白圭、富比王侯的猗顿、与国君分庭抗礼的子贡等等，取得榜样的力量和经商的知识，从经商的实践中总结自己的经验，并写成专书，以求从商职业技能的专业化，极力创造商业文化的新境界。他们对商业文化的贡献，是其他商

① 道光《休宁县志》卷一《风俗》。

② 赵吉士：《寄园寄所寄》卷十一《新安理学》。

③ 赵汸：《商山书院学田记》，见道光《休宁县志》卷一《风俗》。

帮所不能比肩的。正由于徽商具有广博的历史知识，丰富的商业经验，又有专业化的商业技能，当天下万物之情了然于胸之后，能够做出比较正确的决策，因而常常取胜。他们吸取儒学的优良传统，创立其营运形式，如合股制、伙计制、经营网络等，有效地推进了商业的功能。所以，我们说深厚的文化底蕴，结出称雄商界的经济之果。

二、贾儒结合，程朱理学与王（阳明）学并尊，演化出"官商互济"

十六世纪出现大航海时代，东亚海域的贸易格局发生了变化。中国商业因而发生转型①。随着商品经济对日常生活的渗透，商人势力的增强，战国以后出现的以商居末的"士农工商"的职业观，早在宋代已开始松动。此时，出现了王守仁的致良知说，及与之有师承关系的泰州学派。这一派系（下面简称之为王学）是受中唐以降佛教的入世转向影响下而出现的发轫于陆九渊的儒学日益世俗化，与十六世纪商业转型之间互相激荡的产物。其在经济伦理上对儒学作了令人注目的创新与发展。

徽州作为程朱的故乡，一向宗奉程朱理学，服膺"官本位"，以科举仕宦，荣宗耀祖为终极关怀。但是，王学在徽州也得到广泛的传播。王守仁的高足王艮、钱德洪等曾齐集徽州，主讲盟会。王学在徽州掀起大波，令人耳目一新，纷纷"崇尚《传习录》"②，王守仁提出"四民异业而同道""百姓日用即道"，徽州就有"士商异术而同志"③"以商贾为第一等生业"④"良贾何负闳儒"⑤的风俗和说法。王学的尊商思想被渗透到家

---

① 请参阅叶显恩：《16世纪广州市场结构、功能与运作方式的历史性变化》，见《徽州与粤海论稿》，安徽大学出版社2004年版，第279—294页。

② 《紫阳书院志》卷十六，见赵所生、薛正兴：《中国历代书院志》，江苏教育出版社1995年影印版。

③ 徽州《汪氏统宗谱》卷一百一十六《弘号南山行状》引李东阳语。

④ 凌濛初：《二刻拍案惊奇》卷三十七。

⑤ 汪道昆：《太函集》卷五十五《诰赠奉直大夫户部员外郎程公暨赠宜人闵氏合葬墓志铭》。

法、族规、乡约中去。其经济伦理因而被广泛地推向社会。王守仁尊商立教为徽州人所接受，并使之变成规范人们的自觉行动。这对发展商业是至关重要的。没有重商文化，商业是无从真正发展起来的。

徽州人政治伦理坚守程朱的"官本位"，经济伦理却以王学的尊商立教为本。程朱理学和王学处于并尊的地位。把儒学在宋明分化的两个派别，从功利出发，巧妙地结合起来。

王守仁说："四民异业而同道。"道，即天理。徽商是以建立功名，显宗耀祖为目标的。立功、积德，就能通天理。他们不同于西方清教商人，以在俗世间永无止境地赚钱，不断地创造业绩视为上帝的恩宠，视为一种天职，即所谓"天职观"；但徽商的确有不少人表现出一种超越精神，就是说按照新儒的立教去修养，就可建立名德与功业，就可通天理，是一种内在超越的文化形态。

天理是明儒的最高理念，徽商"蹈道守礼"，旨在求得符合天理。既服膺天理，就得不断作"诛心贼"的修养，培养敬业、自重的精神。其中最重要的是宗奉勤、俭，以及诚、信、义的传统信条。这些信条可以克制人的自然性的欲望，使人回到理性的状态中来。因此，它成为发展其商业的要诀。

求富最便捷之途莫过于营商，而商业的成功则是举子业的基础，关系着家族的荣耀及其延绵不衰。从这一意义上看，徽州宗法制强固，以追求家族荣耀为终极目标的价值理念，却转化为驱策徽州人经商的精神力量。

在宋明新儒学朱、王两派对徽州的浸渍下，出现了儒商结合，互相为用的局面。"官商互济"，则是儒商结合的演化与结果。徽商可运用其商业利润来培植精英，以取得科举的成功；科举仕宦的成功，又为徽商提供靠山，以保证商业上化险为夷。可见科举与商业，犹如车之两轮，鸟之双翼，"相若更践"。它成为徽州历史整体全面发展的两个支点。

李斗《扬州画舫录》关于徽商奢侈的记载，是触目惊心的。但在我看来，奢侈之举，既是攻关的需要，也是为了制造时尚，促进消费风气的形成。江南豪阔的消费风尚是由他们引领造成的。我们不能因徽商出自攻关和制造消费时尚需要做出的某些奢侈举动，而否定其勤俭（即所谓"徽骆驼"精神）的品德。

三、以诚信为本，以利制义的贾道和独特的营运形式

他们研读注重儒家经典，而且在经商实践中吸取儒家经典的精义。徽商在把勤与俭，以及诚、信、义等儒家优秀文化传统落到实处的过程中，建立起独特的贾道和营运形式。勤与俭，是儒家传统文化中最古老的训诫。安贫乐道、内圣外王、入世拯救，是儒家传统的精神。韦伯的新教伦理概括为勤、俭两大要目，认为也正是以此为特征的新教伦理成为启动西方资本主义的文化因素。徽商以勤俭著称。勤与俭成为他们日常宗奉的信条并竭诚实践。勤，即他们原具有的奋发进取的精神，促使他们极尽人事之运用；俭，使他们善于积财。他们把勤、俭，载于家法、族规，用以规范族众；徽商又以诚实取信于人，形成其贾道。

徽商还建立以血缘为核心的商业组织和以血缘与地缘相结合的商业网络。一人取得商业的成功，往往可以把一个家族，乃至一个宗族带动起来。徽商在寄籍地和侨居地总是按血缘、地缘聚居。其内部互相扶持，互相接济，例如，建立按月补助财力消乏的盐商及其子弟的所谓的"月折"制度，帮助其渡过难关。

明中叶以后，徽商的商业组织与经营形式已有明显的进步。会票制、合股制、伙计制、经营网络等，已经推进了商业的功能。商号出资者与经理（或称掌计、副手）有的是分开的。歙商许某，在江浙开典当四十余肆，伙计几及两千。每处当铺都分别由各掌计掌管。按规矩，家庭开支与店铺财务是分开的[①]。这里已开始出现所有者与经营者分离的近代化商业的特征。又如，明末出现了汇兑业务的会票制度，虽然仅限于徽商内部，但它使货币便于携带流通，减少运输现金的成本和风险，有利于商业资金

---

① 见俞樾：《右仙台笔记》，转引自许承尧：《歙事闲谭》卷十七。

的运作。其异地支付的汇兑方式已带有近代金融的意义。在实施伙计制中，有的伙计虽不出资，但经考绩，表现经营得力，绩效突出者，可分享利息。这也已带有人力资本入股的色彩。有一布商，凡织工将他的益美名号织入布匹作为商标者给银二分①。此举已经在为自己的产品作广告了。

作为营运重要形式——网络制，尤其值得注意。家庭是以宗族为依托的，侨居异地的单个家庭并不能形成社会力量，所以徽商总是按照血缘、地缘聚居一起。徽商沿着长三角和运河水路交通线建立商业网络，并在南京、芜湖、安庆、武汉、扬州、苏州、杭州、临清等城市建立商业殖民地。人们把这一网络称为"大徽州"。

徽商网络既有集聚资金、组织货源、推销商品和公关等经济功能，又有引进、吸收外地文化的效用，从而使其文化充满活力。徽州本地人比肩接踵地往各地经商；而移住或侨居他乡的徽州人，又经常回乡探亲祭祖。这种经常变易不居，内外双向流动的社会，有利于精英激发其活力和创造性，有利于人才保持蓬勃的生机和活力，避免因循守旧和蜕化变质。

"大徽州"和本土的"小徽州"之间的互动，使其经济、文化处于吐纳、流动之中，因而充满活力，蓬勃发展。

四、占据长三角地利,致力于长途贸易

徽商抓住十六世纪（明中叶）新出现的海洋商业殖民时代这一前所未有的商机，以长三角为活动根基，面向海洋，以长途贸易为主，开展了一场叱咤风云的历史性商业活动。

徽州人为什么对长三角，对海洋，情有独钟呢？

如果从徽州所处的区位来考虑经济活动跨空间分布问题，毫无疑问，与之毗邻的长三角地理优势是显而易见的。徽州人势必择优占据之，以其为商业活动的根基。并利用其区位优势投入新兴起的"大航海"热潮。

---

① 许仲元：《三异笔谈》卷三"布利"条。

　　徽州虽处在山区，但有新安江经钱塘江直达杭州湾，进入东海。在古代以水运为主的条件下，距离远近取决于水道的通畅，何况徽州距海岸线只约两百公里之遥。根据西方学者的看法，距海岸线五百公里内的都属于海洋文化范围。徽州显然属于海洋文化区域内。学术界一般认为，按居住的地域不同，文化可分为内陆的农耕文化、高原的游牧文化和海岸地带的海洋文化。海洋文化所孕育的重商、冒险、开放、扩张的精神，则被认为是欧洲人自大航海时代以来能够称雄全球，并创造近代文明的原因。欧洲人历来以此引为自豪。

　　徽州由于地域上属于海洋文化，加之有新安江直通东海，越发拉近了徽州与海的距离。因此，徽州在明中叶分享了大航海时代的海洋文明，并与海洋结下不解之缘是情理之中，不足为奇。

　　长三角地区，乃徽州近邻。长三角，在宋代治理低洼沼泽地带，出现第一次"绿色革命"，成为中国经济重心的转移地，是资源最丰富的地区。有"苏湖足，天下足"的谚语。明清，经济作物种植日益增多。以丝、棉、麻的种植与纺织业的发展而称誉于世。苏杭是全国最大的丝织业中心，松江是全国著名棉纺织中心。商品经济得到长足的发展。由此引发了星罗棋布的农村市镇的出现。东濒大海，又处于运河、长江纵横交叉的河网区，海河交汇，交通便利。物资丰满，人文荟萃。苏、杭有"天堂"之誉。长三角以富著称，是国家赋税的重地。富人麇集，是商品高消费区。

　　长三角传统的名牌产品，驰名海内外。杭州的纺织品、苏州的丝织品、松江的棉布，皆备受西方各国和日本所欢迎。不仅资源丰富，而且可通过运河与长江两大水运通道，以及南洋和北洋海岸线，把全国纳入其贸易腹地，具有最广阔的长途贸易的潜力。所以，长三角是一处最富有商机之地，自然为商人所垂涎与眼热。谁先占据此地，谁便先赢得商机。

　　徽商利用其邻近且有水道相通之便，捷足先登长三角。徽州人顺新安江东下，经杭州转运河、入长江，可达长三角各市镇要枢。另从青弋江也可以进入长江。从阊江可通鄱阳湖到江西，然后溯赣江越过南岭经北江可到广州。这条从鄱阳湖抵达广州的航线，经长江接运河，已形成贯通南北的大通道。在古代，水通路通。路通，即可财通。徽州本是一处险阻四塞的山区，却具有便捷的水路交通和丰富的土特产竹、木、茶等，这是很有利于商业的地理优势和物质资源。所以早在成化、弘治年间（十五世纪中后期），徽商已逐渐在长三角各要枢，初步建立起商业网络。以此为基地，并利用当时统一的国家所提供的经营商业的广阔天地，以及自然资源禀赋的不同所造成的地区间的差异，通过流通交换达到资源共享，以弥补其徽州本土山多田少，资源贫乏的缺陷。徽商发挥其资源利用、配置的能力，不仅使自己藏镪百万，而且促进了江南社会经济的进步，出现"无徽不成镇"的商业化、市镇化局面。

长三角以市镇为中心的地方市场体系，最初是由徽商介入地方性贸易而形成的经济圈，尔后市镇在其与农村的互动中，逐渐成长。但只依靠内部根源，不可能萌发出市镇集聚现象，或出现更高层次的市镇。没有大规模商业的长途贩运的拉动，就不可能出现一个地区商业化、城市化的局面，也不可能推进一个地区经济的高速发展。

到了十六世纪，在当时东南沿海出现的海上贸易氛围的激荡下，尤其受到舟山群岛出现的国际性贸易市场的直接推动下，更大地加深了长三角的商业化，并有力地促进了市镇的发展。

根据中外学者晚近的研究，都认同明清时期的江南地区是丝货和棉布等商品生产的中心区，农业商业化、商品经济最发达的区域，也是市镇化发展水平最高的地区。应当说，这一见解是建立在坚固的史实基础上，是无可争议的。

值得注意的是，致力于江南社会经济研究的中国学者，在其近年的研究成果中，多认为江南经济发展明显加快始于嘉、万时期。而这一时期正是历史上所谓"嘉靖倭难"年代（嘉靖三十一年至四十四年，即公元一五五二至一五六五年），也就是徽商汪直、徐海以江南地区为基地，称雄海上的时期。显然，江南经济的快速发展，是同此时江南和东南沿海地区，首次突破国界，较大规模地参与了东南亚、日本，乃至东来的葡萄牙、西班牙等西方殖民国家的带有世界性经济交流的海上贸易密切相关的。这同有些做倭寇专题的研究者得出"倭寇"板荡江南的说法互相抵牾。看来所谓"倭患"给经济社会带来的影响，有待重新评价。我们在做专题研究的同时，应当做历史总体的观照。

《徽商的历史性贡献》一文中曾提出，关于徽州海商对明中叶江南（长三角）社会经济所作的贡献，有待深入研究和做出评估。对明清江南社会经济的研究要有突破性的进展，似对徽州海商作做一步的研究是一关键。不仅如此，对徽商本身的研究，要取得进一步的突破，似也仰赖于对这一问题研究的进展①。时至今日，笔者仍然坚持这一观点。

徽商充当大宗商品贩运商，以从事海陆长途贸易来超常规地大量积聚资本。

从古典经济学的观点来说，资本是在以贸易为主体的交换过程中被创造出来的。大规模的长途贸易，尤其是海洋贸易，是大商业资本积聚的源泉。马克思和恩格斯都指出，欧洲的变革发源于"特殊的商人阶级"的出现。西欧资本主义的出现，是同长途贩运的海洋贸易联系在一起的。从事海洋贸易的海商和大规模长途贸易的商人，是导致传统经济（包括习俗经济、命令经济、道义经济等）向市场经济转换的"专业商人"。在明中叶新兴的海洋贸易，是当时利润最丰厚的行业。据文献记载，利润的"恒百余倍"，有时高达数百倍。"藏镪百万"的徽商，正是通过海上贸易，通过带有专业性的大规模长途贸易发展起来的。

徽商自十五世纪起，已陆续涉足商界的盐、典、木、茶、粮食、布匹等多个行业，且以此为主要行业，具有专业性和跨地域性，从事大宗商品的贩运贸易。

十六世纪中叶，徽商率先投入新兴的海洋贸易。葡萄牙人一五一一年占据马六甲，是最早进入东亚海域的西方商业殖民者。当他们东来不久，还没有在中国沿海站稳脚跟时，徽州人许栋兄弟于十六世纪四十年代之前，已到马六甲等地经商，与东来的葡萄牙商人接触。嘉靖十九年（一五

---

① 方行：《中国社会经济史论丛》（吴承明教授九十华诞纪念文集），中国社会科学出版社2006年版。

四〇年），许栋兄弟自马六甲纠引葡萄牙商人前来双屿、大茅等港口后，与福建海商李光头（福州人，名李七）结为一伙，从事走私贸易。在那里建立起国际性的贸易市场。

接着以汪直为代表的徽州商人加入向海洋挑战的行列，掀起了海洋贸易的第一波。汪直仿效西方海商的做法，制造大舰，并武装起来，称雄于东亚海域，曾在日本建立商业殖民地。这一具有时代意义的重大事件，未被视为加入世界商战的举动，反而被史家称之为惊动朝野的"嘉靖倭难"。汪直虽被当作"倭寇"而为明皇朝镇压，终于被剿灭，但表现了中国一代海商的胆略与气度。汪直海商集团的失败，从某种意义上说，它是传统农耕经济战胜新型的商业经济的表现。

汪直被剿灭，并不意味着徽商完全退出海上贸易。在明晚期，徽商与广州府、泉州商人一道垄断广州的海外贸易，也有的在其他沿海口岸经营与海贸有关的茶叶等出口商品的贸易。尤其清末同治、光绪年间，还曾出现显赫一时的红顶商人胡光墉，都在经营大规模的丝茶等商品的长途贸易。

徽商对海洋贸易的参与是全方位的，多维的。他们沿着长江中下游和运河两岸的水路交通线（泛长三角），作海陆相结合地建立起商业网络，做大做强，以求快速发展。徽商通过其商业网络的作用，推动长三角商品经济的发展。并使长三角逐渐变为服务于海上贸易的海洋经济化区域。最明显的例证，是长三角成为当时丝货市场——马尼拉丝市提供货源的基地。

由于海洋贸易而兴起的马尼拉生丝市场，是太平洋丝路的中转站，对丝货的需求量很大。十七世纪初，墨西哥从事丝织业者有一万四千多人，其需要的原料生丝就靠通过中转站马尼拉丝市转运去供应。葡、西商人"皆好中国绫罗杂缯"。当时，杭州的纺织品、苏州的丝织品、松江的棉布、饶州的瓷器、漳州的纱绢，皆备受西方各国和日本所欢迎。根据全汉升先生的研究，江南蚕丝业的迅速发展同马尼拉丝市的影响是有密切关系的。在马尼拉市场的丝银贸易长达两个半世纪（一五六五至一八一五年），出口长三角的丝货，换回西班牙人在墨西哥、秘鲁开发的大量白银；当时盛产白银的日本，也通过海上贸易，输入大量白银。这都有力地推进了中国货币商品经济的发展。以长三角为商业基地的徽商，在其间的历史性贡献是显而易见的。

当时能获得高额利润的除海上贸易之外，便是盐业。盐是传统社会由国家控制的专卖商品。因它系日食所需，销量巨大，最能从中获利而积成巨资。晋商是趁明初实行开中制之机从事盐业而发迹的。徽商自然对它垂涎并力求分得其利。早在弘治五年（一四九二年），趁户部尚书叶淇以纳银运司代替中盐纳粟供边，改订盐法的机会，纷纷进入扬州、杭州，夺取自明初起在此霸占盐利的晋商阵地。汪直被镇压之后而大举移资盐业，从事盐的贩销，可以说是徽商战略性的大转移。万历之后，徽商已经是执掌盐业的牛耳，益加财雄势大。据宋应星的估计，万历年间扬州盐商资本已达三千万两，年利润达九百万两。这其中绝对多数的利润份额为徽商所占有。

应该说，徽商在明代之所以积资至百万余两之巨，清代更是增达千余万两，成为当时的首富，无疑是拜海、陆长途贸易之所赐，同时也是拜高文化素质、贾儒结合、官商互济、诚信为本、义利均衡的贾道，以及独特的营运形式——商业网络等之所赐。

原载《安徽师范大学学报（人文社会科学版）》2008年第6期，有改动

明中叶中国海上贸易与徽州海商

十六世纪是国际海洋贸易发生划时代变化的时代，也是中国海上贸易因应发生转型的时代。无论是贸易的形式、商品结构、商人构成，还是市场功能、运作方式，都表现出与以前有所不同①。中国海上贸易的转型是同西方殖民者的东来而引起的东亚海域海洋贸易格局的变化，以及在海洋贸易的推动下国内商品经济的繁荣联系在一起的，是中外商贸形势相互激荡的产物。徽州商人正是抓住这一机遇而迅速发展起来，并占据商界的鳌头。徽商于明中叶崛起的原因固然是多方面的，但它同十六世纪东亚海域贸易格局的变化所提供的历史机遇是有密切关联的。本文仅就在明代中叶东亚海域贸易的变化及其对中国陆地的影响，以及徽商在其中所充当的角色发表一点浅见，请批评指正。

一、16世纪东亚海域贸易的历史性变化

自十五世纪末起，伊比利亚半岛人发起海洋挑战，发现新大陆，开通东方航线，继而前来东亚海域建立贸易据点和寻找商机。先是葡萄牙人于一五一一年占据马六甲，尔后东进到摩鹿加群岛，并进入广东、福建和浙江沿海活动，多方尝试建立贸易据点。一五四三年，到日本九州。嘉靖三

---

① 参见叶显恩：《明后期广州市场的转型与珠江三角洲的社会变迁》，载《珠江三角洲社会经济史研究》，台北稻乡出版社2001年版。

十二年（一五五三年）用租赁的形式占据澳门作为其在远东的贸易中心，形成东通长崎，西达果阿、里斯本的海上贸易线。葡萄牙人以澳门为据点，经营东亚海域和印度洋、欧亚各地的贩运贸易。十六世纪中叶至十七世纪三十年代，葡萄牙人不仅几乎垄断了中日贸易，而且其租借的澳门也成为远东贸易的中心。其后是西班牙、荷兰、英国等相继前来。

西班牙人先在美洲获得广大殖民地后，再从美洲越过太平洋前来东亚海域。于是便与早到东亚海域的葡萄牙人发生争夺。一五二九年葡西两国签订 Zaragoza 条约。按照条约规定，西班牙放弃摩鹿加群岛的权利。西班牙人一五六五年占据宿务（Cebu），开始经营菲律宾，一五七一年占据马尼拉作为其贸易据点。早已侨居于此的华商通过西班牙人为他们从马尼拉到亚卡布鲁哥（Acapulco，墨西哥西南部城市）打开贸易机会。一五七三年，当每艘装载七八一十二匹的中国丝绸、两万三千三百件"精美烫金瓷器和其他的瓷器制造品"、胡椒和丁香的两艘马尼拉大型帆船抵达亚卡布鲁哥时，新的横渡太平洋的海上丝路从此被开通。由此开始形成了中国—马尼拉—墨西哥的太平洋丝路。

西班牙人力图在亚洲贸易与传教，以扩张其势力。但遭到葡萄牙人和晚来的荷兰人的抵制。然而，西班牙人源源不断地从墨西哥运来的大量银元，吸引中国、日本、暹罗、柬埔寨和摩鹿加群岛的商人前往马尼拉贸易。马尼拉因而成为东亚国际贸易的一个重要据点。通过马尼拉，持续两个半世纪的大量白银流入中国；用来自秘鲁和墨西哥矿坑的白银与中国的丝绸和南洋的香料相交易，成为当时贸易的主要内容。这一贸易有极大的利润可图，美洲的西班牙商人能够把其最初投入的商业资本增至四倍或五倍，因此之故，导致了一些中国商人于一五八五年初越过太平洋径往墨西哥推销其商品。作为马尼拉商货主要供应者的中国商人表现出色。正如总督吉多·迪·莱夫扎里斯于一五七三年所说的，"中国人每年不断增加他们的商务。在中国人来到马尼拉以前，他们为我们准备了许多物品，如糖、小麦和大麦面粉、果核、葡萄干、梨和柑橘、丝绸、上等瓷器和铁器，以及其他我们在这块土地上缺乏的小东西"。其利润是优厚的。例如糖，一般都卖得好价钱，每担可卖六里亚尔。十六世纪七十年代，每年自中国开往马尼拉的糖船有二十艘，往后的世纪增加到四十多艘①。其实，在马尼拉进行的银与丝的贸易更大的意义，还在于它为中国增加了白银的流通量，为大规模商业的发展提供了条件，又直接引发了江南和珠江三角洲的商业化。

荷兰人本以海洋为立国根基。自一五六八年起，掀起反抗西班牙统治的独立战争。西班牙王兼并葡萄牙王位后，禁止荷兰到里斯本贩运香料，从而使荷兰人直航东方进行香料贸易的企图更加强烈。自一五九五年，荷兰的船队绕过好望角到达印度，继而东达爪哇和摩鹿加群岛。一五九七年船队回国后，引起国内商人竞相组成公司前来东亚海域寻找商机。由于本国各公司间的竞争，以及遭到对手葡、西的抵制，感悟到只有把本国的各个公司联合起来，壮大实力，才能在东亚海域站稳脚跟。于是，一六〇二年各公司组成联合东印度公司（通常称之为荷兰东印度公司），并配有强大的武装舰队。当荷兰东印度公司来到东亚海域后，便极力排斥葡、西势力，甚至进攻其贸易基地。一六〇九年在平户设立商馆，开展对日本的贸易。一六一九年营建巴达维亚城，作为侵占爪哇的据点。不久，又占锡兰和马六甲。一六二二年派舰队进攻澳门失败后，即转往澎湖，筑城据为基地。在此拦截从澳门至长崎间的葡船，以及航行于漳州、马尼拉间的中国商船。这种从事海盗的勾当，在荷兰档案馆存藏的档案中有详细的记载。荷兰人虽然想方设法与中国建立贸易关系，从中国边防官员处得到的却是敷衍应付，不了了之。明朝福建当局视其占据澎湖为对中国领土的侵占，一六二四年派重兵包围荷兰人在澎湖构筑的城堡。由于华商李旦的斡旋，荷兰人终于一六二四年八月撤出澎湖，转往台湾大员（即今安平）筑城作为贸易据点。当时侨居日本平户的李旦与厦门的许心素结成一伙，正以台湾为据点从事中日间的走私贸易。他们同荷兰人，以及晚来的英国人都有来往，是当时著名的海商。荷兰人以巴达维亚和大员两据点形成掎角之

---

① 参见全汉昇：《自明季至清中叶西属美洲的中国丝货贸易》，《中国经济史论丛》第1册，香港新亚研究所1972年版；全汉昇：《略论新航线发现后的海上丝绸之路》。

势，相互奥援。通过这两个据点，在东亚海域进行贸易。荷兰在台湾大员建立的据点于一六六二年为郑成功所收回后，只能靠通过巴达维亚来同中国做间接的贸易。荷兰由于资产阶级革命的成功，国力大振。十七世纪，其造船业已居世界首位，有"海上马车夫"之称。它继葡萄牙人之后称雄于东亚海域。

英国是一岛国，有冒险航海的传统。十六世纪，对外贸易由本国商人经营，并得国王特许组织贸易公司，专营海外某一地区的商业。一六〇〇年组织的东印度公司，独占东方所有国家的贸易，后来还享有对殖民地军事和政治的全权。由于国内毛织业的发展，也需要到东方来寻找推销毛织产品的市场。一六〇〇年英国东印度公司一成立便前来加入东亚海域的商战。由于其资本和武装力量皆不及荷兰东印度公司，不能与之相抗衡。一六一三年开设在日本平户的商馆，因经营不善，也于一六二三年关闭。在十七世纪二十年代，把重点转移到印度和波斯。唯留下爪哇的万丹作为在东亚海域的基地。英船在一六三五年首次来到广州，不谙习俗，交易不顺利。英国与中国的贸易要到康熙五十四年（一七一五年）在广州成功设立办事处后才得转机，并快速兴隆起来，从而取代荷兰而称雄于东方，那是后话。

在历史上，特别是近代化发展初期，商业是与海盗、走私、掠夺和奴隶贩卖联系在一起的。十六世纪，欧洲人对海盗掳掠和合法贸易不加区分的，贸易就是掳掠，掳掠就是贸易。到十八世纪欧洲理论界才开始谈论国际法上海盗和合法贸易的区别[①]。正如马克思在《资本论》所指出："商业资本在优势的统治地位中，到处都代表着一种劫夺制度，而在旧时代和新时代的商业民族内，商业资本的发展，也与暴力的劫夺、海盗、奴隶、劫盗，在殖民地的征服直接地结合在一起。迦太基、罗马和后来的威尼斯人、葡萄牙人、荷兰人等等，都有是这样。"[②]明代中后期，前来东亚海域的葡、西、荷和英等国的商业公司，不仅拥有以先进的技术武装起来的舰

---

① 转引自严中平：《科学研究方法十讲》，人民出版社1986年版，第187页。

② 马克思：《资本论》（第三卷），人民出版社1953年版，第409—410页。

队，而且有本国政府作其政治与经济的坚强后盾，有垄断某一地区贸易的特许状，甚至享有殖民地军事和政治的全权。他们凭借其船坚炮利，一方面主张公平的贸易，另一方面遇到失利时，则拦截掠夺海上商船，甚至烧杀掳掠沿海居民，无恶不作。他们在东亚海域建立起各自的殖民基地，实行殖民统治，一改东亚海域由华商独领风骚的传统贸易局势。在荷兰、西班牙所建立的据点及其控制的地区，凭其武装舰船的优势而独占贸易，还对华商征税。例如，凡到由荷、英控制的旧港和占碑的船只，必须取得他们颁发的许可证；规定在此采购胡椒的数额，还要征收人头税。在这些地区，华商受制于西人，有时为西人作短程运输，陷入附庸。即便在这种情况下，华商仍然不屈不挠，采取化整为零，化零为整，"萍聚雾散"等方法，勉力抗衡①。

从上可见，葡、西、荷等国于十六世纪先后前来东亚海域，由此出现了中西两半球海商直接交遇的新局面。东亚海域的贸易网络，既连接太平洋彼岸的南美洲，又重新伸展到永乐之后中断往来的印度洋，并扩及大西洋，初步形成横跨亚、非、欧、美四大洲的世界性海洋贸易圈。我们看到，中国商品供应的多寡，直接影响到其他地方。例如，中国的生丝供应不足，便直接影响墨西哥的丝织业。中国于一六三九年因台风，甘蔗受损，糖产量下降。荷兰代表给巴达维亚总部报告说："您那里以及波斯均不会获得所需的糖量。"彼此间的产品都需要交流。荷兰人说的："中国人需要我们的白银，正如我们不能没有他们的商品一样。"可以说，十六世纪的世界已经开始趋向一体化。

还应当指出的是，就亚洲内部而言，十六世纪中叶的日本，正是盛产金银之时，有五十多座金矿，三十多座银矿开采。当时的中国，争用银而不用"大明宝钞"。由于中国缺银，日本所产的白银也源源输入中国。日本在东亚海域的贸易也日益活跃起来。

---

① 张彬村：《16—18世纪华人在东亚水域的贸易优势》，见《中国海洋发展史论文集》（第三辑）。

二、海洋贸易对中国商品经济发展的影响

十六世纪，因东西两半球商人在东亚海域相遇而形成的世界海洋贸易圈的情况下，海上贸易与中国内部社会经济的变迁间的关系问题，以往的学者所论不多，未必是出于疏忽，主要是因为缺乏足够的史料支持。众所周知，在禁海的体制下，"通番"之举是讳莫如深的。偶有记录，也是片鳞只爪，语焉不详。但是，随着存藏在国外的有关档案的整理与发表，例如荷兰东印度公司的报告中有关巴达维亚城日记和热兰遮城日记等资料的出版，以及瑞典、印度和美国等国家档案馆所藏有关与中国贸易往来档案的被利用，明清时期海上贸易与中国内部经济发展间的关系之史实，正日益显现出来。在笔者看来，根据零星的资料，经理性分析而引出给读者以思考空间的结论，虽不能视之为信史，但对推进这一课题的研究是有补益的。

根据笔者的理解，十六世纪至十七世纪中叶，由西方各国的东来而引发的东亚海域贸易格局的变化，为江南与珠江三角洲等沿海地区商品经济的发展带来了机遇，也为中国的商人带来通过贩运商品而创造资本的机会，于是积资百万的徽商等兴焉。

先谈十六世纪的海上贸易对陆上经济发展的影响。

十六世纪海上贸易的新形势，造成对国内商品需求量的增多，并给商业带来超额的利润。据万历时人周玄暐说：

> 闽广奸商，惯习通番，每一舶推豪富者为主，中载重货，余各以己资市物往，牟利恒百余倍。[1]

又据《重修古歙东门许氏宗谱》记载：

> （许谷）贩缯航海而贾岛中，赢利百倍。[2]

正由于超额利润所产生的诱惑力，海商才冒险犯难，懋迁于海外。嘉

---

① 周玄暐：《泾林续记》。

② 《重修古歙东门许氏宗谱》卷九《许传善传》。

靖《广东通志》记载：

> 东洋贸易，多用丝……回易鹤顶等物；西洋贸易，多用广货，回
> 易胡椒等物。①

这里所谓的东洋，主要是指菲律宾。当时的马尼拉生丝市场，是太平洋丝路的中转站，对丝货的需求量很大。十七世纪初，墨西哥从事丝织业者有一万四千多人，其需要的原料生丝就靠通过中转站马尼拉丝市转运去供应②。葡、西商人"皆好中国绫罗杂缯"③，当时杭州的纺织品、苏州的丝织品、松江的棉布、饶州的瓷器、漳州的纱绢，皆备受西方各国和日本所欢迎。根据全汉昇先生的研究，江南蚕丝业的迅速发展同马尼拉丝市的影响是有密切关系的④。广州的所在地珠江三角洲，也在这一市场取向的刺激下，创造出"桑基鱼塘"这一以蚕桑与水产养殖相结合的商品性生态农业经营形式⑤。所生产的广纱、粤缎等丝绸，以及糖、果箱、铁器、蒲葵等所谓"广货"，成为输往东南亚洲各国的主要产品。正如关心乡梓事务的岭南学者屈大均所指出的：

> 广之线纱与牛郎绸、五丝、八丝、云缎、光缎，皆为岭外京华、
> 东西二洋所贵。⑥

> 广州望县，人多务贾与时逐。以香、糖、果箱、铁器、藤、蜡、
> 番椒、苏木、蒲葵诸货，北走豫章、吴、浙，西北走长沙、汉口，其
> 黠者南走澳门，至于红毛（指荷兰商人在南洋建立的基地巴达维亚）、
> 日本、琉球、暹罗斛、吕宋。帆踔二洋，倏忽数千万里，以中国珍丽

---

① 嘉靖《广东通志》卷六十六《外志三·夷情上》。

② 全汉昇：《自明季至清中叶西属美洲的中国丝货贸易》，《中国经济史论丛》（第1册），香港新亚研究所1972版，第466页。

③ 顾炎武：《天下郡国利病书》卷九十六《福建六》。

④ 参见全汉昇：《自明季至清中叶西属美洲的中国丝货贸易》，《中国经济史论丛》（第1册），香港新亚研究所1972年版，第459页。

⑤ 请参阅叶显恩：《移民与珠江三角洲海洋经济化》，见《中国海洋发展史论文集》（第八辑）。

⑥ 屈大均：《广东新语》卷十四"茶"条。

之物相贸易，获大赢利。农者以拙业力苦利微，辄弃耒耜而从之[1]。

他如宁波外海地区、九龙江口海湾地区、诏安湾地区等也都出现向农业商业化的转型[2]。关于江南、珠江三角洲等地在勃然兴起的海洋贸易刺激下，以出口商品为取向，扩大经济作物的种植，实现农业商业化的史实，中外学者论列甚多。范金民的《明清江南商业的发展》，就是江南地区的专论[3]；珠江三角洲地区，则请参阅《移民与珠江三角洲海洋经济化》[4]一文。还需要提到的是李伯重的《江南的早期工业化1550—1850》[5]一书，也谈及相关的问题。

再谈海洋贸易与商业资本的关系。海洋贸易是一种长途的商业贩运。从古典经济学的观点来说，资本是在以贸易为主体的交换过程中被创造出来的[6]。马克思和恩格斯指出，欧洲的变革发源于"特殊的商人阶级"的出现[7]。事实也是如此。西欧资本主义的出现是同长途贩运的海洋贸易联系在一起的。从事海洋贸易的海商，是导致传统经济（包括习俗经济、命令经济、道义经济等）向市场经济转换的一种"专业商人"[8]。徽商资本在明中叶的勃兴，显然也与十六世纪的海洋贸易有关。徽商善于抓住明中叶海洋贸易带来的机遇，全面参与，并海陆相结合地建立起商业网络。过去学术界当论及徽商与海洋贸易的关系时，多局限于海盗式的走私贸易。但是，唐力行先生的著作，将徽州的海商分为三个层次，即往来贩运于海上者为核心商人，陆上的行商为中介层次，江南市镇的徽州坐贾和当地的

---

① 屈大均：《广东新语》卷十四"谷"条。

② 杨国桢：《十六世纪东南中国与东亚贸易网络》，《江海学刊（南京）》2002年第4期。

③ 范金民：《明清江南商业的发展》，南京大学出版社1998年版。

④ 叶显恩：《移民与珠江三角洲海洋经济化》，见朱德兰主编：《中国海洋发展史论文集》第八辑，第23—72页。

⑤ 李伯重：《江南的早期工业化1550—1850》，社会科学文献出版社2000年版。

⑥ 科大卫、陈春声：《中国的资本主义萌芽》，《中国经济史研究》2002年第1期。

⑦ 《马克思恩格斯选集》（第1卷），人民出版社1975年版，第59—61页。

⑧ 参见希克斯：《经济史理论》，中译本，商务印书馆1987年版。

手工业作坊主为其外围层次。并作了有创见的论述①。这里需要补充指出：充当窝主的沿海势豪之家也属中介层次。陆上的外围层次，固然是以江南地区为重点，但徽商在其他地区所建立的庞大的以血缘和地缘相结合的商业网络，也应纳入其中。长江中下游和运河沿岸的市镇，只是徽商在内地商业网络的核心。徽商网络的覆盖面，远未止此。它已经西达秦、晋、巴蜀，北至燕、代、辽东，南达闽、粤，其"足迹几半禹内"②。徽商在为海洋贸易组织货源，或推销海外舶来品时，不可能不利用这一网络。事实上，唐先生在论述徽州海商的外围层次时也都涉及了。另外，侨居海外各地的华人也是这一商业网络的另一头。徽商正是通过结织这一网络，于嘉靖后期发起一场波澜壮阔的、轰动一时的"海洋挑战"的。

在海洋贸易史上曾出现"亚洲内部贸易两大分支：印度向东的贸易和中国向南的贸易"。但是东来的印度商人只将其势力扩张到马六甲海峡。马六甲以东可说是由华商独领风骚的。中国海商的网络是同华人在东亚水域的移居分布联系在一起的。早在宋元时期，东亚海域已是中国商民出没的地方。往往有侨居不归，至长子孙者。据明初人的记载，爪哇有三等人，"一等唐人，皆是广东、漳泉等处人窜居此地"③。马六甲肤白者为唐人种④。据《明史》卷三百二十四《三佛齐传》记载：

> 有梁道明者，广州南海县人，久居其国。闽粤军民泛海从之者数千家，推道明为首，雄视一方。⑤

在明成、宣间，经郑和先后七次（一四〇五至一四三二年）下西洋，更使南洋的华人移殖增加，其势力也得到发展。当地的华侨取得南洋经济上的领袖之地位，同时参加政治，有为当地执政者，乃至为国王者。社会文化有汉化的倾向。北婆罗洲有自称为中国人之苗裔，采用中国之耕织

---

① 唐力行：《明清以来徽州区域社会经济研究》，安徽大学出版社1999年版，第136—158页。

② 万历《休宁县志》卷一《舆地志·风俗》。

③ 马欢：《瀛涯胜览》"爪哇"条。

④ 费信：《星槎胜览前集》"马六甲"条。

⑤ 《明史》卷二百二十四《三佛齐传》。

法。菲律宾由游牧时代进入农业时代，是由闽人林旺之启导。不少地名也中国化①。一五八六年，华人在马尼拉已有超过一万人居住。华侨在东南亚占据着绝对的优势。西人涉足东亚海域之后，虽以武力建立了贸易据点，如葡人在澳门、西班牙人在马尼拉、荷兰人在巴达维亚和台湾大员所建立的据点，华商依然处于优势。

在上述的南洋华人社区，以及下面提及的在日本的名为"大唐"的社区，不管是否有徽人在其中，因属共同的华人文化之故，自然成为徽州海商网络的海外一头。

关于徽商从事海贸活动的记载，现举数则明代的资料，以资了解其梗概。王忬在《倭夷容留叛逆纠结入寇疏》中说：

> 自嘉靖二年，宋素卿入扰之后，边事日隳，遗祸愈重。闽、广、徽、浙无赖亡命，潜匿倭国者，不下千数，居成里巷，街名大唐。②

这里说的是前往日本经商者。据西人裴化行在《天主教16世纪在华传教志》一书记载：

> 中葡间的商业，却一步一步地走上繁荣的途径，在一个月内，由广州卖出的胡椒达40 000斤，商人所蒐卖的为上日本去转售的货品达100 000葡金。商业的利源，是被原籍属广州、徽州、泉州三处的十三家商号垄断着。他们不顾民众的反对，一味致力于发展外人的势力。③

又据梁嘉彬教授寻到西班牙传教士的有关记载称，一五五六年葡人入市（指广州市）之初，有十三商馆（行）与之贸易，其中广人五行，泉人五行，徽人三行等语④。从此可见，徽商在当时的中国主要对外贸易港市广州与外商联系密切，其势力是雄厚的。又据何乔远《闽书》记载：

> （福建）安平一镇尽海头，经商行贾，力于徽、歙，入海而贸夷，

---

① 参见《吴晗史学论著选集》（第1卷），人民出版社1984年版，第604—645页。

② 《明经世文编》卷二百三十八。

③ 裴化行著，萧浚华译：《天主教16世纪在华传教志》，商务印书馆1936年版，第94页。

④ 梁嘉彬：《广东十三行考》，广东人民出版社1999年版，第436页。

差强资用。①

徽人金声也指出：

　　尽天下通都大邑及穷荒绝徼，乃至外薄戎夷蛮貊，海内外贡朔不通之地，而吾乡人足迹或无不到。②

从这些记载可见，徽商从海贸的大都会广州到与海贸有关的市镇、岛屿，都在其间从事海洋贸易活动。

正是徽商通过庞大的商业网络，以长途贩运为主体，才不断地创造出巨量的资本。在长途的贩运中，海上贸易尤其值得注意。因为海上的商品贩运不仅数量大，而且其利润之高是国内利润所不能比拟的。例如，十六世纪的日本和西方各国都需要中国的丝货等商品，姚叔祥《见只编》指出：

　　饶之瓷器，湖之丝棉，漳之纱绢，松之棉布，尤为彼国（指日本）所重。③

至于马尼拉丝市所需的丝货，数量尤其大。徽商以丝、棉产地的中心——江南作为徽商的大本营，并非偶然。正是从棉、丝的贩运中，徽商积攒了巨量的资本。如前所述，贩销于海外的产品，"牟利恒百余倍"。歙县许谷在嘉、万间就因贩运丝货作海洋贸易而增资百倍。又如，徽人"程君年甫髫而从其舅江淮间，为下贾。已进为中贾，属有外难，脱身归，则转资湘楚，稍稍徙业二广，珠玑犀象香药果布之凑，盖不数年而成大贾"④。徽商程某在这里有可能既为走私贸易组织货源，又长途贩销舶来品"珠玑犀象香药果布"等商品。在短暂的不数年间，他之所以能成大贾是得益于稍稍移资于贩销海洋贸易的舶来品。"大贾"是一含糊的称呼。真正称得上"大贾"的徽商当指"藏镪百万"的盐商。至于海商拥有的资本，据田汝康先生的估计，高达五千五百至七千五百英镑，几与一六○二

---

① 何乔远：《闽书》卷三十八《风俗》。

② 《金忠节公文集》卷七《寿明之黄太公翁六秩序》。

③ 姚叔祥：《见只编》卷上。

④ 王世贞：《弇州山人四部稿》卷六十一《赠程君五十叙》。

年荷兰东印度公司最大股东勒迈尔拥资八千一百英镑的额数相比肩①。

三、以汪直为代表的雄飞海上的徽州海商集团

中国的海商在出现全球一体化征兆，中西海上商人直接交遇的情况下，面对这一前所未有的机遇和挑战，是如何调适商业的运作，以求得自身的发展呢？

首先，原来的以个体为主的小规模的走私组织形式，已经不适应新出现的海洋贸易形势。我们知道，朱明建国以后，实行禁海政策，既不准中国人私自出海经商，也不准外国的私商前来贸易，只维持传统的朝贡形式，借此与周边国家做官方的贸易。但是，事实上在东南沿海，私自"下海通番"之举就没有禁绝过。明初洪武年间，"两广、浙江、福建，愚民无知，往往交通外番，私易货物"②。永乐年间，广东人梁道明在旧港经商，广东、福建民从者至数千人，"推道明为首"③。随着商品经济的发展，走私贸易不仅禁而不止，而且有愈演愈烈之势，从个体、小股走私，逐渐趋向集体化、组织化。让官方哭笑不得："片板不许下海，艨艟巨舰反蔽江而来；寸货不许入番，子女玉帛恒满载而去。"④这里提到的"艨艟巨舰"是指连舡结队的武装走私集团。有组织的武装走私早在正德年间已经出现，但是成为大气候，为朝廷所震惊的是在嘉靖年间，尤其是嘉靖三十一年至四十四年（一五五二至一五六五年），历史上称之为"嘉靖倭寇"。

关于嘉隆间的所谓"倭寇海盗"问题，已故的戴裔煊教授早在其《明

---

① 田汝康：《十五至十八世纪中国海外贸易发展缓慢的原因》，《新建设》1964年第8—9期。

② 《明洪武实录》卷二百零五。

③ 《明永乐实录》卷十。

④ 谢杰：《虔台倭纂》上卷《倭原》。

代嘉隆间的倭寇海盗与中国资本主义的萌芽》①一书中，对倭寇海盗的起因和性质作了辨析。首次为海商汪直（戴书作王直）作了正名。此说正日渐为学术界所认同。如前所述，亦商亦盗是古代海上商人的共同特点。中外概莫例外。从十六世纪以来的西方海商所留下的档案，可以充分证明这一点。据荷兰方面的档案记载：

荷兰东印度公司于一六三三年十二月十五日做出决定："继续对中国的战争，在中国沿海大肆烧抢，直到中国大官对我们海上的威势和能力有所闻，满足我们的要求，准许我们自由无碍的贸易。"当葡人一六三九年逐出日本，荷人就预料它"将在海上为寇，拦截往东京的船只"。由此可见，不准通商便作掠夺，已成惯例。又如荷兰东印度公司得悉有十二艘中国船驶往马尼拉的消息后，即从其基地巴达维亚派船到马尼拉附近海域拦截劫掠，共得船三艘，捉获八百中国人。另外，又在澎湖捕捉一千一百五十名中国人，其中除因水土不服和过度劳累致死外，只有五百七十一人运往巴达维亚。途中又死去四百七十三人。余下的九十八人，又因饮水中毒死亡，只留下三十三人到达目的地巴城。类似的例子屡见不鲜。十六、十七世纪西方各国的通商、航海，在重商主义的支配下，为了积累财富，是不择手段的。他们建立商业殖民地，掳掠，排斥异己，无恶不作，旨在垄断贸易。荷兰之所以采取上述的触目惊心的残忍手段，正是为了达到这一目的。荷兰为了阻挠葡人等与马尼拉（西班牙人商业殖民地）的通商，千方百计地力图打败葡、西，以取而代之。甚至不惜于一六二二年攻占澳门，死伤六百余人终未奏效才作罢。

又从荷兰人威·伊·邦特库的《东印度航海记》②一书看，作者以船长的身份被荷兰东印度公司派遣，于一六一八年十二月从荷兰北部出发前往巴达维亚（今雅加达），继而在东印度各岛之间，以及我国澎湖列岛和闽粤浙沿海一带活动，历时七年。这部日记用亲身的经历，翔实地记述了

---

① 戴裔煊：《明代嘉隆间的倭寇海盗与中国资本主义的萌芽》，中国社会科学出版社1982年版。

② 威·伊·邦特库著，姚楠译：《东印度航海记》，中华书局1982年版。

如何既从事商业活动，又干烧杀掳掠、攻城略地的勾当。书中充满着腥风血雨的商业活动，说明从事的商业是经历从无序到有序，从野蛮到文明逐渐演化的过程。我们不能以今类古，也不能以古比今。

十六世纪，由哥伦布发现新大陆而揭开海洋时代的序幕所具有的划时代意义，及其对中国的影响，我们以前似乎估计不足。事实上，有悠久航海历史的中国海商，面对当时由伊比利亚人发起的"挑战海洋"的新形势，以汪直为代表的徽州海商武装走私集团，已经做了积极的回应。他们仿效西方海商的做法，制造大舰，并武装起来，称雄于东亚海域，曾在日本建立商业殖民地。这一具有时代意义的重大事件，未被视为加入世界商战的举动，反而被史家称之为惊动朝野的"嘉靖倭难"。

我们知道，有明一代，边防问题历来归结为"北虏南倭"。所谓南倭，即日本倭寇扰乱东南沿海一带。所谓"倭寇犯海"最多且规模最大的是嘉靖年间，尤其是嘉靖三十一年至四十四年的十余年，所谓"嘉靖倭难"即指此时。事实上，以前的"倭寇犯海"与"嘉靖倭寇"是有所不同的[1]。这里只谈后者。

如前所述，在"嘉靖倭难"之前，徽商已经建立以长江中下游和运河沿岸为中心的商业网络，东南沿海地区也有突出的势力。这为徽商在东南亚海域作大规模的冒险犯禁走私活动，提供了雄厚的基础。已故的著名史学家谢国桢先生曾经指出："（徽商）以扬州、苏州、杭州为经商主要地点。而足迹遍及全国，并至海外贸易。明嘉靖时倭寇之乱，与徽商极有关系。"[2]史学界的先贤谢老，已以敏锐的眼光在这里指出嘉靖"倭乱"与徽商的关系。

徽州海商集团曾出现许栋和汪直两位分别充当不同时期的首领。他们

---

① 日本学者滨岛敦俊教授认为，明前期的倭寇，以日本西部的武士为主；明后期以汪直的中国武装走私海商集团为主。嘉靖倭寇以日本九州诸岛为根据地，以长江中下游的浙江和福建为袭击地。见松丸道雄等编：《中国史》4（明清），山川出版社1999年版，第165页。

② 参见谢国桢：《明代社会经济史料选编》（中），福建人民出版社1980年版，第99页。

之间既有递嬗关系，又各树一帜，彼此独立的集团。又有从汪直集团中分化出来的徐海集团，也曾称雄海上，名噪一时。就整体的徽州海商集团而言，自当以汪直为最负盛名，最堪为代表。

纠番诱倭作走私海盗式的贸易，非自徽商始。早在正德四年（一五〇九年），即葡萄牙商船攻下满剌加（马六甲）前两年来到满剌加港市时，已有三艘中国船停在该港一旁。据佚名《葡萄牙人发现和征服印度记事》（手稿）记载：

> 我们一到这里，中国人的船长就乘一艘小船出来，和他一起的还有一位体面的人。……他们向司令的船驶来，司令高兴地接待他们，并奏乐和鸣放礼炮。……因为翻译听不懂他们的话，又派人找来一位懂他们语言的当地人。他们谈论很多事情，互相询问对方国王和王国的事情。……谈了好长一段时间后，中国船长请司令和船长们改天去他们的船上吃晚饭。司令接受邀请前往赴宴。……几个小时后我们的人才告辞，中国船长把他们送回船上后才返回自己的船上。①

首次与葡人接触的中国商船，目前尚无法弄清其身份和地望。基于南洋是粤商涉足的基地，加之一五一七年（正德十二年）六月十七日安德拉德和葡王的使者佩雷斯等率四艘葡船和四艘马来船，从满剌加前来中国于同年八月十五日抵达广东屯门岛②，当由熟悉航道的粤人引水，似乎纠番诱倭私市始作俑者，属粤商可能性较大③。郑舜功在《日本一鉴》中写道：

> 浙海私商，始自福建邓獠，初以罪囚按察司狱，嘉靖丙戌（一五二六年）越狱遁下海，诱引番夷私市浙海双屿港，投托合澳之人卢黄四等，私通交易。嘉靖庚子（一五四〇年）继之许一（松）、许二（楠，按：楠系栋之误）、许三（栋，按：栋系楠之误）、许四（梓）

---

① 佚名：《葡萄牙人发现和征服印度纪事》（手稿），澳门《文化杂志》中文版1997年第31期。

② 戴裔煊：《〈明史·佛朗机传〉笺正》，中国社会科学出版社1984年版，第6页。

③ 杨国桢先生认为，最早在满剌加与葡萄牙人相见并勾引其来中国沿海从事商业走私活动的是福建漳泉人。参见杨国桢：《十六世纪东南中国与东亚贸易网络》，《江海学刊（南京）》2002年第4期。

勾引佛郎机国夷人（斯夷于正德间来市广东，不恪，海道副使驱逐去后，乃占满剌加国住牧，许一兄弟遂于满剌加而招其来。——此系引文原注）络绎浙海，亦市双屿、大茅等港。自兹东南衅门始开矣。嘉靖壬寅（一五四二年），宁波知府曹诰，以通番船招致海寇，故每广捕接济通番之人，鄞乡士夫尝为之拯拔。知府曹诰曰："今日也说通番，明日也说通番，通得血流满地方止。"明年癸卯（一五四三年）邓獠等寇掠闽海地方，浙海寇盗亦发，海道副使张一厚因许一许二等通番致寇延害地方，统兵捕之，许一许二等敌杀得志，乃与佛郎机夷竟泊双屿。①

这里说，浙海纠番诱倭私市，始自福州人邓獠（日本藤田博士认为獠是海盗首领的尊称。笔者则疑獠本作僚，如同王五峰称为王忤疯。）他脱狱下海，于嘉靖五年（一五二六年），诱番夷私市、寇掠于浙江的双屿港，可谓是葡人犯浙海之肇始。而在浙江沿海，纠番诱倭走私贸易最早形成声势，且具有规模的却是以歙人许栋（许二）为首的武装海商集团。据王应山《闽都记》记载：嘉靖九年（一五三〇年）②，"福州狱变，戕大吏三人，斩关趋连江，渡海而遁"。越狱的囚犯中有闽人林汝美名碧川、李七名光头、歙人许三（二之误）名栋，下海后"勾引番倭"③。又据郑舜功《日本一鉴》说：

　　（嘉靖十九年，即一五四〇年）许一松、许二楠、许三栋（二、三倒错）、许四梓，潜从大宜、满剌加等国勾引佛朗机国夷人，络绎

---

① 郑舜功：《日本一鉴·穷海话语》卷六"海市"条。按：郑舜功，歙县商人（商人说据自卞利《胡宗宪评传》一书）。他在《日本一鉴》一书中自署为："奉使宣谕日本国新安郡人郑舜功"，实际是杨宜在嘉靖三十四年（一五五五年）六月即任南直隶、浙闽总督后于同年派他往日本宣谕采访夷情。杨宜在位至次年二月。郑舜功于嘉靖三十六年（一五五七年）一月回国。至广东潮州，被诬告投入狱。几经申辩，方得昭雪。此书于嘉靖四十三年写成。（此说采自汤开建《郑舜功〈日本一鉴〉中的澳门史料》一文，汪向荣另有于万历成书的说法，见他的《关于日本考》一文。）

② 此事在《筹海图编》说发生于嘉靖十九年，当系误。因这一年许栋等已从马六甲勾引葡萄牙人，络绎潜来浙海活动。

③ 王应山：《闽都记》卷一《建置总叙》。

浙海，亦市双屿、大茅等港。①

可见许栋与其兄弟许一（松）、许三（楠）、许四（梓），早在十六世纪四十年代之前，已到马六甲等地经商。嘉靖十九年（一五四〇年），许栋兄弟自马六甲纠引葡萄牙人前来双屿、大茅等港口后，与福建海商李光头（福州人，名李七）结为一伙，从事走私贸易。他得到当地势要之家所庇护和支持②。又有汪直、徐惟学、叶宗满、谢和、方廷助等加盟，声势大振。为了扩大其势力，往往施计招诱商人掉入陷阱。通用的方法是，派其党徒到南直隶、苏松等地，招诱商人置货运来双屿。故意唆使其纠集的"番倭"将商人运来的货物抢劫，而表面上对被劫的商人却大加劝慰，并以如入伙经商日后可偿还货价为许诺。那些借贷置货而被劫的商人，出于无奈，只有入伙以图偿货价。这一伎俩也为以后的海商集团所沿用，例如下面将提及的海商徐惟学以侄徐海为质，向日人借贷银货运往广东发卖时人货俱亡，徐海纠倭人劫掠以还，即一例。许栋海商集团，与当时西方的海商一样，每当走私贸易受挫时，便以劫掠，绑架富民以索重赎作补偿。作为窝主的势要之家，有时不仅抑勒货值，或赖账，甚至以向官府告发相威胁③。在此情况下，海商武装劫掠便在所难免了。作为海商走私集团的窝主——浙江余姚名宦谢迁家族便因此而遭到洗劫。据《明世宗实录》记载：

> 按海上之事，初起于内地奸商王直、徐海等，常阑出中国货物，与番客易，皆主于余姚谢氏。久之，谢氏颇抑勒其值，诸奸策之急，

---

① 郑舜功：《日本一鉴·穷河话海》卷六。

② 参见《明史》卷二百零五《朱纨传》。

③ 佚名：《倭（即日本）》云："江南海夷有市舶所以通华夷之迁，有无之货。收征税之利，减戍守之费。又以禁海贾，抑奸商，使利权在上，罢市舶而利孔在下。奸豪外交内诇，海上无宁日矣。夷货至，辄赊奸商，久之奸商欺负转展不肯偿，乃投贵官家。贵官益甚。夷索逋急则恫喝官府，以纵寇为辞，兵出辄又赍粮漏师，好语唆诸舶人，利他日货至。复赊我也。"这里历数罢市舶之害，奸商和贵官窝主之作祟。见《玄览堂丛书续集》第84册。又，钱薇《海上事宜议》云："若彼治海之奸，嗜利无忌，必投势豪之家以为奥主，始则诱赊舶货，既而不偿，又谬托贵势，转辗相蒙，激其愤怒。"见《承启堂集》，《明经世文编》卷二百一十四。

谢氏度负多不能偿，则以言恐曰："事将首汝于官。"诸奸既恨且惧，乃纠合徒党番客，夜劫谢氏，火其居，杀男女数人，大掠而去。县官仓惶，申闻上司云："倭贼入寇！"巡抚纨下令捕贼甚急。①

谢氏家族被洗劫一事，是许栋联合福建海商林剪，"纠合徒党番客"（番客是指林从彭亨勾引来葡萄牙人）干的。朝廷闻之震怒。此时正是朝廷禁海派夏言当政。嘉靖二十六年（一五四七年）九月，夏言亲拟委任状命朱纨镇压。嘉靖二十九年（一五四八年），官军终于攻占双屿港，摧毁葡萄牙的临时居留点和许栋的据点。此举引起宁波一带沿海士民的强烈反响。朱纨继而干脆下令填塞双屿港②，以致船只不得再复入。许栋逸去，由其属下汪直领其余党，重振声威③。

海洋的开禁关系着沿海居民的生计，也反映了朝内弛禁派和禁海派之间的派别斗争。在刚揭开序幕的世界海洋时代之激荡、驱动下，东南沿海地区开始出现向海洋经济的转型，他们以海为田，贫者靠此度日，富者以此积财。浙江沿海地区，"有等嗜利无耻之徒交通接济。有力者自出资本，无力专转辗称贷。有谋者诓领官银，无谋者质当人口。有势者扬旗出入，无势者投托假借。双桅三桅，连檣往来。愚下之民，一叶之艇，送一瓜，送一樽，率得厚利，驯致三尺童子，亦知双屿之为衣食父母。远近同风，不复知华俗之变于夷矣"④。这里的"华俗变之于夷"，很值得注意。透露

① 《明世宗实录》卷三百五十"嘉靖二十八年七月壬申"条下。

② 朱纨：《双屿填港工完事》，见《明经世文编》卷二百零五。

③ 万表：《海寇议前》，见《金声玉振集》十六。据《明纪》卷三十三《世宗六》记载，1548年"夏四月，遇贼于九山洋，俘日本国人稽天，许栋亦就擒，栋党汪直等收余众遁。"此说许栋被擒，不确。据《四库全书提要》云："《海寇议》一卷，明万表撰。表字民望，鄞县人。正德末武进士，累官都督同知金事南京中军都督府，时值海寇出没，为江浙患。表推原祸本，以为奸民通番者所致。因为此议，上之当事，历叙通逃啸聚始末甚详。其后倭乱大起，表结少林僧习格斗法，屡歼其众。盖本能以才略自显者，宜其所言之具有先见也。按黄虞稷《千顷堂书目》载，表《海寇前后议》一卷。此乃袁裹采入《金声玉振集》者所录仅一卷。疑已佚其《后议》，又伪万为范，尤为失考矣。"据此，范系万之误。

④ 朱纨：《双屿镇港工完事》，《明经世文编》卷二百零五。

出受海洋时代商战的影响。"套用现代的术语，就是与海洋世界接轨"①。朱纨的镇压之举，反映了朝内禁海派占上风。但是，朱纨摧毁双屿港，严厉禁海，既切断了沿海人民的生计，也触犯了沿海官宦势要之家的利益。浙江沿海的官宦势要集团通过其代言人御史采九德，以擅刑戮罪弹劾朱纨。朱纨罢职待勘，自知终不能见容于沿海势要，于是服毒自杀。对余姚谢氏的洗劫及朱纨的大加镇压，成为海商集团从海上走私活动向公开武装对抗的转达折点②。此后弛禁派得势，海禁松弛。这就为汪直重整海商阵营以有利机会。

据郑舜功《日本一鉴》记载，先是"王直、徐铨（惟学）诱倭私市马渍潭"，"己酉年（一五四九年）冬，王直等诱倭市长途"。走私活动又受到默许。"海盗副使丁湛移檄王直等拿贼投献，姑容私市。王直胁倭即拿卢七等以献。明年辛亥（一五五一年）王直等船泊列港"③。

汪直（一曰王直）④，徽州歙县人。出身于破产的徽商家庭，"少落魄，有任侠气。及壮多智略，善施与，以故人宗信之"⑤。其先人可能从事海外贸易，至少对"通番"是熟悉的。所以，他曾对叶宗留等同伴感慨说，"中国法度森严，动辄触禁，孰与海外乎逍遥哉"⑥。已经流露想向海洋挑战的志向。他与乡人徐惟学"先以盐商折阅"⑦。说明他已涉足于

① 参见杨国桢：《十六世纪东南中国与东亚贸易网络》，《江海学刊（南京）》2002年第4期。

② 日本学者松浦章在《徽州海商王直与日本》一文中说，汪直从事海外贸易的初期，在明朝看来是走私商人，在日本受到敬重；1547年9月，朱纨任浙江巡抚后，汪直才成为倭寇头目。此说有见地。朱纨抚浙，严厉禁区海，同以严嵩为代表的开海派与以夏言为首的禁海派在朝内势力的消长有密切关联。

③ 郑舜功：《日本一鉴·穷海话语》卷六。

④ 当地人胡武林先生最近考据，认为本属汪姓；见胡武林《明代徽州海商》《古代商人》，徽商系列丛书，黄山书社1999年版。又唐力行在《明清以来徽州区域社会经济研究》中也持此说，见该书第147页。

⑤ 胡宗宪、郑若曾：《筹海图编》卷九。

⑥ 嘉靖《浙江通志》卷六十《经武志·王直传》。

⑦ 见顾炎武：《天下郡国利病书》卷一百一十九《海外诸番》"日本"条。

盐商集团。因经营盐业蚀本，与伙伴共往广东高州造巨舰以远航。据文献记载，他潜往广东高州制造巨舰。其规模："舟艇联舫，方一百二十步，容二千人，木为城为楼橹，四门其上，可驰马往来。"①这在当时是继郑和下西洋使用的宝船之后所仅见的。而且有武力装备，专为远航海外而准备的。他"抵日本、暹罗、西洋等国，往来互市者五六年，致富不资，夷人大信服之，称为五峰船主"②。输出的是硝石、硫黄、丝、棉等违禁品，输入的是倭刀、苏木、胡椒、犀角、象牙等货物。他首次到日本是在嘉靖二十二年（一五四三年），偕同葡萄牙人前往的。据日本的文献记载，说一五四三年，有三个葡萄牙人漂至种子岛，船中有明儒生五峰。可见他初到日本时用的名字是五峰③。又据日本《大曲记》说：

> 松浦隆信（平户领主），厚待外商。故有名王五峰者，由中国至平户津，在印山故址，营造唐式之屋居之。自是中国商船往来不绝。④

---

① 又见万表：《海寇议后》，说这样的巨舰是在广东高州制造的，事在1540年前后。万历《歙志》载记卷一《岛寇》的记载稍异："（王直）招聚亡命，勾引倭奴，更造巨舰，联舫方一百二十步，可容二千人，上可驰马。"时在与官军对抗时；孰是孰非，待考。如此巨大的船舰，在明代是继郑和下西洋的宝船之后所仅见的。唯有后来在明末海瑞之孙述祖在海南岛所造的首尾28丈，桅高25丈之大舶，似可以比拟。关于造船的规模可参阅拙作《明代广东的造船业》，见叶显恩：《珠江三角洲社会经济史研究》，台北稻乡出版社2001年版。

② 佚名：《汪直传》，见《借月山房汇抄》第6集，又见《泽古斋重抄》第7集。据《钦定四库全书提要》说，此书作者"或其（胡宗宪）幕客所为也"。

③ 据一本记载葡萄牙将枪炮传入日本的史料《枪炮记》云："隅州之南有一岛，去州一十八里，名曰种子，……天文癸卯（1543年）秋八月二十五日丁酉，我西村小浦有一大船，不知自何国来，船客百余人，其形不类，其语不通，见者以为奇怪矣。其中有大明儒生一人，名五峰者，今不详其姓字。时西村主宰有织部丞者，颇解文字，偶遇五峰，以杖书于沙上云：'船中之客，不知何国人也。何其形之异哉？'五峰即书云：'此是西南蛮种之贾胡也。'"见洞富雄著：《枪炮——传来及其影响》，思文阁1991年版，第463—464页，转引自松浦章：《徽州海商王直与日本》，见《1998年国际徽学学术研讨会论文集》。

④ 转引自木宫泰彦：《中日交通史》，中译本下册，商务印书馆1931年版，第304页。

　　显然，汪直自首次抵达日本始，便与平户领主松浦隆信交厚。嘉靖二十三年（一五四四年），汪直投到老乡许栋的麾下，深为许栋所倚重，曾任管柜（总管）、管哨（掌管武装）等职。汪直于嘉靖二十四年（一五四五年），"往市日本，始诱博多津倭助才门等三人，来市双屿"①。当时作为许栋部属的汪直，表现出"沉机勇略"，具有出色的经商和管理才能，因而深为众人所敬服。所以，当基地双屿港被朱纨捣毁，许栋逸去后，由他继任舶主，并非偶然。

　　汪直手下先有叶宗满、徐惟学、谢和、方廷助等徽州同乡为其班底，又招纳毛海峰、徐碧溪、徐元亮以及徐海、陈东、叶麻等为其部将，还勾引倭门多郎、次郎、四助、四郎等充其打手。一时"威望大著，人共奔之"，甚至有"边卫之官"与之通好，"甘为臣仆，为其送货。一呼即往，自以为荣"②。

　　汪直的基地烈港（一称沥港）出入经过横港。而横港却为当时的广东陈思盼海商集团所占据。陈思盼不仅不受节制，有时还制造摩擦。海道衙门利用他们之间的矛盾，派人授意汪直，以允许通市为条件，要他擒杀陈思盼。汪直果然施计于嘉靖三十一年（一五五二年）剿灭了陈思盼集团。据文献记载："因思盼生辰燕乐不备，袭杀之。由是海上寇悉受直节制。直人众，分部领之。往来边关，望屋而食，陵轹边吏。至叩头献子女求媚。直以杀思盼为功，献捷求市，官司不许，直以故累入盗。"③值得注意

----

　　① 郑舜功：《日本一鉴·穷河话海》卷六。

　　② 万表：《海寇议前》，见《金声玉振集》十六，第16—78页。

　　③ 刘子威任兵巡传，《日本志》，见《玄览堂丛书续集》第15册。又据谢杰《虔台倭纂》上卷《倭变二》云："直以杀思盼为功，叩关献捷求通市，官司不许，且尝之薄，至是引倭突入定海为乱。"此说与前引的"直以故累入盗"，即求通市不成而被迫为盗的看法是相同的。这里所引的《日本志》一书，署刘子威任兵巡传。此书究系谁所作？据谈迁《国榷》卷六十一"世宗三十五年，八月辛亥"条，引用时人茅坤盛赞徐海百战百胜，"欲吞江南，何其猛也"。继而引冯时可称赞汪直、徐海二酋能"鼎沸波荡"，乃系"豪举"。"此辈负有雄心，当道者若能录用以资捍卫海防，何至于酿成此祸？"冯时可这一评论，与刘子威任兵巡传《日本志》中托名为"外史氏曰"的一段话，完全相同。据此推想，此书可能为冯时可所作。

的是"直以故累入盗"一话。此话是说杀盼一事是汪直从海商走向兼盗的转折点。因为王直自以为对明朝廷有功，当可求得政府准允其贸易合法化。从嘉靖三十六年《汪直上疏》看，他的所谓"求通市"，即指请求允许"浙江定海外长涂等港，仍如广中事例，通关纳税"①而已。这同他灭思盼时的心境是一样的。

汪直杀陈思盼，献捷求市的要求，不仅得不到允准，反而派俞大猷"驱舟师数千围之"，迫得汪直突围而去②。自灭思盼后，汪直势涨。"由是海上之寇，非受直节制者，不得自存，而直之名始振聋海舶矣"③。他分踪寇掠浙东沿海。嘉靖三十二年（一五五三年）三月，以马渍潭为根据地。四月，汪直分掠各地：陷昌国，犯定海，攻海盐，破乍浦，犯杭州，入南汇，犯嘉定，据吴淞。尔后在马渍潭为汤克宽所败，移往白马庙，继而前往日本④，以萨摩州淞浦津为据点，自立为"王"，以"五岛为根据地进行走私贸易"⑤，"借号曰"京"，自称曰"徽王"。"部署官属，咸有名号，控制要害。而三十六岛之夷，皆其指使。时时遣夷汉兵十余道，流劫边海郡县。"⑥据《筹海图编》记载，"自此以后，惟坐遣徒党入寇而不自来"⑦。

关于汪直从走私海商转为分掠浙海各地的海盗之缘由，据《明世宗实录》记载：

> （汪直）狎贩海为商，夷所信服，号为汪五峰。凡货贿贸易，直多司其质契。会海禁骤严，海隅民乘机局赚倭人货数多，倭责偿于

---

① 此疏全文，见采九德：《倭变事略》。

② 参见谢杰：《虔台倭纂》下卷《倭绩》。

③ 谢杰：《虔台倭纂》上卷《倭变二》；郑若曾：《海筹图编》卷五。

④ 郑若曾：《筹海图编》卷八。

⑤ 日本长崎县五岛上福江市有一汪直遗址"明人堂"说明书。参见松浦章：《徽州海商王直与日本》。

⑥ 万表：《海寇议后》，《1998年国际徽学学术研讨会论文集》；"夷汉兵"在严从简《殊域周咨录》作"倭兵"。

⑦ 郑若曾：《海筹图编》卷八。

直。直计无所出，且愤恨海隅民，因教使入寇。倭初难之，比入则大得利。于是各岛相煽诱，争治兵舰，江南大被其害。①

由此我们可以看到，作为海商盟主的汪直，有"司其质契"之责。司其质契乃系买卖之际的套用语。多使用为"保证人""责任者""秩序维持者""主宰者"之意②，就是说在海上贸易中负有保证公平交易的责任。当时不少海商趁海禁骤严之机，"局赚倭人货物"。按当时的游戏规矩，既然被人局赚货而去，汪直有赔偿责任。出于无奈，只好用老办法，纵容其部属寇掠。其他人看到眼红，也争相趁火打劫。愈演愈烈，腐败的官军又制止不住。所谓"壬午（一五五二年）之变"，便是这么闹起来的。在浙江沿海，"大举入寇，连舰数百，蔽海而至，浙东西，江南北，滨海数千里，同时告警"③。

据《筹海图编》记载，汪直于嘉靖三十三年（一五五四年）往日本以松浦为根据地，"自此以后，惟坐遣徒党入寇而不自来"④。面对其党徒在浙海的活动，明朝廷用武力镇压已经无能为力，于是改用招抚手段。与汪直同郡的胡宗宪，在巡按浙江监察御史时，先将汪直母亲妻子囚于金华。后放出加以厚待。嘉靖三十四年（一五五五年）六月，他出任巡抚浙江后，于同年十月派蒋洲、陈可愿为正副使，前往日本招抚汪直。利用汪直求通市心切，于嘉靖三十六年（一五五七年）将汪直诱捕入狱。汪直系狱二年后于嘉靖三十八年（一五五九年）十二月被害于宁波。

汪直麾下的重要头目徐海，后来独树一帜，也组成武装集团，称雄一时。

徐海，又名明山，歙县人。出身于商人家庭。少时在杭州虎跑寺落发为僧，法名普静。弟徐洪是布商，叔徐惟学是汪直手下的大头目，著名的海商。"嘉靖辛亥（一五五一年）海闻叔铨诱倭市烈港，往谒之。同往日

---

① 《明世宗实录》"嘉靖三十六年十一月卯"条。
② 见藤井宏：《新安商人的研究》，《安徽史学》1951年第1期。
③ 《明史》卷三百二十二《日本传》，又万表：《海寇议后》。
④ 郑若曾：《筹海图编》卷八。

本。日本之夷初见徐海，谓中华僧。敬犹活佛，多施与之。海以所得随缮大船。明年壬子（一五五二年）诱倭称市于烈港。时铨（徐惟学）与汪直奉海道檄出港拿贼送官。而海船倭每潜出港劫掠接济货船。遭劫掠者到烈港复遇劫掠贼倭，阳若不之觉，阴则尾之，识为海船之倭也。乃告汪直。直曰：'我等出海拿贼，岂知贼在港中耶？'随戒海。海怒欲杀汪直。而铨亦复戒海，乃止。海复行日本。"[1]嘉靖三十三年（一五五四年），徐海第二次来浙海，攻占柘林，以之为基地。次年，在浙海一带大肆寇掠后离去。其弟洪、光自广东附许二船至日本会徐海。告诉他：叔父徐惟学已被广东官兵所灭。先是徐惟学在日本九岛将其侄徐海作抵押，向日本人借贷银货运往广东屿（南澳岛？）贩卖。当徐惟学在广东为"守备黑孟阳所杀"，人货俱亡后，日本人向徐海索还所贷货银，徐海答应以寇掠偿还。于是在嘉靖三十五年（一五五六年），"海乃纠结种岛之夷助才门即助五郎、萨摩夥长扫部日向彦太郎和泉细屋，凡五六万众（？）。船千余艘，欲往广东为铨报仇。商辈闻曰：'浙海市门为其所闭，今夏至广东，我等无生意也。'"[2]。因同行的商人萌发叛变之心。徐海发觉后方作罢。此时有叶明（叶麻）和陈东两股海商集团加盟于徐海，其势益增，成为汪直之外的最强大的武装海商集团。徐海率叶明、陈东辗转于浙江沿海带，曾在桐乡大败官军，令胡宗宪和阮鄂等明军将领惊恐万状。但终为胡宗宪以招抚、离间的方法所歼灭。

需要指出的是，除当时最强大的以汪直为代表的徽州海商集团以外，在闽粤沿海则有何亚八、林国显、许西池、洪迪珍、张维、张琏、吴平、林道乾、曾一本等海商武装集团。当时的海商集团，分合无常，甚至彼此倾轧，相互吞并。

从留下的大量关于徽州武装海商集团的历史资料看，因作者站在当时正统的防倭禁海的思想指导下撰写，所以着眼点在于描述海商破坏性的一

---

① 郑舜功：《日本一鉴·穷海话语》卷六。

② 郑舜功：《日本一鉴·穷海话语》卷六；茅坤：《徐海本末》，见《泽古斋重钞》第七集。

面，以及官府剿抚的经过。所谓倭夷，情况也十分复杂。内有日本、朝鲜、彭亨、暹罗、葡萄牙等国的海商，以及被海商雇佣充当保镖的暴徒。从人员的构成看，是一复杂的带有国际性的群体。但当时东来的葡、西、荷等国商业公司，其人员的组成也并非纯粹是一国人。因商业失利而攻城略地、杀人越货，是古代海商的惯例。当时活动在东南沿海的、目之为寇的、以中国人为主的这些群体，当也不例外。至于当时海商从事商业运作的一面，却认为不屑下笔而省略，或干脆不写。这方面资料极有待认真发掘。但从遗留下来的文献记载中，已经透露出：十六世纪中叶以后，由于东亚海域贸易格局的变化，海上走私活动转移到杭州湾外的舟山群岛，以双屿港、烈港等为中心。徽州位于皖南，与浙、赣两省为邻，有新安江通往杭州湾。自徽州入海尤为便捷。新安江成为联系海洋的纽带。正在崛起的徽商，面对因应世界新兴起的海洋热、香料热、黄金热而在杭州湾外舟山群岛出现的海贸热潮，自然不可能置身于度外。由汪直等为代表的徽商，对时代富有敏感性，善于抓住时代的脉搏，所以敢于加入世界性向海洋挑战的行列。他们这种超前的思维和举动，自当不能见容于当时的社会，更不能为当道者所容许。这段聚讼纷纭的所谓"嘉靖倭难"的历史，相信我们的后人将对之做出永无止境的对话。今天我们所能做的是，既要把"嘉靖倭难"置之于当时的背景去理解，又要以今天的眼光做出分析。

十六世纪的海商，如前所述，需要陆上的势家豪族（内含当朝的官宦之家）做窝主，并充当保护人，也需要陆上的商人组织货源。海陆商人间既为共同的利益而合伙，但也存在利益分摊的不均而互相火并。加之负责海防的官兵，时而与海商相通，时而对之围剿（视朝廷的态度而定）。这三种力量交织在一起，形成错综复杂的关系。海商武装集团，在勾引葡萄牙人和一小撮日本人从事海上贸易活动中，与陆上的窝主、海防官军之间的利害关系不能调和时，便彼此厮杀，甚至殃及无辜平民百姓①。海商往往勾引夷人，打着倭寇的幌子，以吓唬官军与民众。海商组成连舻结队的

---

① 可参见张彬村：《16世纪舟山群岛的走私贸易》，见《中国海洋发展史论文集》（第一辑）。

武装集团，意味着海上走私商人走向组织化和军事化。可以说，大规模的海商武装集团的出现，是嘉靖年间因东亚海域新旧贸易网络交替时为调适其运作而采取的一种组织形式，也是为适应中国海贸的转型而出现的一种形式。

汪直等海商集团的行为，是徽商以非常规的方法，力求快速增殖资本的一种尝试。就其实质而言，与西方各国东印度公司在亚洲海域的行为，是大体雷同的，它反映了时代特征。但他们的遭遇却迥然有别。西方的公司有本国政府作后盾，得到政府政治、经济、技术的支持，享有特许状、军事、殖民地等特权。在重商主义支配下，有寻找商机，建立商业殖民地的明确目标。汪直等中国海商的海上贸易却被官府视为违禁作乱而加以武力镇压。他们冲破阻拦，违禁犯难，在同一时代，干同西方商人一样的事情，以今日的眼光加以审视，有什么理由不给他除掉"寇盗"的帽子，还他一个海商之名，为之正名呢？

汪直海商集团被摧残对徽商造成的影响，我们尚缺乏研究，但似乎可以指出的是，它使徽商向海外开拓商业殖民地的尝试夭折了。此后，海上贸易虽然仍有徽商的身影，但已经看不到徽商在海上贸迁的雄姿。他们唯有或充当沿海的口岸商人，或经营与海洋贸易有关的茶叶等出口商品的贸易。徽商早在弘治五年（一四九二年），趁户部尚书叶淇以纳银运司代替中盐纳粟供边，改定盐法的机会，进入扬州、杭州，不断地夺取自明初起在此霸占盐利的晋商阵地。汪直被镇压之后，徽商更大举移资盐业，从事盐的贩销。据宋应星的估计，万历年间扬州盐商资本已达三千万两，年利润达九百万两①。徽商在其中占绝对的优势。盐业虽然同属于海洋经济范围，但徽商已从海洋贸易转向海盐贩销。清同、光年间，曾出现显赫一时的红顶商人胡光墉。他营丝茶出口贸易，并敢于与西方海商一争雌雄，俨然口岸出口巨商。但是从商业的角度看，胡光墉仍然不能与冒险梯航贸迁于海上，并在异域建立商业据点，叱咤风云的汪直相提并论。可谓是明清

① 宋应星：《天工开物》。

徽州海商历史最后一波。

以汪直为代表的明中叶徽州海商，不仅得不到政府的支持，反而在遭受堵截、围剿的情况下，雄飞东亚海上，势力雄厚，所制造的商舰也是首屈一指的。尤其是他在东瀛进行贸易扩张，建立贸易基地，显示了徽州海商的气度和魄力。应该说作为私人海商，在中国海洋贸易史上是前所未有。尔后东亚海域上出现的何亚八、林国显等海商武装集团，也曾显赫一时，但其声势与影响皆不能与之比肩。唯约一个世纪后即十七世纪中叶出现的郑芝龙、郑成功父子强大的海商集团，把海商武装集团的规模与声势推向巅峰。但郑氏集团先是利用明朝政府采取以盗制盗的方略，接受招抚，以官府为靠山，吞并其他海商集团，扩大自己的势力，以至于在其号令下的华商主宰着东亚和东南亚海域。郑成功接班掌权后，更击败荷兰人，占据台湾，以此为基地建立海上商业帝国。关于17世纪的海洋贸易与郑氏海商集团，已不属本部分内容探讨的范围了。

原载陈支平主编《相聚休休亭：傅衣凌教授诞辰100周年纪念文集》，厦门大学出版社2011年版，有改动

徽州和珠江三角洲宗法制比较研究

　　宗法制度的故乡本在北方的黄河流域。起源于氏族公社，盛行于西周。尔后，虽然几经改变其形式和内容，以适应社会变迁的需要，但前后依然有一脉相承的关系。随着汉族与各少数民族间的相互融合，宗法制也逐步向周边地区扩展。到明代以后，作为越人故地的东南地区，宗族组织反而更加盛行。得益于商业化的一些单寒家族，冲破宗法制为官宦世家所垄断的藩篱，也修坟墓祠堂，撰写族谱，置族产，按照宗法制的原则组织起来。宗族组织因而趋向民间，逐步庶民化，普及化。宗族组织也因而成为社会结构的基础，对中国政治、经济、文化生活的各个方面，发生深层的、长时段的影响。不研究、不了解农村宗法社会的性格，自无从了解近现代中国社会的症结所在。

　　关于宗族制度的问题，愈来愈为学术界关注。近年来，论著迭出，见解日新，使这一课题的研究不断推向深入。南方的宗族制，都同源于北方古老的宗法制，自有其共同之处。但由于各地的历史特点、文化背景、生态环境，千差万别，宗族制在各地也呈现出千姿百态，各具特色。本部分内容拟就南方的徽州和珠江三角洲的宗族制作一比较，以就正于海内外学者。

一、待开发的生态条件下进行竞争的工具

徽州位于皖、浙、赣三省交界处，本属古代越人的故地。自汉末始，尤其于晋、刘宋、唐末，北方衣冠巨族源源迁入徽州。他们依然坚持世家大族式的宗族组织，往往选择易于守御之地屯聚为坞壁[①]，并组成以本宗族的族人为核心，有部曲、佃客等依附农民参加的武装队伍，即所谓宗部、宗伍，其首领称作宗帅。宗帅，既是武装组织的首领，亦即宗族的族长。作为越人后裔的土著山民，有的也仿汉人组织成宗部，其酋长亦自称为宗帅。一些人众势雄的宗部甚至据守山头，恃险割据称雄，不纳王租，与中央政权相对抗。例如歙县宗帅金奇，率有万户，屯守勤山；毛甘万户屯乌聊山；黟县宗帅陈仆、祖山等领有二万户，屯守林历山。孙吴政权费了九牛二虎之力，才把他们镇压下去。文献上记载的宗部、宗帅，究属汉人抑或越人后裔，已难以区分。南迁的北方士族之所以坚持世家大族式的宗族组织，是为了适应新移住区待开发的生态环境下进行斗争的需要。汉末"孙吴的建国乃是以孙氏为首的若干宗族对于另外各个宗族集团即宗部的胜利"[②]。这些士族除为争取南方政权而进行角逐外，就是为占有山场，争夺劳动力，而在彼此间，以及与各少数族的宗部展开斗争。他们通过坚持和强固原有的宗族制，加强内部的凝聚力，并不断地扩大其部曲、佃客（明清时代演变成所谓佃仆、郎户之类的依附者）的队伍。这些部曲、佃客，且耕且战，既是封建依附者，又是地主武装。从中原移植于此的宗族制，成为在这块荒服的待开发的生态环境下进行竞争的工具。

南迁的北方士族，在靠武力扩张其势力的同时，又以浸透着宗法思想的中原正统文化进行教化。他们终于在越人酋长控制下的徽州地区，取而代之，反客为主。随着时间的流逝，汉人的源源移住，唐代以后，不仅越

---

① 叶显恩：《明清徽州农村社会与佃仆制》，安徽人民出版社1983年版，第301页。

② 唐长孺：《孙吴建国及汉末江南的宗部与山越》，见《魏晋南北朝史论丛》，生活·读书·新知三联书店1955年版，第26页。

人的习俗日渐泯灭，山越之称也不见了。说明汉越已经融合。在这块"辟陋一隅，险阻四塞"的土地上，经过长期的土、客斗争，遗留下来的是"聚族成村到处同，尊卑有序见淳风"①。宗族组织成为当地社会结构的基础。珠江三角洲，在唐代之前，是一个由越人所居住的、栖息于历史角落的荒服之地，"越俗犹未甚变"②。今天的珠江三角洲核心区，还处于岛屿峙立的浅海之中。汉末、晋、宋的移民狂潮，并没有直接移住此地。零星的移住，可追溯到秦汉，但几乎都集聚于汉人的边疆城市——番禺（即今天的广州）和三角洲边缘的台地。珠江三角洲是以宋代的移民为契机而得到初步的开发的③。明中叶以降，在广州市场转型的推动下，商业化兴起并日益加深④。社会经济因而取得迅速进步。

宋室南迁，偏安杭州之时，朝廷官宦、士大夫也纷纷南移。随隆祐太后来赣南的一路数万人，沿赣江的上源章水继续南来。他们跨过南岭寄寓南雄⑤。这些士大夫就道时所携带的随行人员和族人，以及邻里乡党，经在南雄地区暂住之后，便下浈水，入北江，顺江而下，移住珠江三角洲。据当地族谱，如《罗氏族谱》等文献记载，从南雄珠玑巷移住珠江三角洲的一次集团性的移民中，便有三十三姓九十七家⑥。关于这些人，没有世系显赫的记载。他们移入珠江三角洲，是出自寻找优越的经济机会，出自求生计的目的，与为了避难而迁入徽州的北方士族有所不同。他们的后裔因得益于商业化，通过科举仕宦跻身于权贵集团之后，追远溯本，把自己的家世与中原名族联系起来是明代以后的事。当他们进入珠江三角洲之

---

① 吴梅颠：《徽城竹枝词》（手抄本），歙县图书馆藏。

② 丘浚：《广东文征》卷三十七《送梁宏道教谕序》。

③ 叶显恩、许檀：《珠江三角洲的开发与商品经济的发展》，见中山大学珠江三角洲经济发展与管理中心主编：《珠江三角洲经济发展回顾与前瞻》，中山大学出版社1992年版，第51—58页。

④ 叶显恩、林燊禄：《明代后期广州市场的转型与珠江三角洲社会变迁》。

⑤ 脱脱：《宋史·高宗纪》；李心传：《建炎以来系年要录》"绍兴三年三月癸未"条。

⑥ 黄慈博：《珠玑巷民族南迁记》，广东省中山图书馆油印本。

时，如同当年北方士族移住徽州一样，面临着在已被占领了的生态条件环境中进行竞争的问题。凡在艰难的生存条件下，就必须依靠群体的力量。迁入珠江三角洲的北方士民，为了取得入住权、土地开发权的需要，为了兴修水利、开垦沙田的需要，他们也不得不高扬宗族制。他们把江南治理低洼地的经验运用于此地，沿东、北、西三江的主干修筑堤围。防水垦沙，既开辟了沙田，又加速了珠江水域的淤积。这一古老的浅海湾淤积成陆，并垦辟成良田，是同宋代以后源源迁来的移住者所付出的辛勤劳动和智慧连在一起的。移住者对此地开发的成功，使他们取得了对当地的控制权，同在徽州的北方世族一样，反客为主。明代以后，土著的俚人（越人的一种）不见了，亦即被融合了。他们取得成功的法宝，也是宗族制。

迁入徽州和珠江三角洲的移住者，尽管迁移的动机，以及各自的情况不同，但他们都共同面临着一个在已被占领的生态环境中为求得生存而进行竞争的问题。宗族制既可用以表示对中央正统文化的认同，又可用以团结自己，以之作为同对方进行竞争的社会手段。从此也可见开发较晚的东南沿海宗法组织反而比其滥觞地中原地区更盛行的原因所在了。

二、宗法制传承的典型与宗法制的变异

移住徽州的衣冠巨族，在迁移之前，宗法组织严密，皆有系统的谱牒，门第森严。南迁时，依然保持原来的宗族组织。移住徽州之后，聚族而居，尊祖敬宗，崇尚孝道，讲究门第，以家世的不凡自诩。他们还撰写家法以垂训后代，力图保存其过去的一套家风。他们采取种种方法，极力维护并进一步强固原有的宗法制。到了宋代，程朱理学（又称新安理学）[①]，对其故乡徽州的影响尤其深远。通过程朱理学的鼓吹，把宗族伦

---

① 据程昌：《祁门善和程氏谱》记载：程颢、程颐"胄出中山，中山之胄出自新安之黄墩，实忠壮公之裔"，被视为歙县人。朱熹之先人亦婺源人。因此，程朱理学又称为新安理学。

理提到"天理"的高度。张载提出以宗法制来"管摄天下人心"①。程颐则认为加强对家族的管制，要有"法度"，治家者"礼法不足而渎慢生"②。就是说，对族众要绳之以宗规家法。朱熹也撰修《家礼》等书，制定了一整套宗法伦理的繁文缛节，用以维系与巩固宗族制度。经与理学糅合起来的宗族组织，越发制度化了。"尊祖"必叙谱牒，"敬宗"当建祠堂、修坟墓，"睦族"需有族产以赈济。族谱、祠墓和族产，成为实现尊祖、敬宗和睦族的必不可少的举措。根据理学的伦理纲常制定的宗规家法，则作为约束族众，以及佃仆举止的规范。当地各大族都按一家一族来建立村寨，形成一村一族的制度。村内严禁他姓人居住，哪怕是女儿、女婿也不得在母家同房居住。具有主仆名分的佃仆一类单寒小户，则于村落的四周栖息，以起拱卫的作用。随着宗族的繁衍，有的支房外迁另建村寨，也仍然保持派系不散。关心乡梓事务的清初官僚赵吉士曾指出：

> 新安各姓，聚族而居，绝无一杂姓搀入者。其风最为近古。出入齿让，姓各有宗祠统之。岁时伏腊，一姓村中千丁皆集。祭用文公家礼，彬彬合度。父老尝谓新安有数种风俗胜于他邑：千年之冢，不动一抔；千丁之族，未尝散处；千载之谱系，丝毫不紊。主仆之严，虽数十世不改，而宵小不敢肆焉。③

他的这一段话颇能概括徽州宗族制度的特点。从此可以看出，徽州的宗族制，坚持以父系为中心的严格的血缘关系，并与地缘相结合；坚持严格的尊卑长幼的等级制度和主仆名分；重坟墓祠堂，坚守尊祖敬宗和恤族，崇尚孝道。

应当指出，这里所说的徽州风俗："千年之冢，不动一抔；千丁之族，未尝散处；千载之谱系，丝毫不紊。"似是绝无仅有的。因为历代战乱，兵燹所及，各大族都难逃厄运。尤其在唐末黄巢起义中，世家大族遭到毁

---

① 张载：《经学理窟·宗法篇》。
② 程颐：《伊川易传》。
③ 赵吉士：《寄园寄所寄》卷十一《故老杂纪》。

灭性的打击。因在这次动乱中，士族官僚"丧亡且尽"①，以至于五代以后，"取士不问家世，婚姻不问阀阅"②。谱牒也在战火中烧毁或散佚。唯幸逃唐末战乱的世外桃源徽州地区的世家大族安然无恙。入宋之后，他们虽然不能恃其门第之高崇而取得官职，但却凭借其家学渊源，通过科举仕宦而进入统治集团，即所谓"宋兴则名宦辈出"。他们原有的谱牒、祖坟，也自被保存下来了。并且坚持聚族而居。徽州宗族制一直保持与正统文化相一致，堪称正统宗族制传承的典型。

珠江三角洲的开发，始于宋代，为时较晚。宋代集团性的移民，见诸族谱的有以罗贵为首的三十三姓九十七家。其中今可考者有十三家③。据文献记载，这些人均未属官宦世家。因官，或因流徙，而卜居当地者，也曾"蝉连而居"④，并有在宋元建祠堂、置族田的记载⑤，但这些家族并不能世代相承地保持其显赫的地位。宗族制在珠江三角洲没有普遍推行。未见以属守中原宗族制自诩者，却有士族与土人合流的先例。世为罗州刺史的新会冯融，本是燕主冯弘之裔，以其子高凉太守冯宝，婚于俚（后改黎）族首领冼氏女。后来冼冯氏家族成为独霸一方，历梁、陈、隋、唐四代而未衰的大族。唐初冼冯氏之孙冯盎"所居地方二千里，奴婢万余人，珍货充积"⑥。"贞观初，或告盎叛，盎举兵拒境"，唐太宗下诏将讨之。魏征谏曰："王者兵不宜为蛮夷动，胜之不武，不胜为辱。"⑦视冯盎为"蛮夷"。珠江三角洲各大族以中原高贵血统相标榜，是在明代以后的事。明中叶，得益于商业化的单寒小姓，在当地经济普遍增长中所起的作用，使他们感到自己存在的价值，于是也仿效大族建立起宗族组织。这就冲破

① 欧阳修：《新五代史》卷二百八十四《豆卢革传》。
② 郑樵：《通志》卷二十五《氏族序》。
③ 黄慈博：《珠玑巷民族南迁记》，广东省中山图书馆油印本。
④ 屈大均：《广东新语》卷十七《宫语·祖祠》。
⑤ 叶显恩、谭棣华：《论珠江三角洲的族田》，见广东历史学会：《明清广东社会经济形态研究》，广东人民出版社1985年版，第22—64页。
⑥ 司马光：《资治通鉴》卷一百九十三《唐纪九》"贞观五年十二月"条。
⑦ 《唐书》卷一百一十《冯盎传》。

了传统的宗族制与庶民隔绝的藩篱，使原为名门大姓所垄断的宗族制也走向民间，成为庶民的组织。庶民的子弟通过入学、科举而仕宦的道路，跻入统治集团。明中后期活跃于政坛上的珠江三角洲籍官僚，如伦文叙和伦以训，以谅、以诜父子，霍韬，李待问等，就从农民、鸭户、冶铁户等社会底层出身而出任朝廷大臣，或地方高级官僚。顺德梁储更是入踞正德朝宰相。他们相互援引、互相攀附。例如，正德九年（一五一四年）梁储充会试考官，擢霍韬为第一[①]；礼部尚书霍韬倚重佛山梁焯和番禺王用仪。这一新兴的官僚士绅集团更是大倡宗法制，竞相叙谱追宗寻祖。都说是源于中原名宗大族，迁自南雄珠玑巷。如伦氏，望出京兆，黄帝臣伶伦之后；霍氏，望出太原，周文王之叔虞（因封于霍，亦称霍叔）之后等。各大族迁自珠玑巷之传说，更编演成美丽动人的故事。自明代起，盛传不衰，妇孺皆知。新贵宗族附会的族谱，敷张成故事传说，传说又成为后来编写族谱的依据。有谱牒以尊祖，自可立祠堂以敬宗、置族产以睦族了。在建构谱系中，对始祖的附会、对祖宗的粉饰，几乎成为修谱的通病，非珠江三角洲所独然。唯同姓不同宗者，采取虚立名号，联宗通谱，建立共同的宗祧继承关系的做法，在徽州，是一禁忌；而在珠江三角洲，却是公然盛行的。更甚者，一些居住相邻近的寒姓单家，也以抽签、占卜方式来确定共同的姓氏，并且虚拟共同祖先，合同组成一宗族。虚拟宗族的流行成为珠江三角洲宗族制的一个特点。这同以父系为中心的血缘关系组织起来的徽州宗族制迥异。

聚居性本是宗族的一个特点。地缘是血缘的投影[②]。但是，卜居珠江三角洲的官宦之家，虽曾"蝉连而居"，但并非一味追求单姓村。例如，"族属之蕃，甲于一郡"[③]的名族沙湾何氏，是在十三世纪来到由泥沙淤积形成的名为"沙湾"的冲积平原的。与何氏先后陆续移住于此的还有李、王、黎和赵等四姓。今天聚居沙湾的大姓，即这五个姓氏。据口碑相传，

---

① 万历《广东通志》卷六《藩省志·事纪》。

② 费孝通：《乡土中国》，生活·读书·新知三联书店1985年版。

③ 龙廷槐：《敬学轩文集》卷七《书外海陈氏家谱后》。

在何氏来此之前，已有张、劳、曹、康、麦和朱等姓，但今已亡绝无遗①。据笔者披阅近年出版的有关珠江三角洲地名志的资料，有的村落是由数姓共建的。宋代立村的东莞李屋（原由李、黄、胡三姓立村，因李姓人多，以李名村），麦屋、朱屋（此两村也因麦、朱人多而以其姓名之）等即是②。有的古老村落，兴废无常，村名是随着移住者的嬗替而不断改变的。例如，增城县新村，唐代由江西迁来，名为四门村。元代有林、郑、张、赖等姓移住，取名新村。后因郑姓取得对该村的控制权，又叫郑新村③。之所以各姓先后叠住一村，是因为三角洲的丘陵、台地有限，为了就近垦辟沙田，受生态特点的局限，自不能像徽州的大族般以堪舆风水术卜定。晚清以后，随着大片沙田的垦辟，居民沿着河涌搭茅棚，村落形成线状形。番禺冲决三角洲上的鱼窝头镇的大涌村、良角村等即是。这些所谓村落，有的绵延数里。居住于此的或为属贱民等级的蛋民，或为被大族役使的称作"水流柴"的"耕仔"（又称"开边人"，意为"外边人"）。除有的耕仔系离宗主村别居的族员外，一般地说，新沙区的线状（或带状）村落，都没有宗族组织。其中一个原因，就是缺乏地域的聚居性。在徽州，从宗主村分迁的支派，则坚持聚族而居，"仍以祖居为宗"。据《休宁范氏族谱》记载：始祖范传正于唐代元和（八〇六至八二〇年）末移住博村。自宋至明初，依次分迁出汊口、林塘、油潭、合干、闵口和瑶关等六村，皆以博村为宗主村。村居形胜图详载于族谱，不容他姓搀居其中。可见对单姓聚居的重视。

祠堂作为对应作用于敬宗，并和谱牒、族田合同作用于宗族制的宗旨而备受重视，并且成为判定一血缘群体是否形成宗族的重要标志。在珠江三角洲，祠堂尤其受到重视。清初，屈大均曾经指出："其大小宗祖祢皆有祠，代为堂构，以壮丽相高。每千人之族，祠数十所，小姓单家，族人

---

① 刘志伟：《祖先谱系的重构及其意义》，《中国社会经济史研究》1992年第4期。

② 《东莞地名志》。

③ 《广州地名志》。

不满百者，亦有祠数所。"①在广州等大中城市，联姓祠甚多。据统计，光绪元年（一八七五年）广州城内便有联姓祠宇八十五处②。对于缺乏血缘和地缘关系的虚拟宗族，祠堂更成为加强凝聚力的法宝。尤其值得注意的是，祠堂也采取股份制合同兴建。民国年间，就有由国民党军长黄国梁倡首，增城、龙门、惠州和从化等地黄姓集资，分五股出资兴建者③。祠堂是宗族身份的标志，番禺沙湾就以是否有祠堂作为判定"埋边人"（意为里边人，指大族）和"开边人"（意为"外边人"，指被役使的小姓）的根据，而且可以提高一个人的社会地位，增强商业上的信誉，可见在珠江三角洲，祠堂特别被重视是同虚拟宗族之盛行和商业化有关。凡此种种，都可看出珠江三角洲的宗族制较之于徽州的显然是一种已经变异的亚种形态。

三、社会特权的追求与族内经济关系的商业化

宗族组织是与传统的家族主义文化相适应的。它具有政治、文化和经济的功能。作为传统宗法制传承典型的徽州宗族组织，其主要功能在于谋求并维护本宗族的社会地位和特权。因此，选拔精英，以科举仕途求高官，和以经商致富，以捐输捐纳而得官衔，便成为其取得宗族社会地位和特权的途径。由于重视族内子弟的培养，"宋兴则名臣辈出"；明清时期，出现"人文郁起"的局面。"以才入仕，以文垂世者"愈多。所谓"一科同郡两元"④，"兄弟九进士，四尚书者，一榜十九进士者"⑤；"连科三殿撰，十里四翰林"⑥等佳话频传。单以歙县为例，居科名之先者，如中状

---

① 屈大均：《广东新语》卷十七《宫语·祖祠》。
② 光绪《嘉应州志》卷二十三《禁联姓祠》。
③ 《广州地名志》。
④ 徐卓：《休宁碎事》卷一"万青阁偶谈"条。按："两元"指康熙辛未状元戴有祺，会元张瑷。
⑤ 赵吉士：《寄园寄所寄》卷十一《新安理学》。
⑥ 许承尧：《歙事闲谭》卷十一《科举故事一》。

元的有唐皋、金榜、洪莹、洪钧等；立相国之隆者有许国、程国祥等；阐理学之微者有朱升、唐仲实等；大经济之业者有唐文风、杨宁等；宏政治之才者有唐相、吴湜等；擅文章之誉者有汪道昆、郑桓等；副师武之用者有汪宏宗、王应桢等，因商致富而上交天子者如得乾隆帝欢心的盐商江春、鲍廷博等[①]。这里只略举一二，但已足见人才之盛了。通过祭祖、分胙、读谱、宣约（即宗规家法，有的还读"圣谕"）等活动，培养对家族本位理念的认同，以加强族内的凝聚力。所以，这些宗族经历千余年而"未尝散处"。通过赡济贫穷族员，培养族众对宗族依赖的情感。有的族田较多的宗族，"节妇孤儿与出嫁守志，以及贫乏无依者，生有月粮，寒有冬衣，死有棺衾，葬有义冢，嫁有赠，娶有助，莫不一均沾其惠"[②]。宗族内部，还可"有无得以相通"，"吉凶有以相及"，[③]具有道义经济的功能。总而观之，徽州宗法制的功能着重于谋求尊崇的社会地位和政治特权。

珠江三角洲是因明代以后得益于商业化而引起宗族制的普及化，又由于生态环境、文化背景的特点，其宗族制已发生了变异，不同于徽州宗族制是直接移殖于北方，具有正统性。它虽然具备传统宗族制的一般功能，但又有其特点，这就是经济功能的扩大化。

珠江三角洲的族产较之于徽州的要丰厚而且多样。这同珠江三角洲特有的生态环境密切相关。其宗族的发展，以及经济实力的增强，是同沙田的开发联系一起的。清朝政府规定：占地十顷以上者，"不得再种沙田"，"小民围筑沙滩亦不得过五顷之数"[④]。用宗族的名义承垦，则不受此限。而且"工筑浩繁"，"有沙田十亩者，其家必有百亩之资，有百亩者必有千

① 叶显恩：《明清徽州农村社会与佃仆制》第三章、第五章，安徽人民出版社1983年版，第97—154页，第187—231页。

② 《重修古歙东门许氏宗谱》卷首《许氏合族公撰观察公蘧园公事实》。

③ 苏大：《大宗小宗说》，见《新安苏氏族谱》。

④ 《广东省例新纂》卷二《户例》上。

亩之资而始能致之也"①。唯名宗大族，或得益于商业化的寒门宗族，才有足够的资金向政府申报承垦。因此，围垦沙田成为增强宗族经济实力的重要途径。有的宗族也因经营沙田和其他族产而日益向经济实体转化。在二十世纪三十年代，80%的农户生活在宗族组织之中；族田约占土地总面积的50%②。族田所占比例之高，为全国之冠③。私人土地所有制在向宗族集团土地所有制转化，似是清中叶以后东南地区出现的一种趋势。但是，这种转化如此之迅速，则珠江三角洲的耕作系统所使然。沙田的开发、基围的修筑、沟渠的开凿、水窦的排灌，都需要统一组织和管理。在难以监督的个体耕作情况下，小规模的田场经营，其优势则远胜于大规模的农场经营。这种适合于大面积的土地占有和小规模的田场经营的生态环境，正是宗族集团土地所有制盛行的重要原因。

珠江三角洲沙田的承垦与管理，也因而成为宗族的重要功能。明中叶以降，农业商业化的日益发展，并由此而赚取的愈来愈多的利润，是沙田开发的资金来源。漂荡在河面上的贱民——蛋家（又称蛋民），又为之提供了充足的廉价的劳动力。据笔者的实地调查，顺德县大良镇东门外的云路（原称海沥沙），就是在大族的组织下，由胼手胝足的蛋民开发出来的。在宗族资金不足的情况下，则采取合股的形式来筹集。例如，东莞县张梯云馆、邓荫兰堂、何醉经堂、何修德堂于光绪二十年（一八九四年）合伙出银建筑海心洲沙田；民国三年（一九一四年）张如见堂集股领照筑堤以保护太和洲沙田等④。连沙田的田场管理、割禾、收租，乃至谷物储所、

---

① 陈在谦：《与曾勉士论沙田书》，《广东文征》第2册第23卷，香港珠海书院出版委员会印行1973年版。

② 陈翰笙：《中华人民共和国成立前的地主与农民》，中国社会科学出版社1984年版，第38页；又《广东农村生产关系与生产力》，第14—17页。

③ 关于中国各地族田的分布及所占比例情况，请参阅张研：《清代族田与基层社会结构》，中国人民大学出版社1991年版，第38—90页。

④ 参见黄永豪：《许舒博士所辑广东宗族契据汇录》"序言"，东京大学东洋文化研究所1987年版。

平抑米价等，有的宗族也下公文、出告示，做出规定，行使司法权[1]。

除拥有族田外，宗族还有族墟、族店、码头、族窑等。不同于徽州几乎仅限于族田和山场。一些有政治特权的宗族甚至竞相控制重要的经济行业。例如，作为佛山的经济支柱、享有官准专利的铁冶业，就为冼、霍、李、陈等巨族所竞相争夺。明人陈子升曾经指出："佛山地接省会，向来二三巨族为愚民率其货利，唯铸铁而已。"[2]可见控制这一行业，即可掌握佛山的经济命脉。因霍韬的发迹而显赫起来的霍氏家族，就控制有铁、炭、陶瓷、木植等，以及其他"便民同利"的产业，诸如墟场、市肆、码头、店铺等等。石头霍氏宗族设有纲领田事一人，司货一人。司货之下又设司窑冶一人，司炭铁一人，司木植一人，各司其职，以适应经济管理的需要。

珠江三角洲的族产，也不同于徽州的只作为宗族的活动经费和恤族之用。它已注入商品意识，属于营利性质。族店、族窑等，本是商业行为，以赢利为目的，固不待言，就是族田的收入，除去宗族活动经费，"留存备用"（主要用以追加，或新的投资）外，余者"均分""均荫"[3]。集股开发，或集股购置的沙田收入，有的明文规定："按股均派，一宿不延"[4]。显示出其分益的商业行为，而不是实行徽州的道义经济。

珠江三角洲宗法组织的经济功能，还表现在通过族规家法限制、禁止，或规范族众的某些经济行为。例如，石湾《霍氏崇本堂族谱》中，就有"农有百谷之当布""工有百艺之当做""商有百物之当货"等作为家训，要族众"能依此嘱，永为福人"，还有"商贾三十六善""农家三十六善"等规范族众从事商贾、农业等经济行为[5]。

---

① 见番禺县沙湾镇乡族组织处理乡族事务的文件：《辛亥壬子年经乡族文件草部》。

② 史澄：《广州府志》卷十五《舆地略七·风俗》。

③ 《佛山梁氏家庙世守书》第三《经产》，光绪十四年刻本；韩锋：《番禺县古霸乡志》，民国刊本。

④ 黄永豪：《许舒博士所辑广东宗族契据汇录》，东京大学东洋文化研究所1987年版，第170页。

⑤ 霍春洲：《家训》，见《霍氏族谱》（佛山），道光刻本。

四、宗族伦理与商业

在中国一度流行的学术分析模式中，认为商品经济的发达导致资本主义萌芽，宗族组织是一种落后的阻碍社会进步的保守力量。但是，从近年来笔者所接触的资料看，这两者似应互相冲突、矛盾的事物，却表现出相安无事，互相适应，在一些地方甚至表现出相辅相成，相得益彰。关于这一问题，徽州与珠江三角洲提供了可作比较的范例。

明清时期，徽州商业资本的发达和宗族制的强固是众所周知的。两者关系之密切，从徽商对宗族制所作的贡献即可看出。徽商在商业上取得成功之后，几乎都念念不忘地作尊祖、敬宗和恤族之举，诸如修谱、建祠、置族田等等。他们为宗族活动提供了源源不断的经费来源。与此同时，徽商或通过"捐输议叙"（明代）、"捐纳"（清代）获得荣衔虚职，或通过培养子弟（包括用族产培养族贫之俊彦），经科举而入仕，以实现缙绅化，跻入权贵集团，提高本宗族的社会地位。以壮丽祠墓相高和极力追求缙绅化，都是为了实现"家族荣耀"的终极关怀。在浸渍家族本位的宗族理念中，个人的升迁荣辱，是同宗族联系在一起的，即个人的身份地位取决于所在的等差次序的伦理构架中的位置，取决于所属社会集团的势力。唯有提高本宗族的社会地位，方能实现自己的价值。所以，追求家族荣耀的终极价值观念，成为驱策族人勤奋营商（胡适称之为徽骆驼）的精神力量。当地流行的"弃儒从商"、"贾服儒行"、由贾而"缙绅化"等行为模式，也是源自这一宗族观念。

宗族伦理驱动商业的运作，还表现在提倡"新四民论"。"士农工商"是中国传统社会职业构成的次序。明代嘉、万（十六世纪）以降，在徽州出现把商业置于农工之上而与士并列的"新四民论"。清代珠江三角洲的文献，则提出"四民皆本"，甚至"以商立国"的思想①。重新调整职业构

---

① 参见《岭南冼氏宗谱》卷五《艺文谱上》；郑观应：《盛世危言·商务》。

成次序的"新四民论"的出现，显然同国内外的经济形势变化有关。最引
人注目的是作为商品构成部分的日用百货的流通日益广阔，商品经济的发
展显示出与以前不同的特点。加之五代之后，"取士不问家世"，而以科举
为进身之阶。清人沈垚对此曾感叹道："古者士之子恒为士，后世商之子
方能为士。此宋元明以来变迁之大较也。"为何"商之子方能为士"？非营
商者，"子弟即无由读书以致身通显"①。很显然，缺乏经济基础，想读书
仕宦是不可能的。求富最便捷之途莫过于营商。商业的成功既关系着家族
的荣耀及其绵延不衰，提高商人地位的"新四民论"因而出现。

　　宗族伦理不仅引发营商的动机。规范徽商的行为模式，而且在商业的
经济行为中也发挥作用。富商巨贾所使用的伙计，首选的是族人并倚重
之。汪道昆的曾大父玄仪，便将"诸昆弟子姓十余曹"带去经商，后来这
些昆弟子姓也都发了财，有的甚至积资超过他自己②。富商歙人吴德明
"平生其于亲族之贫者，因事推任，使各得其业。"③这种吸引族人从商之
举，导致"业贾者什七八"④，举族经商的盛况。例如，汉口的徽人商业
为绩溪胡氏所开辟；在通州则由仁里程氏所创⑤。还出现某一家族垄断某
一行业的情况。如绩溪上川明经胡氏，以胡开文墨业名天下，上海的墨业
几为之所垄断⑥。徽商在各地的商业网络都带有宗族性。利用商业网络互
通讯息⑦，甚至采取联合行动与同行相竞争。南京五百家徽商当铺联合起
来，凭其雄资，用低息借出，击败闽商的典当业，即一例⑧。在扬州的盐
业，始为黄氏所垄断，尔后汪、吴继起，清代则为江氏。徽商对扬州盐业

---

① 沈垚：《落帆楼文集》卷二十四《费席山先生七十双寿序》。

② 汪道昆：《太函副墨》卷一《先大父状》。

③ 《丰南志》第5册《明德公状》。

④ 汪道昆：《太函集》卷十六《阜成篇》。

⑤ 《绩溪县志馆第一次报告书》，"胡适之先生致胡编纂函"。

⑥ 《上川明经胡氏宗谱》（绩溪）下卷《拾遗》。

⑦ 臼井佐知子：《徽商及其网络》，《中国社会与文化》1991年第6号，中译文刊于
《安徽史学》1992年第1期。

⑧ 《金陵琐事剩录》卷三。

的垄断，以及在山东临清（应考士子），"十九皆徽商占籍"①，长江沿岸，"无徽不成镇"的谚语，都说明扬州和临清等以及长江两岸的一些城镇是徽商带领族人开辟的商业殖民地。由上可见，一旦取得商业的成功，便可吸引族人前来依附。终于导致或垄断某一行业，或占据某一城区，开辟商业据点。他们借助宗族而形成商业网络，相互扶持，互通信息，甚至联合行动，击败竞争者。

值得注意的是，在徽州未曾发现如同珠江三角洲般由祠堂族长出面经营产业，如开族店、承垦沙田等，利益由族众均占的情况，而是在宗族内部采取互相扶持，以求共同发展。例如，婺源程栋在汉口营商得厚利，置有产业。"凡亲友及同乡者，借住数月，不取伙食，仍代觅荐生业。"②这同徽州本土族内实行的道义经济相对应，与珠江三角洲的宗族内部趋向于经济上的公平分益迥异。

珠江三角洲的宗族组织，如前所述，是因商业化的出现而推行的，并随同商业化的加深而日益庶民化、普及化的。宗族制和商业化有互相依存的关系。宗族制的盛行，既表示边陲地区对正统文化的认同，又是新兴的士绅阶层将正统文化与自己的带有商品意识的价值观相糅合的结果。明中叶，以酿酒生意发迹的南海"太原霍氏"晚节公把"酿酒之法"写入"家箴"，告诫子孙世代遵守。清代康熙年间，这一家族又将有关手工业和商业的注意事项写进家训，以规范子孙的行为③，表现了其对工商业的关注和支持。

珠江三角洲宗族组织对商业的关注，不似徽州般只是为求致富而缙绅化。他们在缙绅化的同时，也直接用其货币经济的力量以通显。他们通过捐资举办公益事业，诸如善堂、医院、育婴堂等等，而取得在地方上与士绅并列的名流地位。这说明已不完全恪守"官本位"的价值观。清末中山

---

① 谢肇淛：《五杂俎》卷十四《事部二》。按：这里的"十九皆徽商占籍"，是指应考士子中十分之九的是占籍临清的徽商子弟。

② 《婺源县采辑·孝友》。

③ 南海石湾《霍氏崇本堂族谱》卷三。

县人郑观应便指出："商务者，国家之元气也；通商者，疏畅其血脉也。"
又说："士无商则格致之学不宏，农无商则种植之类不广，工无商则制造
之物不能销。是商贾具生财之大道，而握四民之纲领也。"[①]郑观应视商为
四民之纲，以商立国的思想，正体现了这种价值观。它较之于徽人以商作
第一生业，已具有质的飞跃了。

商品意识、商业行为，被运用到宗族组织的各种活动之中，诸如合股
建祠堂、修水利、组织合会等[②]，甚至仕宦官场之中，也以贪赃之多寡，
判断其能、痴的标准[③]。

在宗族内部出现利益均沾，宗族日益趋向以谋利为目的的经济实体的
同时，宗族内部也出现了投资与借贷的关系。凡不能偿还宗族债务的族
员，要变卖家产抵足。"产业尽变仍不足抵偿之数，"将其本人，及其子孙
"革祭"[④]。温情脉脉的宗亲道义不见了，有的是不论宗亲的商业关系。

珠江三角洲宗族组织在商品性农业的扩张中，在建立以出口贸易带动
本地区手工业、农业发展的"贸工农"经济体系和建立一系列的商业企业
过程中[⑤]，尤其在举世熟知的中国民族工业近代化先鞭的机器缫丝取代手
工缫丝的带有产业革命精神的壮举中，都发挥了作用。引进侨资、集聚零
散的资金以建置机器缫丝厂，利用一些祠堂、庙宇作为厂房等举措中，宗

① 郑观应：《盛世危言》三编卷一《商务一》《商务二》。

② 合股建祠堂，见刘志伟：《祖先谱系的重构及其意义》，《中国社会经济史研究》
1992年第4期；合股修水利，见《南海甘蕉蒲氏家谱》"杂录"；组织合会，请参见叶
显恩：《略论明清珠江三角洲的高利贷资本》，见明清广东省社会经济研究会：《明清广
东社会经济研究》，广东人民出版社1987年版，第176—205页。

③ 万历《新会县志》卷二《风俗纪》："仕之归也，不问人品，第问怀金多寡为轻
重。"

④ 南海《潘式典堂族谱》卷一《家规》；又可参阅滨下武志：《关于中国传统经济
行为的几点考察》，《广东社会科学》1992年第6期。

⑤ 关于商品性农业的扩张，"贸农工"经济体系和近代商业企业的建立等问题，因
限于篇幅，不能展开讨论，请参阅叶显恩：《略论珠江三角洲的农业商业化》（刊于
《中国社会经济史研究》1986年第2期）和《地利、传统市场与珠江三角洲的海外贸
易》（刊于香港第二次世界华商大会指定参考书：《珠江三角洲——历史、地理、经济
情况及南洋华侨发展史》，1993年，第47—80页）两文。

族组织在一定程度上都起了组织者的作用。可以说，珠江三角洲的宗族组织充当了农业商业化、乡村工业近代化、商业企业化的推动者，乃至组织者的角色。

综上所述，南方本是少数族的故居。当北方汉人迁入时，都面临一个在已被占领的生态环境中求得生存而进行竞争的问题，因而需要高扬团体组织以作竞争手段。基于南方的生态环境和耕作格局，古老的宗族制便被作为最佳的选择。宗族制度的建立，需要有士绅倡导并具备足以维持生计以外的余资充作修谱、建祠和置族产的费用。因商业的发达而取得经济发展和文化进步的南方，恰恰具备这一条件。所以，一些寒门弱姓也组建起宗族组织。宗族制由高门大姓所垄断的格局因而被冲破，它走向民间，不断地庶民化、普及化。这是南方宗族制得以盛行，并和商业发达联系在一起的原因。

在南方，就徽州和珠江三角洲而言，宗族制和商业间的关系都相辅相成，但又各有不同。如果说徽州宗族制是一直保持与正统文化相一致，堪称正统宗法制传承典型的话，那么珠江三角洲的宗族制却是已经变异的亚种形态。宗族制在徽州是以维护和谋求社会地位、政治特权为其主要功能的；而在珠江三角洲却着力于扩大其经济功能的一面。珠江三角洲的宗族直接经营产业，并出现向经济实体转变的趋向。宗族内部也相应出现利益分沾，而不是徽州的余缺互济的道义经济。徽州宗族制之所以对商业的支持，主要着意于因商致富而缙绅化，坚持"官本位"的价值观，因而在引发营商致富的动机中，已包含了否定或摧毁商业企业发展的因素，商业经济作为传统社会经济的附丽，而不是其异化的力量，因而徽州商业资本自不能超越传统社会所规范的商业运作的轨迹。而珠江三角洲却出现因商致富之后，通过发挥货币经济的力量直接谋求与士绅并列的社会名流地位的趋势，没有恪守"官本位"的价值观。也正因为如此，宗族组织在农业商业化、商业企业化、乡村工业近代化中，充当了或为支持者、或为组织者的作用。其商业行为也已越出常轨，并发出以商立国的呼唤。

附记：这是提交一九九五年黄山第二届徽学研讨会的一篇文章。经征求师友的意见后，作了一些订正。近二十年来，笔者一直致力于徽州和珠江三角洲社会经济史的研究。对这两个地区宗族制及与此相关问题的一些结论性的看法，已散见于刊行的论文和专著。限于篇幅，本文在沿用以前的一些看法时，只好尽量少引原始资料。敬请读者鉴谅。

原载周绍泉、赵华富主编《'95国际徽学学术讨论会论文集》，安徽大学出版社1997年版，有改动

有待深入开发的学术富矿

——《中国徽州文书》序

　　民间文书，最早的当是契约文书。契约文书是作为恪守诚实信用，不准反悔的文字凭据。它早已存在于悠远的古代。先是以口约的形式流行，后来为了证明口约的存在，并使口头契约有所凭据，便用文字记载下来。随着文字使用的日益广泛，文书契约便取代了口头契约，而且日渐具有法律的效力。相对于口头契约，文书契约无疑是一进步。

　　从古巴比伦汉谟拉比法典看，两河流域（今伊拉克）在三千多年前已经有契约文书的存在。在古罗马，文书契约的形式更是多样，内容也越发丰富。罗马法的契约，便先后出现了口头契约、文书契约、要式契约和诺成契约等几种形式。

　　根据我国文献典籍的记载，早在汉代，乃至可追溯至西周，契约已有称为傅别、质剂和书契等三种。至于文书契约的实物遗存，从秦汉晋木简、隋唐五代敦煌吐鲁番文书，到明清以来的契约文书的发现，见证了契约文书在民间流行两千多年漫长的历史。彰显我国的文书契约，同西方一样悠久长远。维权的文书契约，已经成为法学史研究的重要课题。作为一个边缘学科——契约学，也正在应运而兴起。

　　徽州文书，在我国民间契约文书的宝库中占据着最突出的位置。自二十世纪五十年代末以来，反映徽州社会实态的二三十万件民间文书的陆续发现，轰动学术界，成为徽学于二十世纪八十年代兀然兴起的直接动因。这些文字资料，由于具有原始性、唯一性和文物性的品格而弥足珍贵，堪称二十世纪继甲骨文、汉晋简牍、敦煌文书、明清大内档案之后的第五大发现。

尤其令人注目的是，徽州文书不仅以数量巨大著称，而且内容丰富，范围广泛，门类繁多。其中包括土地关系和财产文书、赋役文书、商业文书、宗族文书、诉讼文书、教育与科举文书、社团会社文书、宗教科仪文书等等。社会的方方面面，几乎无所不囊括。这些文书始自宋代，历元明清，迄于民国，具有跨时代长，还有不少的前后相承且具横向联系可构成个案的特点。

徽州人以"程朱阙里""东南邹鲁"自居。他们好舞文弄墨，敬惜字纸。不仅债务、商务、宗族社团、喜庆丧祭活动、社交应酬，甚至日常生活，言谈举止，事无巨细，喜欢用纸笔记录下来。也许他们意识到人生短暂，凡事瞬息即逝，唯有诉诸纸笔，才能长久地保留下来。我想如此奇迹般的大量文书，就是这样产生的。徽州文书与士大夫"雅"文化相对应，从民间"俗"文化的角度反映了徽州社会多姿多彩的生活情态。

应当指出的是，徽州还有格外丰富的典籍文献和地面文物可供与文书契约相互参照，互相印证。据已经发现的三千种徽州典籍文献和一千余种族谱（中国国家图书馆所藏善本族谱四百余部，其中徽州族谱占一半以上）传世，又据调查统计，传世文物有二十多万件，遗存的地面文物有五千余处，内有明清的住宅、庙宇、祠堂、牌坊，以及惊动世人的花山谜窟等文化遗物。文书与典籍、文物相结合，为人文社会科学各门学科构建宽阔的平台，为学人进行田野考察，做专题、专科的研究，乃至跨学科的综合研究提供极其优越的条件。

对徽州如此浩瀚的文书资料，目前尚处于进一步深入民间搜集和进行整理出版的阶段。学术界对它的利用，只是冰山一角；对之进行深入研究，也才刚刚开始，而且多着重于对土地关系与财产文书、服役文书和商业文书等三类文书的研究，其他方面的文书，还没有给予应有的重视。从"契约学"的角度对徽州文书契约进行研究更是阙如。

历史上，中国是一个专制中央集权的国家。中央与地方有统属关系，但地方社会又有一定的自主的空间，而且两者还有互动的一面。地方文化无疑受国家主流文化的制约，但地方文化又有其特点。从徽州地方文书的形式与内容看，必然反映中央政府的意识形态，主流的价值观，但又含有地方特点的文化成分。所以，从契约文书体现的法律精神、乡规俗例、伦理道德与中央的法规和典章制度间的同异，可以窥见地方社会与国家间如何通过士大夫阶层进行协调、互动的机制，可以有助于从地方历史的肌理与脉络中理解中国总体历史传统。如果以徽州文书与国内各地，以及西方比较，我们还可从契约的角度了解国内各地间历史运行的特点，以及中西方历史的殊同。

从契约文书形式、内容的演进，可以探测市场发育的水平，也可以折射徽州商业社会的变迁。

契约最初主要是因交换买卖债务而兴起的。它由两人以上，以同意之事项，订立条件，互相遵守，而以文字为其凭据。同意是缔结契约的基础，体现了"契约自由"的思想。随着商业的繁荣，要求有相应的更加复杂的反映法律关系的文书契约，以适应商品经济的需要。明清时期，形式纷繁，内容丰富的债务、买卖、租赁、合伙和委托等徽州契约文书，正是反映这种法律关系的凭据。

"契约自由"的思想，早在古代已经出现。"契约自由"原则，则在资产阶级革命胜利之后才得以真正确立，并纳入资产阶级民法的三大基石之一。它标志着作为主体的人的自由度的增加和尊严的确立，也标志着从身份关系社会到契约关系社会的过渡。但明清时期，在身份等级制度社会的徽州，"契约自由"原则是无从确立的。在徽州文书中，强制性的"勒立"契约屡见不鲜，就证明了这一点。但是"契约自由"的思想，总是在不断地冲破牢笼，并伴随着商品经济的繁荣和身份等级制的松动而日益发展。所以，"契约自由"思想发展程度，折射出徽州商业社会的演变。契约关系的盛行与徽州的商业社会显然有密切关系。

徽州社会是身份等级制与"契约自由"思想并存，既宗奉程朱"官本位"的价值观，又服膺王阳明的重商思想。研究徽州"契约自由"思想，当是解开徽州社会奥秘的新视角。

我之所以在此强调从契约学的角度研究徽州文书的问题，是因当今乏人注意这方面的缘故，并非意味着其他方面的研究不重要。其实，如此丰富的徽州文书，其具有的潜在优势是显而易见的。对人文社会科学的各门学科都大有用武之地，也必将是一股强劲的推动力。

契约文书，记载着一物一事，看似是零碎的片断，缺乏抽象，缺乏逻辑化。这是一些人当年之所以视它为废物，并曾运往纸厂当纸浆的缘由。但早在二十世纪三四十年代，梁方仲、傅衣凌等学者已经看到散见于民间的"易知由单"、土地契约一类文书的学术价值。他们"于几微见世界"，"从木石觅文章"，从文书契约中看出大千世界。以此为基础，参证其他文献资料，从小处着眼，从高处理解，以宏观的眼界作微观的分析，分别写出《易知由单的研究》《福建佃农经济史丛考》等有价值的著作。近年来，更有不少学者利用徽州文书写出了一系列有分量的学术著作。但是，从迄今发现的大量契约文书和已经取得的研究成果看，显然不能相比，可以说正处于研究的起步阶段。

文本的解读，古来便是做学问的基本功。传统的国学要求从治小学（文字学）始。由字而通词，由词而通道。我们对徽州文书的研究，也要从解读始。既要了解其字面的含义，还要读懂其背后的意蕴，乃至于解读文本背后的人，以判断其识见的高下，是否暗藏玄机。因此，对之解读，需要具备丰厚的学养，需要对中央典章制度，以及对当地历史掌故有深刻的了解。地方文书的作者，水平不一，误写、错别字，在所难免。例如"计"字，有时写成"十言"（将"十"移往"言"左）。有些地方的契约，为了避免与皇朝中央规定精神相悖，当地每每有应对的方法。典当契约上的数额往往加倍书写，是人们所熟知的。有的"以按写买"，名为"买"契，实为按揭契，而且按照按揭实价的两倍书写。而衙役得银，则"以两为钱"，缩少十倍。对一些名物术语，如果不参照地方的乡规俗语例作解，必陷入谬误。至于对文书诠释，洞察幽微，揭示其文书纸背之蕴涵，并提高到理论的层次做分析，就须要运用一个人的学养，发挥灵性和睿智了。

人类学者之所以主张回归历史现场，主张参与者的观察，正是为了使研究者与研究对象建立共情，理解对象，感悟历史，在原始资料的基础上，做主观能动性的意义解释。这种解释主义（或称为质性研究）与实证主义研究，是可以互为补充的。我们知道，人虽有其通性，但其行为与思想，却随时受场景和感情的驱使而变化不拘，毕竟不同于自然界的物质可以检验，可以还原。求实崇真，是历史学家追求的目标。也唯因其永远不能达到终极的"真"，历史才将永远地呈现出其无穷的魅力，吸引人们作永无止境的探索。

徽州文书的发现，将有助于改变当前人文社会科学定向选题的格局。随着徽州文书的不断发现和整理，随着其学术价值的日益体现，在我们可以预期的未来，必将吸引越来越多的人文社会科学学者对徽学的关注，从而引发对乡村实态社会、对基层民众研究的热潮。

多年来，学术界的研究偏重于宏观，侧重于政治、军事、经济、典章制度的变迁。这同以帝王将相为主的英雄史观的学术传统和我国文献典藏的状况有关。我国文献资料之丰富，可谓是汗牛充栋，容易得手，利用方便。但其中的内容几乎都是帝皇将相业绩和反映士大夫生活情态的资料，而有关平民百姓的记载，却是凤毛麟角，甚至空白。因为基层社会的生活实态，被视为生活琐事而不屑一顾，不可能进入历史上有话语权的社会精英的法眼。他们在留下的历史文献中，偶有提及，也是日常生活中的一些特例，习以为常的、司空见惯的生活细节，几乎阙如。这就为研究者造成种种的困难。

中华人民共和国成立后，尽管提出以唯物史观为指导，而唯物史观的核心是劳动人民创造历史。但是，研究劳动人民历史的成果，几乎局限于农民起义史，而且是着重于其领袖人物。因此，严格地说仍未摆脱英雄史观的窠臼。

大批反映社会生活实态的徽州文书，正可以弥补文献记载的缺失。对于写劳动人民的历史，重建社会底层的生活实态史，对于研究庶民百姓的心态史，对于区域性的专题或个案研究，无疑将起重大的推动作用。这一课题也将成为学术研究的高地。

关于广大平民百姓的日常生活，诸如：社交应酬、宗教信仰、对灾害的应变举措、以娱神自娱为宗旨的傩戏、迎神赛会等等民俗活动中所反映的生活实态，以及由此反映出的对人生、命运、生死的看法，对俗世和鬼神世界、对现实与未来的希冀、期待和追求，以及他们的心理特质等等却可以汇集成推动社会运动的意志和愿望。我们常说，历史是人民群众创造的，指的正是他们根据其意志和愿望对历史变迁做出的抉择。对于这样重大的课题，多年来也因缺乏资料，而使一些有志于此的学者望而却步。

又如，徽商在明清创建了辉煌的业绩，又无奈地趋向衰落。学术界对此一直关注，且发表了一系列富有见地的著作。但在利用徽州文书资料方面，或嫌缺失，或嫌不足。至于重建、再现徽商生活史，迄今尚属乏人着手的领域。

近年来，徽州文书搜集和整理出版的进展，为徽商研究提供了新的丰富资料。尤其是为重建徽商的生活史、心态史，提供了最重要的资料来源。我们知道，在明清徽州商业社会，契约文书，尤其是商务文书，是作为参与商务关系、商品交换的手段而出现的，也是实现各自的商业利益所倚重的工具。其含有徽商的商业伦理、商业理念、价值观、运作手段、经营管理方法，乃至徽商的日常生活实态等，都是重建明清徽商生活史、心态史绝好的资料。

因此，徽州文书的大量发现和整理出版，必将引发学术界扩大学术视野，拓宽研究面，把社会底层的社会实态，将平民百姓的生活史、心态史等，纳入学术研究的主流，徽州文书也必将成为学者们的关注点，从而促使研究方向、选题和研究兴趣向新的学术领域转移。

黄山学院作为"徽学"的发祥地徽州地区的最高学府，自当责无旁贷地承担着推进徽学研究的重任。近年来，该学院在搜集徽州文献、文物，整理出版徽州典籍契约文书，组织专题国际性的徽学研讨会，创办徽学研究学刊，发表徽学专题或综合研究成果和以各种方式与国内外学术团体进行学术交流等方面，皆做了不懈的努力，并取得了显著的成果。该学院在徽学研究上的潜在优势，以及在学术交流层面上所起的东道主的作用，正日益显现出来，并越来越为学术界所注目。

黄山学院早在二十世纪九十年代，就着力搜求隐藏在民间的徽州文书，所获甚丰。根据目前国内徽州文书"簿册文书出版，明清充实，民国空白；鱼鳞册出版，明代充实，清代薄弱"的现状，采取"填补空白，充实薄弱"的原则，将其新发现的文书，推出《中国徽州文书》影印本一书。此书共分三编：民国编二十卷，清代编六十卷，专题编二十卷。此书洋洋大观，是徽学研究中一个基础性的重大工程，是学术界的一大盛事。

此书的出版，不仅扩大与丰富了已经出版的徽州文书的内涵，更使自宋至民国年间连续贯通，弥补了其历时链条中的缺失。单就后者而论，其意义就十分重大。同一地区，自宋始迄于民国的近千年绵延不断的文书被发现，这本身就是一个奇迹。从中可以历时段地探讨文书所反映的近千年徽州社会的各个方面，尤其是民间实态之发展变化状况。与此同时，由于文书涉及的地域扩大，在做个案与专题研究中，也提供了更大的横向联系的空间。这已经足以使有志于徽学研究者垂涎与眼热了。对于契约学与法学史学者，也可借此探索近千年徽州文书内容与形式，以及当地法权观念所经历的发展变化历程，对他们同样也是难得之机缘。

原载黄山学院编《中国徽州文书》，清华大学出版社2010年版，有改动

《徽商》杂志特别专访稿

一、据我们所知，当"徽州学"和"徽州文化"的概念还没有提出的时候，您就早已注意对徽州经济社会历史文化问题的研究，并有研究成果问世。我们想知道，您为什么要把注意力投向徽州，而且几十年如一日，对徽州（今天的黄山市）一往情深？

叶显恩（下简称叶）：二十世纪六十年代初，我攻读中山大学研究生时，便以徽州的社会经济史作为研究生毕业论文题目。我之所以选定徽州社会经济史作为毕业论文题目，是考虑到：一九五八年后陆续发现的一大批徽州民间契约文书尚乏人作系统的研究利用；《安徽文献书目》一书的出版，又使我发现徽州文献的传世特别丰富；徽州作为徽商的故乡，又有广阔的研究前景。当我全情投入，涉猎颇深时，我惊奇地发现徽州的历史底蕴深厚，丰富多彩，是一座值得开采的学术富矿。

一九六五年和一九七九年，我先后两度往徽州做田野考察。当我踏入这一片神奇的热土时，便对这里的山山水水着迷。黄山神圣威仪，齐云山恬适静谧，被誉为"画廊"的新安江沿岸，风景美不胜收。山川的秀美、迷人，令我流连忘返。

随着我对徽州人文精神和文化底蕴认识的深化，我更感到：徽州，是明山秀水和人类智慧的完美结合。其山水形胜，乃至院落、古井、古街、小桥古道、村落水口，处处都暗藏玄机，最具风水人文景观，也最有难以破解的神奇色彩。从新都，而新安，而歙州，而徽州，作为一个具有悠久历史文化的载体，承载着一部绚丽多彩的历史。

如果说，秀丽的自然景观已令我着迷，那么，徽州深厚的历史积淀、厚重的文化传统、独特的精神气质，更使我惊叹、倾倒、陶醉。我为此而与徽州结下了不解之缘。已经记不住多少次踏上这片令我魂牵梦萦的热土。徽州，很自然地成为我四十多年来的学术家园。在研究过程中尽管付出了汗水和心血，但由于对徽州历史的一些问题有所会心，有所创获，自然也就乐在其中了。这就是为什么几十年如一日，对徽州一往情深的缘故了。

二、到目前为止，您在徽州文化或徽州学研究方面，主要学术成就有哪些？

叶：我对徽州学研究的心得，或说创获，就是我从徽州的历史中提出具有关键性的问题，并发表了我的看法。诸如缙绅地主势力的强大且久而未衰，商业资本的发达，宗族土地所有制的发展和宗族势力的强固，文化的发达、理学的盛行，佃仆制的顽固残存，等等。而这些问题又互相关联、交相作用。例如，缙绅地主势力的强大是徽商得以发展的政治后盾，而徽州商业资本又是促进当地文化发达，培植科举仕宦的经济基础。徽商捐资修建祠堂，购置族产，撰写家谱，又对宗族制的强固起了直接的作用。理学也和宗族制互相浸渍，互相影响。佃仆制的盛行及其顽固残存，又与上述的几个问题有着密切的联系。为了对以上这些问题做出理性的解释，又将它置之于徽州历史的总体中考察，并作区域体系（RegionalSystem）的分析。就一个具有典型性的地区做区域体系的分析研究，在国内可以说是具有开创性的。

三、现在知识界乃至社会各界对什么是"徽州学"，什么是"徽州文化"，在概念、内涵的界定上都很不一致。请您给出一个权威的界说。

叶：学术的进步是以独立自由的精神为前提的，也需要构建平等争鸣的平台。关于"徽州学"和"徽州文化"的涵义，应当各抒己见。我不敢，也不可能做权威的界说。在此，我想谈个人的见解。

先说"徽州文化"的涵义。我在《徽州文化全书》"总序"中是这么说的："徽州文化"，指的是原徽州属下歙县、黟县、休宁、祁门、绩溪和婺源等六县所出现的既有独特性，又有典型性，并具有学术价值的各种文化现象的总和。它根植于本土"小徽州"，伸展于中华大地，尤其伸展于以江南（苏州、松江、常州、镇江、江宁、杭州、嘉兴、湖州、太仓）和淮扬地区，以及芜湖、安庆、武汉、临清等城市为基地形成的所谓"大徽州"，由大小"徽州"互动融合形成的博大精深的文化。它包含着物质文化、制度文化、精神文化和生态文化（按：原无生态文化，于今看来应补上），为人文科学、社会科学、自然科学等多门学科的研究提供丰富的内容和广阔的天地。

时至今日，我还是坚持这一看法。徽州文化，从地域上看，主要指小徽州六县的文化。由于大、小徽州的文化互动，使彼此相得益彰，因而可兼及大徽州的相关文化。

关于"徽学"（"徽州学"）的涵义，我曾发表这样的看法：徽学（徽州学）是一个有张力的、弹性的概念。往往根据不同的时期，不同的条件，以及学者自身的视角与理解，做出概述。一般地说，总是从简到繁，从粗糙到精细，且不断地扩大范围。一九八四年，我在拙作《徽州学在海外》一文中，从自身专业的角度考虑，曾提出徽学的研究对象是徽州社会经济史。在此之前，徽学还只限于少数人耕耘；徽学正处于兴起之时。到了今天，徽学已经蓬勃发展，耸立于学界之林，成为一门令人注目的显学。我对徽学涵义的理解，自然也就不同了。

我以为"徽学"可做这样简要的直截了当的表述："徽学是以徽州文书档案、典籍文献、地表文物和生态文化遗存为基本资料，以徽州文化为研究对象的一门综合性学科。"

四、"徽州学""徽州文化"是否可以简称为"徽学""徽文化"？"徽州学""徽州文化"二者是什么关系？

叶："徽学""徽文化"，显然是"徽州学""徽州文化"的简称。我最初用"徽州学"，旨在避免误解。后来，我觉得"安徽"之名取自安庆和徽州，简称为"皖"（地处春秋时皖国之故）。徽似不能误指安徽。所以，我后来也用"徽学"之称。至于将"徽"解读为"安徽",那是近日兴起的概念。

至于"徽学"与"徽州文化"的关系,我认为"徽学"是因"徽州文化"的博大精深,富有学术研究价值而兴起的;"徽州文化"是学术研究的客体;"徽学"是以之为研究对象而创设的。一个是学术研究的对象、客体,一个是以之为研究对象的一门综合性学科;两者不同,又彼此关联。没有徽州文化,就没有徽学;没有徽学,徽州文化则得不到揭示和彰显。

五、相当较长一个时期以来,不少人都自觉不自觉地使用这样一种表述:"徽州文化(或徽文化、或徽州学、徽学)与藏文化(或藏学)、敦煌文化(或敦煌学)并称为中国三大显学(或三大地方显学)。"不知道先生您是否也表示认同?

叶:是的。我也注意到目前的确流行这一看法,就是把徽州文化和藏学、敦煌学并称为三大地域(或称地方)文化,并认定同属一种地域(地方)文化。我个人认为此说值得商榷。

我们知道,敦煌为古代中西通道——丝绸之路的重要枢纽,中西文化交汇地,印度佛教就从此地传入中国,是中古佛教徒朝拜的圣地。寺庙所藏的经卷典籍和石窟艺术等文物十分丰富,它蕴含着中国中古历史文化、中亚文化乃至世界文明。敦煌学虽以地为名,却不是以其地域为研究对象。而是研究其所藏的丰富文物资料,并置之于整个东方文化来把握的一门国际性的显学。

藏学,是以藏族璀璨的文化遗产和独特的社会形态为研究对象,涉及中国藏族历史、宗教、文化、经济、政治、社会等各个领域的综合性学科。就目前而论,并没有以藏族居住地做地域分析研究的对象,而且其地域也没有连成一片,更没有构成彼此间联系密切的有机体。当然,从其研究队伍的庞大,成果之丰富,是举世瞩目的,堪称一门国际性的显学。

徽州学,如前面我所说的,是以"以徽州文化为研究对象的一门综合性学科"。把徽州文化视为一种地方文化,有一定理由。这是因为任何地方上的文化不可能与中央倡导的主流文化完全契合，必然掺杂地方性的因素。中国五彩缤纷、绚丽多姿、各具特色的地方性文化，显然都可以称之为地方（或地域）文化，如江淮文化、岭南文化、齐鲁文化等等。但是，只说徽州文化是一种地方文化，则没有揭示它最重要的特点。徽州文化虽然糅合了一些地方性的因素，但其保留正统文化的原典最多，发展创新的成分亦巨。所以，它既是地方文化，尤其是明清时期中华传统文化传承的典型。它集中地、典型地体现了中华传统文化的精华。这就是它最鲜明的特点。它成为中华传统文化的名片。正因为如此，近年来，徽州已经成为国内外莘莘学者从事中华传统文化研究的园地，成为世人追寻中华传统文化的精神栖息地。

这就是它与敦煌学、藏学不同之处。

如果从徽州文化近年来迅速崛起，脱颖而出，蔚成大国，竟同敦煌学、藏学比肩而立看，并且仅限于这一意义，因而并称"三大显学"，我是赞同的。但不应当在其前冠"地域性"的称号。

六、有人称"徽州文化是中华优秀传统文化的重要组成部分"，也有人说"徽州文化是中华优秀传统文化的典型或标本（或缩影）"。请谈谈您的见解。

叶：前一说法，有它的道理，因为徽州文化不可能囊括所有的中华优秀传统文化。但我认为后一种说法更准确，所以我历来持此说。因为徽州的新安理学、宗族文化、儒商文化等等，既有地方特色，更是体现了中华传统文化的精髓。我们知道，朱熹创建的新安理学，为元明清三代皇朝钦定为国家正统的统治思想，取得国家主流思想的地位。将古老的宗法制与理学相糅合而形成的以"祠堂族长族权"为特征的徽州宗族制，也成为宋代以降宗族制的标本。商业文化浸透着儒家精神。所以徽州被视为"儒风独茂"之区，堪称"东南邹鲁"。正由于徽州文化体现、代表了明清时期中华传统文化的主流，所以，我们称之为"中华优秀传统文化的典型或标本（或缩影）"。

七、我曾听您说徽州人在历史上曾成功地把握过两次机遇，这两次机遇对徽州文化和徽商的发展都至关重要，请您具体谈谈这个过程并对我们今天推进经济社会大发展有何启示。

叶：徽州人的确在历史上曾成功地把握过两次机遇，从而铸造了徽州文化的辉煌。他们对机遇有高度的敏感性。在宋、明出现的政治官僚体制和社会经济转型时代，他们善于回应与时俱来的机遇，取得科举与商业两次历史性的成功。

第一次机遇是怎样在宋代出现的呢？

在唐代之前，实行门阀士族制度。按门阀选官、品人、通婚。为了确保门阀士族血统的纯洁性，重视谱牒的修撰。当时的谱牒分家传、家谱和簿状、谱籍。簿状和谱籍（前后称谓不一）是由朝廷设置的图谱局来主持修撰，得到朝廷认可的官撰谱牒。它具有法律的效力。正是以谱籍为根据铨选官职，才能保证所谓"上品无寒门，下品无势族"。唐朝立国后，新兴的士族，自当与旧士族发生矛盾斗争，加之科举制度的兴起等原因，导致了门阀士族制度的衰落。唐末黄巢起义，更对门阀士族以毁灭性打击，官修的谱牒也毁于战火。门阀士族制度终于退出历史舞台。

宋代，确立科举文官制度，这是中国官僚选拔制度的一次大转变。对移住徽州的衣冠士族既是挑战，也是机遇。他们以崇文重教来回应首次出现的机遇，通过科举仕宦而进入统治集团，赢得"名臣辈出"的徽州历史性政治上的成功。

徽州僻处万山丛中，四面险阻。本是越人故地，山民"愿而朴"。由于移住的世家大族治儒学风气的感染和影响，自宋代起，养成了崇文重教的风习。徽州风俗也从"愿而朴"而逐渐向"文雅"转化。原先越人的风俗日渐泯灭，也无人称土著居民为山越了。移住徽州的衣冠大族，本有治儒学的家风，有深厚的家学渊源。他们既已不能恃其门第之高崇来取得官职和社会特权，便抓住宋代官僚体制改革的机遇，以崇文重教，走科举仕宦之路，来回应面临的政治层面的挑战。他们注重教育，"以诗书训子弟"。在他们的带动影响下，文化教育不断发达起来。"十户之村，不废诵读"，读书科举，蔚成风气。终于通过科举进入统治集团，取得首次历史性的成功，为尔后徽州文化的发展奠下政治基础。

徽州的士子在宋代科举的成功，标志着徽州世家大族在政治舞台上的崛起。他们本是中原的精英，是门阀士族制度下分享既得利益者，享有特权和地位。离开了本地，移住徽州，意味着失去原先的优势。他们新到的这块山区，虽然山明水秀，风景优美，也有利于木植和因地制宜地发展手工业生产，但山多田少的格局，几乎无发展农耕的潜力。当地经济资源的局限，迫使他们在徽州这个"依山阻险，不纳王租""勇悍尚武""断发文身""火耕水耨"的新环境中接受新的挑战，铸就了刻苦耐劳的坚毅性格和奋发进取的精神（胡适先生所说的"徽骆驼"精神源于此）；也由于脱离了原来的文化中心，对自己的文化传承有了危机的反省而形成创造性的转化。正因为如此，他们对土著居民山越，着力于以儒学的教化为主，即使施加暴力，也是在儒家的道德和正义旗号下进行的，自然显出优越于原先的豪强统治。所以，经过他们慑服人心，移风易俗，终于启开一个更为广阔的多变化的有生机活力的新生活，创造一个读书成风，"名臣辈出"的胜境，取得了政治上的成功。这是逃过战乱，幸存下来的徽州士族奋发进取的第一个成果。它的功绩尤其在于为尔后徽州历史文化发展的走向——其核心为"官本位"的价值观，产生十分重大而深远的影响。

应当指出，宋代徽州政治上的成功，首先源自崇文重教。"崇文重教"意味着徽州人重视文化知识的含量，"奋发进取"（即"徽骆驼"精神）指的是徽州人昂扬的精神状态。尚文重教与"徽骆驼"精神，是徽州的两个文化基因。它构成了徽州人的文化素质。难能可贵的是，从徽州的历史可以看到，崇文重教与"徽骆驼"精神这两个文化基因，不断传递，不断延续。它造成智慧的不断积累，文化成果的不断扩大。它没有裂变，但又不是一成不变。在传递延续中，不断地创新，不断地强大。终于在明清时期酝酿出光辉灿烂、博大精深的徽州文化。

第二次是抓住在明中叶出现的社会经济开始转型的机遇，以发展商业为主，越常规地增殖财富的战略抉择，来回应大航海时代出现的机遇，从而赢得经济上的成功。

十六世纪（明中叶）是发现新大陆，开通东方航线，肇始世界一体化的海洋商业殖民的时代，是建立殖民地和商业系统最活跃的时代，是西方重商主义盛行，海洋贸易发生历史性变化的时代。西方冒险海商东来中国沿海寻找商机，并建立殖民地，由此出现了中西两半球海商直接交遇的新局面。东亚海域的贸易网络，既连接太平洋彼岸的南美洲，又重新伸展到永乐之后中断往来的印度洋，并扩及大西洋，初步形成横跨亚、非、欧、美四大洲的世界性海洋贸易圈。与此同时，中国境内商品经济趋向繁荣，商机愈益增多，以商业增殖财富的途径，日益广阔。中国传统社会经济开始发生转型。

社会经济转型，意味着新旧交替，机遇与挑战并存。作为山多田少的徽州，是坚守以耕读为主的传统道路，还是改弦易辙，抓住新的机遇，奋起接受新的挑战？对机遇富有敏感性的徽州人，做出走出山区，寻找商机，以发展商业为主，非常规地增殖财富的战略抉择。如果说，他们在政治上早已在宋代取得地位；那么，此时他们又力争以商业上的成功，来取得经济上的突破，求得越常规的发展。

徽人从商的历史，见诸文献记载可追溯至东晋。但作为一个以乡族关系为纽带的商帮，其崛起在明中叶，繁盛在嘉、万之际。徽州人沿着故乡四出的河流走向四方。从婺江、阊江入鄱阳湖，可通江西、湖广、闽粤；从徽溪、乳溪顺流而下可到江南，经长江转运河可通往北方各地，尤其顺新安江东下可直奔杭州湾，经运河入江南（长三角）更便捷，尤其是可从杭州湾走向东部沿海，走向海洋。以汪直为首的徽州海商集团，之所以冒险犯禁，从事海上走私贸易活动，加入了由伊比利亚半岛人（西班牙人和葡萄牙人）发起的世界性向海洋挑战的行列，其中重要原因就是因为有新安江通海之便。当时在杭州湾外舟山群岛双屿、大茅港出现的带有国际性的海贸市场，是由徽州的许栋兄弟、汪直和福建的邓獠（当系僚字的误写）等纠集葡萄牙、马六甲、日本等国家和地区的海商创建的。汪直仿效西方海商，制造大舰，并武装起来，称雄于东亚海域，尤其是他在日本五岛建立商业殖民地，进行海上贸易扩张，显示了徽州海商的气度和魄力，掀起了空前的声势浩大的中国海洋贸易的第一波。徽商以海上贸易与盐、典、木、茶等行业相结合，抓住机遇，率先占据长三角，以此为商业基地，进行海洋贸易和长途贸易，这是徽人取得成功的关键。汪直海商集团被明皇朝剿灭，海洋贸易严重受挫。徽商大量移资盐业。终取得在这一商界的龙头行业中的优势，并与山西商人共占明清商界的鳌头。

至于徽州人在历史上曾成功地把握过两次机遇，创造辉煌的业绩，给我们后人的启示是什么呢？

首先，徽州人敏于洞察先机，善于利用和把握机遇，更敢于接受机遇带来的挑战。我们常说，机不可失，时不再来。都知道机遇的重要。但是又往往失去机遇，或把握不住，怯于应对。这需要气度和胆识。徽州的先人做到了，所以取得成功。

其次，着力提高其自身的文化素质和培养创新、敬业精神。人的素质直接影响其事业的成败，这是毋庸置疑的。明清时期的徽商在注重提高自身的文化素质的同时，又重视对文化事业作经济上的全面支持和慷慨投入，着意于社会上的人才培养，高扬人文精神，营造一个有利于人才成长的文化氛围。因此，保持徽州人才不断涌现的后续局面。这很值得今日的徽商学习。人的素质还直接影响社会体系的构建与运行。徽州要重现昔日的辉煌，关键在人，在于提高人的文化素质，在于建立一个文化建设与经济建设互动的战略机制。

创新、敬业精神是文化持续传承的生命力。没有与时俱进的创新精神，文化就会僵死。持续辉煌数百年的徽商文化，正是徽州人坚持创新、敬业精神所铸成的。我们弘扬徽商文化，就要弘扬徽商敢于迎接挑战，化挑战为机遇；就要弘扬不因循守旧，富有创新的精神；就要弘扬徽商敬业、自重、自强，不断自我超越，不断开拓、进取的精神；就要弘扬徽商克服投机取巧，确立经济理性的精神；就要弘扬徽商热心公益，回报社会的思想。做一个不愧于信息时代的道德人、知识人、创新人。

最后，徽州的先人留下一笔丰厚的光辉的历史文化遗产，对后人是一笔宝贵的精神财富。自改革开放以来，徽州这一颗在明清时期人们心目中耀眼的夜明珠，越来越为人们所关注。这不仅因为国家对历史文化遗产的重视，更重要的是形势的发展，正在给徽州与日俱增的机遇。国家领导人邓小平、江泽民先后登黄山，参观徽州的历史文化遗产。继邓小平同志发出开发黄山的号召之后，江泽民同志在参观徽州的地面遗留的历史文物时，不禁发出"如此灿烂的文化，如此博大精深的文化"的感叹！今日徽州正以其光辉灿烂的历史文化展示于国人，展示于世界各国，因而引起人们的注目和关怀。今日能否如同其先人般抓住机遇，继宋代取得政治上的优势和明代取得经济上的突破两次徽州历史性的成功之后，在构建小康、和谐社会的雄伟事业中，继往开来，融入长三角，走向世界，掀起再创辉煌的第三波，即赢得徽州历史性第三回合的成功呢？我们对徽州寄以热切的厚望。

原载《徽商》杂志 2008 年第 3 期，有改动